世界风云政治家

Gandhi
甘地 自传

[印]甘地 ◎ 著
洪晓然 ◎ 译

中国书籍出版社
China Book Press

图书在版编目（CIP）数据

甘地自传 /（印）甘地著；洪晓然译. -- 北京：中国书籍出版社，2016.5
ISBN 978-7-5068-5566-2

Ⅰ. ①甘… Ⅱ. ①甘… ②洪… Ⅲ. ①甘地，M.K.（1869～1948）—自传
Ⅳ. ① K833.517=5

中国版本图书馆 CIP 数据核字 (2016) 第 106283 号

甘地自传

（印）甘地 著，洪晓然 译

图书策划	武 斌 崔付建
责任编辑	成晓春
责任印制	孙马飞 马 芝
出版发行	中国书籍出版社
地 址	北京市丰台区三路居路 97 号（邮编：100073）
电 话	（010）52257143（总编室） （010）52257140（发行部）
电子邮箱	eo@chinabp.com.cn
经 销	全国新华书店
印 刷	三河市华东印刷有限公司
开 本	710 毫米 × 1000 毫米 1/16
字 数	391 千字
印 张	24
版 次	2016 年 8 月第 1 版 2018 年 9 月第 2 次印刷
书 号	ISBN 978-7-5068-5566-2
定 价	42.00 元

版权所有 翻印必究

甘地的真理之路

一个腼腆内向的少年，年仅 13 岁就奉父母之命与妻成婚，之后又毅然独自远赴异国求学，而且甚至为此不惜放弃种姓身份。他虽然考取了律师执照，却甘愿将大部分时间和精力投入到从事公众服务之中，得到亿万印度人的拥护，被奉为"圣雄"。甘地的这本自传中记录了他追寻真理的过程，读者们能够从中了解到这位伟大的民族主义者的经历和思想。

不过遗憾的是，这本书完成于 1928 年，而甘地则于 1948 年遇刺身亡，他人生最后 20 年间的所思所感没能被系统地记录下来的确是件值得惋惜的事情。不过想必他一刻也未曾放弃过追寻真理，即使在这条艰苦卓绝的道路上，他遇到了很多困难，犯下了一些错误。在阅读这本书时，甘地的谦逊和坦诚一定会给读者留下极深的印象。甘地用文字反思了自己人生中做过的几件错事，比如他违背信仰尝试吃肉，虽然目的是为了做实验，试图提高印度国民的身体素质，但他依旧认为这种错误无法原谅，并在余生坚持吃素，即使生病时也不愿喝牛奶补充营养。还有他与妻子之间的关系，甘地也本着据实相告的态度进行了记录，他对自己婚后无法控制情欲而感到羞愧。在父亲病重时依旧贪恋床笫之欢，这导致了甘地没能陪伴父亲在人间的最后时刻，让他悔恨不已，甚至在 36 岁时宣布禁欲。对于夫妇之间的相处之道，甘地有过很多思考，他写下了自己粗暴对待妻子的行为，并且悔恨自己没有从一开始就坚持教授妻子学习文化知识。

甘地在非暴力不合作运动上投入了很多的时间和精力，他对于南非印度侨民的遭遇倍感同情，于是竭尽全力帮助侨民得到应有的权利。在回到印度国内之后，甘地依然致力于公众活动，他不惜以绝食来唤起人民的觉醒。这种看似极端的行为的确产生了效果，甘地的最大愿望也莫过于让共同生活在这片土地上的人民团结起来，无论他们信仰什么宗教，属于什么种族。也许只有在当时的历史和社会条件之下，甘地对于真理的追寻才能够得到那样积极的回应，得到众多人民的支持。然而他对于真理之路的坚持，直到如今也值得我们去顶礼膜拜。

究竟是什么支撑着甘地在追寻真理的道路上无惧前行？这也许是很多读者掩卷沉思的一个问题。甘地成长在一个非常传统的宗教家庭中，他不仅仅忠诚于宗教，还能信守对父母的承诺。如他在英国留学期间，曾想尽办法维护对母亲许下的誓言，为了能纯粹地吃素不惜得罪朋友。奉行禁欲主义后，他总结出自己的成功经验，但又谨慎地提醒读者这种方式也许并不是人人都适用的。甘地不畏强权，亦勇于改变，他曾经一度追求讲究的服饰，尤其是在英国留学期间，他身穿西式服装，处处模仿英国绅士的举止，出门则乘坐头等车厢。然而后来甘地居然尝试自己织布制成衣物，搭乘三等车厢环游印度，苦行僧般地服务于大众。甘地不重视名利，他一刻也没有沉湎于"圣雄"这个称号的虚荣，反而是认为受其所累，担心那些热情得几近疯狂的民众会阻碍自己的行动。甘地认为是神灵推动着他迈出人生的每一步，面临困境时总有神灵来解救他，遭遇不幸则是神灵对他的考验。然而，对于甘地来说，神灵终究为何物？实际上，在读完这本书之后，读者们就会发现，甘地所说的神灵，其实来自于他内心对真理的不懈追求。

甘地的这本自传以一种倾诉的口吻，将自己追求真理的经历娓娓道来，即使是对印度历史、社会环境不了解的读者也能够从中体会到甘地的伟大之处。特别是甘地独特的人生哲学，对于世间万物所展开的思考同样是值得我们细细思忖的。这本书为读者们呈现出了一个人完善自我、追求真理的过程。实际上，文字难以完全展示出甘地几十年的人生所沉淀下来的种种况味，但却能让我们在灵魂层面上靠近甘地。人活一世，如果被困在自我的樊笼中，仅仅追求于满足自身欲望，实在是非常可悲的。虽然我们难以达到甘地的高度，但他却教会了我们如何忠于信念，追求真理。

绪　言

　　大概是四、五年以前，我听从了几位最亲近的同事的建议，承诺撰写一部自传。当时我已然着手于写作，不过连第一页都还没写完，孟买就爆发了暴动，所以这个工作就搁置了下来。接着又发生了一系列事件，最终致使我被囚禁在耶罗弗达狱中。当时，捷朗达斯先生与我同狱，他建议我应该将其他事情暂时搁置，继续完成我的自传。我对他解释说，我已经给自己制订了一个学习计划，必须在完成这个计划之后，才能去做其他事情。实际上，倘若我在耶罗弗达狱中服满刑期的话，是可以完成自传的，毕竟获释之后，我还有一年的时间去完成它。恰逢此时，史华密·阿南德再次提出这个建议，而且我也已写完了《南非非暴力抵抗运动史》，于是，我就准备为《新生活》撰写我的自传。其实史华密建议我完成这部著作后再进行出版，但我没有精力。我能做到的就是这样每周一章地写下去。我每个星期都得给《新生活》提供一些稿件，那么用这种方式写自传不是很好吗？史华密应允了我的想法，故此我就硬着头皮拿起了笔。

　　但是我有一位敬畏上帝的朋友，他在我沉默的时候对我表达了自己的怀疑。他质疑道："您怎么能这样冒失呢，撰写自传是西方人的做法，除了那些被西方影响的人，我不清楚东方人中有谁写过自传。此外，您想写些什么内容呢？如果以后您否定了现在自以为是原则的东西，倘若未来您改变了当下的计划，那些依据您说出的或者写出的原则而行事的人，岂不是要犯错误了吗？难道您不认为不去写自传这种东西，或者至少现在不要写，不是更好吗？"

　　这个观点对我产生了一些影响，然而我的目的并不是写一本真正的自传，而是想将自己体验真理的种种经历讲述出来。我的人生并无其他，仅有这种体验，虽然为了讲述故事采取了自传式的体裁，但是只要这故事的每行每页记录的都是我的体验，那么采取什么形式，并不是我在乎的问题。我认为，亦或说这种信念使我感到自信，将有关这些体验的内容全部写出来，对于读者而言不会是无益的。我关于政治方面的体验，现在不仅让全印度知晓，就是"文明的"世界，也多少知道了一些。这些体验对我来说没有多少价值，故此其为我赢来的"圣雄"名号，价值就更微不足道了。那个名号经常让我感到非常痛苦，甚至我不曾记得有任何时刻，它曾让我感到骄傲。但是我当然乐意将自己在精神方面的体验讲出来，这些体验仅仅只有我自己了解，并且我在政治方面开展工作所依靠的力量皆来自这些体验。倘若这些体验的确是属于精神层面的，那也就没什么可以自吹自擂的，其仅能增加我谦虚的程度。每当我想要回忆往昔，就越发感觉到自己的无力。我试图达成的——这三十年以来我所争取达成的——即自我实现，面对上帝，实现"莫克萨"①。这是我生存的目的，为了这个目的而行动，并且孜孜以求其可以实现。但凡我说出的和写下的，包括我在政治方面的所有冒险，都导向了这个目的。然而由于我一直坚信，对于一个人可能实现的事，对其他人也是有可能的，因此我的实验并非关起门来进行的，而且我并不觉得这个事实降低了其精神价值。有些事情是只有某个人与其造物主才明白的。那些当然都是只可意会不可言传的经验。尽管我所要说的体验并不是这类，但它们是精神层面的，亦或说是道德层面上的，而宗教的本质就是道德。

只有那些从属于宗教的，老少妇孺皆能理解的事情，才包含在这个故事之中。只要我可以用一种心平气和且谦卑的精神来诉说这些体验，其他的诸多体验者就会发现他们前进的力量。我不敢夸耀这些体验已然尽善尽美，只敢承诺自己会如一名科学工作者那样，虽然以极度的精确、远见和细致开展试验，却从不敢妄称所获得的结论就是最终答案，而是秉持一种谦虚的态度。我曾经历过深刻的自我反省，反复探究自己，并检查和分析所有心理状态。但我还远不敢称自己的结论就是最终的答案，是没有错误的答案。我仅仅敢承认它们对我而言是绝对正确的，而且暂时看来是最终答案。否则，我就无法依据它们而开展行动了。我所履行的任何步骤都是根据它们而选择接受，

———————————
① 莫克萨（moksha）指的是脱离生和死的自由，类似"解脱"之意。

或者拒绝的。而且但凡我的行为能让自己的理性和良知感到满足，那么我必将坚决地依据自己所秉持的结论来行动。

倘若我仅仅是打算探讨一些学院式的道理，我自然没有必要写自传。但是我的目的旨在说明这些道理在各种不同实践方面上的运用。我给这些即将动笔的篇章起了一个题目：《我体验真理的故事》。这其中自然包括非暴力、独自生活以及其他一些被视为与真理不同的行为准则。但是对我而言，真理就是至高无上的准则，其包含无数其他原则。所谓真理并不单指言论的真实，还包括思想上的真实，不仅是我们所理解的相对真理，更是绝对的真理，永恒不灭的真理，即神灵。关于神灵，有数不清的定义，因为神灵的体现是多方面的。这诸多体现让我惊奇和敬畏，某个时刻还让我惶恐。但是我仅仅将神灵当作真理来崇拜。我尚未找到他，然而我一直在追寻他。为了达成愿望，我甘愿牺牲自己最为珍贵的东西，就算付出的代价是舍弃我的生命，我希望自己能够将其贡献出来。但是只要我还无法实现这个绝对真理，我就必须坚持自己所理解的相对真理。而那个相对真理，同时还是我的光明、护身符和防身之物。纵使这条道路如刀刃一般径直、狭窄且锋利，但对我而言，它却是最为便捷和简单的。哪怕我所犯下的是喜马拉雅山般的错误，我也视如草芥，因为我已严守此道。这条道路让我免于感怀悲愁，因为我已然跟随自己的光明前行。在我前行的过程中，经常能隐约地看到绝对真理，那是神灵的一点光辉，而且只有他是真实存在的，其他一切都是不真实的。这种信念在我心中日益滋长着。让那些感兴趣的人了解一下这种信念是如何在我心中生长的；如果能够，他们可以来分享我的实验，分享我的信念。我心中一直成长着更进一步的信念：但凡对我而言是可能的事情，对于一个小孩而言也是可能的，并且我有充足的理由这样说。追求真理的方法即简单也困难，对于一个自高自大的人而言，它们似乎是彻底无望的，然而对于一个无辜的儿童来说，却是完全有可能的。追求真理的人应该比尘土还要谦卑。整个世界可以将尘土踏在脚下，不过追求真理的人务必要谦虚到被尘土所践踏。只有这样，也只有到了那个时候，他才能一窥真理。至富与妙友① 之间的谈话极为

---

① 至富（Vasishtha）与妙友（Vishvamitra）在印度史诗《罗摩衍那》是两位化敌为友的圣人，至富属于婆罗门，而妙友属于刹帝利。有一次，妙友打算偷至富的神牛，从而引发战斗，最终妙友认罪，并且承认至富的种姓高于自己的种姓，不会再有寻衅。

清楚地探讨了这个问题，基督教和伊斯兰教同样充分地验证了这个问题。

倘若我在这几页中所写的任何内容让读者有骄傲的感觉，那么他就应该认为我所追求的必然存在什么错误，而我所窥见的不过是海市蜃楼而已。就让成千上万如我一般的人毁灭吧，让真理盛行。千万不能让如我这般以毫厘之差判断错误的生命来降低真理的标准。

我期待并且请求不要有人将以下章节中所发表的意见视为权威。我在这里所谈及的一些经验可被视为一种图解，每个人都可以依据自己的喜好和能力参照其来进行实验。我认为如果仅限于这个范围，那些图解的确是会产生帮助的，因为我并不打算虚饰也不会逃避任何应当说的丑事。我期待将自己的全部错误彻底地告知读者，我的目的旨在叙述自己在非暴力不合作中的体验，并非夸耀我的为人是多么好。对于自我的判断，我将尽全力做到严格和真实，因为我亦对他人这么要求。依据这种标准来衡量自我，我必须要与首陀罗一起高呼：

> 何处有这种坏人，
> 如我一般邪恶又令人厌烦？
> 我已然抛弃造物主，
> 成为了一个没有信仰的人。

我距离神灵如此遥远，这使我分外痛苦。我全然了解，神灵操纵着我生命中的每一次呼吸，而我则是他的后代。我清楚自己距离他之所以非常遥远，是由于自己还存在不良的感情，然而我还无法彻底摆脱这种感情。

但是我得就此停下了，我要在下一个章节开始述说真正的故事。

莫罕达斯·卡拉姆昌德·甘地
1925 年 11 月 26 日于沙巴玛蒂学院

目 录

第一部
家世与求学

我的家世 / 001

童年时光 / 004

童婚经历 / 005

新婚的体验 / 008

中学时代 / 010

一个悲剧（上篇）/ 014

一个悲剧（下篇）/ 016

盗窃和赎罪 / 019

父亲辞世 / 021

感知宗教 / 024

准备前往英国留学 / 028

种姓身份被废除 / 031

抵达伦敦 / 033

成了素食主义者 / 036

学习做英国绅士 / 038

勤俭的生活 / 041

饮食上的新实验 / 044

我的羞涩性格 / 047

说出结婚的事实 / 050

接触各种宗教 / 052

神灵给予弱者力量 / 055

纳拉扬·亨昌德罗 / 057

参观大博览会 / 060

取得律师资格 / 062

我的不安和无助 / 064

第二部
从孟买到南非

赖昌德巴伊 / 067

开始全新生活 / 069

第一宗案件 / 072

第一次打击 / 074

准备奔赴南非 / 077

前往纳塔尔 / 079

头巾问题 / 081

奔赴比勒陀利亚 / 084

遭受不公正对待 / 087

抵达比勒陀利亚 / 091

和基督教徒的交往 / 094

设法联系印度人 / 096

印度侨民的悲惨遭遇 / 099

准备官司 / 101

对于基督教的见解 / 103

决定留在南非 / 106

定居纳塔尔 / 108

纳塔尔印度人大会 / 112

反对种族歧视 / 115

巴拉宋达朗 / 117

3英镑人头税 / 119

研究各种宗教 / 121

轻信同伴的结果 / 124

返回印度 / 126

在印度期间的见闻 / 129

我的两个秉性 / 131

参加孟买的集会 / 134

浦那和马德拉斯 / 136

争取舆论的支持 / 138

第三部
体验真理的故事

携妻带子的远航 / 141

另一种风暴 / 143

经历考验 / 146

风暴之后的平静 / 149

对于儿女的教育 / 151

在医院里当义工 / 153

禁欲（上篇）/ 155

禁欲（下篇）/ 157

崇尚俭朴的生活 / 160

布尔战争 / 162

卫生改革和饥荒救济 / 164

珍贵的礼物 / 165

重返印度 / 168

从事文书和听差 / 170

参加国民大会 / 172

朝觐寇松勋爵 / 174

与戈卡尔相处的一个月（上篇）/ 175

与戈卡尔相处的一个月（中篇）/ 177

与戈卡尔相处的一个月（下篇）/ 179

在贝纳勒斯 / 181

定居孟买 / 184

遭遇信仰考验 / 186

再次奔赴南非 / 189

第四部
非暴力不合作运动

"丧失了爱的劳动？" / 191

来自亚洲的专制者 / 193

忍辱负重 / 194

自我牺牲精神 / 196

自省的成果 / 198

为素食付出的牺牲 / 200

土疗和水疗的实验 / 202

一个警告 / 203

与当权者抗争 / 205

回忆与忏悔 / 207

与欧洲朋友的亲密交往（上篇）/ 209

与欧洲朋友的亲密交往（下篇）/ 211

《印度舆论》/ 213

苦力集中地还是"隔度"？ / 215

黑死病（上篇）/ 217

黑死病（下篇）/ 219

火烧印度居民区 / 221

一本书的魔力 / 222

凤凰村 / 224

创刊首夜 / 226

波拉克毅然前来 / 227

受神灵保佑的人 / 229

家庭生活一瞥 / 232

祖鲁人的"暴动" / 234

心灵的追寻 / 236

非暴力不合作运动的诞生 / 238

增加在营养学上的实验 / 239

嘉斯杜白的勇气 / 240

家中的非暴力不合作 / 243

致力于自我克制 / 245

绝　食 / 246

出任校长 / 248

文字上的训练 / 250

精神上的训练 / 251

好和坏的差别 / 253

将绝食当成苦修 / 254

应戈卡尔之邀前往伦敦 / 256

战时志愿者 / 257

一个艰难选择 / 259

小型的非暴力不合作运动 / 261

戈卡尔的慈悲 / 263

治疗胸膜炎 / 265

重返祖国 / 266

从事律师的一些回忆 / 268

法庭上的诚实 / 270

当事人变成同事 / 271

解救一位当事人 / 272

第五部
谋求印度自治

初次体验 / 275

与戈卡尔的重逢 / 277

是威胁吗？ / 278

圣提尼克坦 / 281

三等车厢乘客的悲哀 / 283

印度公仆社 / 284

坎巴庙会 / 286

拉克斯曼·朱拉 / 289

创建学院 / 291

经历风波 / 293

契约制度的废除 / 295

反对"三卡塔"制度 / 298

文雅的比哈尔人 / 300

面对"非暴力" / 302

诉讼撤销 / 305

调查三巴朗 / 307

同　伴 / 309

深入农村之中 / 311

得到副省长的支持 / 312

接触劳动者 / 314

学院情况 / 316

再次绝食 / 317

凯达的非暴力不合作运动 / 320

洋葱贼 / 321

凯达非暴力不合作的结束 / 323

迈向团结 / 324

征兵运动 / 327

人生第一场大病 / 331

罗拉特法案与我的窘境 / 334

奇　观 / 336

难忘的一周！（上篇） / 339

难忘的一周！（下篇） / 342

喜马拉雅山般的错误 / 345

《新生活》以及《青年印度》 / 346

在旁遮普期间的经历 / 348

护牛和抵制英货 / 350

阿姆利则国大党大会 / 354

国大党入党礼 / 356

土布运动的诞生 / 358

开展手工纺织 / 359

对话纺织厂主 / 362

大势所趋 / 364

在拿格浦 / 366

尾　声 / 368

第一部
家世与求学

生由死而来。

为了发芽，麦子的种子必须先死亡。

我的家世

我们甘地家族属于班尼亚（Bania）种姓①，早先祖上应该是做杂货生意的。不过，从祖父开始，我们家族中连续有三代人担任了卡提亚华各邦的首相。我的祖父名叫乌塔昌德·甘地，别名奥塔·甘地，是一个讲求原则的人，他此前本是布尔班达的帝万（Diwan）②，后来因为一些政治上的纷扰被迫离开，去了朱纳卡德避难。由于他坚持只用左手向当地的纳华伯（Nawab）③致敬，因此受到了一些人的责问，认为他这种举动有侮辱之意，他对此则回应道："我的右手已经用来向布尔班达效忠了。"

我的祖父因丧偶而再婚，他的前妻留下了四个孩子，第二任妻子又生了两个。我小的时候并没觉察到祖父的这几个孩子并非一奶同胞。在这六兄弟里面，排行第五的名叫卡朗昌德·甘地，别名卡巴·甘地，最小的名叫杜尔希达斯·甘地，这兄弟俩先后都担任过布尔班达的首相，而这个排

---

① 种姓制度是印度与南亚其他地区普遍存在的社会体系，印度教徒的四大种姓按照地位高低排序分别为：婆罗门、刹帝利、吠舍、首陀罗。班尼亚为吠舍的一支，是由务农或者经商的人组成的。

② 以前印度各个王宫土邦的首相。

③ 印度莫卧尔王朝时期分封各地掌管军政的官员，属于世袭制。

行第五的卡巴·甘地就是我的父亲。我父亲曾经担任过王廷法庭的法官，现在已经没有那种法庭了，不过在当年王廷法庭是极具权力的一个机构，负责为酋长及其族人间的纠纷进行调节。我父亲曾先后在拉奇科特和樊康纳担任过首相的职务，去世时还领到了拉奇科特给予的抚恤金。

我的父亲有过四次婚姻，每次续弦都是因为前一任妻子去世。在他的前两次的婚姻中生育了两个女儿，和最后一任妻子普特丽白育有一个女儿和三个儿子，而我就是他们最小的儿子。

我的父亲忠诚英勇，刚正不阿，非常热爱自己的宗族，不过缺点是脾气有些急躁。就某个方面而言，他有沉迷肉欲的嫌疑，因为他结第四次婚的时候已过不惑之年。但是他为人非常廉洁，而且无论是在家族内部还是在社会上都以处事公正而著称。有目共睹的是，他对本邦非常忠诚。有一次，父亲听到一个助理政治监督官（Political Agent）[①]在言辞上侮辱了拉奇科特的王公，于是他为了维护自己主人的尊严立即挺身而出，对那位监督官严加斥责。这当然让那位监督官大动肝火，要求父亲道歉认错。而我的父亲自然不从，为此还被拘留了几个小时。因为我父亲的态度强硬，不肯屈服，监督官最后也只好将他释放。

我父亲从来就对发家致富没什么兴趣，所以也没有给我们留下什么产业。他受教育的程度并不高，但却拥有丰富的社会经验。我父亲顶多具备古吉拉特文五年级的水准，至于历史、地理这些科目则是完全没有学过，不过他凭借丰富的社会经验在处理繁杂问题和管理人员方面显得从容不迫。他也没有受过专门的宗教训练，但是对于本宗教的文化非常熟悉，这是因为他经常去参拜寺庙并且听人讲解经文。后来在家中一位非常博闻强识的婆罗门朋友的帮助下，我父亲在晚年期间开始诵读纪达经[②]，每天祷告的时候都要朗声诵读几段。

[①] 印度在英殖民地时代，由驻印度的英国总督派往印度比较小的土邦的官员，手握实权，土邦王公皆听命于他。

[②] 即《薄伽梵歌》，印度教圣经之一，为古今印度社会中家喻户晓的梵文宗教诗。此诗原为大史诗《摩诃婆罗多》第六篇中的一部分，体裁系采取对话方式，借阿朱那王子与黑天两人所作的问答，论述在既存的社会制度之中，必须毫无私心的各尽本分，以及应对唯一的神作绝对的归依与奉献。

我的母亲是一位非常虔诚的宗教信徒,她的圣洁给我留下无比深刻的印象。我母亲坚持在每餐饭前进行祷告,如果不做祷告就绝对不用餐。此外,她每天都要去哈维立——一座毗湿奴(Vishnu)[①]神庙——去参拜,从来没有中断过。在我的印象中,她未曾错过"查土摩"(Chaturmas)的禁食期[②]。有的时候,我的母亲甚至会许下最难以奉行的誓愿,并且恪守不渝。她从来都不会找借口违背誓言,即使身患重病也是如此。记得有一次,我母亲正在履行"昌德罗衍那"(Chandrayna)[③]誓言,却突然病倒了,不过她依然选择继续禁食。实际上,对于我母亲而言,接连禁食两三次都不值一提,她也早已习惯每天只吃一顿饭。不仅如此,我母亲在一次"查土摩"禁食期间,居然隔一天便绝食一天。而在另一次"查土摩"禁食期间,她发誓不看见太阳就不吃食物。众所周知,在雨季高峰期,太阳是不会经常现身的。在我印象中,那时候只要看到了太阳,我们几个小孩就急着去告诉她,而我母亲总是要出来亲自证实,可是等到母亲出来的时候,那刚冒出来的太阳就又被云彩给遮住了,而这样就剥夺了她进食的机会。不过我母亲却毫不沮丧,而是非常平和地说道:"没关系,这是神的指示,今天不能吃东西。"于是,母亲就转身回屋去做家务了。

我母亲有非常丰富的常识,并且通晓本邦的各种事物,就连宫廷中的贵妇们也非常赞赏她的才智。我小的时候有幸经常陪我母亲出门,直到现在我还记得她与本邦王公的寡母之间的有趣谈话。

这就是我对父母亲的印象。我于1869年10月2日出生,出生地是一个叫布尔班达(又名苏达玛普)的地方。我在那里度过了童年,印象中也应该是在那里上学的。我花费了很多精力才学会乘法口诀。不过除了与其他小伙伴曾经一起戏弄过我们的老师这件事之外,我对当时发生的其他事情已经没什么印象了,这充分地证明了我智力不高且记忆力不好。

[①] 毗湿奴是"维护"之神,其信徒不杀生,极为重视爱和慈悲。
[②] 一年之中神圣的四个月里的一个时期,在此时期的雨季里,要绝食或者半绝食。
[③] 一种每天食量随月亮的盈亏而增减的绝食方式。

童年时光

在我大概七岁时，我的父亲选择离开布尔班达，去了拉奇科特的王廷法庭做法官。于是我就在拉奇科特读小学，那时候的一些情景现在还记得很清楚，比如那些曾经教过我的老师的姓名，以及他们的一些特点。

我的学习情况无论是在布尔班达还是拉奇科特其实都没什么两样，平凡至极，不足为道。之后我转了学，新学校位于郊外，我在那里一直读到了中学，当时我已经十二岁了。

在我这段并不算长的求学生涯里，我从来没对师长或者同学撒过一次谎。我的个性比较内向、害羞，经常回避与人主动交往，埋头在功课里，书是我唯一的朋友。我习惯每天按时到校，到了放学的时间就立即跑回家。我真的是一路跑回家的，因为我真的过于恐惧与别人说话，担心别人会取笑自己。

我读中学一年级期间，在一次考试时发生了件值得一提的事情。当时一位名叫齐而斯的学监走访到了我们学校。齐而斯先生要求我们拼写五个词语，其中一个词是"水壶"。我拼错了这个词，旁边的老师用鞋尖碰了碰我，不过我并没有理解他的用意，以为老师在场的目的是防止学生作弊，后来才发现老师是在暗示我可以抄袭旁边同学石板上的答案。结果，那天所有的同学们的拼写单词都是正确的，除了我，我感觉自己是个傻瓜。之后，老师责骂了我，想让我认清自己的愚蠢。但这对我而言却没什么作用，我一辈子也学不会"抄袭"这门技能。

然而这件事情完全没有减少我对师长的尊敬之情，无论发现师长有多少缺点，对其的尊敬仍始终如一。这是因为我打小接受的教育就是务必遵从长者的教诲，不要去质疑他们的行为。

这段时间里还发生了两件事让我印象深刻。平时我并不是非常喜欢读课外读物，因为我需要在功课上花费很多时间。我既不愿意受到老师的责罚，也不想欺骗他，所以即使集中不了注意力，也得尽量完成功课。因此，连完成作业都有难度的我,更没有精力读什么课外书了。但是有一次,我居然对父亲买回来的一本书产生了兴趣,那是《斯罗梵纳孝顺双亲》的剧本,我读得手不释卷。当时正巧家里来了几个巡回表演皮影戏的艺人,他们的表演内容中就有斯罗梵纳背双目失明的双亲朝圣的情节。那本书和那个场景深深地印刻在我的脑海中。我告诫自己:"这就是我应该效法的榜样。"直到现在我还能回忆起斯罗梵纳离世时,他的父母悲痛万分、断肠哀号的情景。那一段哀歌强烈地震撼了我,后来我还用父亲送给我的大风琴演奏过那段曲子。

第二件事则与另一出戏有关系。

一次,我父亲允许我去看一个剧团演出的一部戏,我深深地被那部叫做《哈里斯昌德罗》的戏所吸引,百看不厌。不过有一个问题让我烦恼,那就是我能有多少机会再去看这部戏呢?于是我就开始自己扮演起哈里斯昌德罗,数不清到底有多少回。我经常思索:"世人为何不能像哈里斯昌德罗那样诚实呢?"我立志要像哈里斯昌德罗那样勇于追寻真理,为了真理甘愿承受所有的考验,这个想法时常在内心深处鼓舞着自己。到了现在,凭借常识判断,哈里斯昌德罗也许并非历史中的真实人物,不过无论怎样,斯罗梵纳和哈里斯昌德罗的精神对我而言都是真实的,我坚信哪怕是现在重读这两部戏的剧本,自己依然会像从前那样被感动。

童婚经历

写这段经历会让我留下很多眼泪,咽下很多苦水,所以我并不是很乐意谈及这段往事。但既然我自命是信仰真理的人,就不能对这段经历避而不谈。将十三岁就走入婚姻生活的经历记录下来是我沉痛的责任。每次当我看到自己所照顾的那些和我当时年龄相仿的孩子们时,就身不由己地感伤起来,但同时也非常庆幸他们没有和我一样的遭遇。在我看来,那种荒唐的早婚完全没有道德标准。

在这里请读者们不要产生误会,我的确是结婚而非订婚。在卡提亚华,订婚仪式和结婚仪式是完全不同的。订婚指的是男女双方的父母预先定下婚约，而这种约定并非无法违背，如果男方去世，女方不用守寡。并且这完全是男女双方父母间的约定，与他们的子女无关，所以在很多时候连当事人都不清楚这些，比如我大概就订过三次婚。因为听长辈说给我选定过的两个女孩都先后去世，所以我推测自己应该是订过三次婚。第三次订婚那年我七岁，有些许模糊的印象，不过记不清到底有没有人跟我提及过此事了。在这个章节中我要讲述的是我结婚的过程，这段经历我还是有清楚的印象的。

我们家兄弟三人，我的大哥很早就已经结婚了。经过家族中的长辈们讨论决定，让年长于我两三岁的二哥，比我大一岁的堂哥还有我三个人一起举办婚礼。长辈们之所以做出这样的决定，并非是为了我们的幸福考虑，更谈不上尊重我们的意愿，而是完全为了方便和节省做出的决定。

印度教教徒的结婚仪式非常麻烦，新人的双方父母甚至会为了操办婚事而耗尽家产，精疲力尽。他们会花费数月时间来购置衣物饰品，装修房屋，准备酒宴，而且还要就数量和种类等方面相互攀比，尽量让自家的风头盖过别家。而且妇女们不管自己有没有一副好嗓子，都会放声歌唱，甚至会因为办婚礼而累得生病。主家并不在意办婚礼的声势浩大会侵扰到邻居，而邻居对于这些嘈杂和纷乱也会以平常心处之，因为他们知道自己家总有一天也会来这么一次。

我们家族中的长辈们了解婚礼带来的种种麻烦，所以才会索性让三个孩子的婚礼同时举行，这样既省事，也很风光，毕竟办一次婚礼比分别办三场要合算很多。我的父亲和叔叔都不年轻了，而我们兄弟三人又是亟待操办婚事的最小的孩子，大概他们是期待在有生之年感受到孩子们最后一场婚事带来的快慰吧。综上所述，我的家族就做出了三场婚礼同时举行的决定，并且花费了好几个月的时间来操办这场仪式。

而我们也是在准备婚礼的过程中，才慢慢意识到即将要发生的事情。那时候，我对结婚的印象基本上就是穿上漂亮的衣服，在锣鼓奏乐的伴奏中迎接新娘，摆上丰盛的酒宴，和一个陌生的女孩子一起玩耍，大概只是这样而已。后来才萌发了对性的渴望，不过除了一些真正值得记录的经历，其他的细枝末节我都羞于启齿，留着以后再说吧。而且那些细枝末节和我这本书的主题思想也没什么太大的关联。

就这样，为了出席如同演戏一般的婚礼，二哥和我从拉奇科特回到了布尔班达。在婚礼开始前的准备工作中，还发生了一些有意思的事，比如我俩从头到脚都被抹上了姜黄膏，但是这些细节我不想过多描述了。

即使我的父亲身为一位帝万，但还是摆脱不了奴仆的身份，特别是他深得本邦王公的信任，这使得他必须要听从命令。所以在准备婚礼的阶段，直到最后时刻王公才同意父亲离开，还专门派给父亲几辆专用的马车，这可以为他的行程节约大概两天的时间。命运却做出了自己的安排，从拉奇科特到布尔班达距离120英里，坐马车的话需要五天，而我父亲仅用了三天就赶到了，但在最后一段行程他乘坐的马车居然翻了，我父亲也身受重伤。他回家时全身缠满了绷带。这让我们家人对婚礼的热情减少了大半，不过婚礼还是得如期举行的，婚期岂是随意更改的？由于自己的幼稚和沉溺婚礼的欢乐，我竟然忘记了父亲受伤的悲痛。

我对于双亲是孝顺的，不过我沉迷于肉欲的程度并不低于我对双亲的孝顺程度。而且在当时，我没有觉悟孝顺父母是理应抛弃所有欢愉的。然而，仿佛就像责罚我贪图肉欲一般，发生了一件让我追悔终生的事情，这件事在下面的章节中我还会提及。尼斯古兰纳歌里面有一句歌词是这样写的："即使抛弃了外物，但若内心不洁净，也不是持久之道。"我每一次唱起那首歌，或者听到其他人唱的时候，就会重温那痛苦的往事，羞赧不已。当时尽管我父亲负伤，但依然支撑着身体坚持全程参加婚礼。时至今日，我依然记得他仔细检查婚礼的诸多细节时的情景。难以想象居然有这么一天我会严厉批评他为我安排的童婚。在当时的我看来，每件事物都非常妥善得体，那时我自己也是觉得想结婚的，而我父亲那时的举动也无可非议，那些回忆至今依然很鲜明。直到现在，我还可以详细地叙述出当时我和我的新娘怎样坐在婚礼台上，怎样进行"七步礼"（Saptapadi）①，怎样互相喂对方吃合欢糖，之后又怎么开始共同生活的。

此外，还有就是我的新婚之夜！两个懵懂的孩子的命运就那样被牢固地捆绑在了一起，丝毫没有觉察到已经踏入到人生的洪流之中。我的嫂子

---

① 印度教徒的新郎与新娘的一种意识，行七步，互相承诺要一生为对方守贞和彼此敬爱，此后他们的婚姻就是百年不变的结合。

曾经细致地教授过我初夜应该做的事，不知我的妻子是否也受到这样的教诲。我从来都没问过她这件事，现在也没有必要问了。读者们可以想象出当时的我们是多么的害羞，紧张得连面对面都不敢。我怎样跟她开口说话呢？说一些什么才好呢？嫂子之前告诉我的那些注意事项似乎没什么用，比起对本能的领会而言，所有的教导都显得多余。我们逐渐地开始摸索着彼此了解，然后开始轻松地聊天。虽然我们同岁，然而没过多长时间，我就开始行使作为丈夫的权威了。

新婚的体验

在我结婚的那个年代，常常出版发行一些价值大概1个派司或者1个派[1]（我现在记不清楚到底是多少钱）的小册子，这些小册子的内容主要是探讨关于夫妻感情、勤俭节约、童婚生活或者其他类似的话题。每当我拿到这些小册子的时候，都会从头到尾进行研读，这样就养成了一种忘我所恶、行我所喜的习惯。那些阅读物里面标榜丈夫对自己的妻子矢志不渝是天职，这一点被我铭刻于心。而且，我天生就秉承着追求真理的热情，当然不会去欺骗自己的妻子。况且我当时年纪还小，也没有什么欺骗妻子的机会。

但是关于忠诚的劝诫也会产生一些不良影响。我暗自思量："如果我发誓忠诚于妻子，那么她也务必要发誓对我忠诚。"这样的想法将我变成了一个容易嫉妒的丈夫。我将妻子的义务转化成了要求她必须忠诚于丈夫的权利，为了保证这一点，我开始时刻注意这些。其实我并没有任何理由去质疑我妻子的忠贞，不过嫉妒是不需要什么理由的。我经常监视她的一举一动，不经过我的允许，我妻子是不可以随便出门的，这也成了我们之间争吵的导火线。实话说，这种对人身自由的限制如同囚禁，而我的妻子嘉斯杜白从来都不是习惯逆来顺受的女子，她坚持自己做自己的主，无论是去哪里还是什么时间去都要自己决定。我的限制越严，她的行动反而越

---

[1] 为印度旧币制，1卢比（Rupee）等于16安那（Anna），1安那等于4派司（Pice），1派司等于3派（pie），现在已经改用十进制。

随性，这让我非常苦恼，于是我们夫妻俩经常互相不理睬。在当下看来，嘉斯杜白不听从我的限制而采取自由出行的态度并没有错，试想一个为人坦率的女子怎么可能忍受丈夫限制自己去参拜神庙或者探亲访友呢？如果我真的有权利限制她，那么难道她对于我就不能行使相同的权利吗？现在我都想通了，不过当时我一心只想实现作为丈夫的权威！

然而，请读者们不要误会我们的夫妻生活是非常痛苦的。实际上这种苛责是建立在我对妻子之爱的基础上的。我试图将妻子打造成理想类型，而我抱持的野心则是希望她过上纯粹的生活，让她了解我所学习的一切，使她的思想和生活都与我保持同步。

但是我并不了解嘉斯杜白是否也有和我一样的意志。我的妻子并不识字，而且她的个性单纯、自立、坚忍，在与我相处时沉默寡言。嘉斯杜白对于自己的无知丝毫没有感到不安，在我印象中，无论我多么刻苦学习也不会激发起她的求知欲望。所以我推测，我的期许完全是自己单方面的，我将热情给予给这位女子，同时期待这种热情是双向的。不过即使没有得到回应，我也没有痛苦难当，因为至少我付出的感情是诚挚真切的。

不能否认的是，我对妻子是非常依恋的。即使身在学校，我对妻子也非常牵挂，万分期待夜幕来临，期待与她见面，这种思念长时间折磨着我。分离是无比难耐的，我和她经常到深夜还不睡觉，仅仅为了说一些无聊的话。像我这种深陷于贪恋爱欲的人，如果不是因为心中还有那么一份炽热的责任感，也许就会因为身患恶疾而英年早逝，要不然就是会陷入不堪重负的生存之苦中去。无论如何，每一天的早上我都要写完学校留的作业，但是我又不能对任何人撒谎，也正是这一点最终将我拯救，使得我免于一错再错。

我提及过嘉斯杜白不识字这件事，我也很想教会她认字，然而贪恋爱欲使得我没有足够时间实现这个愿望。而且她本人也不是发自内心想要学习，所以只能在晚上教她。当着长辈的面，我都不敢直视她，更别提跟她说话了。这是由于卡提亚华独特的、毫无裨益而且非常野蛮的深闺制度造成的，无论过去还是现在皆为如此。我也必须要承认自己年轻时曾经尽力教授过嘉斯杜白，虽然没有什么结果。但是当我从爱欲洪流中抽出身来之后，却又已经开始致力于公共事务，再没有多余的精力去教她了。后来我曾经打算请家庭教师来，但也没有成功。时至今日，嘉斯杜白连写一封简单的信都非常吃力，仅仅认识几个简单的古吉拉特字而已。我明白，如若不是因为我贪恋爱欲而错失了教导她的机会的话，现在她也许已经成为一个非常有学识的女人了。毕竟我有能力帮助她克服不喜欢学习的习惯。拥有纯粹的爱，没有什么不可能实现的事。

　　前文中我提及过有一种情形多多少少将我从贪恋爱欲中拯救了出来。除此之外，还有一件事值得记下来。有数不清的例子让我相信：神终究会救赎那些动机纯良的人们。在印度教的社会中，除了残酷的童婚制度外，还存在着另一种风俗，这种风俗在一定程度上能够减轻童婚制度带来的罪恶。那就是，双方父母一般不会允许年轻的夫妻长时间在一起相处，新婚后妻子大部分时间是要在娘家度过的。我们夫妇的状况也是这样，也就是说，我们婚姻的前五年（十三岁至十八岁），我和妻子一起生活的时间合计不超过三年。我们夫妻相处还不到半年的时候，我妻子的父母就让她回娘家了。虽然我不赞同她父母的做法，然而这却拯救了我们两个人。我在十八岁那年前往英国留学，而这自然也是一场长期但有益的分离。当我从英国归来后，我在拉奇科特和孟买之间奔走往返，和妻子在一起的时间没有超过六个月，之后我就奔赴南非去工作，而那时我已然可以轻松地摆脱肉欲的诱惑了。

中学时代

　　在前文中我提及过，结婚那年我还在上中学，而且我们兄弟三人读的是同一所中学。我大哥读的年级最高，与我一起办婚礼的二哥则高我一个年级。二哥和我都因为婚事而延误了一年学业，更糟糕的是，二哥后来因此辍学了。不知道在那个时代里，究竟有多少印度的青年经历了这种厄运，似乎只有在信仰印度教的社会里，才会出现求学和结婚并行这种现象。

　　婚后我没有放弃学业，而在我的中学时期，没有人觉得我是愚笨的，师长们对我非常宠爱。当时，学校每一年寄给我父母的成绩单和操行评定都是优异的。实际上，在二年级的时候我还得过奖，在五年级和六年级时，还分别领过4卢比和10卢比的奖学金。能够拥有这样的好成绩，与其说是勤奋，倒不如归功于运气好。这是因为奖学金并非是所有学生都有机会获得的，而仅仅是面向从卡提亚华的索拉兹地区来的优等生。当时每个班级大概有四五十人，但来自索拉兹地区的学生却并没有几个。

由于我对自己的评价并不高，以至于每次得到奖品或者奖学金时我都会惊诧。但是我确实能够对自己严格要求，即便是犯了一些小毛病都会哭泣。不管是老师决定惩罚我，还是我自己意识到犯了错误，都让我难以忍受。还记得在我大概一年级或者二年级的时候，有一次我接受体罚。其实我并不在意惩罚本身，而是在意别人会以为我罪有应得，于是我难过地哭了。在我上七年级的时候，类似的事情又发生了。我们当时的校长名叫度罗博济·叶杜吉·齐米，他因为管理严明而且善于教学而备受学生们的喜爱。校长将体育课和棒球课列为高年级男生必修的课程，不过这两门课我都不喜欢。在这两门课成为必修课之前，我几乎从不参加体育活动（无论是棒球还是足球）。之所以避开运动的原因之一是我害羞，现在看来这实在太幼稚。不过那个时候的我错误地认为体育活动和教育毫无关系，但我现在已经明白对体能的训练的重要程度并不逊于对知识的培养。

不过话说回来，虽然我不怎么参加体育活动，但我的身体并不孱弱。我曾经在书里读过关于长时间外出散步带来的好处，我也非常认同这个观点，并且养成了爱散步的好习惯，并且到现在依然保持着这个习惯。因为经常散步，我拥有了非常强健的体格。

我逃避体育课还有另一个原因，当时我非常急切地去看护父亲，所以每次放学我都立即赶回家，但是体育课改成了必修课这件事却成了我的阻碍。因此我恳求齐米校长给予我不上体育课的特权，以便我有充足的时间侍奉父亲，但是校长没有答应我的请求。在某个周六，发生了一件让人不愉快的事情，当时我们已经结束了上午的课程，但必须还要在下午4点的时候回到学校上体育课。那天恰好是阴天，而我又没有表，所以我没弄清时间，待我赶回学校时，同学们已经下课回家了。等到第二天齐米校长查看点名册时，发现了我缺课，就向我询问原因。尽管我实话实说，但是他却不信任我，还罚了我一个安那（或者是两个安那，我记不清了）。

居然冤枉我，说我撒谎！这让我非常难过，但如何才能证明自己是清白的呢？我没有想出对策，只能伤心地大哭一场。这件事让我明白一个道理：即使是诚实的人，也必须谨慎行事。这是我在学校期间，因为疏忽犯的第一个错误，也是最后一个。我还依稀记得，后来并没有让我缴纳罚款。我父亲还亲自给齐米校长写了一封长信，信中说明了我需要尽早回家照顾他这件事，于是学校也就允许我不上体育课了。

虽然我没有因为不注重体育锻炼而使身体变差，但却因为另一种忽视而吃亏到现在。不知道从什么时候开始，我有了这样一种观念，我认为书法算不上教育的内容，一直到我去英国留学时还坚持着这种看法。直到后来，特别是在南非期间，每当我看见当地律师和在那里土生土长的印裔青年写出一手好字时，就会非常惭愧，并且追悔莫及。现在我认为书法功夫糟糕应被看成教育不完善的一个指标。其后，我一度努力改善自己的字，可惜为时已晚，已经无法补救年轻时因疏忽导致的弊病了。所以呼吁所有的青年都能将我的事引以为鉴，要认识到书法是教育中不可或缺的要素。而且，我觉得在孩子学习写字之前，应该先学习一些绘画，应该让他多去观察如花、鸟之类的事物，等他学会了临摹事物，再教他写字，想必定是事半功倍。

我上学期间，还有两件事情值得记述。我由于结婚所以辍学一年，而老师为了帮我弥补损失，特批我跳了一个年级，要知道一般只有学习勤奋的学生才能享受到这种待遇。所以，我只读了六个月的三年级，期末考试之后就转去读了四年级，之后就放暑假了。但是四年级大部分的课程都是用英语来讲授，一时间我觉得自己仿佛如坠云雾之中。并且开设的几何是门新课程，我学起来本就非常吃力，再加之是用英语授课的，就更增加了难度。老师的授课水平理应不错，但是我真的听不懂。于是我经常没有自信，并且希望回到三年级去上课。对我来说，用一年的时间去学习两年的课程实在难度太大了。可是如果重新回去读三年级，不仅我自己丢脸，也让老师没面子，毕竟老师是肯定了我的勤奋好学才允许我跳级的。这种担心双方都丢面子的想法，使得我坚持了下去。之后，经过了一番努力，我在学到欧式几何第十三定理时，突然开了窍，觉得课程变得简单起来。实际上，如果一门课程仅仅是需要运用一个人的推理能力的话，就算不上有难度。在这之后，我就觉得几何是既简单又有趣的了。

另一门有难度的课程是梵语，几何是不需要记忆力的，而梵语则必须死记硬背。梵语也是从四年级开始学的，不过当我进入六年级的时候，我就对其失去了信心。老师特别的严厉，我觉得他是在强迫我们学习。而且，教授梵语的老师和教授波斯语的老师还有一些相互较劲的意思。教波斯语的老师相对而言比较温和，同学们大多也认为波斯语学起来比较简单，认为波斯语老师非常好，能够体谅学生。所以有那么一天，畏惧困难的我就转去学波斯语了。这让梵语老师有些伤心，他把我叫到一旁，对我道："你难道已经忘记自己是毗湿奴信徒的儿子了吗？怎么连自己所信奉的宗教的语言都不愿学了呢？如果你在学习中遇到了困难，为何不来寻求我的帮助呢？我用尽心思教你们梵语，还是坚持着努力学习下去吧，你一定会发现其中存在的无尽趣味的。务必不要灰心，重新回到梵语班来吧。"

梵语老师的热切态度使我羞赧，我难以无视他的关心。直到现在，只要回想起克立斯纳商卡·潘迪亚老师，我的心中仍然荡漾着感激之情。如果那时候我没有继续学习梵语，之后也就不会有研习宗教经典的兴趣了。实际上，我现在还强烈地后悔当时没有深入地了解梵语知识。从那之后，我坚信所有信奉印度教的青年都应该刻苦学习梵文。

现在我觉得在印度的中学课程中，除了开设当地的语言课程以外，还应该有印度语、梵语、波斯语、阿拉伯语以及英语课程。大家不要觉得这么多的语言类课程很可怕，如果我们拥有完善的教育，使得孩子们不需要借助外语这种媒介来学习，那么学习这些语言就不至于成为一个惹人生厌的任务，反而能让人体会到其中的无穷乐趣。如果掌握了一门语言的相关科学知识，那么学起其他语言来会事半功倍。

事实上，印度语、古吉拉特语以及梵语可以算作是同一门语言，而波斯语和阿拉伯语则同属于另外一门语言。虽然波斯语从属于印欧语系，而阿拉伯语从属于闪含语系，但是这二者之间是存在很大关联的。这是由于它们都自称是起源于伊斯兰教的。而我认为乌尔都语并非是一门独立语言，其文法来自于印度语，而大部分的词汇又来源于波斯语以及阿拉伯语。所以如果想掌握乌尔都语，就必然先要掌握波斯语和阿拉伯语，就像如果想学好古吉拉特语、印度语、孟加拉语或者马提拉语，就必须先学会梵语一样的道理。

一个悲剧（上篇）

在中学期间，我并没有几个朋友。我在不同的时间结交了两位密友，其中一位与我的友情并没有维持太长时间，并不是由于我抛弃他，而是因为我结交了第二个朋友后，他就与我断绝了友谊。而与第二位朋友的交往，也成了我人生的一个悲剧。当时我是抱持着一种革新者的心态与他交往的，这段友谊也维持了很长的一段时间。

这位朋友和我二哥是一个班级的，本来是我二哥的朋友。说实话我很了解他的缺点，不过我依然坚持将他视为一个忠诚的朋友来对待。我的母亲、大哥以及妻子都劝诫我，认为我交友不慎。然而为了维护作为丈夫的尊严，我丝毫没有将妻子的提醒放在心里，不过我却不敢忽视母亲和大哥的叮嘱。可是我依然为他辩解："你们所指出的他的缺点我都知道，但是他身上也有很多你们不知道的优点。他非但不会将我带入歧途，我还会通过交往来改造他。要是他能洗心革面，定会成为一个大有作为的人。所以，请你们放心，不要担心我。"

虽然我不敢确定这番话是否真的能让家人们放心，不过他们渐渐不再过问了。

之后发生的事情证明我的想法是错误的。一个革新者是不需要和他准备改造的对象保持太过紧密的关系的。真正意义上的友谊是灵魂上的契合，但这种情况太过稀少，只有那些秉性相投的人们才能拥有高贵且永恒的友谊。

朋友之间是可以相互影响的，所以可见处于友谊之中是无法实现改造的。我们应该尽力避免陷入那种排他性的亲密关系之中，因为人可以轻易学坏，而学好则很难。所以要不就做一个与神灵相伴的孤独者，要不就干脆与全世界的人为友。可能我的这种想法是错误的，无论如何，我试图培养亲密友谊的愿望最终落了空。

当我和那位朋友相遇时，拉奇科特正被一场"改革"所冲击。那位朋友说我们的很多老师背地里会喝酒吃肉,同时还列举出很多本地的名人,甚至一些中学生也在这个队伍之中。

这让我非常惊讶和难过,于是便向他追问原因。朋友解释说:"我们这个民族之所以孱弱,就是由于我们不吃肉。而英国人能够统治我们,则是因为他们吃肉。你是了解我的,我身体健康强壮,跑步速度很快,正是因为我吃肉。吃肉的人是不会长血瘤的,即使偶尔长了瘤子,康复得也非常快。那些老师们以及社会名人并不愚蠢,他们明白吃肉是有好处的。你也不妨尝试吃肉,没关系的,亲自体验下吃肉带来的效果吧。"

他规劝我吃肉这件事并不是一次贯彻完毕的,而是一次次的逐步诱导。当时我的二哥已经认同了这个观点,所以他也支持那位朋友说的话。比起我二哥和那位朋友,我确实显得很瘦弱,他们俩都比我结实、健硕、胆量大。当时我的确被那位朋友的体能迷住了,他跑步的时候不但速度快而且耐力好,跳高和跳远也很厉害,无论多重的体罚他都能忍受。他还经常给我展示他的体能。当一个人从他人身上发现自己所不具备的能力时,自然会心驰神往,我也不例外。那时候,我强烈地萌发出了一种想赶上他的欲望。可是我既不能跳,也不擅长跑步,如何才能变得像他那样的强壮呢?除此之外,我的胆子很小,不但怕贼、怕鬼、怕蛇,甚至晚上我都不敢在室外活动,我的心中经常萦绕着恐惧。对我来说,黑暗是极度恐怖的事情。身处黑暗中,我完全无法入睡,我要么担心有鬼,要么担心有贼,要么就是有蛇。所以,房间里如果不点灯,我就无法入睡。可是我如何将这些担心告诉睡在我身边的妻子呢?当时的她已经不是小孩子了,而是一个少妇。我明白她比我勇敢这个事实,所以我经常感到惭愧。妻子不怕蛇也不怕鬼,晚上也敢出门。我的那位朋友非常了解我的这些弱点,他声称自己因为吃肉,所以敢抓活着的蛇,不怕贼,也不怕鬼。

那时候,我们同学的圈子中流传着古吉拉特诗人纳玛德的一首打油诗——英国人高大威猛,印度人渺小可怜;强者之强因食肉,弱者必被其所治。

在这些因素的影响下,我终于选择了妥协,逐渐开始认同吃肉有好处这种观点,认为吃肉会让我身体强壮,增强胆识;认为如果印度人民都吃肉的话,就能够战胜英国人。

因此我们就选择了一天，开始进行吃肉的体验。而这一切必须得秘密进行，因为我们家族皆为毗湿奴信徒，特别是我的父母更是尊崇宗教，他们会定期前往哈维立的神庙进行参拜。我们家族还有自己的神庙，此外，古吉拉特盛行的耆那教（Jainism）① 时刻影响着我。耆那教和毗湿奴信徒都是绝对反对和厌恶吃肉的，他们厌恶的程度是印度的其他地区或印度之外的任何地区都少见的。而我从小受这些传统所影响，并且还格外孝顺父母，所以如果他们发现我破戒吃肉，肯定会被吓得不轻。此外，出于对真理的执着，我必将谨慎行事。我并不是不明白吃肉等同于忤逆父母，可当时，我不是为了满足口腹之欲，而是为了实现"改革"，我不觉得肉很好吃，更多的希望我自己以及我的印度同胞们可以变得强健英勇，从而能够打败英国人，使得印度获得解放。那时候我还没听过"自治"这个词，不过我已然明白自由的价值。于是，这种为了实现"改革"的欲望蒙蔽了我的双眼。既然吃肉这件事需要秘密进行，我就进行了自我说服：只是对父母隐瞒，不算是违背了真理。

一个悲剧（下篇）

终于到了体验吃肉的那天，当时的复杂心情很难表述出来。我既充满好奇地抱持着对"改革"的热切，又对自己如做贼般偷偷摸摸地进行这件事而感到愧疚。究竟哪一种心情更胜一筹，其实我自己也搞不清楚。我们前往河边，找到了一个僻静之处，在那里，我平生里头一次看到了肉，此外有从面包店里买来的面包，可是我吃不出这两样食物的味道究竟如何。那天吃的山羊肉坚韧得如同牛皮一般，完全无法下咽。我实在吃不下去，不得不扔掉。

但是那天晚上我非常难过，做了一夜的噩梦。每当我有困意时，就会感觉到肠胃里有一只活的山羊在哀鸣号叫，然后我就会因懊悔而惊醒。后来，

---

① 起源于古印度的古老宗教之一，有其独立的信仰和哲学，提倡消除物欲，不被世俗所累。因与印度教很像，所以其教徒可与印度教徒通婚。

我只能自我安慰：尝试吃肉是在履行一种责任，这样想着，我的心情总算是平复了。

但是我的朋友是不会轻易住手的。接下来的日子里，他开始变着花样地准备各种肉食，而且色香味俱全。此外，我们举行聚餐的场所也不是在僻静的河边了，而是改在了一家政府宾馆的餐厅中，那里面桌椅配备齐全，都是那位朋友和餐厅的主厨特别布置出来的。而这种诱惑的确有效，我开始喜欢吃羊肉面包，之后也不对山羊持有怜悯之心了。虽然我其实并不是非常爱吃肉，不过可以接受了。类似的情况大概持续了一年左右，但事实上，我只吃了五六次肉。这是由于政府宾馆不能每天都开放，而且美味且昂贵的肉食准备起来也是有难度的。说实话，我并没有能力支撑这种"改革"，每次聚餐都是由我的朋友负责筹资。至于他是从哪里筹到的钱，我完全不知道。但他总是能搞到钱，因为他全心全意地想让我成为肉食者。可是他的能力毕竟是有限的，所以这种肉食聚餐的次数逐渐减少，间隔的时间也就越来越长。

每一次参加秘密聚餐，我都不能在家吃饭。而我母亲当然会叫我吃饭，还会询问为什么不吃饭。我总是用"消化不良"或者"今天没胃口"这种理由来欺骗她，这让我感到非常不安。我明知道自己在撒谎，而且还是在对母亲撒谎。但是我同样清楚的是，倘若父母发现我变成了肉食者，他们得多么难过。这些想法经常纷扰着我的心灵。

所以我告诉自己："虽然吃肉是必需的，在印度推行'饮食革命'也是必需的，但是对父母撒谎比不吃肉更恶劣，所以父母在世期间，一定不能再吃肉了。待到他们离世之后，我便可以随心所欲了，等到那个时候，我就可以公开地吃肉。但是在那以前，我绝对不能再吃肉了。"

于是我将这个决定告知了那位朋友，之后就再也没吃过肉。我的父母完全不清楚他们的两个儿子曾经成为肉食者这件事情。

我选择不再吃肉，这是出于一种自身的纯洁愿望，也就是不愿意再向父母撒谎。然而我并没有和那位朋友断绝交往，我尝试改造他的热切心情对我而言完全是灾难，这在后来被得到了证明。而当时，我丝毫没有意识到这一点。

就是那位朋友，险些引诱我做出不忠于我妻子的事情，还好最后并没有发生。一次，那位朋友把我带进了妓院，还交代我应如何行事，他已将一切都安排妥当，甚至把账都结了。我堕入罪恶之渊，亏得神灵以其无限仁慈将我守护。在那个邪淫的场所，我几乎连话都不会说了，也看不清任何东西。我坐在了那个妓女的床边，一言不发。这自然让她难以忍受，她不停地辱骂我，并将我赶出门外。作为男人的尊严就这样被践踏，这让我羞愧不已，几乎无地自容，然而我永远感谢神灵将我拯救。回顾从前，我曾经四次遭遇过类似的情况，最终都能够得以解脱，绝大部分不能归因到个人的努力，大多是命运使然。如果以伦理的观点来考量这类事情，自然是道德败坏的，因为这已经暴露出了我对肉欲的渴望，有这种想法和去做这样的事都是错误的。然而如果以世俗眼光来看，如果一个人的肉体没有出轨，就已经可以算作是得救了，我也就是在这个意义上得到了救赎。有的时候，老天会给一个人以及他身边的人做出安排，这个人会避开罪恶。但是当他幡然醒悟，就会感恩于神灵对其的拯救。我们都明白，有时候就算一个人竭尽全力地反抗诱惑，却终究选择了堕落；我们也会发现，有时候就算一个人执意犯罪，但神灵却会守护他，拯救他。这到底是为什么呢？一个人到底能得到什么程度的自由，而自由的意志终究又能发挥怎样的效力？命运究竟对人能产生什么样的影响呢？所有这一切都是谜，而且永远都无法解开。

就让我接着讲述这个故事吧。哪怕是经历了那样的事，其实也没能让我认清那位朋友的人品有多么恶劣。因此，我还有过许多其他的惨痛经历，直到我亲眼看见了那位朋友所做的令人难以想象的劣行，才让我幡然醒悟。这些事有的要留到后面再说，还是按照时间顺序来讲述吧。

在那段时间发生了一件事是我必须要提及的。依然是因为那位朋友，我与妻子之间发生了某些误会。我是一位又专情又爱妒忌的丈夫，于是这位朋友就煽风点火，试图挑拨离间我们的夫妻感情。而我对那位朋友的话又毫不怀疑，那时正是由于他的教唆，我对待妻子的态度非常粗暴，给她带来了很多伤痛，现在回忆起来，真是没有办法原谅自己。大概也只有印度教徒的妻子才会忍受这些折磨，因此我时常思考：女人应该是容忍的化身。如果是仆人遭到了无端怀疑，可以选择辞职不干；如果是儿子遇到这种情况，可以选择离家出走；如果是朋友遭到了这种对待，可以选择断绝交往。然而作为妻子，即使她对自己的丈夫产生怀疑，也只能保持沉默。可是如果当丈夫的怀疑妻子，她就无可奈何了。她该如何是好？作为印度教徒的妻子，是不可能向法院申请离婚的，法律不能保护她。曾经，我将妻子逼迫得无路可走，虽然这件事情已经过去很多年了，但我依然很难忘记，始终难以宽恕自己。

直到当我真正理解"非暴力"（Ahimsa）[①]的奥义后，才完全铲除了怀疑这颗毒瘤。当我见识到了"禁欲"（Brahmacharya）[②]的光芒，才明白妻子绝对不是丈夫的奴隶，而是丈夫的伴侣、助手，要共同去享受所有的忧愁和快乐。妻子有权利像丈夫那样，在生活中自己来选择要走下去的道路。每一次当我回忆起曾经那些满是猜疑的时光，都会痛恨自己的愚蠢、无理和残忍，并为我盲目地相信那个朋友而感到悲痛。

盗窃和赎罪

应该讲一讲，在我尝试吃肉期间以及这个时期之前——大概是结婚前后的时候，我犯下的其他过错。

那时候，我和我的一位亲戚都喜欢上了吸烟。吸烟本身并不能带来什么好处，我也不是沉迷于烟草的味道，就是觉得吞云吐雾的感觉非常有趣。我的叔叔有吸烟的嗜好，于是每当我们看到他抽烟，就想去模仿。不过我们没有钱买烟，只能偷着去捡叔叔扔掉的烟头来抽。

而烟头也不是经常能捡到的，而且抽烟头也没什么意思。所以我们就开始偷别人衣兜里的零钱，去买印度本国产的香烟抽。但是将买来的香烟藏到哪里呢，这真是个挠头的问题，我们是不敢当着长辈的面抽烟的。这样靠偷窃来的钱买烟抽的事，我们持续了好几周。后来，我们听说有一种植物，梗上有许多小孔，可以当作烟来抽，于是我们就开始抽那种植物了。

不过这些玩闹远不能满足我们，我们难以忍受被管束的感觉，做任何

[①] 意为不杀生，或者不伤害，核心是爱与感化，方法是"秉持真理"。
[②] 字面意思为引导人去神灵那里去的行为，通常其意思是自制。

事都必须经过长辈的同意，这让我们觉得难受。最终，我们悲观厌世，竟然决定去自杀。

但是怎么样才能自杀呢？我们去哪里找毒药呢？听说曼陀罗的种子是一种有效的毒药，于是我们就到树林中寻觅，而且真的被我们找到了。

思前想后，我们认为在晚上自杀比较适合。于是，夜晚来临后，我们前往克达济神庙，将酥油倒进了神灯中，进行了一番参拜，然后找了个僻静的角落，准备自杀。不过到了最后一刻，我们丧失了勇气。"倘若不能立即死去那可怎么办？自杀究竟有什么好处？缺少了一些自由难道就这么难以忍受吗？"种种念头在脑中翻滚，不过我们还是吃下了两三粒曼陀罗的种子，没敢多吃。我们两个人当时都有些恐惧死亡了，于是打算去罗摩吉的神庙中反思一番，打消自杀这个念头。

到了那个时候我才意识到，自杀是一件想得容易做时却很难的事情。往后，每当我听到有人喊着要自杀时，就很少会真正在意或完全无动于衷了。

我们俩终于打掉了自杀的念头，还有抽烟以及偷别人的钱去买烟这些坏习惯。

待到我长大成人之后，就再没有产生过吸烟的欲望了。我后来总觉得抽烟是一种很野蛮、肮脏，而且有害无益的行为。我一直不懂为什么世界上还存在着那么多的瘾君子。我无法忍受在旅途中坐上一节烟雾缭绕的车厢，那会让我感到窒息的。

但是在不久之后，我犯下了一个比偷钱买烟更严重的错误。我偷钱那时候大概是十二三岁或者更小的时候，而我十五岁的那年，又做出了一次更为严重的偷盗行为。这一次，是从我那位同是肉食者的哥哥身上进行偷盗，将他手镯上的金子撬了一些下来。当时他身负欠债，大概需要25个卢比，而他手镯是纯金打造的，撬下一小部分是很容易的。

金子真的弄下来了，债也还清了。但是这一次，我内心实在过于不安，从此发誓不再偷窃，并且打算向父亲坦白。然而，我并不敢和父亲面对面坦白这件事，这并不是因为我担心挨打，记忆中，我父亲从来不打我们，我只是担心他得知这件事后会难过。不过我还是要冒险一次，如果没有坦然认错，就不可能彻底悔改。

最终，我决定给父亲写一封悔过书，以此来求得他的宽恕。我写了一张纸的内容，亲自呈给父亲。信中我不仅承认了自己的过错，还请求父亲给予我相应的处罚，最后恳请他不要因为我犯的错误而感到自责，并且我还发誓自己会彻底改过。

我颤抖着双手将那一张纸呈给父亲，当时我父亲因瘘病而卧床，不过所谓的床不过是一张光木板。我将悔过书交给父亲后，就坐在了他的对面。

父亲读完了悔过书，泪水不停地流淌下来，甚至将悔过书都打湿了。最初他是坐着看的，后来他躺了下来。他闭上了眼睛思考了一会儿，之后将那张纸撕掉了。我看着父亲的样子，也忍不住哭了起来。如果我擅长绘画，现在就能完整地将当时的场景描绘下来，那一幕是那样的鲜明如昨。

那一天，父亲流下的充满慈爱，珍贵如珍珠般的泪水，彻底洗涤了我的心灵，冲刷掉了所有的罪恶。只有像他那样曾经经历过爱的力量的人，才真正明白什么是爱。就像圣歌里唱的那样：曾经被爱伤害过，才懂得爱的力量。

对我来说，这实在是对于"非暴力"的一次切实体验。那时候，我认为那仅仅是父爱的体现，但现在我清楚那就是纯粹的"非暴力"。如果我们秉持这种"非暴力"的态度来包容世界时，万物都会发生改变，其力量是无穷的。

对于我父亲来说，这种伟大的宽恕并非天性使然。依据常理，他一定是暴跳如雷，怒发冲冠且愤怒斥责。然而那天，他却平静异常，我相信这是由于我发自内心的忏悔起了作用。在一个有权利接受自己的悔过和誓言的人面前，如果真诚地坦白，发誓绝无下次，就是一种来自内心的悔过。我明白是我的悔意让父亲心安，也进一步加深了他给予我的无限慈爱。

父亲辞世

接下来讲的事情发生在我十六岁那年，我父亲因为得了瘘病，所以一直卧床休养。我母亲、家中一位老仆和我负责照顾父亲。我承担着护士的责任，主要负责替父亲包扎伤口，喂父亲吃药，配好在家中可以配的药，每天晚上为父亲按摩双腿，只有待到父亲吩咐我去睡觉或者他已经睡去后，我才回到房间休息。我非常乐于照顾父亲，从来也没有过什么闪失。除了盥洗等日常事务外，基本上我的所有时间都投入到上学和照顾父亲这两件事情上。只有当父亲觉得好一些或者他强迫我外出时，我才在黄昏时分去外面散散步。

也就在那个时候，我妻子怀孕了。现在回过头来看，于我而言，这件事带来的羞耻是双重的。首先，那时我还是个学生，应该控制自己的性欲，然而我没有做到。还有，我如此地沉迷肉欲阻碍了全身心地照顾双亲，而那才是我当时更应该做的事。从小时候开始，我就发誓要像斯罗梵纳那样伺候父母，但是每天晚上，虽然我人是在忙着给父亲按摩双腿，但心思却徘徊在卧室周围。此外，身处那种情况之中，不论从宗教、伦理、医学或是常识的角度来看，都不应当与妻子发生性行为。然而我却在完成对父亲的照顾后，心怀喜悦地向父亲告辞，之后直奔卧室。

那段期间，我父亲的病情愈加严重，我们求访了阿育吠陀（Ayurveda）①的医生，赫金（Hakims）②的术士，甚至本地的庸医。我们尝试了所有的膏药和偏方，还曾经向一位英国的外科医生求诊，那位医生觉得只有动手术才是唯一的方法。然而我们的家庭医生表示反对，他不同意给父亲这样上了年纪的病人动手术。我们的家庭医生的医术高明，颇具名气，最后我们采纳了他的建议，决定不动手术，也就把为了手术而购置的那些药物和器械都弃之一旁了。现在回想起来，假如当时我们的家庭医生同意我父亲动手术的话，主刀的将是一位当时在孟买非常优秀的外科医生，也许父亲的伤口会很容易愈合。可能这就是来自神灵的旨意吧，当死亡即将来临时，有人能够想到对策吗？那些父亲从孟买带回来的手术器械，最后并没有派上用场。后来，父亲放弃了活下去的欲望，身体开始愈加虚弱，甚至连下床都很困难。但是不到万不得已之时，他还是坚持下床便溺。对于毗湿奴信徒而言，保持外部的洁净是务必遵循的信条。

保持洁净确实重要，然而我们从西医中了解到，诸如大小便、洗澡等各种必需的生存活动，如果在严格注意卫生的前提下，都能够在床上进行，

---

① 印度最为古老的医学典籍。
② 伊斯兰教所施行优难尼（Yunani）医术。

病人并不会感觉麻烦，也不会弄脏被褥。我觉得这和毗湿奴的教义并无冲突，可是我父亲坚持要下床便溺，这种举动让我费解，不过也让我对父亲充满敬意。

终于，那个可怕的夜晚来临了。当时我的叔叔身在拉奇科特，我隐约记得，他是在得到我父亲病重的消息后才赶过来的，他们兄弟间的感情很深。叔叔整天都坐在我父亲的床边，在打发我们去睡觉之后，他坚持要睡在我父亲的身边。尽管我们都明白危险可以随时都会发生，不过谁也未曾意料就在那天晚上我们与父亲阴阳相隔。

那天晚上大概10点半到11点左右，当时我正在给父亲做按摩，我叔叔让我回房间休息，我很乐意将这个工作交给他继续完成，于是就回到了自己的卧室。我那可怜的妻子已经睡着了，我怎么会让她继续安心睡觉呢，于是我把她唤醒了。但是，也就在五六分钟后，佣人就来敲房门，我惊恐地从床上跳起。佣人说："快点儿起来吧，你父亲情况不好。"于是我立即明白了这个"不好"是什么意思，父亲已到生命垂危之际。我连忙跳下床，问道："发生了什么？快告诉我！""你的父亲已经去世了。"一切都结束了！我唯有握紧双拳，羞愧且悲痛，我立即跑到了父亲的房间中。如果我当时没有被肉欲所诱惑，就可以在父亲生命的最后一刻陪伴着他，替他分担痛苦，为他按摩，他会躺在我的怀中告别这个世界。但我的叔叔代替我得到了那样的荣幸。叔叔是那样地深爱着他的哥哥，因此才会在最后关头得到服侍他的光荣。在父亲即将撒手人寰之时，他用手势请人拿来纸和笔，写下了"准备后事"几个字，然后将手臂上戴的符箓[①]和罗勒珠[②]串成的金链都摘了下来放在一旁，做完这些事后，他就辞世了。

前文中我提到的羞耻，指的就是父亲在临终之时，我本该不眠不休地去服侍他，但是我却放纵了自己的肉欲，这成了伴随我一生的污点。我时常思索：虽然我自认对于父亲是全心全意的孝顺，不顾一切地照顾着他，然而到了紧要关头之际，我却因为贪恋肉欲而没有竭尽全力，这是难以饶恕的。因此在这之后，我意识到虽然自己对妻子很忠诚，却成了一个放纵

---

① 印度教徒的手臂上面都系着一条绳子，上面缠着所谓的符箓，以求驱邪祛病。这种符箓受之于父母，因此都会在临终时取下来。

② 罗勒为印度教的神树，用罗勒木做成念珠戴在身上，据说可以驱邪祛病。

肉欲的丈夫。我历经了很多次苦痛挣扎，用了很久的时间，才最终彻底摆脱了肉欲的牵绊。

在我还没有结束有关这种双重羞耻的讲述之前，还要提一下我妻子生下来的那个可怜孩子，那孩子在出生不到三四天的时候就不幸夭折了。还能说些什么呢！让所有已婚的人们以我的经历为教训吧，千万要保持警惕啊。

感知宗教

从六七岁直到十六岁这段时间，我一直都在学校上学，学习了很多知识，除了宗教。老师们擅于传授给我们的知识，我虽然并没有掌握太多，不过却时刻从身边的事物中去学习。这里的"宗教"一词，是一种比较广义的说法，意思是"实现自我价值"或者"自知之明"。

我生来就是一个毗湿奴信徒，经常去哈维立神庙参拜，然而这却没有真正打动我的心灵。

实话说，我并不喜欢金碧辉煌的神庙，此外还听到过传言，据说神庙里的人从事道德败坏的勾当，因此就更没有了兴趣。所以，即使经常参拜哈维立神庙，却并没有为我带来什么宗教上的启示。不过这种启示我从我们家里的一个老佣人身上，也就是我的保姆兰芭那里得到了。

直到今天我对于她给予我的关爱还有印象。前文曾提到，我小的时候很怕鬼怪，而兰芭则教我反复诵读"罗摩那摩"（Ramanama）① 以消除自己的恐惧。

比起她传授的方法而言，我更信赖的是她本人，于是年幼的我开始反复诵读"罗摩那摩"，希望能消除对鬼怪的恐惧。那些小事，就是小时候播下的良种，直到今天依然影响着我。由于善良的兰芭为我播下了这颗种子，使得我至今认为诵读"罗摩那摩"依然是一个解除心魔的有效办法。

那时候，我的一位堂哥笃信《罗摩衍那》，他希望我和我的二哥能学习《罗

---

① 反复诵读此词，是表示对于罗摩的崇敬之情。罗摩是传说中古印度十车王（Dasaratha）的儿子，是毗湿奴神的化身，以孝悌忠信和救妻伏魔著称。

摩护》（Ram Raksha）①。我们把它背得烂熟，每天早上沐浴之后进行朗诵。住在布尔班达那段时间里，我从来都没有间断过，但是搬到拉奇科特之后，就没有坚持下去。因为其实我并不是对其非常信服，之所以要诵读，在一定程度上是为了向别人炫耀自己发音的标准。

但是，有人为我的父亲诵读《罗摩衍那》时的情景却给我留下了很深刻的印象。父亲生病期间，曾经在布尔班达居住过一段时间，期间每晚都请人给他诵读《罗摩衍那》。当时担任诵读者的是比列斯瓦尔的罗塔·莫卡罗治先生，他本人对罗摩非常崇拜。据说他治好了自己的麻风病，但并非是依靠药物，而是将人们在比列斯瓦尔神庙中供奉过大天帝之后废弃的比尔花叶（Bilva）②敷在患处，并且反复诵读"罗摩那摩"。他凭借自己的信仰而痊愈。虽然我们并不能确认这个传言的真实度，但无论如何，我们宁愿相信这件事是真实的。实际上，每一次当罗塔·莫卡罗治先生读起《罗摩衍那》时，他似乎完全从麻风病的痛苦中解脱出来了，歌声非常悠扬动人。当他为我们吟唱起二行和四行韵诗，并解释其中的意义时，不仅他自己完全沉浸在诗文之中，听众们也被他带到了圣境之中。当时我大概是十三岁，但是我深刻地记得他的吟诵多么地让我心旷神怡，让我发自肺腑地爱上了《罗摩衍那》。时至今日，我依然认为杜拉希达斯（Tulasidas）③撰写的《罗摩衍那》是所有描写神性的文学作品中最为伟大的一部。

过了几个月，我们就搬回了拉奇科特，也就没有人再为我们吟诵《罗摩衍那》了。不过每逢"叶卡达希"日（Ekadashi）④时，会有人吟诵《薄

---

① 从《罗摩衍那》衍生出的经文，意为恳求罗摩的庇护。

② 一种热带树，印度人认为是神树，用其树叶供奉祭品。

③ 印度16世纪末17世纪初最为有名的诗人，其著名作品《罗摩生活之地》（Ramcharita Amanasa）颂扬了罗摩的品德，是当时家喻户晓的作品。甘地所指的《罗摩衍那》就是这部著作。《罗摩衍那》原著为公元前口传的史诗，据说是蚁垤（Valmiki）的作品。

④ 每个月的"第十一天"为印度教徒的绝食日。根据神话，有一位非常俭朴的人请求湿婆赐予不死，湿婆答应了，不过条件是虽然他不会死于凡人之手，但必将会死在一个无母之女的手中。这个人得到恩赐后，就胆大包天地大闹天宫，梵天、毗湿奴和湿婆三神不得不携众躲避在一个树洞里，由于太过拥挤，所以他们的气体凝结成一女，也就是无母之女，除了此害。这个神女名叫叶卡达希，后人每逢每月的第十一日就以绝食以纪念其恩典。

伽梵歌》。我偶尔会去听，不过吟诵者的水平不尽如人意。时至今日，我也认为《薄伽梵歌》是一部非常能唤起宗教热情的著作，我曾经秉持着浓厚的兴趣研读过古遮拉文的版本。后来，我在 21 天的绝食期间[1]，当听到潘迪特·马丹穆汉·马拉维亚吉[2] 吟诵的《薄伽梵歌》的部分原文时，我真是遗憾年幼时没有听到如他这般虔诚的信徒来吟诵这部诗，不然我在小时候就会深深地爱上它的。年少时所接触的事物往往会留下最深刻的印象，但那时没有人为我多多地吟诵这些好书，成了我抱憾终身的一件事。在拉奇科特期间，我培养出了一种对印度教各个教派以及其他关联教派的宽容心态。因为我的父母经常参拜哈维立神庙，偶尔也去湿婆（Siva）[3] 神庙或罗摩神庙，所以经常会带我们去，或者有时派人送我们去。耆那教的僧侣们也经常来拜访父亲，与父亲一起探讨关于宗教和世俗的问题，甚至愿意破戒来接受我们作为非耆那教徒提供的食物。

另外，我父亲还有一些伊斯兰教和拜火教的朋友，他们经常和父亲探讨关于信仰的问题，而我父亲也总是充满尊敬和好奇地聆听他们的观点。因为当时我负责照顾父亲，所以经常能在场聆听到他们之间的探讨。诸多因素作用下，使得我拥有了能够包容一切宗教信仰的态度。

不过那时基督教对我而言却是例外，我对其持有一种反感的态度。这是因为很多基督教传教士会站在中学附近的角落进行传教活动，而且还会侮辱印度教教徒以及我们所崇拜的神灵，这让我难以忍受。他们的布道我听到过一次，但听一次就也就够了，我不想再多听了。就在那时候，我听说有一位德高望重的印度教教徒皈依了基督教。大家都在议论这件事情，说这个人在接受洗礼之后，必须要吃肉喝酒，而且还会改变服饰风格，以后出门要穿西服，戴礼帽，我是不能容忍这些事的。倘若一种宗教逼迫着信徒吃肉、喝酒、改变服饰，那还称得上是宗教吗？后来我还听说那个人居然诋毁印度的祖先创立的宗教，并且贬低印度人的习俗，甚至嫌弃自己的国家。所有这些事情都激发起我对于基督教强烈的反感。

---

[1] 指的是 1924 年 12 月时，甘地为了平息当时国内的教派冲突，改善印度教徒与穆斯林之间的关系，进行的长达 21 天的绝食。

[2] 印度教徒用"吉"表示对长者的尊称，一般加在对方姓名后面，有"敬爱的"之意思。

[3] 印度教中，湿婆是毁灭之神，兼具生殖与毁灭、创造与破坏双重性格。

虽然我对于其他宗教都能秉持以包容心态，但并不信仰神灵。当时我正好在不经意间看了一部属于我父亲的藏书——《摩奴法典》（Manusmriti）①，对于书中谈及的神灵创造万物这种说法没什么印象，倒是有些倾向于无神论。

我有一位堂兄非常博学，现在他还健在。当时我向他提过很多问题，不过他也无法解答。他对我这样说："等以后你长大了，就会自己来解开这些谜团的。以你现在的年纪，没有必要思考这些问题。"我无言以对，不过心中有些郁闷。我还认为，《摩奴法典》里面关于探讨饮食的篇章，实际上是与日常生活背道而驰的，但是当我问他这个问题时，从他那里得到的是与上次是一样的答复。所以我暗自思索："等以后我读的书多了，长了见识，就会得到答案了。"

那时候《摩奴法典》完全没有灌输给我"非暴力"的观念，《摩奴法典》似乎也并不反对吃肉。此外，那时候的我还认为杀死虫蛇之类的动物是符合道德标准的，印象中我曾杀死过臭虫和其他的虫子，并将这种举动当做履行责任。

无论如何，我心中有一个底线是不可动摇的，那就是道德是所有事物的基础，但真理又是所有道德的本质。于是，追求真理就成了我唯一的目标。

随着时光流逝，真理的范围也逐步扩大，真理的定义也随之变得宽广起来。有一段古吉拉特格言让我为之信服，其中所蕴含的以德报怨的寓意成了我往后为人处世的指导原则。下面就是我心中最美妙的一段格言：

赠我杯水，报以美食；
予我祝福，回以长揖；
锱铢之贻，万金以抵；
救命之恩，舍生取义。
贤者言行，众人共敬；
善小亦为，其酬十倍。
至圣眼中，无分人我；

---

① 古代印度婆罗门教的经典。

以德报怨，其乐无穷。

准备前往英国留学

1887年，我中学毕业了。那个时候大学统一的入学考试只在阿赫梅达巴和孟买这两个地方举行。因为印度全境都非常贫困，卡提亚华的学生基本都会选择距离比较近，花钱比较少的地方去参加考试。我的家境算不上富裕，所以我也得这样做。这是我出生以来第一次去阿赫梅达巴这个地方，而且还是独自前往的。

我的家人希望我能在中学毕业后去读大学继续接受教育。那个时候，八万纳伽和孟买都设有大学，但是前者的花费较少，所以我决定前往那里的萨玛尔达斯学院继续学业。我的确去读书了，但遇到了很多的困难。我很难听懂老师上课的内容，更提不起来对学习的兴趣。错不在学校，萨玛尔达斯学院的师资是公认很好的，只是我自己实在不开窍，在第一学期结束之后，我就选择辍学回家了。

我们家的一位老朋友马福济·达维，是一位机智且博学的婆罗门。在我父亲去世之后，他还保持和我们家的交往。我放假那段时间，正好遇到他来探望我们。他在与我母亲和我大哥的谈话中，了解了我的学业情况，得知我就读于萨玛尔达斯学院，于是说道："现在的时代不一样了，倘若你家的儿子不接受适当的教育，恐怕很难能够继承父亲的事业。既然这个孩子还在念书，那么你们应该想办法让他继承父业。他想要拿到学士学位得花四五年时间来念书，毕业后顶多能找到一份月薪60卢比的工作，是不可能当上帝万的。如果像我的儿子一样去学法律，就要花费更长的时间，待到他毕业之时，定会有很多人在竞争帝万的位置。我认为你们不妨将他送到英国去留学，据我儿子柯华尔朗说，在英国当律师很容易。大概三年他就能回来，花费也不过四五千卢比。试想一下，一个从英国归来的律师得多受欢迎啊！到那时就用不着他自己去谋求什么了，帝万的职位会主动送上门来的。我非常建议你们今年就把莫罕达斯送到英国去留学。我儿子在英国有一些朋友，他会给那些朋友写介绍信，想必莫罕达斯在那边是不会遇到什么困难的。"

然后,约希吉——我们习惯这样称呼上了年纪的马福济·达维——转过来诚恳地询问我:"与其在印度读书,你难道不会更愿意去英国吗?"我自然非常乐意,本来我就是担心应付不了学校的功课,当我听到了这个建议之后非常高兴,并且立即答应下了,希望能尽快启程。但是想要立即通过考试,并不是一件容易的事情,更别提我还想去国外学医。

大哥对我的想法进行了否定,他说:"父亲是反对学医的,他说作为毗湿奴信徒,是不应该解剖尸体的。父亲更希望你能成为一名律师。"

约希吉对大哥的意见表示同意:"我并不像甘地吉那样反对你学医,我们的《沙斯陀罗》(Shastras)① 是不反对行医的。可即使你获得了医学学位也当不了帝万,而我希望你以后能够成为帝万,甚至得到比帝万更高的职位。只有这样,你才有能力承担起照顾大家庭的责任。这个时代变化速度如此之快,日子一天比一天艰难,而当律师是一条很好的出路。"接着他转过头对母亲说:"我告辞了,请仔细考虑我的建议,希望等我下次再来的时候,能够听到你们准备让他去英国留学的决定。如果有什么需要帮忙的请尽管告知。"

等到约希吉告辞后,我就开始陷入了云里雾里的空想之中。我哥哥的想法非常实际:怎样才能给我筹到去英国的费用呢?像我这样年纪轻轻,却要独自出国能让人放心吗?我的母亲非常担忧,她不愿与我分开。她找到这样的借口:"现在你叔叔是家族中的长辈,我们去询问他的意见,如果他同意,那么我们再来考虑这件事情。"

我哥哥另有打算,他对我说:"我们家族在布尔班达邦还算有一定的名望,现在那里的政务官李立先生是非常敬重父亲和叔叔的,所以请他推荐你得到政府资助去英国留学是有希望的。"

我觉得这个想法不错,所以打算马上动身前往布尔班达。那时还没开通火车,而坐牛车得花费五天的时间才能抵达。前文提及过我的胆子非常小,但那时候我一心想去英国,在这种愿望作用下,我的胆怯竟然消失了。于是,我雇了一辆牛车前往度罗基,到了度罗基之后又改乘骆驼。我这辈子还是

---

① 古代印度教经典的总称。

第一次骑骆驼赶路，就是为了能够早一点赶到布尔班达。

终于，到了布尔班达，我先去拜访了我叔叔，并且将一切都告诉了他。他认真地进行了考虑，说："我并不确定你去英国留学与我们的宗教信仰是否存在冲突，不过，仅就目前我听到的内容，我表示很怀疑。我也见过一些大律师，没发现他们的生活方式和欧洲人有什么不一样。他们在饮食方面毫无忌讳，嘴上总是叼着雪茄，衣着打扮也如英国人一般丢人，这些都违背了我们家族的传统。不久之后，我就要去朝圣了，而且也没多久可活了。在我人生暮年，怎能轻易允许你远渡重洋去英国留学呢？但是我也不愿意阻止你，还是去听听你母亲的意见吧，如果她允许你去留学，那么我会祝你一路平安！请你告诉她，我不会干预这件事，如果你能去，我会给予你祝福。"

我对叔叔说："我对您的期望也正是这样，我现在要去尽力求得母亲同意。此外，您是否能引荐我去拜访李立先生呢？"

"我怎能那样做？"叔叔答道，"李立先生是位好人，你可以自己去约见他，告知他你的家世。我觉得他会同意见你，甚至可能会帮助你。"

我不清楚为什么叔叔不肯给我写一封介绍信，我推测他是不愿直截了当地反对我去英国留学，也许对他而言，留学是一种不符合宗教信仰的行为。

于是，我给李立先生写了一封信，然后他邀请我到他家会面。他在上楼梯时接见了我，并对我简单地说了几句话："等到你大学毕业之后，拿到了学士学位再来找我吧。现在我没办法帮你。"说完这几句话之后，他就匆忙地上楼去了。此前我原本精心准备了一套说辞，与他会面时还向他深深鞠躬，双手合十致敬，但这些都白费了。

于是，我脑海中浮现出妻子的首饰，浮现出我最为敬重的大哥。大哥为人非常慷慨，如同爱自己的儿子那般爱着我。

从布尔班达回到了拉奇科特之后，我向家人倾诉了这段经历，还和约希吉一起商量这件事。他自然是建议哪怕负债也要去留学，而我则提议变卖我妻子的首饰，那样大概可以换来两三千卢比，我大哥答应想办法去借钱。

但是我母亲始终不情愿，她已经找人详细地打探过一番。有人跟她说，年轻人去了英国之后就会堕落。还有人说英国人整天吃肉喝酒，没有酒就活不下去。"你知道这些事吗？"我母亲问我。我回答道："难道您对我不信任吗？我是绝对不会对您撒谎的，我发誓自己不会去碰那些东西。再说，如果英国真的那么可怕的话，约希吉还会建议我去留学吗？"

母亲说："我愿意信任你，然而你只身一人去国外生活，这让我怎能放心呢？我的心里非常乱，不知道该如何是好。我要去问问贝恰吉·史华密的意见。"

此前贝恰吉·史华密属于莫德·班尼亚种姓，但当时已经成为耆那教僧侣了。同约希吉一样，他也是我们家的顾问。就是在贝恰吉·史华密的帮助下，我最终说服了母亲。他说："我要求这孩子郑重地立下三个誓言，倘若他做得到，那就让他去英国。"他为我作见证，我发誓去英国后不喝酒，不吃肉，不与女人接触。立下誓言后，我母亲终于同意我出国了。

我曾经就读过的那所中学还为我举办了一个欢送会。对于当时拉奇科特的年轻人而言，能够去英国留学的确是一件非比寻常的事情。我预先写好了几句感谢词，但是结结巴巴地说不出口。记得当时我起身致辞的时候，头昏脑涨，身上一直在发抖。

满载着长辈们的祝福，我动身前往孟买。这是我第一次从拉奇科特去到孟买，我哥哥陪着我一起去的。但是好事多磨，抵达孟买之后，我又遭遇到很多波折。

种姓身份被废除

在得到了来自母亲的允许和祝福之后，我与妻子和刚几个月大的孩子告别，兴高采烈地去了孟买。到了孟买之后，我哥哥的几位朋友就告诉他，6、7月份期间印度洋的风浪很大，加之这是我头一次出远门，所以他们建议我等到11月再走。此外，还听说最近有一艘轮船因遭遇了风暴而沉没了。这些消息使得我哥哥深感不安，他不愿意冒险让我立即动身，于是将我托付给他在孟买的一位朋友来照顾，之后就返回拉奇科特去忙他自己的事了。他把我的旅费交给我的妻兄保管起来，并且拜托了一些朋友在我需要时为我提供帮助。

哥哥离开之后，我在孟买的日子可谓度日如年，经常会梦到自己去英国的情景。

当时，我准备出国这件事在我们种姓中引起了轩然大波。莫德·班尼亚种姓中还没有人去过英国，如若我胆敢前往，就必须为自己辩解。于是他们召开了一个种姓大会，传唤我来参加，于是我便去了。我也不清楚为何当时能够鼓起勇气，总之我毫无畏惧，全无迟疑地出席了那次大会。塞德不仅是我们的族长，也是我们家的远亲，而且他与我父亲私交甚好，但是他在会上却严厉地指责我："我们种姓一致认为，你去英国留学非常不妥。我们的宗教教义禁止远行航海，此外，我们还听说英国的生活有损于我们的宗教，到了那边饮食方式必须要和欧洲人一样。"

我答道："我并不认为去英国留学是违背宗教的行为。我为的是求学深造，而且我已经郑重地向母亲发过誓了，不会做让你们担心的那三件事。我深信我的誓言可以担保我不会出现问题。"

"然而我们要你明白的是，"族长驳斥道，"去了国外，是不可能遵守我们的宗教习俗的。你清楚我和你父亲之间的关系，所以你应该听从我的忠告。"

"我知道您和我家的渊源，"我继续答道，"而且您也是我的长辈。可是在这件事上，恕我不能从命，我不能改变去英国留学的决定。先父的朋友兼家族顾问是一位博学多才的婆罗门，他赞成我去英国，而且我的母亲和大哥也是支持我的。"

"你居然敢违背本种姓的命令？"

"我实在难以服从，我认为种姓本身是不应该干预这件事的。"

我的这番言辞激怒了族长，他非常严厉地斥责我，但我不为所动。于是，塞德宣布了他的决定："从今天开始，这个孩子被本种姓开除了。如果谁胆敢帮助他或送他前往码头，就得缴纳1卢比4安那的罚款。"

这个决定对我并没有产生影响，于是我起身向族长道别。不过不知道哥哥会作何反应，幸好他也非常坚定，并且写信向我保证：即使族长反对，但他还是支持我出国留学。

这件事情使得我更加着急要走了，我担心万一种姓里的人对哥哥施加压力，那该如何是好呢？谁能保证不出意外？正在我发愁之际，突然听说有一位来自朱纳卡德的律师受召前往英国执业，9月4号就要出发。于是我去求助哥哥的那些朋友们，他们也认为我不应错过与这位律师结伴同行的机会。时间仓促，我赶紧给哥哥打电报请示他，哥哥立即回电表示同意。于是，我前去找我的妻兄索要旅费，但这时他却拿出了族长的命令，声称他不想因为我而失去种姓身份。我只好去拜托朋友，请他借给我旅费和零用钱，过后我哥哥会替我还钱的。这位好心肠的朋友不仅答应了我的请求，还说了一些话来鼓励我，我真的非常感激他。拿到了钱，我立即买好船票，然后收拾好行李。另外一位朋友有过海上旅行的经验，他帮助我打点好衣服和其他东西。有些衣服我非常喜欢，有一些则不喜欢。例如在当时，我非常讨厌戴领带，后来才开始喜欢。还有一件短马甲，穿起来让人看上去显得轻浮。无论如何，这些问题和一心想去英国的愿望比起来，就算不得什么了。食物准备得也非常充足，一切都整装待发。朋友们为我订了船上和那位律师相同房间的床位，还将我引荐给了他。那位律师名叫特里安巴克莱·马兹慕达，他已经上了年纪，饱经沧桑，而我当时年仅十八岁，几乎毫无社会经验。马兹慕达先生告知我的朋友们不用替我操心。

终于，我离开了孟买，开始远航，那天是9月4日。

抵达伦敦

颠簸一路我都没有晕船，但是随着时间流逝，我逐渐感到局促不安，就连对船上的服务员说话都觉得难为情。我不是很习惯说英语，但是除了马兹慕达先生之外，其他二等舱的客人基本上都是英国人。我不敢与他们交谈，因为当他们跟我说话时，我几乎听不懂他们在说什么，即使偶尔听懂了，也不知应该如何回答，我得预先打腹稿才能说出来话。除此之外，我还不会使用刀叉，而且在点餐的时候不好意思问清菜单上哪些是素菜。所以我一直都不敢在餐厅里吃饭，基本都是点餐到房间里吃，并且送到房间里的基本以甜品和水果为主，不过这些食物我自己也带了。马兹慕达先生不存在任何障碍，他和其他人都合得来，经常在甲板上悠然闲逛。而我却整天闷在房间里，等到人少的时候，才敢去甲板上透透气。马兹慕达先生经常建议我多与其他旅客们接触，多去和他们交流。他跟我说如果想做律师就必须得口若悬河，还跟我分享了很多他的业务经验。马兹慕达先生劝说我把握每个可能的机会来练习英语，不要怕说错话，因为说外语时出现错误是在所难免的。可是，我还是难以克服自己的羞涩。

有一位英国旅客待我很好，他年长于我，会主动和我攀谈，问过我一些问题，比如吃些什么，做些什么，到哪里去，为什么害羞，诸如此类。他还建议我去餐厅吃饭。他笑我坚持不吃肉，当轮船行驶至红海时，他友善地劝说我："现在不吃肉自然没什么问题，但是到了比斯开湾之后，估计你就得改变自己的决定了。而且英国的天气那么寒冷，不吃肉是无法生活下去的。"

我反驳他说："但是我听说有些人不吃肉也可以在英国生活的。"

他回道："这是胡诌，据我了解，英国人没有不吃肉的。难道你没发现虽然我自己喝酒，但是从没劝过你喝酒吗？然而我坚定地认为你需要吃肉，否则是难以活下去的。"

"多谢您的好意，不过我已经郑重地向我的母亲立下不吃肉的誓言了，所以吃肉这件事情，我真的是连想都不敢想。倘若不吃肉的确难以活下去，那我宁愿回印度，也不想为了适应英国的生活而选择吃肉。"

我们乘坐的轮船终于开进了比斯开湾，我仍然不觉得有吃肉或者喝酒的需要。有人建议我去开具一份不吃肉的证明，于是我就请那位英国朋友帮忙，他欣然应允，为我写了一份证明，我将那份证明珍藏了很长时间。但是后来我发现，有些吃肉的人照样能搞到这种证明，于是这种证明就彻底失去了意义。倘若我们说的话都不值得别人信任，那有什么必要搞到一份证明呢？

无论如何，我们总算抵达了南安普顿，我记得那是一个周六。在船上时，我穿的是一套黑色西装，朋友们此前还为我准备了一套白色法兰绒的西装，我特地留着等上岸的时候来穿。我原本以为上岸时穿着白色的衣服会显得比较体面，所以我就选择穿上了那套白色法兰绒西装。当时是9月底，上了岸才发现就我自己这么打扮。我全部的箱子和钥匙都委托给了格林德利公司的代理人，因为我发现其他人都是这么做的，我也就跟着照办了。

我拿着四封介绍信，分别递交给皮·捷·梅赫达医生、达巴特朗·苏克拉先生、兰吉特辛吉亲王以及达达巴伊·奥罗吉[①]。在船上的时候，有人劝我们去伦敦住维多利亚旅馆，我和马兹慕达先生都接受了这个提议，住进了那家旅馆。但是只有我自己穿白色衣服这件事，让我感到不舒服。等到了旅馆之后，我获知得等到第二天才能从格林德利公司将行李取回来，而那天又正好是周日，听说了这个消息，让我心里有些憋气。

我在南安普顿给梅赫达医生发了一封电报，当天晚上8点左右，他就前来探访我。他对我表示了热烈的欢迎，还取笑我居然穿着法兰绒西装。我们谈话的时候，我随手拿起了他的礼帽，想试一下它有多么顺滑，结果竟然毛手毛脚地弄乱了礼帽上面的绒毛。对于我这种行为，梅赫达医生多少是有些生气的，他本来想阻止我，可是已然来不及。

对我来说，这件事算得上是一个教训，也是我上的有关欧洲礼仪的第一课。梅赫达医生幽默风趣地为我讲解了一些细节，他对我说道："不要随意动别人的物品；不要像在印度时那样初次见面就问对方很多问题；不要大声讲话；也不要像在印度时那样习惯称呼对方'先生'[②]，这边只有奴仆和下属才这样称呼自己的主人。"此外，他还说了很多，比如告知我住旅馆很浪费钱，不如住在外国人家里。但我拖了大概一个星期才考虑了他的建议。

我和马兹慕达先生都认为住旅馆非常不舒服，而且花费也高。多亏同船有一位从马耳他来的信德人，他和马兹慕达先生成了朋友，而且他还对伦敦非常熟悉，提出要给我们介绍几个住处，我们自然接受了他的好意。于是到了周一，拿到行李之后，我们就立即结账并搬到那位信德友人帮助我们租好的房子里去。当时我在旅馆结算的住宿费用高达3英镑，如此之昂贵让我非常吃惊。虽然花了这么多的钱，实际上我一直在饿肚子！基本上我没吃什么东西，有时我不喜欢某种食物，只能叫来另外一样，但却同样得花两份食物的钱。事实上，我一直都是在依靠自己从孟买带来的食物充饥的。

即使搬进了新的住所，我心里还是有些不舒服，经常思念家和祖国。

---

① 巴伊（Bhai），是印度人对于兄弟的称呼。
② 英文中的"Sir"除了"先生"，还有"老爷"之意。

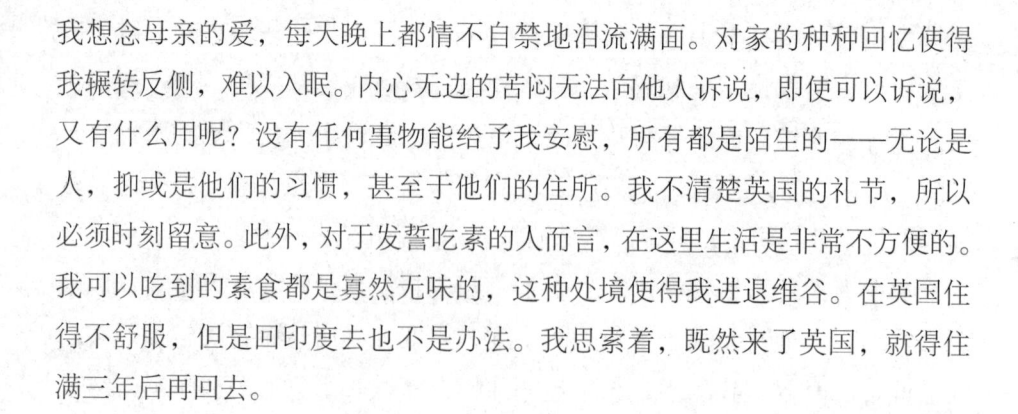

我想念母亲的爱，每天晚上都情不自禁地泪流满面。对家的种种回忆使得我辗转反侧，难以入眠。内心无边的苦闷无法向他人诉说，即使可以诉说，又有什么用呢？没有任何事物能给予我安慰，所有都是陌生的——无论是人，抑或是他们的习惯，甚至于他们的住所。我不清楚英国的礼节，所以必须时刻留意。此外，对于发誓吃素的人而言，在这里生活是非常不方便的。我可以吃到的素食都是寡然无味的，这种处境使得我进退维谷。在英国住得不舒服，但是回印度去也不是办法。我思索着，既然来了英国，就得住满三年后再回去。

成了素食主义者

到了周一，梅赫达医生去了维多利亚旅馆，以为我们还住在那边，结果发现我们已经搬走了，他问到了我们的新住址，就前来探望我们。在船上的时候，因为无知导致我得了癣病。旅途中，同船的人都是用海水来洗衣服和洗澡，根本不用肥皂，而我却偏要用肥皂，认为肥皂是自己有文化的标志，结果不但没能洗干净皮肤，还弄得浑身都油腻，因此得了癣病。我给梅赫达医生展示了我的患处，于是他教给我用醋酸洗涤皮肤的方法。我还记得醋酸涂在身上如何让我痛得大叫。梅赫达医生参观了我的房间和陈设后，边摇头边说道："这个地方不行。我们来英国，与其说是为了求学，不如说是来体验英国人的生活和习俗的，你应该搬去和英国家庭生活在一起。在此之前，我觉得你应该先跟别人学习几天，我会带你去的。"

我非常感激地采纳了他的建议，于是就搬去和一位英国朋友住在一起。这位朋友十分和蔼、亲切、体贴，非常关心我，把我当作自己的弟弟一样来看待。他教会我英国人的礼仪、习俗，帮助我使用英语与人交谈。但是，我的饮食是一个棘手的问题。我吃不下煮熟了但又不放盐或香料的蔬菜，这让家中的主妇不知道给我做什么东西吃才好。早餐吃的麦片粥还算可口，可以吃得很饱，不过中午和晚上我经常挨饿。朋友常常劝我吃肉，我始终以誓言为理由来拒绝他的建议，到了后来干脆以沉默相对。午餐和晚餐一般都有菠菜、面包和果酱。我的胃口很大，但每次只吃两三片面包，不好意思吃更多，觉得再伸手要是不对的。此外，午餐和晚餐又都不提供牛奶。一次，我的朋友着急了，对我说道："如果你是我的亲弟弟，我就把你送回印度算了。你母亲不认字，也不了解英国的情况，对她发誓有什么意义？更何况这并非什么正式的誓言，法律上也不会承认的。坚持这种誓言纯粹是给自己找罪受。我跟你说，你这样执着下去对你而言没有好处。你也承认自己以前吃过肉，而且也觉得肉很好吃。在不需要吃肉的情况倒是吃肉了，而现在到了需要吃肉的时候你却不吃了，实在让人费解！"

可我依然坚定不移。

这位朋友每天都语重心长地开导我，但我始终都是秉持坚决否定的态度。他越是尽力劝我，我就越是固执。我每天都祈祷，祈求神灵保佑，果然非常有效。那时候我对于神灵并没有什么概念，都是信仰在起作用，而这颗信仰的种子是由善良的保姆兰芭种在我心中的。

有一天，那位朋友给我读边沁的《功利论》，其中的内容晦涩难懂，他试图给我解释。我对他说道："请原谅我，如此深奥的理论我实在难以理解。我承认人是需要吃肉的，然而我不能违反自己的誓言。我不想争辩这个问题，我也知道争辩不过你。就请你把我当作一个傻瓜或者执迷不悟之人而饶过我吧。我非常感谢你对我的爱护，也明白你确实是为了我好，也清楚你反复与我争辩这个问题是基于对我的关心，但我真的无计可施。誓言就是誓言，是无法违背的。"

我的那位朋友惊讶地看着我，合上书对我说："好吧，那我不再和你争论这个问题了。"我感到非常高兴，之后他果然不再提及这个话题了，但是他并没有停止对我的担忧。他自己又抽烟又喝酒的，却从来不要求我也抽烟、喝酒。事实上，他反倒不希望我沾染烟酒习气。让他担心的是，我的身体可能会因为吃素而变得衰弱，从而在英国生活得不自在。

就这样，我跟着这位朋友学习了一个月左右。他的家位于里奇蒙，每周最多能去伦敦一两次。梅赫达医生和达巴特朗·苏克拉先生决定让我前往另一户人家去寄宿。苏克拉先生帮我选了位于西肯辛敦的一户有英印混血血统的人家，将我安置在那户人家中了。那家的主人是一位寡妇，我将自己的誓言告知于她，那位老太太许诺会适当地给予我照顾，于是我就在她家住了下来。但是依然挨饿，我已经给家里写信，希望家里能给寄来一些甜点以及其他家乡风味的食物，但是那些食物还没有寄到我手里。这边每种食物都寡淡无味，每天房东太太都询问我饭菜是否合胃口，我该怎么回答呢？我依旧像之前那样害羞，别人提供多少食物就吃多少，不好意思过多索要。房东有两位女儿，她们经常会拿一两片面包给我吃，但她们不知道就算是一大块面包都未必能让我饱腹。

无论如何，我现在总算是安定下来了。虽然还没开始正规的学习，但在苏克拉先生的提醒下，我开始读报纸了。我在印度我从来都不读报纸，在英国却养成了读报的习惯。我经常会花费一个小时来浏览《每日新闻》《每日电讯》和《保尔·玛尔公报》。闲着的时候，我就出门闲逛，我想找到一家素食餐馆，房东太太曾经告诉我在市区里会有。那时候，我每天步行10～20英里，之后寻找一家便宜的餐馆，畅快淋漓地吃上一顿面包，但始终都意犹未尽。终于，在一次闲逛时，我偶然在法林顿街发现了一家素食餐馆。

发现这家餐馆让我非常高兴，仿佛小孩子得到了一件心爱的宝物一般。正要进餐馆时，发现门前的橱窗中摆放着一些待售的书籍，其中有萨尔特写的《素食论》。我花费1先令买下了这本书，然后直接走进了餐厅。这是我来到英国之后吃得最为称心如意的一顿饭，神灵终于眷顾我了。

我从头到尾地将萨尔特的书仔细地阅读了一遍，留下了深刻的印象。读过那本书之后，我才算是依靠自己的选择而真正成了一个素食者，忍不住感慨在母亲面前发誓的那一天。之前不吃肉是为了忠于真理和信守誓言，但与此同时又希望全部印度人都能成为肉食者，期待着有一天自己也可以公开地、自由地吃肉，而且支持别人也这样做。然而现在，我是自发地选择吃素，认同吃素，并且下定决心将宣传素食主义作为终生的使命。

学习做英国绅士

伴随着对素食主义的信仰与日俱增，我研究饮食的兴趣也被萨尔特的著作激发了出来。我开始四处搜集和阅读所有与素食相关的书籍，其中有一本是霍华德·威廉斯撰写的《饮食伦理学》，是一部"自古至今人类各种饮食著作的传记史"。这本书试图指出,毕达哥拉斯[①]、耶稣甚至现代所有的哲学家或先知都是素食主义者。安娜·金世福医生的《饮食善方》也是一本非常好看的书。艾利生医生关于卫生和健康的诸多著作也能使人获益颇多,在书中他倡导一种以规范日常饮食作为诊疗病人之基础的治疗方法,而他本人也是一位素食主义者,给病人开药方时也会严格地制定素食食谱。在读过这些著作之后,我的生活里多了一个重心,那就是关于饮食的实验。最开始做实验,我主要为了研究健康问题,但到后来,宗教信仰成了最为重要的动机。

在此期间,曾与我一起住了一个月的那位朋友还是一如既往地担心我,认为我的身体会因为不吃肉而变得衰弱,会变成一个无用之人,永远难以在英国社会中感觉自如。当他得知我正沉迷于研究有关素食理论的著作时,他愈发担心素食实验会让我思维混乱,影响正常的工作和生活,使我沉浸于幻想之中。所以,为了改变我的现状,他做出了最后一次的努力。有一天,他请我去看戏,在演出前请我前去贺尔朋饭店吃晚餐,自打离开维多利亚旅馆之后,这是我去过的第一个宫殿式的饭店。在维多利亚旅馆住的那段期间,稀里糊涂的,的确没有得到什么有用的经验。那位朋友有计划地将我带到这里,觉得出于礼貌我不会在就餐时提出什么问题。当时,用餐的人非常多,朋友和我面对面地坐着。上来的第一道是汤,我非常想知道这道汤的原料是什么,但又不敢直接去问朋友,于是就挥手让服务生过来。看到我这个举动,朋友的脸色一沉,严厉地问我要干什么。我犹豫一下之后,告诉他只是打算询问一下这道汤是不是素的。朋友非常生气,大声地说:"在这个文明社会中,你的行为显得过于鲁莽。如果你不能自我约束,那么就请便吧,你去另外找家饭店用餐,然后在外面等我。"听闻此言,我反倒轻松许多,于是独自离开了。那附近有一家素食餐馆,但已经打烊了,所以我就没有吃晚餐。之后陪着朋友去了剧院,不过他丝毫不提我此前的行为。而我呢,自然也无话可说。

那是我们俩之间最后一次友善的争执,完全没有影响我们的友谊。我的朋友的一切行为都是基于对我的关爱,我深知这一点并且非常感谢他,

---

① 古希腊数学家、哲学家。

我们在思想和行为上产生的分歧反而使得我对他多了几分尊敬。

我决定让他放宽心，试图向他保证自己不会再鲁莽行事，而是会尽力让自己成为一个文质彬彬，举止得体，虽然吃素但又不会引人生厌，能够符合这个文明社会的行为规范的人。我给自己制订了一个似乎难以完成的任务——成为一位英国绅士。

从孟买带来的衣服好像不合时宜，于是我前往陆海军商店添置了一些新衣物，还花费19先令买了一顶礼帽，在那时这些东西都非常贵。但我觉得还不够，又跑到伦敦的时尚中心区股票大街，在那里花了10英镑买了一套晚礼服，还让我那善良、高尚的哥哥寄给我一条双层的金表链。在那时候，戴现成的领结是不体面的，所以我又自学打领结。镜子在印度是一种奢侈品，基本上只有在家庭理发师为我刮脸的时候才有机会照一下。在英国，我每天要对着一面大镜子花费10分钟的时间，按照当时流行的样式打领带，梳头发，仔细地整理仪容。我的发质非常硬，所以每天只能用刷子与其搏斗，才能使其变得服帖起来。每一次戴帽和脱帽时，我就会不自觉地用手整理头发，当置身于文雅的公共场合时，为了与文明社会的规范相符，就得更加注意诸如手应该怎么摆放之类的行为举止了。

仅就这些似乎不足以彰显出我是一位真正的绅士，我将注意力转移到其他必要的细节之中。有人告知我还必须学会跳舞、法语和演讲。法语不仅是与英国毗邻的法兰西国的语言，也是我想要周游的欧洲大陆所通用的语言。我还决定去报名一个舞蹈班去学跳舞，而且已经交了3英镑作为一个学期的学费，三周之内就安排了六堂课，但是我总也掌握不了有节奏的动作。我不懂钢琴的旋律，因此步伐与节拍总不合拍。我该何去何从？记得一则寓言是这样讲的：从前，有一位隐士为了捉老鼠养了一只猫，养了一头奶牛来挤奶喂猫，又雇用了一个人来看牛，以此类推。我对成为英国绅士的欲望就如同那位隐士的家庭一样，有增不减，逐渐膨胀。为了能够习惯西方音乐，我认为自己应该去学小提琴，于是就花了3英镑买了一把小提琴，我还交了学费。除此之外，我还请了第三位老师教我如何演讲，并付了一基尼（Guinea）① 当作第一学期的学费。有一位老师向我推荐培尔

---

① 旧时英国金币单位，一基尼等于20先令。

先生的《演说家典范》作为教材，我购买了，还开始学习起毕特[1]的演说词。

不过正是培尔先生的著作给我一个警示，使得我清醒起来。

我觉得，我并不是打算一辈子都居住在英国，学习演讲能有什么用场呢？学会了跳舞就能够成为一位绅士吗？在印度也可以学习小提琴啊。我现在作为学生，还是应该去读书，努力成为律师才对。倘若我可以凭借自己良好的品行成为一位绅士，自然再好不过，否则，我就得打消这种念头。

诸多类似的想法占据了我的头脑，于是我立即写信给那位演讲老师，谈及了这些想法，并且恳求他们原谅我不再去上课了。实际上，我仅仅上过两三次课。我给舞蹈老师也写了一封内容相同的信，还自己跑去找小提琴老师，请她帮我卖掉那把小提琴，卖多少钱都没关系。小提琴老师对我非常和善，所以我对她倾诉了自己从错误的观念中觉悟起来的心路历程，这位老师也鼓励我这种彻底改变的决心。

这种荒唐可笑的生活我大概过了三个月。至于对服饰的讲究，我还是坚持了好几年的。无论怎样，在此之后我就安心去做一名学生了。

勤俭的生活

希望不会有人把我跳舞及其他类似体验当成我人生中的一个放纵的阶段。可能有读者已经注意到，即使在那段时期我也是谨小慎微的。在那段荒唐可笑的时光中，我仍然坚持着某种程度的自我反省：每一笔花费都记账，而且每一次开销都是精打细算的，每一份细小的支出，诸如坐公交车、寄信、买报纸的开销，全都登记入账，每天晚上睡觉之前结算一次。我一直坚持这样的习惯，也正是这样，日后经我手中处置过高达几十万的公共基金，在开支方面也能够做到厉行节约。在我所领导的运动的经费开支中，非但没有负债，还经常有盈余。希望所有年轻人都能从中学到一些经验，养成将各项收支都登记入账的习惯，我相信这会让人终生受益的。

也正是因为我以严苛的眼光审视自己的生活方式，才懂得了节俭的必

---

[1] 英国政治家，在法国革命和拿破仑战争时期，曾担任英国首相。

要性。我决定将自己的开支减少一半。我通过记账发现，自己车票上的支出很多，而我要寄住在房东家里，也就意味着每周都要支付食宿费。有时候，为了表示礼貌，我还得邀请房东一家人吃饭或者和她们一起参加一些聚会。而这些都要花很多钱，特别是如果宴请的对象是女士，按照惯例，应该由男士承担所有开销。更何况，外出就餐本来就是一笔额外开销，即使不在家吃饭，饭钱也不会在每周都付的伙食费中扣除出去。我认为这些开销都可以节省下来，基于不必要的客套而花费的钱也应该节省下来。

于是，我决定自己租房子，不再寄居在别人家里。这样我就可以根据工作的需要随时迁移，同时还能得到新的生活经验。我的新住处距离工作地点不远，步行的话不过半个小时的距离，还能节省下车费。之前，我去哪里都得坐车，还要另找时间散步。现在这种新的生活方式将节约开销和散步结合了起来，这样每天既节省开支，又能步行 8~10 英里。养成这种长时间散步的习惯之后，我在英国的那段日子里基本上没得过病，而且身体还非常结实。

就这样我租下了一套房子，其中包括一间客厅和一间卧室。这是我伦敦生活的第二个阶段，后面还会有第三个阶段。

生活方式上的改变使得我节省下一半的开销，但是又该如何利用时间呢？我知道英国的法学考试并不需要看很多书，于是倒也不觉得时间紧迫。但是，一直让我担心的是自己的英文水平。李立先生（后来成了弗立德烈爵士）那句"拿到了学士学位了再来找我"的话语还在耳边回响。除了争取成为一名律师之外，我还应当拿到个学位为好。我咨询了牛津大学和剑桥大学的课程，还向几位朋友打听，发现如果选择这两所大学中的任意一所，等待我的都会是一笔庞大开销。有一位朋友提出了一个建议，他说倘若我的确很想体验一下通过高难度考试的满足感，那就应该去参加伦敦大学的入学考试。参加那样的考试需要非常用功，但也会格外增加我的基础知识储备，而且不需要额外的开销。我很是认同他的提议，但看到课程表后又被吓了一跳。必修课中有拉丁语和现代外语！我怎么可能学得会拉丁语？但是那位朋友极力劝说我尝试学习拉丁语，他说："拉丁语对于律师而言非常有用，学会拉丁语有助于对于法律书籍的理解，一篇罗马法的论文就等同于拉丁文。还有，学会拉丁语也利于更精准地掌握英语。"我认为他说得很有道理，于是下决心无论多难都要学会拉丁语。当时我已经开始学习法语了，我认为那大概也算得上现代外语了。我去参加了一个私人开设的大学入学考试辅导班。入学考试是每半年举行一次，当时我只剩五个月的准备时间。于我而言，这几乎就是一个不可能完成的任务，然而成为一名英国绅士的渴望立即将我转变成了一个认真刻苦的学生。我制定了一个非常严密的时间表，但是无论是我的智力还是记忆力，都不允许我在这段有限时间里除了应付其他课程之外，还有精力学习拉丁语和法语。最后考试结果是，我的拉丁语不及格。我认为这很可惜，不过并没有因此灰心。我觉得自己的法语比拉丁语好很多，可以再试一次，同时，我还想从理科方面挑选一门新课来学习。之前我学习过化学，但当时那门课缺乏实验教学环节，所以没有足够的吸引力让我对其感兴趣，否则，学习起来定会非常有乐趣的。那是印度所有学校的必修课，所以上次我选择这门课程来参加伦敦大学的入学考试。但是这一次我则改选热光学而非化学，因为据说热光学比较简单，后来我发现确实如此。

在准备第二次考试期间，我更加致力于简化自己的生活。我突然发现自己的生活方式和自己的家境是不相符的。每当想起我那辛苦打拼的哥哥经常慷慨地将我索要的钱如数汇来，心中就非常难受。有很多每个月只花费 8 ~ 15 英镑的学生，学习成绩都非常优异。我眼前有太多这样生活俭朴的例子。我见过很多贫苦的学生，他们的生活条件比我差很多。其中有一位学生以每周 2 先令的租金在贫民窟中租了一个房间，从罗哈特廉价的可可屋购买可可茶和面包充饥，每顿饭仅花费 2 便士。我虽然很难做到他的程度，但是从住两个房间改成住一个房间是可能的，也一定能够做到偶尔自己在家做饭吃。这样算下来，每个月就能省下 4 ~ 5 英镑。我还读了几本有关如何过简单生活的书籍。后来，我就退掉了那套房子，改成租住单间。我还购买了一个火炉，开始每天在家里做早饭。一顿早饭只需要煮麦片粥和可可茶就可以，不到 20 分钟就可以完成。我一般在外面吃午饭，晚饭则回家吃面包和可可茶。这样算来，每天我的生活费大概在 1 先令 3 便士左右。这段时光也成为我最为发奋读书的日子，简单的生活方式带给了我充足的学习时间，最后我终于通过了考试。

请读者朋友们注意，不要以为我这样的生活方式会非常沉闷无聊，正相反，这种改变使得我的内心思想与外部行为更加协调，也使得我的生活与家庭实际经济情况更加符合。事实上，我过着一种率性而为的生活，内心中充满无限的喜悦。

饮食上的新实验

在对自我进行进一步探索时，我愈加感受到自己内外两方面都亟待改变。每当开销和生活方式开始发生改变，甚至在此之前，我就已经开始调整饮食了。我知道很多论述素食主义的作家曾经从宗教、科学、实践以及医学等方面入手，细致地分析过这个问题。他们从伦理学出发得到的结论是：人之所以超越于低等动物，并非由于人类可以任意捕杀低等动物，而是作为高等动物必须要保护低等动物，二者之间应当存在互惠互利的关系，就如同人与人之间的关系。他们还阐释了这样的真理：人类之所以要进行饮食并非为了享受，而是为了生存。因此，他们中有些人会建议：非但不能吃肉，还要不喝牛奶，不吃鸡蛋，此外他们也身体力行。从科学的角度出发，他们得出了结论：人体生理结构显示，人类本是一种吃果类的动物，原本不需要吃煮熟的食物。人类在长牙之前只能喝母乳果腹，长牙之后就开始吃坚硬的食物。基于医学观点，他们认为：人不应当吃所有的香料以及调味品。还有，从经济的角度来考虑，他们认为素食是最节省金钱的。所有这些观点都影响了我，而且我也在素食餐馆里遇到过各种各样的素食主义者。在英国，有一个素食者协会，这个协会每周都出版一期会刊。我订阅了一份会刊，还加入了这个素食者协会，过了不久就当上了协会执行委员会的委员。

正是在那里，我接触到了很多信奉素食主义的著名人物，并且由此开启了自己的饮食实验之路。

我不再吃那些从印度带过来的甜点和香料了。因为转变了观念，我对于香料的喜好也逐步消失了。现在我吃用水煮熟的菠菜也津津有味，但是之前在里奇蒙时则会觉得寡然无味。这一系列实验带给我的体验是：真正感受味道的，是心情而并非舌头。

对我来说，自然也有经济上的考虑。当时盛传的一个说法是茶和咖啡都对身体有害，而可可则是益于健康。我坚信一个人应该只吃那些有益身体的食物，于是不再喝茶或咖啡，而以可可取而代之。

我经常光顾的那几家餐馆都分了两个区域。一个区域是针对那些经济条件比较好的人，提供各种式样的菜品供其随意选取并按价支付，每顿饭大约要花费1～2个先令；另一个区域则只提供三道菜和一块面包，每顿饭花费6便士。在那些我严格节约的日子里，我经常在第二个区域吃饭。

与此同时，伴随主要实验进行的还有一些小实验，例如有时候会不吃淀粉类的食物，有时候则仅靠面包和水果果腹，有时候却只吃奶酪、牛奶以及鸡蛋。最后这项实验值得记述下来，我坚持不到半个月就终止了。那些饮食改革者倡导不吃淀粉类食物，不过对鸡蛋的评价很高，他们认为鸡蛋不属于荤菜，吃鸡蛋也算不上杀生。我相信了这种说法，于是就不顾誓言而开始吃鸡蛋。但是这种荒唐行径没有持续太长时间，我是没有权利给誓言以解释的。当时在母亲面前立下的誓言中，鸡蛋是包括在其所指的荤菜中的。而当我意识到誓言的真谛时，就不再吃鸡蛋了，放弃了这个饮食实验。

此外，还有一个很好的论点在此值得一提。在英国，我听过三种关于荤菜的定义。

第一种，认为荤菜仅是指禽兽的肉，但凡秉持这种定义的素食者虽然不吃禽兽的肉，但却吃鱼，更别提鸡蛋了。第二种则认为荤菜指的所有动物的肉，以此推理，鱼自然是不能吃的，但是鸡蛋还是可以吃的。第三种对荤菜的定义包括所有动物的肉及其副产品，其中自然包括鸡蛋和牛奶。

倘若我认同第一种定义，不仅能吃鸡蛋，还能吃鱼。但是，我认为我应遵守的是母亲认同的定义。如若我打算恪守誓言，就不应该吃鸡蛋，而我也是这么做的。这是一个很麻烦的问题，认真追究起来就会发现，即使是在素菜餐馆里，也有很多菜里面有鸡蛋。如此一来，除非我真的清楚每道菜是用哪些原料做成的，否则我就得大费周章地弄明白哪道菜里有鸡蛋，要知道，很多布丁和糕点都离不开鸡蛋。虽然辨别这些非常麻烦，但是这的确简化了我的生活。不过这种简化也给我带来了烦恼，因为我不得已要放弃一些美食。但困难终会逐渐消失，而严格遵守誓言则会在我们心中激发出一种更加健康、美妙和永恒的体会。

和另一个誓言有关系的真正考验还在后面等着我，但是谁能伤害到被神灵所庇护的人呢？

对于各种誓言的解释，我都有自己的理解。一直以来，对于誓言的解释都会成为这个世界为之讨论不休的丰富话题。无论那誓言是多么简单明了，总会有人为了实现自己的目的而对其加以歪曲。社会中各阶层当中都存在这样的人，无论是富人还是穷人，无论是王公贵族还是乡野农夫。他们出于自私自利的动机，使得自己失去了判断力，以模棱两可的中庸之道来自我欺骗，并且对欺骗世人，甚至欺骗神灵。事实上，坦诚接受监誓者对于誓言的解释是一条务必遵守的金科玉律。还有一个原则，倘若存在两种解释，那么就要接受来自弱者那一方的解释。如果拒绝采纳这两个原则，则会引起因不诚实产生的争端和罪恶。所有追求真理的人，都应当遵守这个金科玉律，不必再去探究深奥的解释。依据这个金科玉律，对我而言，母亲关于荤菜的定义就是唯一真理，而并非要依据我的丰富阅历或者引以为豪的广博学识。

出于省钱和养生的目的，我在英国做了一系列饮食实验。而对这个问题宗教方面的思考则是在我去了南非之后才开始的，之后我还要谈及这个话题。但无论如何，这颗种子是在英国期间就已经种下了的。

一个皈依者对于他所改信的新宗教持有的热情，一般要比一个生来就信奉那个宗教的人高涨得多。那时在英国，素食主义就是一种新的信仰，对我来说也是这样，就像我们所看到的那样，我刚从印度到英国的时候，虽然吃素，但却认同吃肉，后来我自觉地成了一个真正的素食者。作为信奉素食主义的教徒，我内心充满了对素食主义的热忱，于是决定在自己所居住的贝斯瓦特地区成立一个素食俱乐部，并且邀请了同住此地的艾德温·安诺德爵士来担任俱乐部的副主席，请《素食者》的主编奥德菲尔德博士担任主席，而我则担任秘书一职。俱乐部开展了一系列活动，不过几个月后就关闭了。原因是我搬到其他地区了，我有定期迁居的习惯。虽然持续时间并不长，但谨慎运作的经历，或多或少都锻炼了我在组织和经营管理社会团体这方面的能力。

我的羞涩性格

当我被选为素食者协会执行委员会的委员之后,我就决定去参加所有的会议。但是每次开会时,我都觉得舌头打结,说不出话来。一次,奥德菲尔德先生对我说道:"你平时跟我聊天时讲话挺自然的啊,但为什么开会时总张不开口呢?你是一只雄蜂吗?"我非常欣赏他的幽默,蜜蜂总是非常忙碌的,但是雄蜂呢,却是完完全全的懒汉。开会时大家都在纷纷发表意见,而我总是坐在那里闷不作声,这种情况经常出现。我并不是不想发言,而是不知如何去表达自己,在我眼中,除我之外的所有委员都比我有想法。有时候,当我鼓足勇气打算开口时,大家已经开始讨论其他问题了。这种情况持续了很长的一段时间。

素食者协会内部在这段时间争论起一个非常严重的问题,我觉得如果此时还保持沉默是错误的,而且是懦弱的表现。争论是这样发生的:协会主席希尔斯先生原来是泰晤士钢铁厂的老板,也是一位清教徒,协会是依靠他的资助才得以维系的。委员会中很多委员都得到了他的庇护。以素食者身份出名的艾利生医生也是委员之一,他还是新节育运动的倡导者,曾亲自在工人阶级中宣传如何节育。希尔斯先生认为,这些节育方法简直是要破坏道德本源,素食者协会的目标不仅仅是倡导素食,还应进行道德改革,像艾利生医生这样违背清教徒观点的人,应该除去他的会籍。这个问题引起我高度关注,我也认为艾利生医生提倡的有关人工节育的方法是危险的,也相信身为清教徒的希尔斯先生,有权利对其表示反对。此外,我也非常敬重希尔斯先生的为人和他的慷慨大方。

尽管这样,我觉得只是因为有人不把清教徒的道德观念作为协会的一项宗旨而将其从素食者协会开除这种做法是不对的。希尔斯先生不喜欢协会中反清教徒者只是他个人观点,和协会提倡素食的宗旨没什么关系。所以,我的看法是,只要这个人是素食者,那么他就有资格成为协会会员。

委员会中有其他一些会员和我持相同观点,不过我觉得还是应亲口说

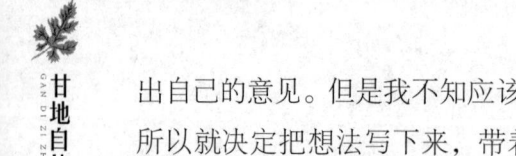

出自己的意见。但是我不知应该如何表达自己的观点。我没有勇气说出口，所以就决定把想法写下来，带着写好的内容去开会。记得当时我甚至连读都读不出来，协会主席只好请人代读。然而，那天艾利生医生还是失败了。不过我发现，在这类问题的斗争中，我第一次开战就站在了弱者这一边。不过我认为自己的做法是正确的，并以此自我安慰。记得大概是这件事过去后不久，我就向委员会递交了辞呈。

在英国生活期间，我一直是这么羞涩的。即使是应酬性的拜访，如果座上宾有六位或者更多，我就会说不出话来。

有一次，我和马兹慕达先生一起前往文特诺我们住在那里的一个素食者的家中。正巧，《饮食伦理学》的作者霍华德先生也在那个避暑胜地。我们与他会面，他还邀请我们去一个宣传素食的聚会上做演讲。那时，我知道在会上用照稿读这种方法并不恰当，虽然也有很多人会为了保证讲话连贯而这样做。但我做不到脱稿讲话，所以事先将讲稿写好了。但是，当我在会上站起身准备宣读时，却发不出声音，我的眼前一片模糊，浑身瑟瑟发抖，虽然讲稿只有一页而已，但最后还是请马兹慕达先生代替我读出来的。毋庸置疑，他的发言是非常精彩的，博得了阵阵掌声。我觉得非常难为情，为自己的懦弱无能而感到伤心。

在我离开英国返回印度的前夕，我为能够在公众面前讲话而作了最终努力，但是那次我还是出了洋相。那次我邀请同是素食者的朋友们前往上文提及过的贺尔朋饭店用餐，我考虑的是："素食者当然应该在素食餐馆用餐，可是为什么不能去那种非素食餐馆吃饭呢？"于是，我找到贺尔朋饭店的经理商量，请他为我们准备一桌严格的素席。那些应邀赴宴的素食朋友们得知我的这个做法后都非常高兴。所有聚餐目的都在于一种享受，但是西方则将其发展成一门艺术。那种宴会上会有寒暄、音乐和演讲。而我组织的这个小宴会也少不了这些，所以也会安排演讲的部分。轮到我致辞的时候，我站起来本想说几句话。其实我已经打好了腹稿，但是讲完了第一句话之后就无法继续了。之前我读过有关艾迪逊的故事，他在英国下议院做第一次演讲时，重复了三次"我想"，就再也说不下去了，然后就有人站起来戏谑地说:"这位先生思考了三次,但是没有得出任何结果。"①我原本是想以这段趣闻为引发表一番幽默演讲的,可惜刚开始说就卡壳了。本是打算说得幽默风趣,结果什么都想不起来。只好唐突地说一句话就落座了:"感谢大家,感谢你们接受了我的邀请。"

后来我去了南非,才多少克服了自己的羞涩。事实上,我从来没有完全克服它,直到现在我依然无法即兴演讲。只要面对陌生的听众就会沉默不语,只要有可能,就尽量不开口。现在我还是无法在朋友们的聚会上随意闲聊。

应该说,这种天生的羞涩除了经常出洋相之外,倒是没什么坏处。对我来说,恰恰相反,这种羞涩对自己有非常大的好处。

说话结结巴巴这个问题,曾经让我头疼,现在却成了我的乐趣,其最大好处就在于可以让我言简意赅。顺其自然地,我就养成了约束自己想法的习惯。现在,我敢保证,无论是自己的口中还是笔下都不会轻易出现一句考虑不周全的话。我的演讲和写作中没有让我感到遗憾之处。所以我避免了很多错误,避免了浪费时间。经验教会我沉默是追求真理的人们必经的精神训练,故意或者无意的夸张、抹杀或者篡改事实的倾向属于人性天生的弱点,如果要克服这种弱点,就必须沉默。一个少言寡语的人所讲出的话语通常都是经过深思熟虑的,他会格外审慎地衡量每一句话。在日常生活中,的确有许多急于讲话的人,每次的会议,会议主席都会为被与会者递条子要求发言而发愁。如果准许了一个人讲话,那么他就会无视时间要求,占用更多的时间,喋喋不休地一直讲下去。这种讲话对世界其实没什么帮助,不过就是浪费时间而已。我的羞涩的确保护了自己,为成长护航,帮助我辨别是非。

---

① 英文是"I conceive……"conceive 的另一含义是怀孕,此处为双关语,开玩笑的意思是:"这位先生怀了三次孩子,却什么都没生出来。"

说出结婚的事实

在四十年前,去英国留学的印度学生还不算多。他们基本上都有一个习惯,那就是装作单身汉,尽管其中有的人是已婚的。但是英国的中学生和大学生基本上都是未婚的,他们觉得求学和婚姻生活是互相冲突的。在过去印度比较好的时代,也存在这样的习俗,当时的学生被称为"波罗摩恰立"(Brahmachair)[①]。但是到了近代,印度国内实行童婚制度,这在英国是闻所未闻的。在英国求学的印度学生通常不好意思承认自己是已婚人士,他们之所以不敢坦诚的另一个原因是:倘若被别人知道了真实情况,就不能和他们所寄宿家庭里的女孩一同出行或者嬉闹了。英国的父母是鼓励青年男女一起出去玩的,目的是为了让年轻人能够选择到配偶,年轻男女之间的交往、联系都是有必要的。对于英国的年轻人而言,这是很自然的事情。然而对于印度青年来说,到了英国之后就陷入这种自我放纵的关系中,其后果可能是不堪设想的。恰如我们经常见到的那样,会有一些印度青年经受不起诱惑,为了能和英国女孩交往而过上了一种不诚实的生活。对英国的青年而言,这种交往算不得什么,然而对于印度青年则非常不妥。我也受到了他们的影响,不加思索地冒充单身汉。虽然我已经是有妇之夫,还是一个孩子的父亲,但是我这样自欺欺人,并没有感到快乐。多亏我的谨慎和羞涩,使得自己没有更深地陷入泥潭之中。倘若我保持沉默,是没有女孩子愿意与我聊天或者陪我外出游玩的。

固然我个性胆怯,却非常谨慎。有一次,我在文特诺一户人家里寄宿,那里的一些人家有一个规矩:主人家的女儿要陪着客人外出散步。我就遇到了这种情况,有一天房东家的女儿陪着我去爬文特诺周围那些可爱的山丘。我步行速度不慢,但是我的女伴走得比我还要快。她一边拽着我向前走,一边滔滔不绝地说话。我只能时不时地小声回应一句"是的"或者"不

[①] 完全能够自制的人。

是"，顶多说一句"是的，非常美"！她迈着如同小鸟一般的轻盈步伐，我却在暗自琢磨不知什么时候才能回家。就这样，我们走到了山顶，然而，怎么下山倒是成了问题。虽然穿着高跟鞋，但这位二十五岁的活泼少女居然如离弦的箭一般冲下小山。我从山顶扭捏地挣扎下山，她站在山脚笑嘻嘻地给我打气，还打算上来拉我。我怎么如此胆小呢？费了九牛二虎之力，我终于跌跌撞撞地爬下了山。她开怀大笑，说："真是有意思！"这让我更加难为情。

可是我已然无法避免出现问题，也许是神灵要替我摆脱不诚实带来的痛苦。在我去文特诺之前，曾经在避暑胜地布莱顿待过一段时间。那是我在英国生活的第一年，在那边的一家旅店里我遇上了一位上了年纪的中产阶级寡妇。那家旅店的菜单都是用法文写的，而当时我还看不懂法文。恰好我与那位太太坐同桌，她知道我遇到了困难，就立即来帮忙。她说："看来你是从外地来的，不熟悉这边的情况。你为什么不点东西吃呢？"这位太太发问时，我正一个字母一个字母地研究菜单，打算向服务生询问这些菜的原料。我向她道谢，告诉她困难在于我看不懂法文，不清楚哪些是素菜。

"我来帮你"，她说道，"我帮你解释菜单，告诉你什么能吃。"我非常高兴地接受了她的帮助。从此，我就与这位太太认识了，后来又成了朋友，在我留学英国以及回国之后的很长一段时间里，一直维系着这段友谊。她留给我她在伦敦的地址，还邀请我每周日去她家吃饭。有时候，她还找其他机会邀请我，介绍我认识一些年轻女孩子，引导我与她们交谈，以试图帮我克服羞涩。特别明显的是，她经常引导我和一位与她同住的女孩交谈，还尝试让我们二人单独交往。

开始我觉得非常烦恼，既不会聊天也不敢开玩笑。但是那位夫人总是引导我，于是我开始学习了一些交际之道，没过多久居然开始期待每个周日，开始乐于和那个女孩聊天。

这位夫人把网撒得越来越大，她对于我们的会面特别感兴趣，可能她是有意促成我们交往的。

那时我进退两难了，暗自想："倘若早些时候就告诉那位夫人我已经结婚了，那么她是不会撮合我们两人订婚的。现在补救还算不上太晚，说出实话，就能够避免之后的很多麻烦。"我怀揣着这个想法，给她写了一封信，内容是：

"自打我们在布莱顿相识，您对我非常好，就像母亲照顾儿子一般。您可能觉得我到了结婚的年龄，所以经常介绍我认识一些年轻的姑娘。为了避免麻烦，现在我要向您坦白，我实在配不上您这份深厚情谊。早在我拜访您时就应该说明，我在印度已经结过婚了。我知道在英国的这些印度留学生们总是隐瞒自己已婚的事情，我也模仿了他们的做法。可是现在，我知道自己做错了。而且我要告诉您，我在童年时就已经结婚了，现在已经为人父了。这么长时间都没告诉您这件事情，非常抱歉，但值得高兴的是，凭借神灵给予的勇气我现在说出了实话。您能够原谅我吗？我保证我绝对没有冒犯您好心介绍给我的姑娘，我有自己要遵守的规矩。您不知道我已经是有妇之夫，才好心撮合我们。为了避免事态的进一步发展，我必须得说出实情。

"如果您看过这封信之后，觉得我有负您的深厚情谊，我绝不会怨恨。我会永远记得您给予我的热情和关怀。假如从此之后，您并没有嫌弃我，仍然把我看作是值得关心的人，我自然高兴，并且将其理解为是您进一步加深了对我的关爱。"

相信读者朋友们能感觉到，这封信并非一挥而就，而是经过了反复修改。事实上，这的确帮助我卸下了心中的负担。没过多久，我就收到了回信：

"在收到了你那封坦诚的信之后，我们两个人都非常高兴，还痛快地大笑了一场。你所提及的关于你的不诚实之处，是可以被原谅的，而且把事实告知我们也是正确的。我还会继续邀请你，希望你下一个周日来访时能给我们讲一讲有关你童婚的故事，让我们再大笑一场。我们之间的友谊是不会因为这件事而受到影响的。"

就是这样，我成功消除了不诚实带来的后果。从此以后，我会毫不犹豫地告知别人我已婚的事实。

接触各种宗教

在英国度过的第二年年末，我偶然遇到了两个通神论者，他们是兄弟俩，都未婚。他们跟我聊起了《纪达圣歌》①。当时，那两个兄弟正在阅读由艾德温·安诺德爵士翻译的《天国之歌》，还邀请我和他们一起阅读原著。我感到非常惭愧，因为这篇圣歌无论是梵文还是古吉拉特文的版本我都没读过。我必须向他们承认自己没有读过《纪达圣歌》，但是我非常愿意和他们一起读，虽然我梵文水平有限，但是依然希望能够通过阅读原著来弥补阅读译本时可能出现的纰漏。所以我开始与他们一起开始读《纪达圣歌》，其中给我留下很深印象的第二章中的几行诗句，至今依然萦绕在我耳畔：沉迷于外在的感觉，必然会受其诱惑；诱惑产生愿望，愿望燃起欲火，一旦熊熊欲火燃烧起来，就会置一切于不顾，丧失理智，浩气无存，终至精神毁灭，身心俱焚。

这本书可谓是无价之宝，给我留下的印象日益深刻，直到今日，我仍然将其奉为圭臬。在我最为烦闷之时，它给我带来了莫大的帮助。我几乎读遍了《纪达圣歌》所有的英文译本，最好的当属安诺德的译本。他忠实于原著，阅读起来甚至感觉不出是翻译过来的。虽然当时和朋友一起阅读了《纪达圣歌》，但是并没有对其进行深入研究，直到几年之后，我才每天都要阅读这本书。

这两个兄弟还给我推荐了艾德温·安诺德爵士所撰写的《亚洲之光》。之前我只知道他翻译了《天国之歌》，直到读了《亚洲之光》。这本书甚至比《薄伽梵歌》更为吸引我，一旦开始阅读起来，就令人爱不释手。有一次，他们还带我去了布拉瓦斯基的住宅里，将我引荐给布拉瓦斯基夫人和贝桑特夫人。那时候，贝桑特夫人刚刚加入通神学会，我对她改变自己信仰这件事产生了非常大的兴趣。他们也劝说我入会，但是被我婉言谢绝了。我对他们这样说："我对于自己本民族宗教的认识本就非常有限，不想再加入其他的宗教团体了。"但我还是听从了这两个兄弟的建议，阅读了布拉瓦斯基夫人的《通神学入门》。这本书不但激发了我阅读印度教典籍的愿望，还为我排除了传教士们所宣传的关于印度教充满了迷信这种观念。

大约就是在这段时间里，我在一家素食公寓中遇到了一位善良的基督

---

① 指的是《纪达－戈文达圣歌》（Gita Govinda），据说是十二或十三世纪时由抒情诗人贾亚·德瓦（Jaya-deva）所撰写的歌颂黑天（Krishna）早年牧牛生活的诗，戈文达就是黑天的别名。

教徒，他来自于曼彻斯特。我们谈论起了基督教，我告诉了他自己在拉奇科特的一些经历。他听了之后非常难过，说："我本身也是一个素食者，而且不喝酒。不容狡辩，的确是有许多基督教徒不仅吃肉而且喝酒，然而吃肉喝酒都不是经文所训示的。你读一读《圣经》就知道了。"我接受了他这个建议，他给了我一本《圣经》的复印本。我依稀记得他也常常出售《圣经》，于是向他买了一本有地图、索引以及其他有价值的附录资料的《圣经》。我开始了阅读，但完全读不下去《旧约》。在读完《创世纪》之后，一读后面的几章就昏昏欲睡。但是为了在别人面前炫耀我也读过《圣经》，我还是勉强地读完了剩余部分，不仅没有兴趣，更不求甚解。其中，我最不喜欢的就是《民数记》。

但是《新约》则给我带来了不同的感受，特别是《登山宝训》，真是说到了我的心坎里。其完全可以与《纪达圣歌》相媲美。我欣赏那句："我告诉你们，不要与恶人作对。有人打你的右脸，连左脸也转过来由他打。有人想要拿你的内衣，连外衣也由他拿去。"这让我想起了萨玛尔·巴特所说的"惠我杯水，报以美食"那段话。年轻时，我尝试将《纪达圣歌》《亚洲之光》以及《登山宝训》的诸多训诫贯穿起来。有个观点极大地鼓舞了我：克己是宗教的最高形式。

对这几本书的阅读，引起了我研究其他宗教导师生平的兴趣。一位朋友推荐给我卡莱尔的《英雄与英雄崇拜》。读了《先知是英雄》那章，我才懂得先知的伟大、英勇和朴素的生活。

用功备考使得我几乎没有时间涉猎其他知识，除了对宗教的这些认识以外，当时的我已经无力进行更多的研究了。不过我已经做好了打算，以后要广泛地阅读宗教书籍，希望能对所有主要的宗教都有所涉猎。

关于无神论，我怎能完全没有认识呢？几乎所有印度人都知道布拉德劳及其所谓的无神论。我曾经读过一些有关无神论的书，书名都没记住，总之是对我没产生什么影响。我早已经走出了无神论的撒哈拉沙漠了。当时，贝桑特夫人是社会上备受瞩目的人物，她也从无神论者转变成了有神论者，我读过她撰写的那本《我如何成为一个通神论者》。

大概就是这个阶段，布拉德劳去世了，他安葬于沃金公墓。我去参加了他的葬礼，我觉得所有旅居伦敦的印度人都会去参加。有几位牧师也到来对其致以最后的敬意。在葬礼结束之后，我们一起在车站等车，身边就有一位无神论者质问其中一位牧师："喂，先生，您相信上帝的存在吗？"

"我相信。"那位善良的牧师低声回答。

"那你也同意地球的周长是28000英里吗？"那位无神论者自信十足地笑着说。

"当然了。"

"那么请告诉我，你们的上帝有多大？他身在何处？"

"可以，只要我们去感受，他就住在我们的心里。"

"得了，得了，别拿我当小孩哄了。"那位无神论者带着一副胜利的表情对我们说。

那位牧师则谦逊地保持了沉默，而这段对话加深了我对无神论的偏见。

神灵给予弱者力量[①]

虽然我对印度教以及世界上其他宗教都有了一定认识，但是我知道如果让我经受考验的话，这点知识还远不能让我得到拯救。到底是什么支撑着一个人经受考验，他是不会有预感的。没有信仰的人，定会将自己获救的原因归功于机遇。而有信仰的人，则会认为是神灵拯救了自己，是自身的宗教修养或精神信念产生作用的结果。但是在他获救时，他并不知道究竟是他的精神信念还是其他东西拯救了自己。那些深信精神力量的人们，不也见过精神被世俗征服的情况吗？在受到考验时，所谓的宗教知识与来自经验的尝试是不同的，其无非是戏言而已。留学英国期间，我第一次发现依靠宗教知识于事无补。当时我太年轻了，也说不清楚是如何从此前经历的几次遭遇中获救的。但是现在我已然二十岁了，具备了做丈夫和父亲的经验。

我记得自己在英国的最后一年，也就是1890年，我与一位印度朋友赴

[①] 原文为 Nirbala ke bala Rama，是苏尔达斯（Surdas）著名赞美诗里的一句，翻译为："他帮助无助者，给予弱者以力量。"

约参加在朴次茅斯举办的一次素食者会议。朴次茅斯是一座海港，那里驻扎着许多海军人员。那边的公寓里住着很多名声不好的妇女，她们不是真正意义上的妓女，但行为也不检点。实话说，会议的组织者也不了解那边的情况。所以想要在朴次茅斯这种城市中区分住所的好坏，对于我们这种偶尔前来的旅客是非常困难的。

我们开完了会，晚上回到了寓所。吃完晚饭后，大家坐下来一起打桥牌，女房东也加入其中，这是英国的一种规矩，就连上等人家都是如此。所有玩牌的人通常要讲一些无伤大雅的话，但是我的朋友和女房东却越说越离谱，之前我没发现我的朋友如此精通此道。我被他们吸引了，不由自主地加入了他们的谈话。正当我准备越过界限，扔下手中的牌然后去做不好的事情时，上帝通过我的那位朋友对我发出了警告："你这是哪里来的这种坏念头啊，我的孩子？离开吧，快点！"

我感到惭愧，我接受了警告并对朋友表示衷心感谢。我想起曾经在母亲面前立下的誓言，立即狼狈地、颤抖地、心慌意乱地从现场逃回了自己的房间，如同一只猎物从猎人手中逃脱一样。

在我印象中，这是我第一次被除了妻子以外的异性撩起了情欲。那天晚上我辗转难眠，脑中浮现着种种念头。我是否应该离开这个地方？我是否应该逃到别的地方？我现在身在何处？如果我丧失理智，会发生什么？我下定决心往后要小心行事，不但要离开这个公寓，而且还得离开朴次茅斯。这次的会议两天就开完了，于是第二天晚上我就离开了朴次茅斯，而我的朋友则在那边多住了几天。

当时我还不了解宗教或者神灵的本质是什么，也不清楚他们对我是如何产生作用的，我只是依稀觉得那一次是神灵拯救了我。我经历的那些考验，都是神灵来拯救我的。现在我才了解"神灵拯救我"这句话的深刻含义，虽然我并不能彻底清楚它的意义。只有依靠更多的经验，才能帮助我做出更透彻的理解。不过，仅就我所经历的所有精神性的考验而言，我敢发誓，无论是从事律师工作，还是管理公共事务，致力于政治活动，都是仰仗神灵的庇护。当所有希望都趋于破灭时，也就是"孤立无援而毫无安慰时"，神灵会在我难以预料的时刻出现，给予我帮助。我们不能将祈祷、膜拜、祷告视为迷信，那些是比衣食住行更为真实的行为。就算说只有它们才是真实的而其他一切并不真实也不为过。

这种膜拜或者祷告并非长篇大论，也不是口头说说而已。其发自于内心深处，故此，当我们的心灵达到"除了爱别无杂念"的境界时，我们就会感受到"难以用肉眼看到的天籁之音"穿透心灵。祷告是静默的，其本身是独立于其他一切外物的精神修为。我百分之百相信通过祷告可以达到清心寡欲，但是如果想实现这个境界，就必须怀揣对神灵的谦逊之心。

纳拉扬·亨昌德罗

这个时候，纳拉扬·亨昌德罗来到了英国。我早就听说他是个作家，也在印度国民大会的曼宁小姐家中和他会过面。曼宁小姐了解我不善交际，每次在她那里我总是沉默地坐在一边，除了回答别人的问题，自己从不主动发言，所以她将我介绍给了纳拉扬·亨昌德罗。他不会英文，那天的打扮也非常古怪：一条丑陋的裤子，一件脏兮兮，皱巴巴的波希人（Parsi）[①]常穿的褐色外衣，既没有打领带，也没有打领结，还戴了一顶有穗子垂下来的绒帽，留着一缕长须。

纳拉扬·亨昌德罗的个子不高，体格瘦小，圆圆的脸上布满了出天花留下的瘢痕。他的鼻子既不挺也不塌，习惯总是用手抚摸自己的胡子。

这样一位样貌奇怪，穿着奇装异服的人，身处于这个时髦的社会中自然格外醒目。

我对纳拉扬·亨昌德罗说："久仰大名，我读过您的一些作品，倘若您愿意光临寒舍，我将深感荣幸。"

纳拉扬·亨昌德罗声线沙哑，满面笑容地回答我："当然没问题，你住在哪里？"

"斯多尔大街。"

"那我们还是邻居呢。我想学习英文，你能教我吗？"

[①] 波希人大多聚集在孟买，他们是8至10世纪间移民到印度，坚持信仰琐罗亚斯德教而不愿意改信伊斯兰教的波斯人后裔。

"只要是我知道的,我都愿意教您,我会尽力效劳。如若您愿意,我可以去您那里。"

"那怎么好意思呢?还是我去你那边吧,我还得带着翻译练习本。"我们就这样做好了约定,不久之后我们就成了好朋友。

纳拉扬·亨昌德罗对于英文语法一无所知,他认为"马"是动词,而"跑"则是名词。诸如此类的笑话我还记得很多,但是他完全没有因为自己的无知而气馁。我的语法知识很有限,不能帮他学透。但说实话,他从来都不以自己不懂语法为耻。

他非常漫不经心地说道:"我从来都没觉得在表达思想时需要什么语法。你懂孟加拉语吗?我是懂的,我在孟加拉旅行过。就是我将玛哈希·德文特罗纳斯·泰戈尔(Maharshi Devendranath Tagore)[①]的作品翻译成古吉拉特文的,我还希望将其他外文著作都翻译成古吉拉特文,你知道我非常满意自己的译文能够表达出原著的精神。别人的知识可能更丰富,将来可能比我做得更好,可是如今,我不懂语法也能做得让人非常满意。我懂马拉底语、印度语、孟加拉语,现在又开始学习英语。我所欠缺的不过是丰富的词汇而已,你觉得我的抱负仅此而已吗?不用担心,我还要去法国去学法语。我说过的,语言是更为宽广的文学。如果可能的话,我还想去德国学德语呢。"就这样,他会聊个没完,对于学习外语和四处旅行充满了旺盛的兴趣。

"之后,你还想去美国吗?"

"没错。不去那个新大陆见识一下,我怎么能甘心返回印度呢?"

"但是你去哪里筹集费用呢?"

"我要钱干什么呢?我又不像你那样时髦,我只要有吃有穿就可以了。维系这种生活水准只要依靠我的稿费和来自朋友的接济就可以了。我外出旅行时经常坐三等车,就算是去美国,也一样是搭乘统舱。"

纳拉扬·亨昌德罗的质朴是非常自然的,与此同时他还是一位十分率性而为的人。他一点都不引以为傲,只不过对自己写作上的才能过分在意

---

① 哲学家、社会活动家,是印度现代最为伟大的诗人、文学家、社会活动家、哲学家和印度民族主义者拉宾德拉纳特·泰戈尔(1861~1941)的父亲。

了些。

我们每天都见面，思想和行动上经常不谋而合。我们同为素食者，经常在一起吃午饭。在那期间，我正过着自己做饭，每周花费只有17先令的日子。有时我去他那里，有时他来我这边。

我做的饭大多都是英式的，纳拉扬·亨昌德罗则除了印度菜之外，其他都不爱吃。他每顿饭都要有黄豆汤（Dal）[①]，但我做的却是胡萝卜汤，这让他始终难以认同我的口味。有一次，他拿到了一些地道的蒙豆（Mung）[②]，并且煮好了带来与我一起吃，我吃得很尽兴。后来，我们经常互相交换食物，有时候我把好吃的食物送到他那里，有时候则是他带给我美食。

那时，曼宁主教名声显赫。码头工人的罢工之所以能够提早结束，正是因为约翰·伯恩斯和曼宁主教从中斡旋。我告诉纳拉扬·亨昌德罗，狄斯荣立非常欣赏曼宁主教的俭朴，然后他说："那么我一定得见一见这位圣人。"

"但他是一位大人物，你怎么能见到他呢？"

"怎么会见不到呢？我自然是有办法的。我需要请你以我的名义给他写封信，告诉他我是一位作家，想以个人的名义去当面祝贺他对于人道主义的贡献，再说明我不懂英文，所以得与你同行，你来当翻译。"

按照他的意思，我写了一封信。过了两三天，曼宁主教真的回信并约见我们了。所以我们就一起去拜访了他。我穿着平时会客的正装，纳拉扬·亨昌德罗则依然如故，还是从前那副邋遢打扮。我跟他开起了玩笑，但他却大笑起来，说道："你们这些文明人都是放不开，实际上大人物从来就不关心一个人的外表，他们更注重的是人的内心。"

我们走进了曼宁主教住所的大厅，刚一落座，就看见那位高高瘦瘦的老绅士走过来并与我们握手。纳拉扬·亨昌德罗表达了自己的问候："我不想占用您太多时间，我久仰您的大名，特意前来当面感谢您为罢工工人们所做的努力。拜见知名人士是我所热衷的，所以今天冒昧地前来打扰。"

这些话自然都是我来替纳拉扬·亨昌德罗翻译的，他说的是古吉拉特语。

[①] 为印度特产，印度人日常吃饭时必备的黄豆汤，豆粒非常小。

[②] 印度一种豆类，类似扁豆。

"非常高兴你们能来跟我会面，祝你们在伦敦生活得称心如意，也希望你们能与这里的人们多加来往，愿上帝保佑你们。"

说完这几句话之后，主教就起身与我们告辞。

还有一次，纳拉扬·亨昌德罗身穿一件内衣，裹着一条"拖蒂"（Dhti）[①]就来了我这儿。

我那位好心肠的女房东打开门后，就慌慌张张地过来找我。她是我的一位新房东，不认识纳拉扬·亨昌德罗，所以对我说："来了个疯子找你。"我急忙跑到门口，没想到来的就是纳拉扬·亨昌德罗。我有些吃惊，但他却一脸平常，脸上充满笑意。

"街上的小孩子们难道没有追逐你吗？"

"有的，他们追着我跑，但是我不搭理，他们也就不闹了。"

纳拉扬·亨昌德罗在伦敦住了几个月之后，就去了巴黎。他真的开始学起法语，并且还翻译法文书籍。我的法语水平倒是能够帮助他校对译文的，于是他就经常将稿子邮寄给我看。从严格意义上说，他那并非是翻译，不过是写下大意而已。

后来，纳拉扬·亨昌德罗果然实现了自己访问美国的愿望。他费了很大气力才拿到一张统舱船票。去了美国之后，有一次他因为穿着那件内衣和"拖蒂"上街，竟然以"奇装异服"的罪名被起诉。

不过我记得他最终被无罪释放了。

参观大博览会

1890年，巴黎举办了一场大博览会。我此前就听说了有关这场博览会详细的筹备情况，也希望能去巴黎看看，所以我认为那个时候去巴黎可谓一举两得。那场博览会最为吸引人的是有一座1000英尺左右，全部用钢铁铸成的埃菲尔铁塔。博览会上当然还展示了很多其他有趣的东西，但这座铁塔无疑是最为突出的，因为当时的人们认为那样高的建筑物是很难屹然

[①] 印度男性的传统服装，就是用一块又长又宽的白布缠在身上当裤子。

矗立于地面上的。

此前我就听说巴黎有一家素食旅馆，于是就在那里定下房间，住了七天。那时，我特别节省，无论是前往巴黎的路上还是到了那里之后的参观游览，都是精打细算。我凭借一张巴黎地图和博览会的路线图指南，步行游览了巴黎，那些工具足以指导旅客找到主要的街道和名胜古迹。

有关这个博览会，除了规模宏大和种类繁多之外，并没有给我留下其他深刻印象。但是对于埃菲尔铁塔还是记得很清楚的，我曾经攀登过两三次，为了证明我也在很高的地方用过餐，我花了7先令在塔上面第一层的平台餐厅吃了一顿午饭。

巴黎的古老教堂也给我留下了深刻印象，其宏伟和肃穆让人难忘。巴黎圣母院的恢宏气势，内部华丽的雕塑以及精致的装饰简直让人叹为观止。我认为如果人们内心没有充满对于上帝的虔诚敬爱，是不会花费巨资来修建如此神圣宏伟的教堂的。

去巴黎之前，我就已经读过许多有关巴黎的时尚逸闻，这一点体现在巴黎每一条街上。但是与此同时，那些教堂却醒目地伫立于这些繁华之外。当人们进入这些教堂，就会立即忘记门外的嘈杂与忙碌。

当一个人从跪在圣母像前面的人身边走过时，他的神态就会变化成庄严且虔诚。当时我能够感觉到自己体内的宗教情感也在升华，我认为这些下跪的祈祷者绝非出于迷信，跪在圣母像面前的虔诚灵魂所膜拜的对象绝非是那块大理石。他们心中燃烧的是炽热的爱，他们所膜拜的并非石像，而是其所象征的神灵，我认为他们的崇拜不是减损而是增加了上帝的荣光。

我要再次提及一下埃菲尔铁塔，时至今日我也搞不懂究竟为何要建造它，当时我听过关于它的诋毁和褒扬都很多。我还记得托尔斯泰就是批评它的一个代表人物，他认为埃菲尔铁塔是人类的愚蠢而非智慧的产物。他说烟草是最能麻痹人类的麻醉品，因为一个有烟瘾的人敢于去犯一个醉鬼所不敢犯的罪，酒使人疯狂，但烟草则能蒙蔽人的心智，从而使其沉迷于构建空中楼阁。埃菲尔铁塔就是这种麻痹影响下的产物，它算不上是一件艺术品，无非是为了彰显这个博览会的宏大华丽而建造的。人们之所以对其争先围观，还要以登上高塔为乐，不过是因为它的新奇和庞大。事实上，埃菲尔铁塔是博览会的玩具，我们还如小孩子那般，会被各式各样的玩具所吸引，而这座高塔正好证明了我们还拥有被玩具所吸引的孩童心态，也许这就是建造埃菲尔铁塔的用意吧。

取得律师资格

我去英国留学是打算当一个律师，不过直到现在也没有谈及这个问题，在这里应该简单地说明一下了。

如果想正式成为律师，作为学习法律的学生必须要履行两件事情：其一是"持续的学期"，也就是要花费十二个学期相当于三年的时间；其二是通过考试。"持续的学期"意味着需要参加聚餐，每学期共计二十四次聚餐必须要至少出席六次。而这种聚餐并非是单纯地吃饭，而是要求参加者在规定时间内自我展示，并在整个宴会过程中保持着形象。当然，在宴会上大家都是随意地大快朵颐，痛饮美酒。参加一次聚餐每人要花费2先令6便士到3先令6便士，也就是大概2~3卢比，这个价位还算合理。倘若是去外面的餐厅吃饭，光是酒钱就得这么多。对于我们这些印度人而言，假如我们还没变得"文明"的话，确实难以接受酒钱超过饭钱。一开始我也好奇人们为何这样做，到后来就逐渐理解了。参加宴会时，我经常不吃东西，能吃的也只有面包、煮的马铃薯和卷心菜。开始我连这些东西都不吃，我根本也不爱吃这些，后来开始吃了，也逐渐有勇气要其他东西吃。

宴会上提供给法官的食物通常比学生的要好。有一位波希学生，也是个素食者，出于替素食者考虑，我提出得到只提供给法官的素菜的申请。这个请求获得同意，于是我们就开始得到法官席上的水果和蔬菜。

因为每四个人一组就可以分到两瓶酒，而我是不喝酒的，于是大家都想跟我一组，这样的话三个人就能享用两瓶酒了。每个学期还有一个可以提供额外酒水的"盛夜"，除了葡萄酒和樱桃酒之外，还有平时没有的香槟。每到"盛夜"，我就格外受欢迎，到处都有人邀请我加入他们。

当时我想不明白，而且一直搞不清楚，这种聚餐如何使得学生变得更有资格成为律师。起初只有少数几个学生有资格参加宴会，所以他们就有机会能与法官攀谈，发表自己的见解。而这种场合有助于使得他们学会得体、优雅、熟练的社交礼仪，此外还能提高他们的语言表达能力。但是到我读书那时候，法官们都分设一席了，像此前的情况是不可能出现了。如此一来，这种教学方法就逐渐丧失了其本来的意义，但是保守的英国人却一直维持着这种形式。

我们所学的课程非常简单，所以律师们被笑称是"宴会律师"。大家都知道考试没什么实际价值。我读书那时候，考试有两门：一个是罗马法，另一个是普通法。当时是有指定参考书的，而且还可以带进考场，不过很少有人认真读书。我了解的是，很多人用一两周的时间突击一下笔记，就能通过罗马法的考试，普通法也只需花费两三个月的时间读读笔记就能通过。考试非常容易，主考官的监考也非常宽松。罗马法考试平常的测验合格率高达 95%～99%，而最终考试也有至少 75% 的通过率。所以大家都不担心落榜，更何况，考试一年举办四次，没有人觉得那有什么困难。

而我却成功地把这两种考试合二为一。我认为自己应该通读课本上的全部内容，不读是不对的。所以我花了很多钱去购买课本，还决定阅读拉丁文版本的罗马法。当时应对伦敦大学入学考试期间学习的拉丁文知识，对我产生了帮助。特别是当我去了南非之后，非常有用，因为罗马荷兰法就是南非的普通法。所以阅读贾斯丁尼亚的著作的确有助于我了解南非的法律。

经过了九个月的艰苦学习，我终于读完了英国的普通法。布罗姆的《普通法》是一部体系庞大且非常有趣的著作，我用了很长时间才读完。斯尼尔的《平衡法》很有意思，但有一些不好理解。怀特和提德尔合著的《案例精粹》搜集了很多重要案例，有非常强的可读性和启发性。此外，我还怀着极大兴趣阅读了威廉士和爱德华合著的《论不动产》和古德维撰写的《论私有财产》，威廉士的著作读起来非常像小说。回到印度之后，我继续怀着浓厚兴趣读了麦尼的《印度教徒法》，但是在这里并不是要探讨印度法律书籍，我就不多赘述了。

后来，我通过了律师资格认定考试，于 1891 年 6 月 10 日获得了律师资格，并于次日在高等法院注册，12 日我就动身返回印度了。

但是我内心的恐慌和束手无策并未因此告终，我并不认为自己已经具备处理律师事务的能力。

如果要详细记述我那种无助的情形,只能另外开辟一个篇章。

我的不安和无助

在英国获得律师资格并不难,不过执行业务则很难。我钻研过很多法律书籍,可却没有学习过如何执行业务。我曾用心地阅读过《法律通则》,可是不知道怎么应用于实践之中。"使用自己的财产应使其无害于他人"是当中一条格言,但是我确实不知道如何将这句格言更好地应用到为我当事人争取权益之中。我读过书中全部的重要案例,并没有在法律实践过程中带给我多大信心。

还有,我完全没有学习过印度法律,对印度教徒和穆斯林的法律丝毫不懂,连怎么写起诉书都不知道。我曾经听过费罗泽夏·梅赫达爵士在法庭之上大显身手的事迹,但让我感觉惊奇的则是他如何能在英国练成这种功夫的。我并不奢望拥有他那样敏锐的法律意识,可我不确定自己以后是否能以这样的职业为生,这让我非常不安。

我把遇到的这些困难告诉了身边的几位朋友,有一位朋友建议我去请教达达巴依·奥罗吉。我提到过,去英国的时候,本来身上揣着一封写给达达巴依的介绍信,但是很久之后才把这封信送出去,这是由于我认为自己没有资格去麻烦那样一个大人物。每次只要有他的讲座,我都会赶去坐在大讲堂的一个角落去听,待到大饱耳福和眼福之后,我就自行回家了。达达巴依为了和学生建立更亲密的往来,成立了一个学会,我经常去参加集会,每当看到他对学生的关怀以及学生对他的敬重时,我的心中就充满了欢喜。过了一段时间,我终于鼓足了勇气把那封介绍信交给了他。他说:"你什么时候都可以来找我谈心。"可是我却一直都没去,我认为只有到了万不得已之时,才能去叨扰他。因此当时我没有接受朋友的建议,向达达巴依说出自己的困难。我不记得是否依然是这位朋友建议我去见的弗立德列·宾卡特先生,他是一位保守派,对于印度学生的关爱饱含纯洁且无私的爱。有很多学生向弗立德列·宾卡特先生求教,我也请求得到他的约见,他应允了。我永远不会忘记这次会晤,他对待我如同朋友一般亲切,用爽朗的笑声赶走了我的悲观情绪。他说道:"难道所有人都要成为费罗泽夏·梅赫达吗?毕竟费罗泽夏和巴德鲁丁这种人属于少数人,当一个普通律师用不着非凡才能,只要忠诚勤奋,就能够维持生活,而且也不是总能遇到复杂案子的。好了,请你告诉我,你都读过哪些书?"

当他听完我读过的那少得可怜的几本书名后,我觉得他显露出了一些失望。但短暂一瞬后,他的脸上立即又挂满可敬的笑容了。他说:"我清楚你的困难是什么,你读的书不算多,也不懂人情世故,甚至连印度的历史都没读过,而这些都是作为律师不可或缺的知识。身为一位律师,需要了解人情世故,应当具备可以从一个人的样貌中推断其品格的能力,而且所有印度人都应该了解祖国的历史,这和法律实践没什么关系,是你本应具备的知识。我认为你可能连凯伊和马尔逊的《1857年兵变史》[①]都没读过吧。我建议你赶紧去读那本书,而且我认为你还应该读几本有关人情世故的书。"那就是拉伐拓和申梅尔品尼克等人撰写的关于相貌学的书。

我非常感激这位值得尊敬的朋友,在他面前,我所有的恐惧都消散了,但一离开他,我又开始不安起来。如何"从一个人的样貌中推断其品格"则成了盘亘在我心中的一个问题,在归家途中我一直惦记着那两本书。第二天,我就去买了拉伐拓的书,当时已经无法买到申梅尔品尼克的书了。读完了拉伐拓的著作,我觉得其甚至比斯尼尔的《平衡法》还要晦涩难懂,而且毫无趣味。我认真地研究了莎士比亚的长相,但还是没能学会在伦敦街头穿梭往来的人群中发现堪比莎士比亚的人物的本事。

我认为无法通过拉伐拓的书来增长知识,宾卡特先生的建议对我也没有多少直接作用,不过他的情谊鼓舞了我。他那明朗的笑脸深刻地印在了我的心中,我信任他的说法,那就是费罗泽夏·梅赫达拥有的高度敏锐的法学意识,超凡的记忆力以及不俗才能并非是每个成功律师所必需的,对于普通人而言,只要做到忠诚和勤奋便已足够。仅从这两个方面而言,我自认还不算差,于是自己也就多少有了一些信心。

我在英国没时间读凯伊和马尔逊的著作,所以决心一有机会就立即读,

---

① 从18世纪中期开始,英国采用蚕食的方式逐步征服了印度,并且在经济、经济、宗教和军事上进行重大改革,引发了人民不满。1857年5月德里附近的英国佣兵(印度人)中发生了兵变,得到了响应。

最后终于在南非读到了。

怀揣着掺杂着一点无可奈何，既有憧憬却又绝望的复杂心情，我乘坐"阿萨姆"号轮船在孟买登岸。当时港口的风浪非常大，我不得不换乘一艘小艇靠近码头。

第二部
从孟买到南非

地球所提供的足够满足每个人的需要，
但不足以填满每个人的欲望。

赖昌德巴伊

前面一章提过，孟买港口的风浪非常大，而这种情况在6、7月份期间的阿拉伯海并不罕见。当船离开亚丁之后，一直是波涛汹涌，几乎所有的乘客都晕船了，只有我自己依旧如常，站在甲板上看着巨涛翻滚，浪花四溅。吃早饭时，除了我以外，只有一两个人小心翼翼地抱着碟子吃麦片粥，免得把粥洒出来。

大自然的风暴与我内心的不安相互映衬，就如同这自然的风暴没有阻碍我的生活一样，后者也没有使我方寸大乱。此前留下来的关于种姓的麻烦正等着我去应付。前面提到过，对于如何开展律师业务，我是彷徨无措地。而且，我既然是以改革者自居，就得谋划着开始某些改革。这些都是我所能想象得到的，但是还有一些意想不到的事情。

我哥哥亲自前来码头迎接我，当时他已经结识了梅赫达医生以及他的哥哥。梅赫达医生坚持让我去他家里住，于是我们便去了。这份开始于英国的情谊在印度继续了下去，两个家庭之间也就开始了永恒的友谊。

我热切盼望见到母亲，当时我还不知道她已然撒手人寰，我再也不能回归到她的怀抱。当得知这个噩耗之后，我按照规矩守了斋戒。我在英国期间，母亲就去世了，哥哥却一直对我隐瞒，担心我在异国难以承受如此沉重的打击。但对我而言，即使到了现在那依然是沉重的打击，我不愿多提。这个悲痛比起父亲的离世更难以承受，我觉得所有美好的愿望几乎都破灭了，但是我记得我并没有过度表达自己的悲痛，甚至忍住了眼泪，假装若无其事一般照常生活。

梅赫达医生介绍我认识了几位朋友，其中一位是他的堂弟列瓦商卡·贾吉望先生，后来我们成了一辈子的朋友。不过在这些朋友中，特别值得一提的是诗人赖昌德巴伊，又名拉治昌德罗，他是梅赫达医生哥哥的女婿，与贾吉望合伙经营着一家珠宝店。当时他未满 25 岁，不过我在初次与他相遇时，就相信他是一个品学兼优的人。赖昌德巴伊还是著名的"百事通"（Shatavadhani）[①]，梅赫达医生曾让我考验一下他的记忆能力。于是我搜肠刮肚地将自己知道的欧洲语言都说了出来，请这位诗人来背诵，结果他全都按照我的次序毫无差错地背诵出来。我非常羡慕他的才能，不过并没有为之着迷。直到后来我才发现，真正让我沉迷的，是他关于宗教经典的渊博知识，还有他那纯洁无瑕的高尚品格，以及他追求自我实现的强烈愿望，而且最后这一点就是他生存的唯一目的。他经常念诵并铭记于心的，是穆旦纳德的诗句：

> 一言与一行，皆与神同在，
> 唯有如此般，方能获福音。
> 生命的力量，皆来自此处。

赖昌德巴伊所经营的生意金额高达数十万卢比，他是鉴定珍珠和钻石的内行，能自如地应付生意上所有的难题，但他生活的重心并不是生意，而是敞开心灵直面神灵的那种热切。在他的办公桌上，总是放着一本宗教书籍和日记，每次做完生意，他就立即阅读宗教书籍或者撰写日记。他所发表的著作大半都是从日记上摘录下来的。他是能在谈完一笔大生意之后，立即坐下来记录自己内心隐秘感悟的人，虽然他并不是一位纯粹的生意人，但他是一位真正尊崇真理的人。而且我不止一次地见识到他能够在经营生

---

① 可以同时记忆和处理大量事情的人。

意之间还那般的追逐真理，而且从来因为任何事情失态。我们之间没有任何生意往来或其他私人利益关系，可是我们非常投缘。那时我只是一个默默无闻的小律师，然而我们每次相会，一起认真探讨有关宗教的话题时，我都会受益匪浅。当时我还在暗自摸索，没有对宗教问题产生浓厚的兴趣，不过我一直都喜欢听他谈论。后来我也见过许多宗教领袖或导师，也尽力与各种宗教的领袖接触，然而他们当中很少会有人像赖昌德巴伊那般深深地触动我。他的话总是能说到我的心坎上，他的卓越才智和诚挚道德同样让我敬佩，我确定他绝对不会将我引入歧途，他始终对我以诚相待。每次当我遇到了精神危机，总会去找他求助。

我非常尊敬他，但是他并非我心目中的精神导师。这个宝座依然虚位以待，我也在继续寻找着。

我认同印度教徒有关精神导师的理论，以及精神导师在个人精神自我实现过程中是非常重要的。没有精神导师也就没有真正知识的说法是非常有道理的。一个不完善的导师还可以存在于世俗事务之中，然而精神事务则不可以。只有已经趋于完美之境的"格那尼"（Gnani）[①] 才能被供奉为精神导师，因此人应该永无止境地追求至善。一个人能够获得怎样的精神升华，实际上完全取决于他的追求到底是什么。所有人都有追求至善的权利，倘若付诸不懈努力，就必须有所得到，至于其他方面，则是由神灵来决定的。

虽然我不将赖昌德巴伊尊崇为我的精神导师，然而毋庸置疑，许多场合都是由他来帮助和指引我的。回顾生命旅程，有三位当代人物对我的影响非常深刻：赖昌德巴伊与我在生活中的交往；托尔斯泰的著作《天国在你心中》；鲁斯金的著作《给最后的一个》。它们在我心中都分别占据着一定位置。

开始全新生活

我的哥哥对我寄予厚望，他的名利心非常重。他宽宏大量，为人朴实，

[①] 先知。

故此交友甚广。他希望能通过自己的社会关系为我招揽来一些顾客，并认为不久之后我就能飞黄腾达。他无视家中开销超支，煞费苦心地帮我筹备事务所。

有关我出国留学的事在我所属的种姓中掀起过轩然大波，而在我回国之后，风波仍未停歇。种姓中出现了两派，一派主张立即恢复我的种姓身份，另一派则仍然要把我排除于种姓之外。为了讨好前一个派别，在我回到拉奇科特之前，我哥哥特意将我带到纳西克的圣河中沐浴，一回到了拉奇科特，又大摆宴席，宴请同种姓的人来参加。我并不赞同这些做法，然而哥哥是如此地爱护我，我对他又是那么尊敬，因此就都听从了他。于是，恢复种姓的这场风波就这样过去了。

我从未曾渴望得到拒绝恢复自己种姓的那些人的准许，对于那些人的首领也不会心怀怨恨。他们当中有不喜欢我的，不过我会尽力避免伤害他们的感情。我绝对尊重有关种姓的规定，依据规定，全部的亲戚，包括岳父、岳母、姐姐、姐夫，都不能招待我，即使在他们家喝一杯水都不行。我的亲戚们试图暗地里打破这种禁忌，但是人前一套人后一套这种行为有违我的原则。

因为行为谨慎，所以种姓的问题并未使我感到烦恼。那些将我视为种姓异己的人，对待我依然是友善的，甚至还会在工作上帮助我而不寄希望于我为种姓做些什么。我确信如此好的局面完全是由我的不抵抗态度换来的。倘若我吵闹着要恢复种姓身份，惹怒了种姓首领，就一定会遭到报复。那样的话，当我从英国归来之后，我就会陷入斗争的漩涡之中。

我与妻子之间的关系并没有得以改善。虽然留学英国也算见过世面了，然而我的嫉妒心却没有被治好，连一件小事都能让我神经过敏，杯弓蛇影，无法实现此前的美好愿望。我本来还打算帮助她学习读写，可是情欲总是从中作梗，她因为我的错误而一次又一次地失去机会。有一次，我甚至将她赶回娘家去很长时间，直到她非常痛苦的时候才把她接回来，后来我才明白自己当时多么无聊。

我计划着对儿童教育实施改革，我有几个侄子，我的儿子当时也快四岁了。我打算亲自进行指导，教他们体育，让他们身强体壮。在这方面我哥哥非常支持我，我的努力也有了些效果。我非常喜欢孩子，时至今日依然乐于和他们一起玩耍、讲笑话。从那时开始，我觉得自己会成为一位不错的儿童教师。

需要进行改革的还有饮食。在我们家，已经出现了茶和咖啡。我哥哥认为，我回国之后应该在家里保留一些英式习惯，所以，以前只有在特殊日子里才使用的瓷器，现在竟然变成了日常用具。而我的"改革"则更进一步，我推行吃麦片粥，用可可来取代茶和咖啡，其实我本是建议除了茶和咖啡之外，还可以将可可作为日常饮品。我们早就开始穿皮鞋和皮靴① 了，现在加上西服，将欧化进行得更为彻底。

但这却大大增大了开销，每天家里都在添置新东西。就好比我们在家门口拴了一头白象②，但是用什么来供养它呢？如果在拉奇科特当律师，肯定会被别人笑话。我都不具备一个称职律师应有的知识，怎么能指望得到十倍于他人的收入呢！没有那样愚蠢的当事人来找我的，即使有这样的人，我也不可能在无知之上增加上自欺和自大，那样会加重我对于世人的愧疚的。

朋友们劝我可以去孟买的高等法院累积一些经验，顺便研习印度法律，接些力所能及的业务。我采纳了他们的意见，去了孟买。

在孟买期间，我雇了一位和我同样无能的厨师。他是一位婆罗门（Brahman）③，名叫罗维商卡。我并没有将他视为奴仆，而是像对待家人一般对待他。他有时洗澡，但从来都不认真，穿的"拖蒂"很脏，戴的圣丝（Sacredthread）④ 也非常脏，他对印度教的经典一无所知。但是我去哪儿才能找到比他更好的厨师呢？

"罗维商卡，"我问他，"即使你不会做饭，总应该知道日常的礼拜吧？"

"啊，礼拜啊，先生！我们的礼拜就是耕地，我们的宗教仪式就是除草，我就是这样的一个婆罗门。如果没有您的慈善，我就得回去种地了。"

---

① 印度人经常赤脚，稍微讲究一些的会穿木屐或者拖鞋，穿皮鞋算是欧化的行为。
② 在某些国家，白象是神象，会对其特殊供养。
③ 印度历史上种姓等级制度里最高的一个阶级是婆罗门，古时多为从事僧侣、祭司，善于占卜，厨子是一种要求洁净的职业，一般只有婆罗门可以从事。
④ 婆罗门的男子到了一定年纪，就要举行宗教仪式，在身上佩戴一根绳子，以求驱邪祛病。

于是，我不得不当起了罗维商卡的老师。我时间很充裕，就开始自己做饭，而且用的是英国人烹饪素食的方法。我买来了一个炉子，开始与罗维商卡一起奔走于厨房。我并不忌讳与不同种姓的人一起吃饭，罗维商卡也是如此，因此我们能够无拘无束地一起生活。唯一的问题就是罗维商卡总是改不了他不讲卫生的毛病，怎么都弄不干净食物！

但是，因为没有收入来源支撑居高不下的生活开支，我最多能在孟买住上四五个月。

于是，我就开始了新生活。律师是一份非常艰苦的职业，而我则是徒有虚名，身上的担子非常重。

第一宗案件

在孟买的时候，我一边要研究印度法律，一边则与一位名叫维尔昌德·甘地的朋友一起来研究饮食方法，而我的哥哥则尽其所能地帮我招揽顾客。

印度法律研究起来非常沉闷无聊，我怎么也搞不懂民事诉讼法，不过学习见证法的情况稍好一些。维尔昌德·甘地当时正在准备诉讼师的考试，他为我讲解有关律师及讼师上庭时的各种情况时经常说："费罗泽夏的才华在于其精湛的法律知识，他能将见证法倒背如流，并且熟悉第三十二节中的所有案例。巴德鲁丁·铁布吉则以其能言善辩取得了法官的敬佩。"

听闻了这些优秀人物的故事，我却感到气馁。

他接着说道："为当律师苦熬个五年七年的，并非稀罕事。所以，我甘愿签订合约去当讼师。像你这样，如果能够独立运营上三年，就算很幸运了。"

我的花销在逐月增长，门外挂的是律师的牌子，门里却忙着准备执行律师业务，这使得我没办法潜心研究法律。我渐渐地对见证法产生了兴趣，也怀揣着巨大热情阅读了麦尼的《印度教徒法》，可是我依然没有勇气去受理案子。那种无能为力的感觉是难以形容清楚的，简直就像刚迈入婆家门的新娘。

几乎就是在这个时候，我受理了一位名为马密白的案子。这是一个"小案子"，有人告诉我："你得付给中间人一些佣金"，但这个提议被我完全否决了。

"可是连月收入高达三四千卢比的刑事案件律师某某先生，也要照样出这份佣金呢！"

"我用不着效仿别人，"我驳斥道，"我一个月能有300卢比的收入就足够了，当年我父亲的收入也不过如此。"

"可是那种日子已经成了过去，孟买的消费高得惊人，你得具备些经济头脑才行。"

我坚决不付佣金，照样受理了马密白的案子。这个案子比较简单，我只收了30卢比的费用，看上去用不了一天就可以结案。

这是我在小案法庭上的首次出庭，身为被告的辩护律师，我务必要盘问原告的证人。我站了起来，但是心虚得头晕，感觉整个法庭都在旋转，什么问题都想不起来了。大概连法官都觉得好笑，而其他的律师自然都非常开心地看我出洋相。我眼前一片漆黑，落座后告诉当事人，我不能受理这个案子了，建议他最好去找巴特尔先生，我会把自己收取的费用如数退还。果然，巴特尔先生被请来了，他收取了51卢比的律师费。自然，对于他而言，这个案子易如反掌。

我急急忙忙地离开了法庭，不知道我的当事人最终是胜诉还是败诉，内心无比羞愧，我认为除非自己有足够的勇气，否则以后再也不会受理案子了。实际上，直到去南非之前，我都没再去过法庭。这个决定实在是无奈之举，因为不会有人愚蠢到愿意把案子委托给我，那相当于等着败诉。

但是，孟买还有一个此前遗留的案子等待我处理，那是一个尚未动笔的"状子"。一位贫困的穆斯林在布尔班达的土地被没收了，他怀揣着儿子对父亲般的崇敬心情来找我。这个案子看起来没有赢的希望，可我还是答应帮他写一份诉状，由他承担印刷费用。我完成后，读给朋友听，大家都非常赞许，这加强了我的自信，认为自己至少有能力写诉状，而且事实也的确如此。

倘若我能够凭借免费写诉状而使自己的业务兴盛起来也是件好事，不过事与愿违。所以，我打算去找个老师的兼职来做。我的英文还算不错，也很愿意去大学里教那些刚入学的新生，这样的话我至少能赚钱来弥补部分花销。当时我在报纸上看到一则启事："招聘英语老师，每天授课 1 小时，月薪 75 卢比"，那是一所颇有名气的中学刊登的。于是，我递交了申请，并应约前去面试。我欢欣鼓舞地前去面试，但校长发现我不是大学毕业生，就婉言拒绝了我。

"可我在伦敦大学通过了考试，还选修了拉丁语作为我的第二外语。"

"虽然如此，但我们还是只招大学毕业生。"

我别无他法，绝望地搓着自己的双手。哥哥也非常替我操心，我们琢磨了一下，认为在孟买住下去没什么意义，应该返回拉奇科特，我哥哥自己也是一位讼师，他可以为我介绍一些起草呈文和代写诉状之类的工作，更何况家在拉奇科特，不在孟买单独生活可省下很多钱。于是，在孟买呆了六个月之后，我在那里的小家就没了。

在孟买期间，我每天都去高等法院，但是在那里没能学到什么东西，我还不具备足够的知识，所以经常因为听不明白案情而在那里打瞌睡。里面有很多人跟我一样，这也大大减轻了我的愧疚感。后来，我连羞愧的心情都消失了，因为我发现在高等法院里打瞌睡已经成了一种时髦。

倘若在当下一代人中，还有人如我当年那般，选择在孟买当一个没有收入的律师，那么我要给他们介绍一些有关当时生活的实际情况。虽然我当时住在吉尔关，但基本没坐过马车和电车。我习惯步行 45 分钟走着去高等法院，自然也是得步行回家，我习惯了风吹日晒。而这样以徒步作为出行方式，的确节省了很多钱。那时，我在孟买的朋友们经常生病，但我不记得自己生过病。就算我开始赚钱之后，还依然保持着徒步上下班这个习惯，也一直受益于这个习惯。

第一次打击

满怀失望之情，我离开了孟买，回到了拉奇科特，开始创建我自己的事务所。我在拉奇科特的收入倒是还可以，给别人写呈文状子，每个月平均有 300 卢比左右的收入。能够拥有这样的工作，与其说是凭借我自己的能耐，倒不如说是借助于朋友的帮助，还有哥哥的合伙人此前已经在这里打下了比较坚实的工作基础。凡是真正重要，或者他认为重要的诉状，都被送到大律师那里去了；而送到我这边代理的，皆为一些穷苦的当事人的呈文。

行文至此，我必须要承认，我在孟买期间秉持的不给回扣的原则向现实投降了。在孟买，回扣得给中间人，而这边则是给合办案子的讼师的。而且，与孟买的情况相同，所有律师都以回扣的形式来支付一定佣金，无一例外。我哥哥的理论让我难以反驳："你要明白，我是在与另一个讼师合作的。我们接到的案子，如果是你能受理的，我会想办法让你去办，但如果你拒绝给我的伙伴回扣，我会非常为难。如果是你和我搭伙开事务所，你的收入就等同于我们共同的收入，我当然也要从中分一杯羹。再说，如果我的合伙人将同一个案件转给别人做，他肯定会从别人那里拿到一笔回扣。"我认同了哥哥的说法，认为如果自己要做律师，就不应该在回扣的问题上太过固执。于是我说服了自己，换句话说，是这样来自我欺骗的。但是，我应该补充说明：在其他来源的案子里，我没有给过他人回扣。

当时我的收入已经勉强可以维持生活，也就是在那时，我遭受了生来第一次打击。此前就听说过关于英国官员的一些事情，但一直都没有机会面对面的见过。

在纳萨希布王公（已故）即位之前，我哥哥曾给他当过一段时间的秘书和顾问。那时有人来控告我哥哥在职期间曾经提过错误的建议，而且还将此事上报给对我哥哥怀有成见的英国政治监督官那里。我在英国期间就认识那位官员了，他对我还是比较客气的。哥哥打算让我利用这份交情去帮他说几句好话，以此消除那位官员的成见。我非常不赞成他的这个想法，我不愿意利用在英国期间那点浅薄的交情来为他人说项。如果我哥哥真的存在过失，即使我去说情又能怎样？倘若他真的没有犯错误，那就应该通过正当渠道递交呈文，说明真相，等待结果。我哥哥并不赞同我的看法，他说："你并不了解卡提亚华，更不了解这个世界，这世上一切都要靠人情。你是我弟弟，为我去向认识的官员说情，是你的责任，你不该逃避这个责任。"

我没法推辞，只能违心地见了那位官员。我知道自己没有资格找他，也明白这样做非常有损于我的自尊心，可我还是前去求见。预约后得到了批准。当我提起昔日交情时，马上意识到卡提亚华的情况和英国不同，同

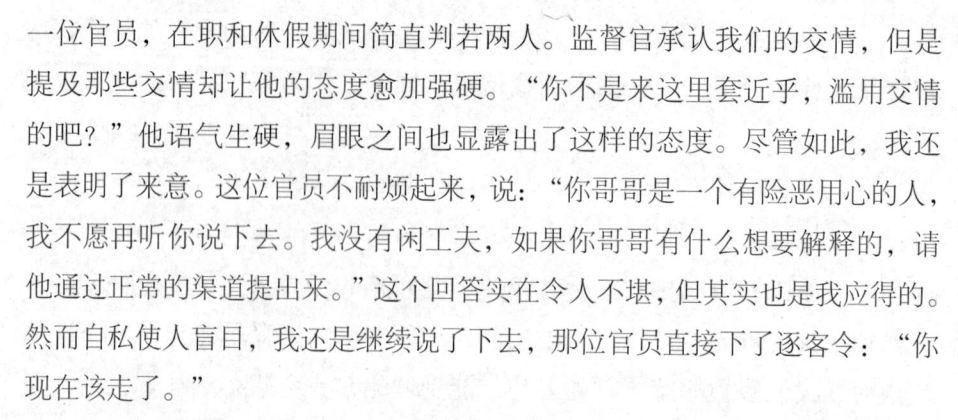

一位官员，在职和休假期间简直判若两人。监督官承认我们的交情，但是提及那些交情却让他的态度愈加强硬。"你不是来这里套近乎，滥用交情的吧？"他语气生硬，眉眼之间也显露出了这样的态度。尽管如此，我还是表明了来意。这位官员不耐烦起来，说："你哥哥是一个有险恶用心的人，我不愿再听你说下去。我没有闲工夫，如果你哥哥有什么想要解释的，请他通过正常的渠道提出来。"这个回答实在令人不堪，但其实也是我应得的。然而自私使人盲目，我还是继续说了下去，那位官员直接下了逐客令："你现在该走了。"

"可是请您听我说完。"我这样回应让他更生气，他吩咐手下将我送出去。就在我迟疑之际，差役已经架着我双臂，将我推出了房门。

然后，那位官员和差役都走了，我只能恼羞成怒地离开。我立即写了个纸条让人交给他，大意是："你侮辱我了，还指使差役粗暴地对待我。如若你不道歉，我就去告你。"

监督官立即让自己的随从送来答复："是你先对我不敬的，我请你离开，而你不走。我没有办法，只能命令差役送你离开。他请你出去，可是你依然不愿走，所以他才不得不强制你离开。你想怎么样，都悉听尊便。"

我拿着这封回信垂头丧气地回了家，从头到尾地将事情告诉了我哥哥。他非常难过，但也不知该如何劝慰我。由于我不清楚怎么去控告那位官员，于是他就把这情况告知了他当讼师的朋友。正巧，费罗泽夏·梅赫达爵士为了处理一个案子从孟买来了拉奇科特。可是，像我这种小律师，有什么胆量去见他呢？所以我就通过聘请他的那位讼师将有关此案的文件转交给他，希望得到指教。他回应道："告诉甘地，这是诸多讼师和律师都会遇到的情况。他刚从英国归来，年轻气盛，还不了解那些英国官员们。倘若他打算在这里过平安日子，就将这封信撕掉，忍下这份屈辱吧。控告那位官员对他而言是不会有什么好处的，反而会毁了他自己。告诉他，他还不懂什么人情世故呢。"

这个忠告对我而言无异于苦涩的毒药，可我不得不吞下去。我忍下了这份屈辱，也由此获益。我警醒自己："绝对不能再陷入这种错误的境地，绝对不能这样滥用交情。"从那之后，我再也没有违背这个誓言，那次的打击也让我的生活历程产生了变化。

准备奔赴南非

去求助那位官员无疑是个错误,不过与我的错误相比,他那盛气凌人的态度未免也太过分。他没有必要将我驱逐出去,我顶多占用他5分钟的时间,如果他完全不想听我说话,完全可以客气地请我离开,然而权力已经将他迷醉到一种难以理喻的地步。后来我还听说,那位英国官员完全没有忍耐的美德,常常侮辱来访者,只要他稍微不顺心,就会暴跳如雷。

那时我大部分的工作都要在他所主持的法庭里开展,我不会与他和解,是因为不想讨好他。而且,既然我声称要控告他,就不甘心如此沉默。

大概从这个时候开始,我对小地方的官场政治有所了解。卡提亚华由众多小邦组成,当然是避免不了钩心斗角的。各邦之间以及官员之间的权利斗争是家常便饭,王公们都信任身边的那些善于阿谀奉承的人。例如上次那位官员的听差,就得小心伺候,而那位官员的文书作为主子的耳目和翻译,居然比自己的主子还厉害。那位文书说出的话堪比法律,他的收入甚至比主子还多,可能这有所夸张,但他的确不是靠薪水维生的。

于我而言,这种氛围危害身心,如何才能不被侵染倒成了困扰我的难题。

我感到非常苦恼,这被我哥哥察觉到了。我们都认为,如果我能在其他地方找到工作,就可以有机会远离这个钩心斗角之地。要是没有耍手段的本事,想要当上部长或者法官是彻底无望的事。而我与那位官员发生了矛盾,想要在本地继续执业可谓困难重重。

那时,布尔班达归属于英国人管辖,我在那边还有一些工作可做,也就是替当地的王公争取更多权益。为了解决佃农负担地租过于繁重的问题,我必须去会见当地的一个行政官员。虽然这位官员是个印度人,却比上次的英国官员还要气焰嚣张。他非常能干,但当地的农民却没有因此受益。我多多少少为当地王公争取了一些权益,不过佃农的负担并没减少,佃农们的苦难如此被漠视,实在是让我震惊。

我的工作让自己非常失望。对于我的当事人,法官的态度并不公正,但是我又无法主持正义，最多去向政治监督官或者省督提出上诉，可他们也都会用一句"我们不方便干涉"就将我的上诉驳回了。倘若有什么规章制度能约束他们的行为，我还能有办法，但是在这边，官员的话语就是法律。

这让我无比愤慨。

就在此时，布尔班达的一家弥曼（Moman）[①]商行给我哥哥写了一封信，他们提出邀请："我们是一家规模较大的商行，在南非有经营的生意，正在那边打官司，案件涉及4万英镑。这个案子已然拖了很长时间，我们聘请了最优秀的讼师和律师帮助我们。倘若你允许你弟弟来协助我们，对于我们双方都有好处。他可以适当地指导我们的顾问，也能够借此机会见见世面，去结交新的朋友。"

我哥哥跟我商量这件事，我不清楚到那边是协助顾问，还是要亲自出庭，不过我愿意试一试。

哥哥将我引荐给前段时间才去世的赛·阿布杜尔·卡利姆·嘉维立，他当时是达达·阿布杜拉公司的股东，前段时间才去世的。这家公司就是信中提及的商行，他向我做保证："这并非一件难事，我们有非常多的欧洲朋友，你去了那边就有机会结识他们。你的加入对我们的生意很有帮助，我们的往来信件大部分都是英文的，在这方面也需要你的帮忙。你到那里的身份自然是客人，不需要承担任何费用。"

"这份工作需要多长时间？报酬又是多少？"我这样问道。

"不会超过一年。我们支付你乘坐轮船头等舱的往返船票，另外再付给你105英镑。"

这并不像是律师的待遇，倒是像是开给商店雇员的。不过当时我的确非常想离开印度，这是一个不容错过的好机会，既可以前往新的国家体验全新经历，还有那105英镑的收入可以给哥哥贴补家用。因此我欣然接受了这份邀请，准备奔赴南非。

[①] 伊斯兰教的一个派别。

前往纳塔尔

这次前往南非，并没有当年远赴英国时所经历过的那种离别之苦。我的母亲已经去世了，我的心中也就少了一份牵挂，现在我已经多少懂得一些人情世故了，而且也具备了旅居海外的生活经验，往返于拉奇科特与孟买之间更是轻车熟路。

这次我只是舍不得妻子，因为要和她分别而感到难过。从英国归来之后，我们的第二个小孩出生了。那时我们之间的爱虽然还没有彻底摆脱情欲，却也已经愈加纯洁了。回印度之后，我很少会和妻子住在一起，而且还当上了她的老师。虽然她并不怎么在意，我依然帮助她作了一些改革。我们都认为，如果打算继续进行这些改革，就得花费更多时间相处，但是去南非的吸引力超过了别离的痛苦。我安慰她道："不过一年我们就能相聚了。"然后，我就离开了拉奇科特前往了孟买。

我抵达孟买之后，需要通过达达·阿布杜拉公司的代理人购买船票，可是舱位已经售空了，而且倘若不搭乘这一班的话，我就得留在孟买。代理人跟我说："我们已经想尽方法去买头等舱的船票了，但是怎么都买不到。如果你可以坐统舱，依然可以被安排到餐厅用餐。"当时，我出门都是要坐头等车、头等舱的，而且作为一名律师，怎能乘坐统舱？于是我拒绝了他的提议，还疑心是他们故弄玄虚，我不相信他们无法买到一张头等舱的船票。征得代理人的同意后，我自己想办法去买船票。我直接登上了船，在船上找到了大副。他坦诚地告诉我："平时并没有这么拥挤，由于这一趟的乘客中有莫桑比克的总督，所以全部的舱位都被订走了。"

"是否能为我腾个地方？"

他从头至尾将我打量了一番，笑着说道："倒是有一个办法，我的房间里有一个床位，平常是不卖给乘客的，但是我打算给你。"我立即道谢，告知代理人去买那张票。1893年4月，我满怀期盼，动身前往南非去碰碰运气。

经过13天的航行，我们停泊在了拉谟港口。我已经和船长交上了朋友，他喜欢下棋，不过完全是个新手，格外需要一个棋艺更差的人当他的对手，所以他就邀请我来一起对弈。我倒是听说过如何下棋，但是从来没有实战过。精通棋艺的人经常说，棋盘上有一片让人施展才智的广阔天地。船长主动来教我，我很有耐心，他认为我是一个好学生。每一次我都输，所以他就更热心地想要教我。我非常喜欢下棋，不过绝不沉迷，就是在船上玩一玩，我对于棋艺的理解仅限于挪动棋子。

船在拉谟港口停了大概三四个钟头，我上岸参观了港口。船长也登岸了，他提醒我这个海港风浪非常大，叮嘱我快去快回。

拉谟是个小地方，我去了邮局，在那边很高兴地见到了几个印度籍的职员，还跟他们聊了一会儿天。我还遇到几个非洲人，我对他们的生活方式非常感兴趣，于是就讨论了一下，耽搁了一些时间。

我在船上结识的几个统舱的乘客也上了岸，他们打算在岸上做饭，好好地吃上一顿。我注意到他们打算返回船上，就一起去搭了一只小艇。港口正在涨潮，我们的小艇又超重了。浪潮那么猛烈，使得那只小艇无法搭上轮船的吊梯，只要一挨上吊梯，就会被浪潮冲开。正在此时，起锚开船的第一遍哨子响了，我非常着急。船长从船上看见了我们，于是下令延迟五分钟再开船。大船旁边还有一只小艇，是我朋友花费10卢比帮我租的。这只小艇把我从之前那只超载了的小艇接了上去，这时候吊梯已经被拉上去了，我只好抓住一条长索上船。轮船马上就要起航了，其他的乘客都还没有上去。这时候，我才明白船长的提醒是有道理的。

拉谟港口的下一个港口是蒙巴萨，之后是赞稷巴。

船在那里停泊的时间非常长，长达八九天，所以我们换乘了另一条船赶路。

船长非常喜欢我，但是这种喜欢的方式值得商榷。一次，他邀请我和一位英国朋友去上岸玩一玩，我们坐着他的小艇登了岸。我不清楚什么是"玩一玩"，而船长也不知道我居然不善此道。有一个捐客将我们带到一些黑人妇女的住所，每人分别进了一个房间。我站在房中，又呆又羞。天知道那位不幸的女人是如何看待我的，她大概觉得我为人是清白的。一开始，我除了害怕之外也想不起来其他的事情，后来羞愧感终于消退了，感谢神灵，我没有对那位女人动心。我厌恶自己的懦弱，并且为自己缺乏拒绝进入房间的勇气而深感可悲。

那是我这辈子第三次经历这种事情。有很多原本清白的青年，估计就是因为这种错误的羞耻感而堕入罪恶的深渊。我觉得如果当时自己能够拒绝走入那个房间，我会更加信任自己。感谢神灵，幸亏神灵拯救了我。这件事更加坚定了我对神灵的信仰，也在一定程度上教会了我如何抛弃错误的羞耻感。

由于要在这个港口停留一周，于是我干脆住到了城里。我每天四处闲逛，增长了很多见闻。赞稷巴城中绿树成荫，在印度只有马拉巴才能与其媲美。我为那些高大的树木和丰硕的果实而感到惊奇。

离开了赞稷巴便抵达了莫桑比克，到了 5 月底，我们到了纳塔尔。

头巾问题

纳塔尔的港口是杜尔班，又称纳塔尔港。

阿布杜拉赛（Sheth）[1] 前往码头接我。当船靠近码头后，我就观察那些登船迎接朋友的人。我发现印度人在这里并不被人尊重，很容易就能发现那些认识阿布杜拉赛的人都非常藐视他，这让我很是难过，阿布杜拉赛却已经习以为常。盯着我看的那些人似乎都对我非常好奇，我的服装与其他印度人不同，我穿着长度过膝的大礼服，头上却戴着头巾，非常像孟加拉人戴的"普格里"（Pugree）[2]。

我被送往那家商行，被安顿在阿布杜拉赛隔壁的一个单间里面。我们相互都不了解对方，他读了他弟弟托付我转交给他的信，却也不知该如何是好。对他来说，他弟弟给他送来的是一头非常难伺候的白象。我的衣着打扮和生活方式看起来很像欧洲人，这让他非常震惊。那时并没有什么特别的工作让我来做，他们的案子正在德兰士瓦审理，立即把我送去那里也

---

[1] "赛"为阿拉伯语，原意是宝剑，现为对穆斯林的一种尊称。
[2] 即大头巾。

没什么意义。而且他怎样才能信任我的能力和人品呢？他又不会去比勒陀利亚观察我办事情况，并且被告当时都在比勒陀利亚，他认为被告极有可能对我施加不良影响。倘若不放心把有关这个案件的工作托付给我，别的职员能做得好的工作又有什么能交给我呢？其他职员们如果做错了事情，还可以批评几句，可是如果我做错了，那该怎么办呢？这样看来，如果不将有关这个案件的工作交给我，那我留下来也没什么意义了。

事实上，阿布杜拉赛没有多少文化，但是他具备丰富的经验。他非常能干，也清楚自己的这个特长。由于经常要在工作中用到，故此他掌握了足够日常对话应用的英文，可以让他与银行经理或者欧洲商人交往时自如地处理所有事务，还能向他的法律顾问陈述案情。当地的印度人都很尊敬他，那时候他的商行是当地最大的印度商行，或者说是最大的之一。他有非常多的长处，不过有一个缺点，那就是他天生多疑。

阿布杜拉赛非常重视伊斯兰教，并且热衷于谈论伊斯兰教的宗教哲学。虽然不懂阿拉伯文，但他却非常精通《古兰经》以及通俗的伊斯兰教文学。他擅长旁征博引，各种例子信手拈来。在与他交往的过程中，我了解了很多有关伊斯兰教的实际知识。当我们之间建立起亲密关系之后，就经常长时间地讨论有关宗教的问题。

我去了那边两三天之后，他就带我去了杜尔班的法院，将我引荐给几个人，还让我坐到了他的法律代理人旁边。庭长一直注意我，之后还让我摘下头巾。我断然拒绝，离开了法庭。

我意识到了，以后在这里也会有斗争等着我。

阿布杜拉赛跟我解释了为何法庭勒令一部分印度人摘下头巾。他说法庭允许那些身穿伊斯兰教服装的印度人戴头巾，而其他的印度人则要摘下头巾。

为了让读者了解为什么有这种区别对待，我务必要详细地做出说明。在这两三天里，我已经发现这边的印度人分成了好几个派别。其中一派是穆斯林商人，他们自称"阿拉伯人"；另一派是印度教徒，还有一派是波希人，都是当职员的。印度教徒职员难以自成一派，除非投身于"阿拉伯人"那一派；波希人则自称波斯人。这三个派别相互之间都存在些社会关系，不过为数最多的阶层则是由泰米尔、德鲁古和北印度的契约工人以及自由工人所组成的。契约工人指的是那些签署契约来到纳塔尔工作五年的工人，他们还被称为"古尔米提亚人"，这个称呼是英语中"协议"这个词的变音。前文提到的三个阶层和这个阶层之间仅有生意上的往来。英国人把这些人称为"苦力"，而且因为大部分的印度侨民都属于这个阶层，所以所有印度人都被冠以"苦力"或者"沙弥"。"沙弥"是泰米尔文的后缀，如果放在很多泰米尔人名字的后面，就与梵文中的"史华密"是相同的意思，也就是"主人"。倘若有哪个印度人不甘心自己被称呼为"沙弥"，又具备足够的胆识，就会反唇相讥道："你可以称呼我为'沙弥'，但你别忘了，'沙弥'是主人的意思。但我并不是你的主人呀！"有些英国人听听就算了，有些则会生气，大动肝火痛骂印度人，甚至拳脚相加。对于他们而言，"沙弥"是侮辱人的词语，如果将其解读为主人的意思，简直就是一种蔑视！

基于上述因素，我被称呼为"苦力律师"，而做生意的则被称为"苦力商人"。于是"苦力"这个词的原意就逐渐被淡忘了，成了对所有印度人的普遍称呼。穆斯林商人非常厌恶这种称呼，他们强调："我可不是苦力，我是阿拉伯人"，或者"我是商人"，倘若遇到的是一位比较客气的英国人，就会表示歉意。

趋于这种情势，是否戴头巾就显得尤为重要。如果一个印度人被迫摘下头巾，就相当于忍受了一次侮辱。我打算改戴英式的帽子算了，以避免遭受这种侮辱，和引起的不愉快的争论。

但是阿布杜拉赛却不认同我的想法，他说："倘若你这样做的话，定会造成恶劣影响。你要置那些坚持戴头巾的印度人于何地？更何况印度头巾非常适合你。你戴上英式的帽子，反而显得你像个餐厅的服务员。"

他的话中暗含了真知灼见、爱国情怀和一点点狭隘的思想。其中的智慧显而易见，而且，如果不是出于爱国心切，他就不会坚持佩戴印度头巾，但是那般轻蔑地提及服务员，恰恰反映了他的狭隘思想。印度契约工人中包括了三个阶层：印度教徒，穆斯林教徒和基督教徒，以及皈依了基督教的印度契约工人的子女。1893年的时候，最后一个阶层的人数相当多，他们身穿英式服装，多以在旅馆从事服务员作为职业。阿布杜拉赛所批评的英式帽子，其实指的就是这些人的装扮。在旅馆里当服务员，被公认为不是体面的职业，时至今日依然有很多人抱持这种想法。

总体上，我是赞同阿布杜拉赛的想法的，于是我向报馆投稿谈及此事，坚决捍卫自己拥有在法庭中佩戴头巾的权利。戴头巾的这个问题在报纸上引发了争论，而我则被媒体形容成一个"不被欢迎的造访者"。就这样，我才到南非没几天，这件事就出人意料地给我做了一次广告，有人支持我，不过也有人激烈地批评我的冒失。

在我旅居南非期间，差不多一直是戴着印度头巾的。至于我在南非何时以及为何不戴头饰，我会在后面提到。

奔赴比勒陀利亚

不久之后，我接触到了住在杜尔班的信仰基督教的印度人。我与法院的翻译保罗先生结识了，他是一位罗马天主教徒。我还结识了当时新教会所倡办的学校中的教员苏班·戈夫莱先生，他是1924年出访印度的南非代表团成员詹姆斯·戈夫莱先生的父亲，现在已然过世了。大概在那个期间，我还认识了巴希·罗斯敦济（已故）和阿丹吉·米耶汗（已故），当时和这些朋友只是在工作上有来往，后来才成为了关系亲密的朋友。有关他们的情况，在后面还会提及。

正当我在不断扩大自己的社交圈时，商行接到了来自他们律师的一封信，信中说要做好充足准备打一场官司，建议阿布杜拉赛亲自前往比勒陀利亚，或者派一个代表。

阿布杜拉赛让我读了这封信，然后问我是否愿意去比勒陀利亚。我答："只有从你这里清楚了解了这个案子的情况之后，我才有应对解决的办法，这会儿我都不知道去那边能做什么。"于是他找来几个职员向我说明了全部案情。

就这样，我对这个案子展开了研究，觉得自己应该对其中所涉及的问题从头学起。在赞稷巴的那几天，我曾经去法庭里见识过那边的工作情况。我见过一个波希律师询问一个证人，提及了很多关于账本所涉及的借贷问题，但我一点都听不懂。不管是在中学读书时，还是在英国留学时，我都没有学过簿记。但是我来南非要处理的案子，则主要与账目有关，只有懂得账目的人才能理解并解释其中的问题。为我讲解案情的职员口若悬河地讲着借方、贷方的内容，我却越听越迷糊。我不懂 P.Note 是什么意思，字典里也查不着，只得请教那位职员，才知道 P.Note 其实指的是期票。于是我买了一本关于簿记的书，加以认真研究，这倒是让我增强了一些信心。我终于弄明白了案情。阿布杜拉赛实际上也不会记账，不过他有诸多实践经验，能够迅速地解决簿记中的复杂问题。我告诉他们自己已经做好了前往比勒陀利亚的准备。

"你打算住在哪里？"阿布杜拉赛问道。

"随便你来安排。"我答道。

"那我就给我们那边的律师写信，他会帮你安排住处。我还可以给在那边的弥曼朋友写几封信，但是我建议你尽量不要和他们同住。我们的对手在当地非常有势力，倘若他们想办法发现了我们的往来信函，会对我们非常不利。因此，你越能避免与他们来往，对我们就越有利。"

"你的律师安排我在哪里住，那我就在哪里住，要不我就自己去找一个单独的住处，请你放心，没有人会发现我们的秘密。不过我却非常想结识我的对手，和他们交上朋友。如果有可能的话，我还想尝试能否达成庭外和解，毕竟铁布赛是你的亲戚。"

铁布·哈齐汗·穆罕默德与阿布杜拉赛是近亲。

我提到的关于有可能解决这个案子的方法，多多少少让阿布杜拉赛觉得意外。但是我已经到达杜尔班六七天了，我们互相之间都有些了解，我也不再是所谓的"白象"了。

他说："好吧，如果能庭外和解当然再好不过。我们是亲戚，相互之间都清楚对方的秉性，铁布赛并非一个会轻易答应和解的人。如果我们有所疏忽，他就会想方设法地钻我们的空子，极其彻底。因此，你做任何事情都得三思而后行。"

"有关这个方面，请不用担心。"我说道："我不需要跟铁布赛说什么，也不需要和其他人谈论这个案子。我只不过是建议他和我们达成庭外和解的共识，以避免一场不必要的官司。"

我不过在杜尔班待了七八天左右就离开了，他们为我买了一张头等舱的车票，如果想要坐卧铺，一般要再付 5 先令。阿布杜拉赛执意让我坐卧铺，不过出于固执和骄傲，也为了省下 5 先令，我谢绝了这个提议。阿布杜拉赛说："小心一些，这里和印度不一样。感谢神灵，我们还是花得起这点钱的。只要是需要的，就请你不要舍不得。"我对他表示感谢，请他不要担心。

大概晚上 9 点左右，火车抵达了纳塔尔的省城马利兹堡。按照惯例，从这一站开始提供卧铺，有一位乘务员过来询问我是否需要卧铺。我答道："不需要，我自己带铺盖了。"于是他就走了。接着来了另一位乘客，这位乘客将我从头到脚打量一番，发现我是"有色人种"，非常不高兴。他立即走出车厢，带过来一两位官员，他们没有说话，之后又过来一位官员对我说："跟我过来，你必须得转去货车厢里。"

"但是我有头等舱的车票啊。"我说。

"那没有用，"另一位官员说，"我告诉你，你必须转去货车厢。"

"我跟你说，我在杜尔班就得到乘坐这个车厢的许可了，我会一直坐到目的地。"

"不可以，"那位官员说，"你务必要离开这里，不然我只能让警察把你推出去。"

"好吧，你去叫吧，我绝对不主动离开。"

果然，警察来了，他抓住我的手，将我推了出去，行李也被扔出去了，我拒绝乘坐其他车厢，看着火车开走了。我拎着提包去了候车室，将其他行李留在原地，交给铁路当局代为管理。

当时正值冬天，南非高地的冬天十分寒冷，马利兹堡地势非常高，那种寒冷无法形容。行李箱里面有大衣，可我不敢去拿，担心会再受到侮辱，我就坐在那边任由自己颤抖。房间里没有灯，夜里进来了另一个乘客，大概是想要跟我搭讪，但是我没有心情跟他聊天。

我开始思考自己的职责，是否应该为自己的权利而斗争呢，还是直接回印度算了呢，或者先将这个侮辱抛之脑后，赶到比勒陀利亚解决这个案子再回印度？无法完成自己的工作就返回印度无疑是懦弱的表现。我现在所遭受到的还仅仅是表面的痛苦，更深层次的痛苦是那种沉重的种族歧视。但是如果有可能的话，哪怕是要经受一些折磨，我也应该想方设法根除这个病根。我所渴望的无非是要消除种族歧视而已。

我决定乘坐下一班火车去往比勒陀利亚。

次日早上，我给铁路局长发出了一封长途电报，并且通知了阿布杜拉赛，他立即亲自面见那位局长。局长给出的解释是铁路当局的做法并无不妥，不过也告诉了阿布杜拉赛说他已经安排站长将我平安地带到目的地。阿布杜拉赛给马利兹堡的印度商人发电报，以及其他地方的朋友，请他们前往车站去接我，并且给予我适当的照顾。这样，那些商人就去了车站接我，还讲了他们自己所遭遇的不公平之事以安慰我，并告诉我这样的事情在这里并不罕见。此外，印度人乘坐头等或二等车厢，一定会遭遇铁路官员和白人旅客的刁难。就这样，听着大家的诉苦，这一天过去了。后来，夜车到了，他们为我定了卧铺，于是我就在马利兹堡买了当时在杜尔班不肯买的卧铺票。

我乘坐火车去了查理斯城。

遭受不公正对待

早上，我到了查理斯城。当时查理斯城和约翰内斯堡之间还没建火车站，只有驿站，中途还得在史丹德顿过夜。

我手里有一张车票，虽然在马利兹堡延误了一天，但票依然有效，而且阿布杜拉赛还给查理斯城驿站的经理人发过电报说明情况了。

但是那位经理人却打算借故将我丢下，因此他发现我是生客就声称我的票已经失效了，我当然据理力争。实际他的真实想法并不是由于没有座位，而是另有谋算。本来乘客都应该坐在车厢里，可是因为我被当成所谓的"苦力"，又是陌生面孔，那位被称为"领班"的马车管理员是白人，他认为我与白人乘客坐在一起是不妥的。马车驾驶座两旁还有两个座位，照例领班要坐其中一个座位，但这次他却坐在车厢里边，将他的座位让给了我。我清楚这种做法是不合理的，而且对我也是一种侮辱，不过我觉得最好还是忍耐下来吧。我强行坐到车厢里面是不可能的，如果提出抗议，就会被赶下马车，这样又会耽误一天，谁知道第二天又会出什么事情。因此，我即使心里非常不满，还是默不作声地做到了马车夫的身边了。

大概是下午 3 点，马车抵达了巴德科夫。领班想坐到我的位置上抽烟，顺便呼吸一下新鲜空气，于是他就向车夫要了一块脏抹布，铺在了驾驶座旁边的脚踏板上面，对我说道："沙弥，你过来坐这里，我要去坐在车夫的旁边。"这个侮辱实在过分，我无法忍受，于是强压下紧张而愤怒的心情回答他："原本我应该坐在里面，是你让我坐在这边的，我忍了。现在你又想坐在外面抽烟，却指挥我坐在你的脚下，恕难从命，但是我倒可以坐回到车厢里面。"

当我还在吞吞吐吐地讲这些话时，领班走过来了，用力地抽了我几个耳光，抓住我的胳膊，想把我拉下车。我拼命拽住车厢里的铜栏杆，就算拉断腕骨，也绝不松手。那个家伙对我又骂又打还使劲拽，然而我始终不屈服。以强欺弱，乘客们都看到了，其中几位乘客同情我，忍不住喊道："伙计，由他去吧，别再打了。他说的对，不应该受到指责。倘若他不愿意坐在那边，就让他进来和我们坐在一起吧。""我才不怕呢。"那个家伙这样叫道，不过似乎也泄气了，停止殴打我。他松开了我的胳膊，又把我骂了一顿，就让坐在驾驶座另一侧的那位赫顿托特仆人坐到脚踏板上，自己去坐那个空位置。

待到乘客坐定，哨声吹毕，马车就继续奔赴目的地。我的心快速地跳着，不确定自己是否能活着抵达目的地。领班时不时对我怒目而视，还指着我说："你当心点，等到了史丹德顿，再让你见识我的厉害。"我坐在那里默不作声，只求得到神灵保佑。

天黑之后，我们抵达史丹德顿。我终于看到了几位印度人，才如释重负地松了一口气。下了车，来接站的朋友们就告诉我："我们来接你，然后去塞伊沙的店。达达·阿布杜拉给我们发过电报。"我自然轻松了，跟他们一起去塞伊沙·哈齐·苏玛尔的店铺。塞伊沙和店员们围坐在我的身边，听我讲路上遭遇的种种。他们听了之后非常难过，也把自己的惨痛遭遇讲给我听。

我打算将整件事告知给驿车公司的经理人，因此写了一封信，讲述了一路上所发生的一切，并请他留意他的那位手下对于我的恐吓，还要求他能够保证次日一早继续赶路时，我能像其他乘客那样坐在车厢里。经理人的回信是这样的："在史丹德顿之后，我们会换一辆大一些的车，而且是由另外的人员来负责。你投诉的那位领班明天不在车上，你可以同其他乘客坐在一起。"这让我多少放下心来，我其实无意去控告那位欺辱我的领班，这件事就告了一个段落了。

次日早上，塞伊沙安排人手送我上车。我有了一个好座位，当天晚上平安抵达约翰内斯堡。

史丹德顿只是一个小村庄，但约翰内斯堡却是一个大城市。阿布杜拉赛原本已经发电报到约翰内斯堡，也给过我穆罕默德·卡山·康鲁丁商店的地址。他通知那边的人到驿站去接我，不过我没看到接我的人，而接我的人也不认识我，就错过了。所以我打算去住旅馆，我知道几个旅馆名字，于是就租了一辆马车，请车夫送我前去国民大旅馆。我见到了旅馆经理，请他帮我开一个房间。他盯着我打量了一会儿，客气地答道："很抱歉，客满了。"还跟我告了别。我只好请车夫送我去穆罕默德·卡山·康鲁丁商店，我发现阿布杜尔·甘尼赛正在那边等着我，他真诚地向我致以问候。听了我在旅馆里的遭遇后，他不由得大笑起来："莫非你还做梦去住旅馆吗？"

"为何不行？"我问道。

"在这边待上几天你就知道了。"他答道，"只有我们才能在这种地方生存，想要赚钱，就必须忍耐一些侮辱，就是如此。"然后他就给我讲了印度人在南非的诸多遭遇。

有关阿布杜尔·甘尼赛的情况，后面还要提及。

他继续说："你不适合在这种地方生存。等着瞧，明天要去比勒陀利亚，只能搭乘三等火车。德兰士瓦的情况比纳塔尔还要糟糕，头等和二等车票从来都不卖给印度人。"

"也许这是因为你们在这方面并没有进行持续的努力抗争吧？"

"我们曾经提过意见，但是必须承认，我们自己的人也不愿意去坐头等和二等车厢。"

我托人找来一份铁路规章来研究，发现其中存在很多漏洞。德兰士瓦的旧法令中，文字表述本就不算精准，铁路规章制度更是如此。

我对阿布杜尔·甘尼赛说道："我打算坐头等车厢，假如买不到票，那么我宁愿租一辆马车前往比勒陀利亚，路程总共也不过就是37英里。"

阿布杜尔·甘尼赛提醒我这个方法浪费时间和金钱，不过他同意我坐头等车厢，所以我们就给车站站长写了一张条子。上面说明我们是律师，出门向来乘坐头等车船，还提到我们需要尽快抵达比勒陀利亚，因为等不及他回信，我希望去车站当面向他购买一张头等车票。我想听到他的当面答复当然是别有用意的，我推测书面答复可能是"不行"，或许他对"苦力律师"存在成见。所以我打算穿上最为考究的英式服装与他面谈，尽可能地说服他卖给我一张头等车票。于是我身着礼服，戴着领带，到了车站，拿出1英镑放在柜台之上，打算买一张头等车票。

"写那张便条的就是你？"他问道。

"是的，如果你能卖给我一张头等车票，我将非常感激，今天我务必要赶到比勒陀利亚。"

他笑了笑，和蔼地答道："我并不是德兰士瓦人，而是荷兰人。我能够理解你的感受，也表示同情。我愿意将车票卖给你，但是有个条件：倘若乘务员要把你转到三等车厢里，请不要将我牵连到此事中。也就是说，如果出现那种情况请不要控告铁路公司。看得出你是一位绅士，祝你一路平安。"

说完这些，他就将车票卖给了我。我向他致谢，并且给了他必要的保证。

阿布杜尔·甘尼赛前来车站为我送行，这件事让他又惊又喜，不过他还是提醒我："只希望你能够平安抵达比勒陀利亚，我担心乘务员不会放过你，即使他同意，头等车车厢里的乘客也未必会答应。"

终于，我坐上了头等车厢，火车出发了，抵达日尔米斯顿时，乘务员过来查票。他发现我坐在那边时，特别生气，用手势示意我转去三等车厢。我展示给他看我的头等车票，他仍然说："这不算数，去三等车！"

车厢里除了我之外，只有一位英国乘客，他为我打抱不平："你为何这样麻烦这位先生呢？难道你看不到他有头等车票吗？我并不介意他跟我坐在一起。"接着那位英国乘客转身对我说道："你就在原来位置上舒坦坐着吧！"

乘务员小声地说："如果你乐意和一个苦力坐在一个车厢里，关我什么事？"说完就离开了。

当天晚上8点左右，火车抵达比勒陀利亚。

抵达比勒陀利亚

由于此前我已经承诺不会去当地的印度人家里住,所以不会有印度人来接我。本来以为达达·阿布杜拉的律师会派人来车站接我,没承想那位律师并没有派人过来。后来我才了解到,由于我到的那天正值周日,因此派人来接我非常不方便。但当时这让我很是为难,不知道应该去哪里,又担心没有旅馆收留我。

1893年比勒陀利亚车站的情况与1914年时截然不同,那时候灯光昏暗,旅客稀少。我一直等到全部旅客走光,打算在收票员稍微有空时将票递给他,顺便问他附近有哪个小旅馆或者其他地方可以投宿,否则我只能在车站里过夜。应该承认的是,我连这么一点儿事都不敢问他,是由于担心再次受到侮辱。

待到全部旅客都走光了,我将车票递给收票员,并向他询问起来。他非常客气地回答我,但是看得出来他帮不上忙。这时,站在一旁的一位美国黑人跟我攀谈了起来。

"如此说来,"他说,"你对此地是完全陌生的,在这边也没有朋友。假如你愿意,就跟我来,我带你去一家小旅馆,那里的老板是美国人,跟我非常熟,我认为他会招待你的。"

我半信半疑,但还是跟他道谢,并采纳了他的建议。他将我带到约翰斯顿家庭旅馆。到了后,他把约翰斯顿拉到一旁说了几句话,于是约翰斯顿同意我留宿一晚,条件则是我只能在自己的房间内用餐。

"我对你保证,"约翰斯顿说,"我并不是种族歧视者,但我这边只有欧洲客人,因此如果你来餐厅吃饭的话,我的客人们也许会非常不高兴,甚至离开。"

"非常感谢,哪怕只能住一个晚上,我也无比感谢!现在我多多少少对这里的情况了解了一些,也能够理解你的困难。让我在房间里用餐不要紧,希望明天我能另作安排。"我这样回答。

于是我被带进了房间，一边独自坐在房中等着晚餐，一边陷入了沉思之中。旅馆里的客人并不多，我以为服务员马上就能把饭送进来，但没想到是约翰斯顿亲自送来了。他跟我说："让你独自在房间吃饭，实在是过意不去，于是我就询问其他的客人，想知道他们是否可以让你去餐厅里吃饭。他们都表示不介意，还说无论你在这边住多长时间，他们都不会介意的。所以我来请你去餐厅吃饭，此外如果你不嫌弃，那么在这里住多长时间都没问题。"

我再一次地向他致谢，然后去餐厅里好好地吃了一顿。

次日早上，我去拜访了律师阿·伍·贝克先生。阿布杜拉赛之前曾经大概向我介绍过他的为人，所以对于他的热情接待我并没有感到惊奇。贝克先生非常热情，格外关切地询问了有关我自己的一些情况，我一一回答了他的提问。然后他说："我们已经请来了最优秀的顾问，目前这边不用委托你做的律师工作。这个案子拖了很长时间，也非常复杂，因此想请你帮忙的，只是去了解一些必要的情况。比起我来，你和当事人之间的来往会更方便一些，往后我想了解的所有情况都要从你那边获得，这么做是最为恰当的。我还没有为你安排好住处，打算最好等到与你会面后再说。这边种族歧视非常严重，所以帮你找住处很难。但是我认识一位穷苦的女人，她是一位面包师的妻子。我觉得她那边可能会收留你，她也可以因此得到一些收入。来吧，我们带你去她那边看一看。"

贝克先生把我带到了面包师妻子的家中，私底下和她商量了一番，对方果然同意了，费用则是每周35先令，包括食宿。

贝克先生除了是一名律师之外，还是一位坚定的平民传教士。现在他依然健在，不过早就不当律师了，而是专门致力于教会工作。他是有钱人，到现在还保持与我通信，探讨的都是同一个话题。他从各种不同的角度来论证基督教是最好的宗教，而且认为倘若不承认耶稣是上帝的唯一之子和人类的救世主的话，就永远不能得到安宁。

我们第一次见面时，贝克先生就已经开始探析我的宗教观。我跟他说："我天生就是一个印度教徒，但直到现在我对于印度教的了解也非常有限，对其他的宗教更是知之甚少。实话说，在宗教这个问题上，我完全没有什么把握，不清楚自己相信的是什么，也不知道自己应该去信什么。我打算认真地研究一下自己的宗教，如果有可能的话，也打算尽可能地去涉猎其他的宗教。"

听了我的这番话之后，贝克先生非常高兴，他说："我是南非宗教总会的董事之一，自己出钱盖了一座教堂，定期去那边布道。我本人是没有种族歧视的。我和几个同事每天下午1点都聚在一起，花费几分钟的时间祈求和平与光明。欢迎你过来参加我们的祷告，我愿意把你介绍给我的同事们，他们肯定很高兴认识你，而且我还敢肯定，你也会乐于和他们相处。另外，我还可以给你推荐几本宗教书籍来读，当然啦，《圣经》是最为重要的，我特别向你推荐。"

我谢过了贝克先生，答应会尽量按时参加他们下午1点钟的祈祷。

"那么我希望你明天下午1点钟过来，我们一起去祷告。"贝克先生又补充了一句，之后，我们就告别了。

实际上，我当时完全没有时间认真思考这个问题。

我回到了约翰斯顿那边，付过房费，然后搬到了新的住处，在那边吃了午餐。女房东是一位心地善良的妇人，她给我煮了一顿素食。没过多长时间，我就和这家人熟络了起来。

之后我就去见了达达·阿布杜拉介绍给我认识的一位朋友，从他那里我了解到了更多旅居在南非的印度人遭受的苦难。那位朋友执意请我住在他的家里，我婉言谢绝了他的好意，告诉他我已然做好安排了。他一再强调，如果我有什么需要尽管告诉他。

此时天色已晚，我回到了住处，吃过晚饭之后就回房间里躺了下来，陷入沉思之中。当时，由于手头上并没有需要立即去做的工作，于是我就将这个情况反映给了阿布杜拉赛。我思索贝克先生为何对我有这样的兴趣呢？我能从他的教会朋友那里得到些什么呢？我对基督教的研究能到什么程度呢？如何才能搞到印度教的典籍呢？我对自己的宗教还未能了解透彻，如何能够正确地理解基督教呢？想到最后，我就得出了一个结论：我应该秉持客观冷静的态度来面对我所遇到的所有事物，听从神灵的指引来面对贝克先生的团体。在我还没有透彻深入地了解自己的宗教以前，我是不会信奉另一种宗教的。

这样想着，想着，我进入了梦乡。

和基督教徒的交往

次日下午1点，我去参加了贝克先生的祷告。在那边，我认识了赫丽斯小姐、嘉碧小姐、柯慈先生以及其他几个人。在场的所有人都下跪祈祷，我也一样。每个人都根据自己的愿望来向上帝做各种各样的请求，基本都是祈祷能平安度过一天，或者请求上帝开启自己的心灵。

然后这些教徒们为我的福祉也添加了一段祷告："主啊，请你将赏赐给我们的平安也赏赐给他吧，愿使我们获救的耶稣也救他，我们所祈求的所有都是奉耶稣之名。"在这种祈祷中，并不会唱赞美诗或者演奏其他音乐。每次为了某件特别的事情祈祷之后，大家就纷纷散去，各自去吃午饭。由于那正是午饭时间，所以祈祷所花费的时间不到5分钟。

赫丽斯小姐和嘉碧小姐都是上了年纪的未婚女士，而柯慈先生，则是教友会的会友。这两位女士住在一起，她们给了我一个长期有效的邀请，每个星期日的下午4点可以去她们家中喝茶。

于是每个周日我们都见面。那时候我经常把自己一周以来所写的宗教日记拿给柯慈先生看，并且跟他就我读过的书还有这些书给我留下的印象进行讨论。那两位女士则会经常讲述一些自己的美好经历和她们所感受到的平安吉祥。

柯慈先生是一位真诚坚毅的青年，我们经常一起去散步，有时候他也带我去见其他的基督教友。

等到我们彼此关系更加亲密之后，柯慈先生开始有选择地推荐书给我读，到后来我的书架上几乎摆满了他的书。他试图用基督教的书籍使我充实，事实也的确如此。基于一种纯真的信念，我答应他会读完这些书，在读书期间，我们还会进行讨论。

1893年间，我读了很多这类书籍，现在已经不能一一记得书名了，其中应该包括贝克博士的《城市教堂评注》，皮尔逊的《确凿的证明》和巴特勒的《对比论》。有一些书我非常喜欢，有一些我则不喜欢。《确凿的证明》主要是依据作者本人的理解，来阐释很多支持《圣经》的依据，这本书对我而言没什么影响。贝克的《城市教堂评注》基本上都是道德方面的激励，不过对于一个当时对基督教不存在信仰的人而言，毫无用处。巴特勒的《对比论》是一部深奥精湛，激动人心的著作，需要反复研读四五遍才能够正确理解其中内容。我认为作者的目的，是要让无神论者都变成有神论者。对我来说，书中关于上帝存在的很多论点我都是认同的，因为我早已过了不相信上帝存在的阶段。至于其有关耶稣是上帝唯一之子，甚至说耶稣是神与人之间中介这些观点，我依然难以认同。

不过柯慈先生可不是一个轻言放弃的人。他对我非常关心，在看到我脖子上戴着罗勒念珠串成的毗湿奴教项链时，他认为这属于一种迷信，并为此而难过。他说："这种迷信是错误的，我来帮你摘下这条项链吧。"

"不行，万万不可。这可是我母亲送给我的圣礼。"

"但是你相信这个吗？"

"我并不了解这条项链代表的神秘意义，虽然不戴它，应该也不会有什么损失，可是倘若没有充足理由，我是绝对不会摘下它的。因为这是我母亲戴在我脖子上的爱与信念，母亲认为它可以庇护我。如果它因为年久而损耗，甚至断掉了，我不会再找一条新的来戴，但是不能人为弄断它。"

柯慈先生并不尊重我的宗教，所以也不赞成我的理论，他期待着会有一天能将我从愚昧无知的深渊拯救出来。他尽力想使我信服，即使其他宗教有一些真理，但倘若我不能全心全意地接受代表真理的基督教，是永远也难以获救的。除非皈依耶稣，不然我身上的罪恶是永远难以洗涤干净的，做多少善事都徒劳无功。他一边建议我大量阅读，一边带着我结识几位他认为非常坚定的基督教友。其中有一位朋友属于基督教的一个分支——普鲁茅斯教友会。

柯慈先生帮助我建立的诸多关系都非常好。最使我感动的，是这些教徒都虔诚地敬畏上帝。但是当我与普鲁茅斯教友会进行接触时，有一位教友却向我提出了一个我未曾意料的理论。

"你难以理解我们的宗教有多伟大。按照你的说法，你生命中的每个时刻几乎都在忏悔自己的过失或者忙于改过自新的补救。这种始终反复的行为怎能让你获救呢？你是永无安宁之日的。你也承认世人皆有罪，但是请你看看我们的信仰有多完美，我们不需改过自新，却一定会得救。我们怎能背负得起如此沉重的罪恶包袱呢？唯有将负罪的重担加在耶稣身上，他是上帝唯一纯洁无罪的儿子，只要信他，必然永生，这就是上帝给予的无限慈悲。倘若我们相信耶稣会代替我们赎罪，我们就不会受到罪恶的羁绊了。我们无法避免犯罪，没有人活一辈子而没有罪过。耶稣就是因此而受苦的，并且为全人类承受及救赎一切罪过。

"也只有那些接受了耶稣伟大救赎的人，才能获得永久的平安。试想一下你的一生是多么的惶惶不安，但我们却获得了永远平安的承诺。"

他这番话完全无法让我信服，我谦虚地说："倘若这就是所有基督教徒所认定的基督教，请恕我难以接受。我并不渴求对罪恶的补救，而是希望从罪恶本身，甚至不妨说是从罪恶的欲望本身得到拯救。在没有实现这个目的之前，我宁愿不要安宁的生活。"

那位普鲁茅斯教友接着驳斥道："我可以保证，你的努力于事无补，请再认真考虑我所说的那些话吧。"

那位教友果然言出必行，他甚至不惜故意犯罪，来向我表明他不会因此而感到不安。不过在认识这些朋友之前，我就已经了解并非所有基督教徒都相信这种救赎理论。柯慈先生就是一位敬畏上帝，内心纯洁的人，他也认同人能够自我净化，那两位女士也赞同这种看法。我所阅读过的书籍中有一些也是秉持着同样虔敬的态度和观点的。因此，柯慈先生对于我前面所说的那次经历倍感忧虑。不过我反复向他说明，一位普鲁茅斯教友的歪曲言论不会让我对基督教产生偏见。

我的疑惑出自其他地方，也就是有关对于《圣经》的看法及其已经被人承认的解释。

设法联系印度人

在更详细叙述与基督教徒更为密切的交往之前，我务必要讲讲这个阶段的其他经历。

铁布·哈齐汗·穆罕默德赛在比勒陀利亚的地位，与达达·阿布杜拉在纳塔尔的地位差不多，所有公众活动都是缺他不可。我抵达比勒陀利亚的第一周就认识他了。我跟他说我想要联系那边所有的印度人，对那边印度人的情况进行了解，请他帮忙协助，哈齐汗欣然应允。

我的首次行动是召开一次会议，集合所有在比勒陀利亚的印度人来参加，告知他们德兰士瓦印度人的生活处境。会议在哈齐·穆罕默德·哈齐·朱萨布赛的家中举行，我凭借一封介绍信与他结识。前来参加这次会议的人基本都是弥曼商人，其中只有少数的几位印度教徒。事实上，在比勒陀利亚的印度教居民也没几位。

在这次会议上的发言，可以算成我有生以来的首次公众演讲。我演讲的主题是关于商业活动的诚信，在演讲之前，我已经做好了充足准备。

经常听商人们提到，做生意是不用讲诚信的。那时我就不认同这个观点，现在也是如此。直到现在还有一些经商的朋友认为诚信和商业是难以并存的。他们觉得，商业属于现实的事情，而诚信则是属于宗教的范围，现实是一回事，宗教是另外一回事，做生意没有所谓纯粹的诚信可言，只有在切实可行的情形下才说得通。我在演讲中强烈反对这种论调，试图唤起商人的双重责任感，那就是在国外经商时诚信是特别重要的，少数印度人的行为代表着他们亿万同胞的品行。

我还发现，同胞们的生活习惯与他们身边的英国人相比，非常不卫生，于是我提醒他们加以注意，还强调不用刻意将印度教徒、穆斯林、波希人、基督教徒、古吉拉特人、马德拉斯人、旁遮普人、信德人、卡赤人、苏尔特人等区别开来。在演讲即将结束时，我提议建立一个协会，以便将印度侨民的困难向有关当局反映，我承诺自己会尽量抽出时间为协会服务。可以发现，这次会议给大家留下的印象非常深刻。

在我发言结束之后，大家就开展了讨论。有些人支持我的提议，这让我很受鼓舞。会英语的听众很少，但是我认为生活在这个国家里，懂些英文是很有帮助的，于是我建议大家利用空闲时间学习英语。我打算向他们证明，即使是上了年纪的人，也能够学会一门新语言。我打算开设一个英语班，此外，我还乐意为那些想学英语的人进行单独辅导。

后来，英语班并没有开成，不过有三位年轻人表示愿意在时间方便时跟我学习，提出条件是希望我能去他们的住处上课。这三位年轻人当中，有两位是穆斯林,其中一位是理发师,另一位是职员,另外那位是印度教徒,是一位小店员。我答应了他们的要求。对于自己的教学能力,我完全不担心,我的学生也许不够有耐心,不过我绝对不会。有时我到了他们那边,而他们却在忙着生意上的事情,我就会一直等下去。他们都没打算学得太深,不过有两位在学了大概八个月之后英语大有进步,学会了用英文记账和写基本的商业信函。那位理发师的英语水平仅限于招呼顾客。通过英语学习,这三位中有两位提高了收入。

我认为那次会议的结果算得上圆满,会议上还决定每周或每月都召开一次这种会议。后来会议基本上也都按时举行了,会上大家能够畅所欲言,各抒己见。如此一来,我几乎结识了当时所有住在比勒陀利亚的印度人,对于他们的情况也有一定了解。这有利于我开展下一步活动。我去会见比勒陀利亚的英国监督官员贾科布斯·戴·韦特先生,虽然他非常同情印度人的处境,但他的影响力却非常有限。他答应会尽量帮助我们,还承诺如果有需要随时都可以去找他。

那时,我还给铁路当局写信,说明按照他们的规章制度,印度人所遭遇的乘车待遇是不公正的。我收到了一封回信,信中说只要是穿着得体的印度人,都可以买头等、二等的车票。这个回复远不能改变现状,因为如何才算"穿着得体"的解释权依然在站长手中。

那位英国监督官让我看了一些有关印度人事务的文件,此前铁布赛也给我看过相似的文件。从那些材料中,可以发现印度人是怎样残酷地被排斥于奥伦治自由邦以外的。

总而言之,在比勒陀利亚期间,让我有机会从社会、经济和政治情况,对在德兰士瓦和奥伦治自由邦的印度人进行研究。那时候我还没有意识到这个研究对于我未来的工作会有如此大的价值。我的原计划是,倘若那个案子年前可以结束,那么我年底就回国,甚至更早一些,但是神灵却另作了安排。

印度侨民的悲惨遭遇

在这边不应对印度人在德兰士瓦和奥伦治自由邦的生活状况过多描述，假如有人打算全面了解那里的情况，可以去读我写的《南非非暴力不合作运动史》。但是，还是有必要在这里简单地谈一谈相关情况。

基于1888年或更早之前颁布的一个特殊法律，奥伦治自由邦的印度人的全部权利几乎都被剥夺了。如若他们想留在那边，就只能去旅馆当服务员或者从事其他的服务类工作，政府仅仅付了一些象征性的补偿，就将做生意的都赶走了。虽然商人们请愿，递交了申诉书，但依然无能为力。

1885年，德兰士瓦通过了一个极为严苛的法律，并于1886年对其略作了一些修改。依据修订后的法律，任何进入德兰士瓦的印度人都必须要缴纳3英镑的人头税，除了在专门划分给他们居住的区域以外，他们不能拥有私人土地，也没有选举权。所有这些都是依据专门为亚洲人而设立的特殊法规而来的，同时，其他适用于有色人种的法律也同样适用于亚洲人。那些法律规定，不允许印度人在公共人行道上行走，如果没有通行证，就不可以在晚上9点之后出门。对印度人来说，最后一项规定非常离谱。而所有被称为"阿拉伯人"的印度人则可以享受优待，免于限制。这样一来，谁能享受到优待自然都要仰仗于警察了。

我吃过这两项规定带来的苦头。我经常在晚间和柯慈先生外出散步，很少会在10点之前回家。要是被警察抓起来了，那可怎么办呢？面对这个问题，柯慈先生比我考虑得多。他能给自己的黑人仆人发通行证，但怎么给我签发呢？一般都是主人给仆人发通行证的。如果我需要一张通行证，柯慈先生会愿意发给我，但是他不能这样做，因为那属于违法行为。

所以，柯慈先生以及他的一些朋友就带我去面见当地的检察长克劳斯博士，原来我们还是校友。当他了解到我如果想在晚上9点之后出门必须得持有通行证这件事之后，也非常抱歉，向我表示了同情。不过他并没有给我通行证，而是给了我一封信，上面授权我可以随时出门的权利，警察不得加以干涉，于是只要出门，我就随身带着这封信。但是我倒是从来都没出示过这封信，这不能不说是意料之外。

克劳斯博士邀请我去做客，之后我们成了朋友。偶尔我也会去拜访他，就这样认识了他的哥哥，他的哥哥比他名气更大，是约翰内斯堡的检察官。在布尔战争期间，这位检察官由于密谋刺杀一位英国军官，而被军事法庭判处7年徒刑，律师资格也被取消。待到战争结束，他被予以释放并恢复名誉，获准重新在德兰士瓦当律师。

这些社会关系后来对于我从事公众事务大有裨益。

有关使用人行道的规定，则给我造成了严重困扰。当时，我经常穿过总统大街去一块空旷场地散步。克鲁泽总统的住所就在这条街边，是一座没有花园，极其普通，毫不起眼的建筑物，和周围的房子都差不多。比勒陀利亚当地有很多百万富翁的住宅都是四周围绕着花园的，比他的住宅豪华很多。克鲁泽总统俭朴的生活作风确实是有口皆碑，唯有门口站岗的一名警卫能表明这栋住宅主人是一位官员。平常，我总是静悄悄地沿着人行道走过这里。

站岗的警卫是经常轮换的。一次，一位警卫并没有发出任何警告，就突然将我推倒在街上。这让我惊慌失措，还没来得及质问他，正好遇到了骑马经过的柯慈先生。他说："甘地，这一切我都看到了，倘若你打算去法院控告这个人，我愿意当你的证人。看你遭受到了如此粗暴的侮辱，这让我非常遗憾。"

"你不必抱歉，"我说，"这位可怜人知道些什么呢？在他眼里，有色人种都是一个样的。毋庸置疑，他对待黑人的态度会像他对待我一样。我早就立志不会为一己之利而打官司，所以我并不会去控告他。"

"你总是如此，"柯慈先生说道，"但你应该仔细考虑一下，我们必须给这种人一些教训才行。"然后，他就训斥了那位警卫。警卫是布尔人，他们之间讲的是荷兰语，所以我听不懂他们的对话。后来，警卫向我道了歉，其实这没必要，我早就宽恕他了。

后来我不再走这条路了。还会有其他人来接替那位警卫的工作，也还会做出同样的事情，我何苦去惹这种不必要的麻烦呢？所以我就换了一条路散步。

此事加深了我对于印度侨民处境的体会。在见过英国监督官之后，我就和大家进行讨论：假如有需要的话，是否要针对这类案子对规定进行控告。

所以，我就深入了解了印度侨民的苦难，亲身去体验调查，阅读诸多材料，做了许多访谈。在我看来，南非简直就不是一个有自尊心的印度人能安心居住的国家，怎样才能改善这种局面成为我愈加为之忧心的问题。

然而，当时我的主要任务还是处理达达·阿布杜拉的官司。

准备官司

在比勒托利亚的那一年，可谓我人生中最为宝贵的经历。在那里，我得到了学习公众事务的机会以及从事这些工作的能力；在那里，我将宗教信仰转化成了一种活力；在那里，我作为资历尚浅的律师，能够向极富经验的律师学习，获得了真正的知识；也是在那里，我拥有了一种自信，相信自己不会成为一名失败的律师，我得到了成为一名成功律师的秘诀。

达达·阿布杜拉的官司涉及了4万英镑，算是一桩大官司。这个案子起因是商业交易，故此涉及大量琐碎的账目。一部分诉讼要求是依据已经交付的期票提出的，而另一部分则是依据对方交付期票的承诺提出的。被告方的辩护律师认为那些期票是利用不合法的手续取得的，并且缺乏充分证据。这桩微妙的案子涉及了非常多的事实以及法律问题。

原告与被告双方都聘请了最优秀的律师以及法律顾问。所以我得到了一个学习他们工作方法的好机会。我负责为律师提供原告的案由以及挑选出有利于案件的事实依据。从中我能够学习到很多东西，观察我所准备的材料有多大比例能被律师所采纳，又有多少被舍弃，同时也能够观察到主管律师所准备的材料到底有多少由法律顾问所采用。我清楚这种准备工作能够提升我的理解力以及强化我使用证据的能力。

我对于这个案子抱持着非常大的兴趣，几乎投入了所有精力，我阅读了关于这些商业交易的全部文件。我的委托人是一位很有能力的人，也非常信任我，这让我的工作开展得非常顺利。我用功地研究了簿记学，由于大部分往来信件是用古吉拉特文写的，通过翻译信件，我的翻译水平也大有提高。

虽然前文中已经提过，我对于宗教交流和公众工作都有很浓厚的兴趣，也花费了很多时间在这些事情上面，不过那并非我当时最主要的兴趣。当时我最主要的精力是为打官司做好充足准备。首先，我需要阅读法律书籍，需要的话还得查法律案例。到最后，估计连原告和被告都比不上我对这个案子的了解程度，因为双方的文件都被我所掌握。

我想起宾卡特先生（已故）曾经说过：事实仅占法律的四分之三。之后，南非著名律师李昂纳先生（已故）充分地证实了这个说法。我所负责的一个案子出现了这种情况，尽管我的当事人显然是理由非常充足的，然而法律判决似乎并不利于他。没有办法，我只好就求教李昂纳先生，他也认为这个案子的事实依据是非常充分的，他突然喊道："甘地，我明白了一个道理，假如我们将精力集中在一个案子的事实方面，那么法律方面的问题就会迎刃而解。让我们去深入了解这件案子的事实方面吧。"说完了这些话，他就让我回去对这个案件的事实依据做深层次的研究，做好再去找他。我回来后再次审视这个案件的事实依据，得到了新的思路，与此同时，我甚至还无意之中找到了一个与这个案件极为相似的南非旧案。我欣喜过望，又去拜会李昂纳先生，将一切告诉了他。"没错，很好。"他说，"这场官司我们能够打赢。但是我们还得弄清楚是哪位法官负责审这件案子。"

当我在准备达达·阿布杜拉的案子的时候，还没有充分理解事实的重要性。实际上，事实就是真理，如果我们能够追随真理，法律自然就会站在我们这边。

我清楚达达·阿布杜拉的案子在事实这方面是占据优势的，所以，从法律上来说自然也是有利的。但是我也清楚，继续打官司的结果只能是原告被告双方两败俱伤，他们不仅是同乡更是亲戚。没有人知道这件案子什么时候才能结束，假如非要在法庭上辩出结果，可能会无限期地打官司，对于双方都没有什么好处。因此，倘若有可能，双方都希望能早一点了结此案。

我去会见了铁布赛，奉劝他找人来仲裁，还建议他去找自己的法律顾问。此外，我还提议，假如能够找到一个双方都信任的人来仲裁，这个案件就能够立即解决。因为就算双方都是富足商贾，但也会吃不消急剧增长的律师费的。这个案件占用了他们太多的精力，使得他们错失了从事其他业务的时间，彼此间的厌恶程度也在增加，甚至让我对这份工作都产生了厌恶。双方律师和法律顾问都不惜一切代价寻找法律依据以支持他们的委托人。我还是头一次看到胜诉的一方永远收不回打官司所花费的所有费用。依据诉讼法规，双方要按照固定的比例共同负担法院的诉讼费用，还需支付给律师高额的律师费。我对于官司的后果难以视而不见，我认为自己的责任应使双方握手言和，用尽全力促成他们的和解。终于铁布赛接受了我的提议，请了仲裁人。双方在仲裁人面前申诉案情，仲裁人当场裁决，判得达达·阿布杜拉获胜。

但是这个结果并不让我满意，假如我的委托人要求对方立即赔偿所有款项，那么铁布赛势必无法如数付清。但是侨居南非的布尔班达弥曼商人却有一个不成文的规矩，那就是宁死也不破产。可是让铁布赛一次性付清37000英镑的诉讼费也是不可能的，他不愿少付1个铜板，可是他又会面临破产。所以只有一个办法，那就是让达达·阿布杜拉同意铁布赛分期来付这笔款项。达达·阿布杜拉非常慷慨地应允了，也给了铁布赛非常充裕的还款时间。对我来说，比起促成双方同意仲裁而言，取得这个让步更为困难。无论如何，双方都非常满意这个结局，也由此获得了舆论的赞誉。我感到非常快乐，不仅学会了法律的实践知识，还学会了体察人性善良并且深入了解人们的心灵。我明白了使反目成仇的双方言归于好才是律师的真正职责，这个经验深刻地铭记在我心中。在之后二十年间的律师生涯中，我大部分时间用于尽力促使成百上千案主私下和解。

这种做法并没有让我遭受任何损失，甚至没有影响收入，更不用说精神方面了。

对于基督教的见解

行文至此，可以回头来谈谈我与基督教朋友们相处的经历了。

贝克先生愈加担心我的前途，他带我参加威灵顿大会。每隔几年，新教派的基督徒们就会举办一次这样的大会，以便对信徒们进行教化，或者督促他们自洁。换言之，这是一种宗教维新或者宗教复兴，威灵顿大会就是属于这种类型。大会主席由当地著名的安德禄·穆莱牧师担任。贝克先生本希望大会上那种催人振奋的宗教氛围和参会者的笃信热忱能够感染我，使我皈依基督教。

他对于祈祷的信心非常坚定，也将最后的希望寄托在祈祷之上。他坚信只要诚挚地祈祷，上帝就一定能听见。他举了很多例子，譬如，布里斯托尔的乔治·缪勒就是一心一意地依靠祈祷，即使是世俗的需要，也通过祈祷来实现。我摒弃所有偏见去倾听他诉说祈祷的功效，并且向他保证但凡我能感受到召唤，就没有什么能阻挡我皈依基督教。我当时毫不犹豫地做出了这个保证，这是因为我在很早之前就学会了听从自己内心的声音，我是乐于听从的。倘若违背这种声音行动，不仅于我而言是困难的，也是痛苦的。

我们一同去了威灵顿，跟我这个"有色人种"一起赴会，贝克先生确实是有些为难。有很多次，完全是由于我的缘故而给他带来不便。有一次正巧是一个周日，由于贝克先生和他的同伴不想在安息日赶路，所以我们就在途中停留了下来。破费一番周折之后，车站旅馆的经理终于同意让我留宿，不过拒绝让我在餐厅里吃饭。贝克先生是一位不会轻易妥协的人，他尽力为我争取作为旅馆顾客的权利。我清楚他的难处。抵达威灵顿之后，我依然和贝克先生住在一起，虽然他尽力掩饰所遇到的诸多不便，但我还是能看得一清二楚。

那次大会是虔诚的基督教徒的集会，他们的虔诚让我感动。我见到了穆莱牧师，还遇到很多基督教徒为我祈祷。我喜欢他们唱的那些圣歌，特别好听。

大会历时三天，我非常理解也欣赏那些虔诚的教徒，但是我依然不知道自己有什么理由必须改变信仰而加入基督教。我没有办法相信只有基督教徒才能进入天堂或者得到超脱。当我向那几个要好的基督教朋友坦诚地阐述我的想法时，他们都非常吃惊，然而这也是没办法的。

我思想上的困惑不止这些，我实在难以相信耶稣是上帝的独生子，唯有信仰耶稣才能获得永生。倘若上帝有儿子，那么我们都可以算作他的子女。如果耶稣能够象征上帝或者他就是上帝本身，以此推测，所有人都能够象征上帝，或者就是上帝本身。理智让我无法相信字面上所说的耶稣用自己的死亡和血液救赎了世界的罪恶。如果它只是个寓言，可能还有几分道理。除此之外，基督教认为唯有人类才有灵魂，而其他的生物没有灵魂，因此对于他们而言，死亡意味着彻底的毁灭，但我的信仰却正相反。我认同耶稣是位殉道者，具有强烈的牺牲精神，是一位神圣的宗教导师，不过无法将其视为尽善尽美的人。耶稣被钉死在十字架上，对于世人而言，固然是伟大典范，可是倘若认为这件事本身有什么神秘或者奇异的价值，我难以认同。其他宗教信徒的虔诚生活没能带给我的宗教体验，基督教同样也给不了。就如基督教徒所声称的那样，我在其他宗教的信徒身上也曾经见到过类似的宗教改革。从哲学的角度来考量，基督教的原理并不高明。从牺牲精神来探究，我认为印度教徒远胜于基督教徒。种种理由，让我难以认同基督教是完美无瑕的宗教，更无法认同它是最伟大的宗教。

只要有机会，我就把心中的思考讲给那些基督教朋友们听，但是他们的回答却不能让我满意。

虽然我不认同基督教是完美无瑕或者最为伟大的宗教，不过当时我也不认为印度教就是最为完美和伟大的。我对于印度教的缺陷有着深切的体会。如果说不可接触制度（Untouchability）[①] 属于印度教的一部分，那么它就是最为腐朽的部分，换言之是毒瘤。我难以理解为何存在那么多的宗派和种姓。假如《吠陀》（Vedas）[②] 是神灵所启示的，如果确实是那样的话，为什么《圣经》或者《古兰经》就不可以是呢？

不仅基督教的朋友们在设法改变我的信仰，伊斯兰教的朋友们也做着同样的努力。阿布杜拉赛一直在劝我研究伊斯兰教，只要提到伊斯兰教的

[①] 属于印度教的一种社会制度，印度传统社会有四大种姓：婆罗门主要是僧侣贵族，刹帝利是军事贵族和行政贵族，吠舍是自由平民阶层，首陀罗从事农、牧、渔、猎等业以及当时被认为低贱的职业。在四大种姓以外，还有一个不可接触者阶层，通常被翻译成"贱民"，是被高种姓视为不洁净的，有罪的阶层，他们受到各种侮辱和排斥，不可以使用公共水井，不能进入寺庙，也不能走在大路上，高种姓的阶级避免与他们接触，以免受到"玷污"。

[②] 婆罗门教和现代的印度教最重要和最根本的经典，主要文体是赞美诗、祈祷文和咒语，是印度人世代口口相传、长年累月结集而成的。"吠陀"意为"知识""启示"的意思。

好处，他就滔滔不绝。

我写信给赖昌德巴伊诉说我的烦恼，还和印度其他的宗教权威们进行联系，而且得到了他们的回复。赖昌德巴伊的回信让我得以平静，他让我以更宽广的耐心进一步地研究印度教。他写了这样一句话："如果以冷静眼光看待，平心而论，我认为其他宗教不具备印度教如此博大精深的思想，没有其对于心灵的深刻洞察，缺乏仁爱精神。"

我买来一部谢礼译的《古兰经》读，还找到了其他关于伊斯兰教的书籍。随后，我还联系上了住在英国的基督教朋友，其中一位将我介绍给爱德华·麦特兰，于是我们开始通信。他寄给我一本他与安娜·金世福合著的《完美的道路》。这本著作对于当时流行的基督教信仰提出了反驳和批判。他还给我寄了一本《圣经新解》，这两本书我都非常喜欢，似乎它们是支持印度教的。托尔斯泰的《天国在你的心中》让我为之折服，那本书给我留下了难以磨灭的印象。书中彰显出的独立思考之见解，深奥的道德观念以及求真的精神，使得柯慈先生给我的所有宗教书籍都黯然失色，相形见绌。

就这样，我进行的研究将我推向了基督教朋友们不曾料及的方向。我与爱德华·麦特兰的通信持续了很久，与赖昌德巴伊的通信则一直持续到他去世为止。我阅读了赖昌德巴伊邮寄给我的几本书籍，其中包括《五业》《珍珠环》，华斯陀《瑜伽论》中的《解脱章》，还有哈利班德罗·苏立的《妙见集》等等。

虽然我没有走上基督教朋友们所盼望的那条道路，但是我永远感激他们唤起我内心对于宗教的向往，我将会一直珍藏和他们交往的美好回忆。未来岁月中，这种甜美且神圣的联系并非愈加减少，而是在逐步积累。

决定留在南非

结束了这个案子之后，我就没有理由继续留在比勒陀利亚了。所以我赶回了杜尔班，准备回国。阿布杜拉赛执意要为我饯行，不然就不让我离开，他为我在西登罕举办了送别宴会。

那时他们准备在西登罕消磨一个整天。我在那边顺手翻阅报纸，偶然在其中一张的角落里看到一则新闻报道，题为"印度人的选举权"。报道称立法议会当时正在讨论一项法案，目的是剥夺印度人参选纳塔尔立法议会的权利。我对于这个议案毫不知情。

我询问了阿布杜拉赛，他说："这些事情我们怎能了解呢？我们只清楚关系到我们生意的消息。你明白的，在奥伦治自由邦，全部印度人的生意都被取消了。我们非常愤怒，但是没有用。而且我们都没有受过什么教育，没什么文化。平时看报纸也无非为了了解当天的市场行情，哪里懂得什么立法不立法的呢？我们一向都习惯从欧洲律师那边探听消息。"

"但是这边有那么多成长在这里而且受过教育的印度青年，难道他们不会帮助你们的吗？"我问道。

"他们啊！"阿布杜拉赛失望地叹了口气，说，"他们从来都不屑于跟我们往来，况且说实话，我们更加不愿意跟他们打交道。他们全都皈依了基督教，仰仗着白人牧师的鼻息，而那些牧师其实是受制于政府的。"

听过这一番话，我反而被打开了思路。我认为那些人同样是我们的同胞，就算皈依了基督教又能怎样？难道信仰基督教就不再是印度人了吗？

但是因为我即将归国，所以当时迟疑着没有将心中的想法表达出来，仅仅简单地跟阿布杜拉赛说："假如这个法案通过了，成了法律，那么我们的处境将会更加困难。那将成为钉入我们棺材的第一枚钉子，将直击我们民族自尊心的根本。"

"的确是的！"阿布杜拉赛赞同地说，"我跟你讲一讲选举权问题的来龙去脉吧。原本我对于这些是茫然无知的，不过跟我们最为亲密的律师艾斯坎比先生，——你也认识他的——让我们对于这个问题有了一些了解。他是一位伟大斗士，跟码头工程师向来不合，他担心在选举中被那位工程师打败。于是，他就跟我们说明了我们的处境，相应地，我们要接受他的安排集体登记成选民，投他一票。这下你应该明白了吧，对我们来说，选举权并不具备你所看重的价值，但是我们能够理解你的意思。所以，你觉得到底应该怎么办呢？"

其他的客人也都留意着我们的谈话，其中有一位客人说："我们应该如何是好？我看不如你把船票退了吧，在这边多住一个月，我们会按照你的想法去做。"

其他人也纷纷表示赞成:"是个好主意,阿布杜拉赛,你务必把甘地留下来。"

阿布杜拉赛是一个非常圆滑的人,他立即表示:"现在不仅是我一个人在留他了,你们都有权利留下他。你们说得有道理,我们大家一起劝说他留下来吧。但是别忘了,他是一位律师,他的费用怎么解决?"

提到费用,我感到非常尴尬,于是脱口而出:"阿布杜拉赛,不必忧心费用,为公众服务是不能收取费用的。倘若是作为志愿服务者的话,我能够留下来。但是你得知道,我和这些朋友并不熟络,如果你确信大家能团结起来合作的话,我就再多住一个月。但是我必须要声明的是,你们不必付给我任何报酬,不过倘若我们打算将这种性质的工作开展下去的话,没有资金是不可能的。我们需要发电报,印发材料,还得派人出差,向当地的律师咨询。此外,由于我并不了解你们的法律,我还需要一些相关书籍来参考。这些事情都需要花钱,而且这份工作一个人是不可能完成的,是需要很多人的帮助才可以的。"

所有人异口同声地说:"真主是伟大而且仁慈的。钱会有的,人也会有的,你需要多少就会有多少。只要你愿意留下来,一切困难都会迎刃而解。"

就这样,这个饯别宴会变成了一个工作委员会。我建议尽快用餐,然后回家,我的心中已经描绘出了行动蓝图。我确认了那些在选民名单上的人,决定再多住一个月。

于是,神灵为我奠定了在南非的生活基础,并且在我心中埋下了为民族尊严而斗争的火种。

定居纳塔尔

1893年,纳塔尔的印度侨民中最富影响力的领袖是哈齐·穆罕默德·达达赛。然而从经济上而言,最主要的人物是阿布杜拉·哈齐·阿丹赛,不过在公众事务这方面,阿布杜拉赛和其他人经常将主持大局的重任交付给哈齐·穆罕默德赛。于是,在阿布杜拉赛的家中,我们召开会议,会议由他来主持,在会上决定提出反对选举法的意见。

与此同时，志愿工作者的登记工作也在进行。在纳塔尔出生的印度人中，大部分是皈依了基督教的青年，他们受邀参加这次会议。杜尔班法院的翻译保罗先生还有新教会学校的校长苏班·戈夫莱先生也都出席了会议。他们还带来了很多基督教青年，全部这些人都主动登记成了志愿工作者。

而且，很多当地商人都登记了，值得一提的有达乌德·穆罕默德赛、穆罕默德·卡桑、康鲁丁赛、阿丹吉·米耶汗赛、阿·科兰达维鲁、皮莱、西·拉契朗、兰格沙密·巴提亚齐以及阿玛德·齐华，当然还包括巴希·罗斯敦济。负责办事员工作的是马尼克吉、约希、纳辛赫朗等几位先生，他们全都是达达·阿布杜拉公司和其他大商行的员工。当意识到自己也参与了公众工作时，他们惊喜交加，这是他们平生第一次受邀参与这种工作。面对全体印度人遭受的苦难，所有人都忘记了身份上的高低、贵贱、主仆之分，忘记了印度教徒、穆斯林、拜火教徒、基督教徒、古吉拉特人、马德拉斯人、信德人等宗教之间的差别，所有人都仅仅是祖国的儿女和公仆。

当时那个法案不是已经通过，就是即将二读通过①。通过议会上那些讨论发言可以发现，并没有印度人对那个不合理的法案提出反对，因此这个事实竟然被当作印度人不配拥有选举权的佐证。

我在会上对于当时的情况展开了说明。我们做的第一件事，就是给议会的议长发一封电报，我们要求他延期该法案并加以进一步讨论。与此同时，我们还将同样内容的电报发给当时的总理约翰·鲁宾逊爵士以及达达·阿布杜拉的朋友艾斯坎比先生。很快议长就给出了答复，同意将这个法案延期两天，这个消息让我们很是振奋。

我们已经准备好了提交给立法议会的请愿书，还需要再誊写三份，除此之外，我们需要提供额外一份给新闻媒体。我们还要尽量征集请愿书的签名，而所有这些工作都务必在一夜之间完成。懂英语的志愿工作者和另外几个人通宵忙碌，还有一位字体漂亮的老人阿瑟先生负责来誊写正本，其余的抄本则由一个人来读，其他几个人来写，于是五份请愿书就同时写完了。商人志愿者们乘坐自家马车，或者花钱雇车去挨家挨户地征求请愿

---

① 资本主义议会的民主形式，一个议案必须要经过两院三读通过才能算是合乎程序规范。

书上的签名。这项工作很快也完成了。请愿书也发了出去，有几家报纸刊登了请愿书，还发表了有利于我们的评论。这份请愿书给议会也留下了印象，而且引发了相关讨论。法案的支持者们为原议案辩护，并且驳斥请愿书中的论点，不过这种辩护显然是软弱无力的。然而最终这个法案还是通过了。

我们此前已经预料到了这个结果，但由此引发的激动情绪却为我们的团体注入了全新活力，为大家带来了坚定信念：印度侨民是不可分割的团结的整体，为这个整体争取政治权利和经商权利而斗争，是我们责无旁贷的义务。

当时，李朋勋爵担任英国的殖民地国务大臣，大家决定给他递交一份新的请愿书。而这个任务并非一天就可以完成的，于是我们又招募了一些志愿者，大家分工协作，完成任务。

我花费很多心思来起草这份请愿书，通读了所有关于这个问题的书籍。我将观点集中在一个原则和一个权宜之计上面，我提出，正如印度侨民在印度享有选举权，我们在纳塔尔也应该享有选举权。我呼吁当局保留这种选举权，因为在纳塔尔能行使选举权的印度人毕竟只是少数。

仅在两个星期左右，我们的请愿书就征集到了一万人的签名。在全省范围内能够征集到这么多的签名并非易事，何况很多志愿者此前是完全没有做过这类工作的。我们特地选出几位有能力的志愿者来进行这项工作。由于大家决定绝对不勉强任何人签名，因此要使签名者充分地了解这份请愿书，而且，还有一些村庄分布在很偏远的地方，所以倘若没有这些全情投入的志愿者们，是不可能迅速而顺利地完成这项工作的。他们完全做到了，都能积极地完成分配的任务。当我行文至此时，达乌德·穆罕默德赛、罗斯敦济、阿丹吉·米耶汗和阿玛德·齐华的形象就鲜明且生动地浮现在我心头，他们是征得签名最多的几位志愿者。其中，达乌德赛基本上整日不休地乘坐自己的马车四处奔走。所有志愿者都完全出于爱而付出如此艰辛的劳动，他们没有任何人索取酬劳。达达·阿布杜拉的家成了大家的旅馆和办公场所。很多受过教育的朋友们前来协助我的工作，还有很多人需要在那里用餐，所以这些帮手们会产生很多开销。

这份请愿书终于递交了上去，我们还印了一千份发放出去，纳塔尔印度侨民的遭遇首次被公之于众。我将这份请愿书的复写本一一寄给了我所知道的所有报社和出版商。

《印度时报》刊登了一篇评论这份请愿书的社论，极为有力地支持了印度侨民的要求。与此同时，我们还给英国各党派的报社及出版社寄了几份请愿书复写本。伦敦的《泰晤士报》发表文章支持了我们的要求，因此我们开始对那个法案会被否决产生希望。

在当时的情况下，我不可能离开纳塔尔。印度朋友们团结起来，希望我能长期住在那里。我表达了自己的难处，我早就不想依赖公众开支来维持生活，我需要一栋位置好品质高的房子，但一年没有300英镑根本无法租赁这样的门面。所以，只需印度侨团为我提供最低限度的律师业务，我就能够居住下来，因此我将这个决定告知了大家。

"可是，"他们答道，"我们宁愿你从公众事务的工作中拿到报酬，而且那些钱我们很容易地就能募到。当然，那是你从事私人的律师工作以外的应得收入。"

"不行，我不能收取公共工作的服务费用。"我说，"这项工作并不需要律师的才能，而我的工作仅仅是召集大家共同参加，怎么可能因此收费呢？而且以后我还要经常因为公众工作来向你们募集经费，假如我用你们的捐款来维生的话，那以后我怎么再向你们募集大笔款项呢？最终我们会寸步难行的。而且，我还希望每年侨团能为公众工作募集超过300英镑经费。"

"可是经过这段时间，我们已经非常清楚你的为人了，我们相信你不会购置自己不需要的东西，此外，是我们提出让你留下来的，难道不应该由我们来承担你的开销吗？"

"你们之所以这样说，是基于你们的关爱和眼下的热忱。但是谁能保证这种关爱和热忱能够永久维持下去？作为你们的朋友以及仆人，我可能随时对你们诉苦，谁知道到时你们是否会依然爱护我呢。不管怎样，我不能收取公共工作的酬劳。你们愿意信任我，将案子委托给我办理，就已经是对我的莫大信任了。这个决定已经给你们增加很多麻烦了，毕竟我不是一位白人律师，也难以确定法院会不会支持我。而且，我也不确定自己作为律师的前景如何。因此，即便你们愿意聘请我当法律顾问，也是要承担风险的。对我来说，大家愿意将法律事务委托给我，就等同于付给我从事公共事务的报酬了。"这次商讨的结果是，有二十多位商人聘请我担任他们的法律顾问，为期一年。除此之外，达达·阿布杜拉用他原本打算在我离开时给我的一笔钱，帮我购置了所需的家具。

于是，我就在纳塔尔定居了。

纳塔尔印度人大会

过去以来，律师工作一直是我的次要职业。当时我需要集中精力从事公众事务，毕竟那是我选择继续留在纳塔尔的目的。仅仅依靠散发反对选举权法案的请愿书是远远不够的，我们还要坚持鼓励印度侨民起来抗争，得给殖民地国务大臣留下印象。为了实现这个目标，必须得成立一个永久性的组织。所以我就和阿布杜拉赛及其他朋友一起讨论这个问题，大家共同决定成立一个永久性的公共组织。

为了给这个组织起一个恰当的名字，我费尽心思，它最好不与其他特定政党有所混淆。我清楚在英国保守党中，"大会"这个名称并不是很好，然而"国民大会"却是印度的生命所系。于是，我决定在纳塔尔加以推广。为了说服大家能够毫不犹豫地采用这个名称，我细致地阐述了自己的理由，并且提议将新组织定名为"纳塔尔印度人大会"。我们的组织在5月22日宣布成立。

那一天，达达·阿布杜拉的一间宽敞屋子里面挤满了人，大会得到了全部参会者的强烈支持。会章非常简单，不过会费则负担很重，想成为会员一个月必须要交纳5先令。我们鼓励经济状况较好的人尽量能多交一些会费，阿布杜拉赛每个月交纳2英镑，是最多的，还有两位朋友也交纳相同数额。我认为自己不能过于落后，于是决定每个月交纳1英镑会费。对我来说，这可不是一个小数目，但是只要再节俭一些就可以了，而且还有神灵助我。到后来，我们拥有了一大批每月交纳1英镑会费的会员，而且每月交纳10先令的会员也逐步增多。除此之外，我们还收到了一些捐款，自然都满怀感恩地收下了。

经验证明，仅仅依靠催促，谁都不会主动交纳会费。特别是在杜尔班以外地区居住的会员，想经常上门收取会费是不现实的，一时的热情似乎很快就会消退。即使对于住在杜尔班的会员，倘若不是反复催收，他们也不会主动缴费。

我作为大会的秘书，收取会费属于我的工作范畴。我不得不专门雇用了一位文书每天专职收取会费，而这位文书到最后也无比厌恶这份工作。我觉得要对这种情况加以改进，应该将月费改成年费，还要严格执行预先交纳的方式。在我动员之下召开了一次会议，大家都同意将月费改成年费，还规定每年最少须交纳3英镑的会费。这样一来，收取会费的工作就变得方便多了。

从开始我就明白，不能依靠借贷开展公众事务。人们可以在很多事务上相信他人的诺言，唯有金钱例外。我从来都没见过谁抢着交纳会费，纳塔尔的印度人同样如此。因为没有经费时便停止工作，故此纳塔尔印度人大会从未负债。

我的同事们在联系会员的工作上展现出异于寻常的积极性，那是他们感兴趣的一项工作，同时也是非常有意义的一种经验。大多数会员愿意使用现金来交纳会费。在偏僻的内地村庄，因为人们对公众工作的性质不了解，所以很难开展工作。但是我们还是能经常接到来自远方的邀请，各地的知名商人都非常殷勤热情地接待我们。

不过有一次，我们在做这种拜访时遭遇了非常棘手的局面。当时我们希望那家主人能捐助6英镑，但是无论如何那他只答应最多给3英镑。假如我们接受了这个数额，其他人就会纷纷效仿，而我们收费的相关规定就会受到影响。时间已经是深夜了，我们都非常饥饿，但是我们原计划收取的费用金额还未实现，怎能顾得上吃饭呢？我们说尽了好话，主人的态度却非常坚决，当地其他的商人们都帮他说话，我们在那边僵持了整个通宵，双方都不打算退让。我的同事们非常愤怒，但是他们都保持了足够的克制。最终，天色渐亮，主人选择让步，交纳了6英镑的会费，还请我们饱餐了一顿。虽然这件事发生在东卡特，不过远到北海岸的史丹泽和内地的查理斯城都感受到了这件事的影响，从而也促进了我们筹集会费的进度。

不过筹集基金并非唯一工作，实际上我早就确定了原则：钱不求多，够用即可。

我们一般是每个月举行一次会议，假如有需要，也有一周一次的时候。开会的时候照例要宣读上次的会议记录，之后讨论各种问题。多数人没有参加公众事务讨论的经验，也不知应如何简明扼要的发言，所有人站起来发言时都有些犹豫。我细致地说明了会议的章程及规则，他们都予以遵行。大家都清楚这对自己而言是一种宝贵的锻炼，有很多不习惯在大庭广众发言的人，后来逐渐养成了对于涉及公众利益的问题进行独立思考和公开发言的习惯。

公众工作当中，小的开支积少成多就会形成大的支出，所以从一开始，我就注重节约，甚至收据都不用铅印的。我购买了一台油印机放在事务所里，不管是收据还是其他文件都使用油印。直到大会后来有了充足经费，会员和工作量都有所增长，才改用铅印。对于任何团体而言，这种节约都是必需的，然而我清楚并非每个团体都能做到。所以，从一开始成立这个不断成长的小团体之时，我就提倡节约。

会员们不在乎缴纳的会费有没有收据，然而我们总是坚持要开收据，因此每一笔账目都清清楚楚。而且我敢保证，时至今日，在纳塔尔印度人大会的档案资料中还能查到完整无损的1894年的账本。对于所有组织来说，妥善保存账目都是必需的，不做到这一点，这个组织就会丧失公信力，难以维持其原本的纯洁。

大会另外一个特点，是吸纳了当地侨生还有受过教育的印度人参与其中来为大家服务。在大会的领导下，建立了侨生印度人教育协会，大部分会员是那些接受过教育的侨生和印度青年。他们象征性地交纳一些会费，协会则帮助他们解决困难，进行思想上的启迪，给他们提供和印度商人接触的机会，也为他们提供整个侨团范围内的所有服务项目。此外，协会还是一个辩论场所，会员们定期集中研读和讨论相关论文，还建立了一个协会的小图书室。

大会的第三个特点，则是宣传，包括向在南非、英国以及印度的各国人民宣传纳塔尔印度侨民的真实状况。为实现这个目的，我撰写了两本小册子，一本名为《向南非的每一个英国人进行呼吁》，其中用大量的事实说明了纳塔尔印度人的普遍情况；另一本题为《印度人的选举权——一个倡议》，其中利用翔实的事实和数据归纳了关于纳塔尔印度人选举权发展的简史。为了完成这两本小册子，我研究了很多资料，付出诸多心血，结果让人欣慰，这两本书都曾广泛流传。

我们开展的一系列活动给南非的印度人赢得了很多朋友，并且得到印度各党派的深切关怀，也为南非的印度人之后的斗争指出了一条明确道路。

反对种族歧视

象征法庭的徽章标志是蒙着双眼的正义女神手持一架不偏不倚的天平，上天不让她看见一切，使得她能够公正判决，不会以貌取人。但是纳塔尔法律协会却打算让最高法院背离原则，违逆法庭徽章所代表的正义。

事情发展如下：我申请去最高法院当律师，递交了孟买最高法院发给我的许可证。而我的英文证书在孟买登记的时候就已经交给孟买最高法院备案了。这次申请，我还要附上两份品行鉴定证书，由于考虑到这两份证书如果是出自欧洲人之手会更有分量，所以我就想办法找到阿布杜拉赛介绍给我的两位有名的欧洲律师，请他们为我开具这个证明。申请书须经一位法院的律师递交上去，依据规定，倘若是由检察长来提交是不收费的。当时担任检察长的就是达达·阿布杜拉公司的法律顾问艾斯坎比先生，我前去拜访他，请他帮我递交申请书，他欣然同意。

但是，法律协会却通知我，我递交的申请被否决了，这让我非常惊讶。他们之所以反对，其中一个理由是我的申请书没有附上英文证书的原件。实际上更主要的原因是这样的：在制定律师入会申请手续及规则时，他们没有预料到有色人种的律师会申请入会。纳塔尔的发展得益于欧洲企业，因此欧洲人在律师界占据绝对优势。如果接受有色人种加入其中，在数量上必定会逐渐超过欧洲人，那样的话，欧洲人苦心打造的法律保护屏障就会坍塌。

法律协会聘请了一位优秀的律师来支持他们，由于这位律师和达达·阿布杜拉公司也有往来，于是他就托阿布杜拉赛给我传话，邀请我与他会面。他非常坦诚地跟我交谈，还询问了我的家世，我一一回答了这些问题。然后，他说："我不愿意说出一些反对你的话，但我担心你是一位在殖民地土生土长的冒险家，而且你的申请书没有附上原件这件事也增加了我的怀疑，最近有很多人冒名使用别人的证件。此外，欧洲商人为你开具的品行鉴定证书，我不明白有什么价值。他们有多了解你？你们之间又能有多深的交情？"

"可是，"我答道，"对我来说，这里的每个人都非常陌生，就算是阿布杜拉赛也是我来到这里之后才结交的。"

"但你刚才不说你们是同乡么？假如你的父亲当过那里的首相，那么阿布杜拉赛肯定了解你的家族。倘若你能请他写一份保证书，我绝不会再加以反对。到那时候，我会主动向法律协会说明自己无权反对你的申请。"

这一番言辞激怒了我，不过我还是克制下来了。我认为，就算我附上了阿布杜拉赛的保证书，还是会遭到拒绝的，因为到时候他们可能以只要欧洲人写的证明为借口来拒绝。此外，我申请入会与我的家世又有什么关系呢？难道如果我出身贫贱或者令人鄙夷就不能加入律师协会了吗？但是我保持了冷静，坦然答道："虽然我不认为法律协会有权利了解这些细节，不过我还是会尽量准备，提供一份你所要求的保证书。"

阿布杜拉赛为我提供了保证书，并且及时地递交给了法律协会。他表示满意，然而法律协会却不以为然，并且在最高法院的法庭上反对我的申请。但是最高法院甚至没有让艾斯坎比先生出庭作证，就否决了法律协会的申请。首席法官宣布："由于申请人没有附上原件，故此拒绝其申请这个理由并不充分。假如证件系申请人伪造，他应被起诉，如果他被证实有罪，则应被除名。法律对于白种人和有色人种并无差别，因此本法庭无权阻止申请人甘地先生登记为律师，我们接受他的申请，甘地先生，现在请你宣誓吧。"

我起身在登记官面前宣誓，宣誓结束后，首席法官对我说："甘地先生，现在你必须摘下头巾，你得遵守法院有关律师穿着的规定。"

我清楚自己会受到限制，为了服从最高法院的命令，我摘下了曾经在地方法庭上坚持不摘的头巾。这个行为并非担心会被判为行为不当，而是想要保留力量以应对更大的斗争。我没有必要为坚持戴头巾这件事而将力量消耗殆尽，我还有更重要的事情要做，这是值得的。

阿布杜拉赛以及其他朋友们对于我的屈从（或者是软弱）颇为不满，

他们认为我应该争取出庭时佩戴头巾的权利。我试图说服他们，告诉他们有一句话叫"入乡随俗"。"这句话非常有道理，"我说，"假如是印度的英国官员或者法官下令让我摘下头巾，那么抗争是对的。但是现在面对的是纳塔尔的法院官员，我应该尊重当地法院的惯例。"

我用类似说辞安抚了朋友们的情绪，但是我明白，我并没有在这件事上彻底说服他们应具备根据情况而灵活应对的处世之道。但是在我的一生中，坚持真理这一点已然教会我如何欣赏妥协的美妙。在之后的生活中，我愈加明白这种妥协的精神才是非暴力不合作运动的重要部分。虽然这往往会让我身处险境，引来朋友们的不满，不过重要的是我们必须要理解真理不但坚如磐石，还会美若鲜花。

法律协会反对我登记注册的行为，又为我在南非做了一次宣传。很多报纸都谴责了他们的行为和其中暗藏的嫉妒心理。这种宣传在某种程度上方便了我开展工作。

巴拉宋达朗

人们心中热忱而纯洁的愿望往往都是能够实现的，凭借我自己的经验，我经常见证这种事情的发生。为穷苦之人服务一直是我的愿望，这个愿望经常让我置身于穷人之中，与他们心意相连。

虽然纳塔尔印度人大会囊括了印度侨生和职员阶层，但是非技术工人和契约工人却并不在其中，这并非属于他们的组织，他们没有钱来交纳会费，无法成为会员。但是只有大会为他们服务，才能得到他们的拥护。那时我和大会都没有做好开展这项工作的准备，但一个机会悄然来临。当时，我执行律师业务不过三四个月的时间，大会也处于草创阶段，有一天，一位衣着褴褛，手拿头巾的泰米尔人颤抖着跑到我面前哭泣。他满口鲜血，原来是他的主人毒打了他，掉了两颗门牙。我的一位文书同为泰米尔人，经过他的转述，我得知了这位可怜人的所有情况。这位来访者名为巴拉宋达朗，是杜尔班的一位知名欧洲人士家里的契约工人。主人向他发火，无法自控，毒打了他一顿。

我将巴拉宋达朗送到了一位白人医生那里，当时只能找到白人医生。我请医生开一张证明，以说明巴拉宋达朗的受伤原因。拿到证明之后，我带着巴拉宋达朗直接找到地方官，向他递交了起诉书。地方官看完起诉书，非常愤慨，立即发出传票传讯雇主。

我当时的目的并非让雇主受罚，我只是想让他把自由还给巴拉宋达朗而已。我阅读过有关契约工人的法律，普通佣人不向主人报告而擅自离守，他的主人可以将他告上民事法庭。但一个契约工人这么做，情况则不一样，他的主人会将他告到刑事法庭上去，并判处其监禁。因此威廉·汉特尔爵士认为契约工人制度和奴隶制度几乎一样糟糕。契约工人和奴隶一样，都是主人的私有财产。

当时，解救巴拉宋达朗的方法有两个：一是请求契约工人的保护人取消契约，并将所有权转给别人；二是请求雇主放过契约工人。我拜会了巴拉宋达朗的雇主，对他说："我不想控告你并让你受罚，我认为你也很清楚是自己毒打了他。假如你愿意将契约转给别人，我就满意了。"那位雇主立即接受了我的要求，然后我去见了保护人，他也表示同意，条件是我为其寻找新的雇主。

所以我就四处寻找合适的雇主。由于印度人无法雇用契约工人，所以新雇主必须是一位欧洲人。那时我认识的欧洲人不多，但我还是找到了其中一个，跟他讲清楚情况，他非常慷慨地承诺会雇佣巴拉宋达朗，我十分感谢他的好意。地方官判决了巴拉宋达朗原来的雇主，责令他将契约转给他人。

巴拉宋达朗的案情传到了所有契约工人的耳中，而我则被他们视为朋友。我十分高兴能够建立这种关系，所以，我的事务所中开始不断涌入契约工人，我也因此得到机会去了解他们的喜怒哀乐。

巴拉宋达朗这个案件的影响远至马德拉斯。这个省份的契约工人从那些去过纳塔尔的契约工人兄弟那里听说了这个案件。

其实这个案子本身没有什么特别之处，但是在纳塔尔能有人维护契约工人的利益而且公开为他们维权的这个事实，让契约工人们又惊又喜，备感鼓舞，觉得充满了希望。

前文中提到，巴拉宋达朗第一次走进我的事务所时，手里拿着头巾。

那个情景有一种特殊的伤感，也折射出印度人所遭受的屈辱。我曾经讲述过自己被要求摘下头巾的情况，实际上，每一位契约工人和首次来访的印度客人在面对欧洲人时，都被迫除下过自己的头饰，无论是帽子、头巾还是缠在头上的披肩，甚至连双手合十的行礼都被嫌弃。巴拉宋达朗想当然地认为面对我时也应遵守这个规矩，这是我平生首次遇到这种情形，我顿时非常羞愧，立即让他缠上头巾。他按照我的吩咐做了，虽然有些迟疑，不过从他脸上我能看到欢喜之情。

让我始终费解的是，为什么当我们的同胞遭受侮辱时，还有人自以为光荣。

3 英镑人头税

巴拉宋达朗的案子让我能够与印度契约工人产生了接触，不过，我之所以要深入了解他们恶劣的生存状况，其实是想与那种企图向他们征收苛捐杂税的行为做斗争。

1894年，纳塔尔政府准备向印度契约工人每年征收25英镑的税费，这个提案让我震惊。我将此事提交到纳塔尔印度大会进行讨论，大会立即决定组织必要的反抗行动。

在这里，我先要将这税费的起因简单介绍一下。大概在1860年，纳塔尔的欧洲人发现在当地种植甘蔗大有发展空间，但是缺少劳工。由于纳塔尔当地的祖鲁人不适合做这种工作，因此如果没有外来劳工的话，是难以大面积种植甘蔗和发展制糖业的。所以，纳塔尔政府就与印度政府联系，得到了招募印度工人的批准，招募的方式是与工人签订为时五年的工作契约，契约期满后，契约工人可以在那里自由定居，并且享有购买土地的权利。这些条件对于那些工人而言都是诱饵，那些白人一心期待在契约期间印度工人能够充分地改进他们的农业。

但是印度人却带来了意想不到的结果，他们在纳塔尔种植了大量蔬菜，引进了芒果和很多印度的农作物品种，使得当地的农产品价格走低。他们的影响不仅限于农业，还进入了商业，购地建房，很多人从工人的身份一跃成了土地和房产的所有主。印度国内的商人也纷纷前来，于此定居经商。阿布巴卡·阿穆德赛（已故）就是其中翘楚，他在短时间内就拥有了规模庞大的生意。

如此局面使得白种人心生戒备，开始他们欢迎印度劳工前来，但却没有想到这些人竟有如此经商本领。他们只能允许印度人以务农者的身份存在，无法容忍他们成为自己商业上的竞争对手。

就这样，当地白种人心中埋下了仇视印度人的种子，还有其他一些因素促使这种仇视滋长。我们印度人的生活方式和他们大为不同，我们生活俭朴，小富即安，不太在意有关清洁卫生的规定，不注意保持周围环境的整洁，也不善于维护房屋的美观，诸多因素，再加之宗教信仰上的分歧，使得仇视的火焰越烧越旺。无论是剥夺印度人选举的法案，还是对印度契约工人征税，全都体现出了这种敌对。除了立法之外，还有很多欺压印度人的行为早就存在。

第一个提案是强制提前遣返印度劳工，这样一来，他们契约期满之时已经人在印度。但是，印度政府应该不会接受这个提议，因此，有人提出了其他提案：

一、印度工人在契约期截止后，必须返回印度。

二、如果工人不愿回国，那么每隔两年就必须签一次新的契约，每签一次新契约，工资就要涨一次。

三、假如工人不愿意回印度，也不愿意签订新的契约，每年必须交纳25英镑的税费。

去和印度谈判的纳塔尔代表团成员包括亨利·宾斯爵士和马逊先生，当时的印度总督是叶尔金勋爵，虽然他反对征收25英镑的税费，但却同意征收3英镑的人头费。无论是当时还是现在，我都认为这是总督的一个重大失误。在同意这种建议之前，他完全没有考虑印度人的利益，他也没有权利向纳塔尔的欧洲人做出让步。三四年里，一个印度契约工人及其妻子，还有一个16以上的男孩和一个13以上的女孩，都需要纳税，这个四口之家每年需要交纳12英镑的税费，但当父亲的每个月平均收入不到14先令，如此残酷重税，闻所未闻。

为了反对这种重税，我们开始了激烈的斗争。如果纳塔尔印度人大会依然对这个问题保持沉默,那么说不定印度总督连25英镑的税费要求都会同意。也许从25英镑减少到3英镑是由于大会表达了不满所致,但也可能是我想错了,也许从一开始印度政府就不赞成征收25英镑,故此降低到了3英镑。总而言之,印度政府对这个事件的处理失去了人心。身为印度人权益的代表者,总督绝不应当同意征收这种不人道的税费。

虽然税费从25英镑降低为3英镑,但是大会并不认为已经赢得重大胜利,反而在为不能彻底捍卫印度契约工人的利益而遗憾,并且始终致力于彻底取消这种税费,但是这个愿望却直到25年后才实现。这个愿望之所以达成,不仅是纳塔尔印度人,包括旅居南非的所有印度人都付出了努力。由于戈卡尔先生(已故)的背信弃义,使这次斗争成了最后的一次斗争,所有印度契约工人都参加了这次斗争,但当局却断然开枪镇压,造成一部分同胞丧失生命,一万多人遭到监禁的结果。

但是真理终将获得胜利,印度人所经历的苦难和抗争就是这种真理的体现。倘若没有无畏的信念,没有强大的耐力和不懈的努力,我们永远都难以取得胜利。如果侨团和大会都放弃反抗,认命顺从交纳重税,并认为那是无法避免的,那么印度契约工人就会一直肩负如此可恶的税费,直到现在都不会停止,那将会给旅居南非的印度人以及整个印度带来永久的耻辱。

研究各种宗教

我认为自己全身心投入到为印度侨团的服务之中,深层原因来自我内心中的自我实现愿望。我将服务公众当作自己的宗教,认为只有通过服务公众,才可以感受到神灵的存在。对我来说,所谓服务,就是为印度服务,这条道路不须刻意寻找,而是自然出现的,我的本性中就存在做出这种选择的倾向。起初我去南非是为了旅行以及逃避卡提亚华的政治纷扰,同时为了谋生。但是就像我此前提到的,我发现自己走上了寻找神灵和自我实现的道路。

基督教的朋友们引起了我的求知欲望,那种追求几乎是没有止境的,

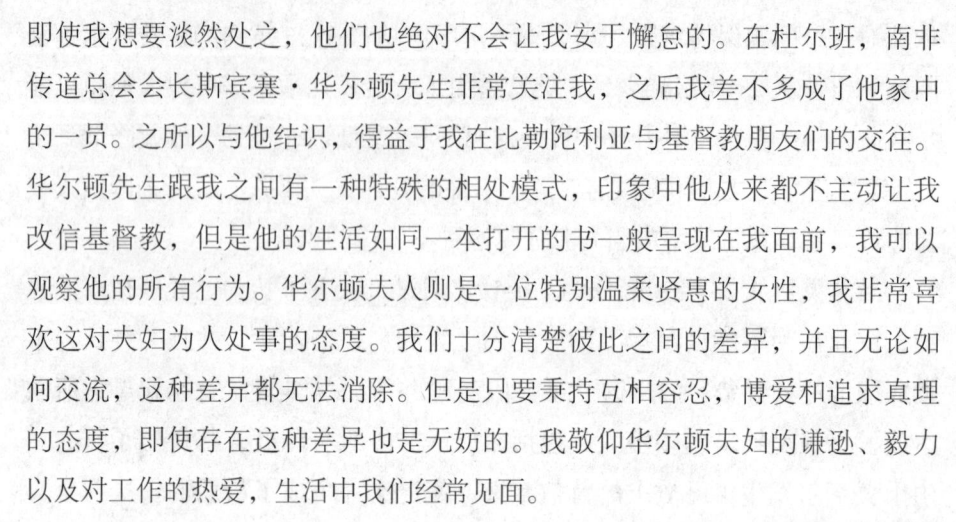

即使我想要淡然处之，他们也绝对不会让我安于懈怠的。在杜尔班，南非传道总会会长斯宾塞·华尔顿先生非常关注我，之后我差不多成了他家中的一员。之所以与他结识，得益于我在比勒陀利亚与基督教朋友们的交往。华尔顿先生跟我之间有一种特殊的相处模式，印象中他从来都不主动让我改信基督教，但是他的生活如同一本打开的书一般呈现在我面前，我可以观察他的所有行为。华尔顿夫人则是一位特别温柔贤惠的女性，我非常喜欢这对夫妇为人处事的态度。我们十分清楚彼此之间的差异，并且无论如何交流，这种差异都无法消除。但是只要秉持互相容忍，博爱和追求真理的态度，即使存在这种差异也是无妨的。我敬仰华尔顿夫妇的谦逊、毅力以及对工作的热爱，生活中我们经常见面。

这份友谊让我对宗教的兴趣有增无减，现在我已经无法像在比勒陀利亚时有大把的空闲时间从事宗教研究了，不过但凡我有闲暇，就会充分地利用时间。关于宗教问题的通信，我一直持续着，赖昌德巴伊一直通过信件来指导我。当时，有一位朋友送给我一本纳玛达·尚卡的书《达摩维伽》，这本书的序言就已让我受益匪浅了。此前我就听说过这位诗人的生活放荡不羁，序言中也提及了由于研究宗教，使他的生活发生了巨大变革，这些内容让我向往。我逐渐爱上了这本书，开始从头至尾认真研读。我还喜欢麦克斯·缪勒的著作《印度：能教给我们什么？》以及通神学会出版的英译本《奥义书》（Upanishads）[①]。这些书让我愈加尊重印度教，并且逐渐意识到其优美精妙之处，而且我并不因此对其他宗教持有偏见。与此同时，我还读了华盛顿·伊尔文的《穆罕默德的一生及其继承者》和卡莱尔对于穆罕默德这位先知的颂词。除此之外，我还读了《查拉图斯特拉如是说》。

通过这个方式，我学到了很多关于各种宗教的知识。对宗教的研究让我增强了自我反省能力，也让我养成了将学习成果付诸实践的习惯。因此，当我从关于印度教的书籍中了解到一些有关瑜伽（Yoga）[②]的内容之后，

---

① 印度最经典的古老哲学著作，用散文或韵文阐发印度教最古老的吠陀文献的思辨著作。

② 瑜伽源于古印度，是古印度六大哲学派别中的一系，大约在公元前300年，印度的大圣哲瑜伽之祖帕坦伽利（Patanjali）创作了《瑜伽经》，印度瑜伽在其基础上才真正成形，瑜伽是一个通过提升意识，帮助人类充分发挥潜能的体系。

就开始加以联系。不过我的进展却非常有限，所以便打算回印度之后寻求专家来指导，然而这个愿望始终未能实现。

我还专门对托尔斯泰的著作进行了深入研究。他的《福音书概论》《怎么办？》以及其他几本著作都给我留下了深刻印象。从这几本书中，我开始更深层次地意识到实现博爱的无限可能性。

大概在这个时期，我和另一个基督教家庭开始了交往。我接受了他们的提议，每个周日都去卫斯理教堂做礼拜。在那期间，他们经常邀请我去吃饭。那个教堂给我留下的印象并不好，布道者所讲述的内容寡而无味，听众们似乎也并不虔诚，并没有非常浓郁的宗教氛围。看上去他们都是一些世俗小民，之所以去教堂做礼拜，不过是出于消遣或者习惯。有时候我坐在那里，会忍不住打瞌睡，虽然感到惭愧，但看到我身边的人皆是如此，我的心情就轻松多了。但这种做法总归是不好的，所以不久之后我就不再去了。

再后来，我与那个曾经每周日都拜访的家庭突然关系破裂。实际上，是主人警告我不要再登门造访的。事情是这样发生的，那家的女主人是一位单纯善良的女性，但是心胸狭窄。我们经常讨论宗教问题，那时我正在重读安诺德的《亚洲之光》，所以在一次讨论时，我们就将耶稣和佛陀的生平进行比较。我说："看乔达摩（Gautama）① 是多么的慈悲啊！他的慈悲并不仅限于人类，而是面对所有生灵。当我们想到那愉悦地蜷伏在他肩上的羔羊时，心中不会充满怜爱之情么？但是人们从耶稣的身上，却无法发现这种对于一切生灵的大爱。"这种对比让那位善良的夫人很是伤心，当然，我也能理解她的情绪，于是我结束了这个话题，和她一起去用餐，她那个不满五岁的天使般的儿子和我们一起吃饭。我是最喜欢和小孩子们在一起的，而且我早就和这个孩子成了朋友。我拿他盘子里的肉开玩笑，然后尽情赞美我自己的苹果。这个天真的孩子被我说服了，于是和我一起称赞水果的鲜美。

那位夫人呢？她开始忧心忡忡起来。

我得到了警告，所以端正了言行，变换了话题。下一个周日我依旧前去拜访，但是心里有些惴惴不安，我没有意识到自己不应该再去了，只是

---

① 即释迦摩尼的名字。

觉得不去似乎不太好。然而，那位善良的夫人解决了我的矛盾。

"甘地先生，"她开口道，"请您不要见怪，我有几句话必须要说。我的儿子和你接触没有多少好处，他每天都迟疑着不愿吃肉，只吃水果，还用您的道理教育我。这太过分了，假如他一直不吃肉，就算不得病，也会愈加瘦弱的，这让我如何承受？往后您的那些观点请只和我们这些大人讨论，不要再对孩子产生不良影响了。"

"夫人，"我回答道，"非常抱歉，我能够理解为人父母的心情，我也有孩子，我们可以非常简单地解决这种不愉快。我对于饮食的选择自然比起我说过的言论更容易影响这个孩子，所以最好的办法是以后我不再来打扰你们，当然，这并不会影响到我们之间的友谊。"

"多谢你。"她说，显然松了一口气。

轻信同伴的结果

对我来说，居家生活自然算不得什么新体验，但是我在纳塔尔的寓所还是与我在孟买和伦敦的家不同。这次，有一部分的开销完全是为了维持体面。那时我觉得必须要有这样一个住所，才能与我作为纳塔尔的律师及代表身份相匹配。所以，我在一个高档社区中寻觅了一栋漂亮的小房子，还购置了整套合适的家具。我的伙食非常简单，不过由于经常宴请英国朋友和印度同事，因此家中的开销很大。

每户人家都需要好佣人，但我从来都不知道应该如何将一个人当成佣人来使唤。

当时有一位朋友与我同住，他还是我的帮手。还有一位厨师，他也是这个家中的成员。以及事务所的几位文书，和我一起同吃同住。

我本来认为自己并不缺乏集体生活的成功经验，但是不愉快的事情依然发生了。

我的那位朋友是个非常聪明的人，我觉得他是个诚实的人，可惜恰恰被他欺骗了。他对一个经常在我身边的文书心怀嫉妒，于是就编造一系列谎言，让我怀疑那位文书。而那位文书朋友的个性极强，他发现我在怀疑他，就立即离开了我家和事务所。我为此而感到难过，认为我对他也许并不公正，所以内心里非常过意不去。

恰在此时，厨师请了几天事假，他不在的日子，需要找人来替岗。后来我才得知新来帮忙的厨师是个无耻之徒，不过对于当时的我而言，却认为他是神灵特别派来的人。他来了仅仅两三天的时间，就发现家中有人背着我偷着做一些不正当的事，于是他决定提醒我。所有认识我的人都知道，我容易信任别人而且为人耿直。所以当新厨师发现这些之后，更为震惊了。每天下午1点，我都从事务所回到家吃饭。有一天大概是中午12点，厨师气喘吁吁地跑到了事务所，对我说："请你立即回家一趟，你会大吃一惊的。"

"到底发生了什么？"我问，"你必须告诉我是怎么一回事！不然我怎么能在这个时间离开事务所回家去呢？"

"如果不回去，你会后悔的，我只能说这么多。"

他非常坚持，于是我马上在他和一位文书的陪同下回了家。厨师走在前面，带我直接上了楼，指着我那位朋友的房间说："打开门，你就会明白了。"

我立即明白了，于是我敲门，但无人应答！我用力地敲，连墙壁都几乎开始摇晃起来。门开了，我看到一个妓女在房间里，我要求她立即离开，永远不许再来。

我对那位朋友说："从现在开始，我们不再是朋友了。我像傻瓜一样被你一直欺骗，难道你就是这样回报我对你的信任吗？"

他不但不承认错误，还威胁称要去揭发我。

"我没什么不可告人的事情。"我说，"随便你去揭发，不过你得立即离开这里。"

这更加让他恼羞成怒。我没有办法，于是对站在楼下的那位文书说："请告知警察，说和我同住的人有不正当行为。我不愿意他继续留在这里，但他不肯离开。请他们派人过来帮忙，我将非常感谢。"

他知道我是非常认真的，而且自己有错在先，所以他不敢再嚣张，马上向我道歉，请求我不要让警察来，他会立即离开，然后也是这样照做的。

这件事算是给我的一次及时警告。直到那时候，我才彻底了解自己是如何被这个邪恶的人从头至尾蒙在鼓里的。起先我收留他，是好心办的坏事。

之前听说过他品行不良，但我依然相信他对我是真诚的，试图对他进行改造，结果却差点毁了自己。我将诸多好友的警告抛之脑后，蒙蔽在对他的过度信赖中。

假如没有这位新厨师，我可能还被蒙在鼓里，没准在这位朋友的影响下，甚至不能在当时正在前行的轨道上继续正常生活。我会继续浪费时间和精力在他身上，他将有机会将我置于黑暗之中，将我引入歧途。

不过与以往一样，神灵再次将我拯救。我的动机是纯洁的，因此即使犯了错误，还能够得救。早年的这一次经历为我的未来彻底敲响了警钟。

这位新厨师可谓是神灵派来的使者。作为一个厨师，他不善烹饪，而且也不会长期住在我家。然而除了他以外，没有人能让我看到真相。之后我才得知，妓女来我家并非只有一次，其他人都没有厨师的勇气，是因为他们清楚我很信任那位朋友，几乎到了盲目的程度。事实表明，那位新厨师是专门为了这件事而来的，在那件事发生之后，他就立即提出辞职。

"我不能再待在你家了，"他说，"你太容易被骗，这里不是我应该来的地方。"于是我让他走了。

那时候，我才发现，让我对那位文书产生怀疑的正是我那位品行不端的朋友。之后，我想方设法弥补对那位文书的不公正待遇，不过始终不能得到他的谅解，这也让我抱憾终身。不管如何弥补，裂痕还是裂痕。

返回印度

当时，我旅居南非已有三年之久，对当地人有了很多认识，他们对我也有所了解。1896年，我申请半年时间回国，因为我清楚自己以后可能会长时间住在那里。我已经在南非建立了非常好的业务基础，而且那边的印度人也需要我留下来，于是我决定回国接妻儿去南非定居。同时，我还打算在回国期间尝试做一些公众工作，引导公众舆论对于南非印度人的境遇产生更多关注。3英镑人头税已经成了印度人的一个公开的伤口，除非彻底将其废除，不然当地的印度人是不会善罢甘休的。

我离开以后，由谁来负责纳塔尔印度人大会和教育协会的工作呢？我心中有两个人选：阿丹吉·米耶汗（已故）和巴希·罗斯敦济。当时能够在商界中找到很多工作人员，不过能够在常规工作中担任秘书职务，而且还会受到印度侨团尊敬的，却非他们二人莫属了。秘书自然必须具备一定的英文知识，我将阿丹吉·米耶汗推荐给大会，并得到了同意。事实证明这个决定是正确的，阿丹吉·米耶汗以自己的坚韧宽容、平易近人以及彬彬有礼博得大家满意。此外也证明了，出任秘书一职并非必须具有律师资格或者接受过英国高等教育。

大概在1896年，我乘坐开往加尔各答的"彭戈拉"号轮船回国。

那时船上的乘客不多，当中有两位英国官员曾经与我有过亲密往来，我每天都与其中的一位花费一个小时左右下棋。之后，船上的医生送给我一本《泰米尔文自学入门》，我就开始学习了起来。凭借我住在纳塔尔的经验，我必须掌握乌尔都文的相关知识，才能与当地穆斯林建立起密切联系；应该学会泰米尔语，才能和马德拉斯的印度人产生更为密切的往来。

有一位与我一起学乌尔都语的英国朋友，应他的要求，我在统舱的乘客中找到了一位很好的乌尔都语老师。如此学习下来，我们有了很大提高。那位英国官员的记忆力比我要好，对于生词能过目不忘，但我却常常觉得连区分乌尔都文词汇都困难。虽然我坚持不懈地努力学习，不过始终赶不上那位官员。

不过学泰米尔语，我倒是进步飞速。当时，在船上找不到这方面的老师获取帮助，幸亏《泰米尔文自学入门》是本好书，我认为自学也能学会。

我原本打算回印度之后，再继续学习，但真的很难。1893年之后，大部分书我都是在监狱里读的。对于泰米尔语和乌尔都语的学习的确有了进步，但那都是我在监狱中学习的成果，我在南非各个监狱里学习泰米尔语，乌尔都语则是在耶罗弗达监狱里学的。不过我至今都没学会说泰米尔语，而且通过自学获得的那些知识，现在也因为缺乏应用而忘得差不多了。

直到现在，我依然认为不懂一些泰米尔语和德鲁古语的确是个障碍。在南非旅居的德罗维达人（Dravidians）[①]的深厚情谊，现在还让我记忆犹

[①] 属于印度最早的土著民族，大部分人现定居在南印度，主要语言是泰米尔语和德鲁古语。

新。每当遇见一位泰米尔或德鲁古朋友，我就情不自禁地回忆起他那些身在南非的诸多同胞的信仰、毅力以及大公无私的牺牲精神。尽管他们中的大部分人都是文盲，妇女中不识字的自然很多，但不识字的男人也不在少数。在南非的斗争就是要保护不识字的战士，为穷苦人民而奋斗，而穷人也都参加了斗争。而且，不懂他们的语言绝对无碍于我赢得那些单纯善良同胞们的心，他们能讲几句并不流利的印度斯坦语（Hindustani）[①]或者英语，故此我们在一起工作时并未遇到什么困难。但是，我还是想学会泰米尔语和德鲁古语，以回报他们的眷爱。正如上文提及的那样，我学习泰米尔语小有成就，不过德鲁古语，只在印度学过一些，并且仅限于字母而已。时至今日，恐怕我永远都学不会这两种语言了，所以只能寄希望于德罗维达人能够学会印度斯坦语。旅居南非的德罗维达人里面，虽然不会英语的那部分人确实会一点印度语或者印度斯坦语，只不过讲得很蹩脚。但是，那些只会英语的人却不愿意学习印度斯坦语，似乎懂得一些英文反而成了他们学习本国语言的阻碍。

我有些跑题了，还是继续讲述我的航程吧。在这里为读者们介绍一下"彭戈拉"号的船长，在航行中我们已经结下了友谊。那位好心的船长是普鲁茅斯教友会的一员，我们谈及的精神性话题远远多于航海生活。他明确地将道德和宗教信仰分成了两部分，对他来说，《圣经》上的教训形同儿戏，其优雅之处就在于质朴。船长只会说，无论男女老少，所有的人都去信仰耶稣以及他所做出的牺牲吧，他们的罪过必然将被救赎。这位朋友自然让我回忆起在比勒陀利亚的普鲁茅斯教友会的经历。我们一直探讨有关宗教是否强加给人们道德约束的问题。我的素食一直是我们讨论的主题，为何我不能吃肉？吃牛肉又能怎样呢？上帝创造的一切下等动物，目的不就是让人类享用的吗？举个例子，上帝创造植物的目的同样如此。这些问题难免将我们陷入对于宗教的讨论中。

我们彼此都难以说服对方。我坚持自己的结论：宗教与道德是二位一体的。但船长则持反对意见，并且同样深信不疑。

24天之后，愉快的航行结束了。在欣赏过胡格利河的美丽风光后，我

[①] 即印地语（Hindi），在印度北部和中部地区通行，是大多数印度人所使用的语言。

在加尔各答登岸，并于当天搭乘火车去往孟买。

在印度期间的见闻

在前往孟买的途中，火车在阿拉哈巴停留了 45 分钟。我打算利用这段时间进城逛一逛，然后去药店买些药。可是，半梦半醒的药剂师配药时慢吞吞的，导致我回到车站时眼看着火车开走了。本来好心的站长还为我延缓了一分钟，不过见我没回来，只能周到地让人将我的行李搬下火车。

于是，我住在了当地的克尔尼旅馆，打算就在那里做一些工作。此前，我听别人说过关于阿拉哈巴的一家报社《先驱报》的很多情况，也清楚这家报纸的立场背离了印度人民的意愿。印象中，当时该报的主编是小吉士尼先生。为争取各方面帮助，我写了一张便条给小吉士尼先生，跟他说明了自己是如何误了火车的，希望能约个时间与他谈谈，以便我能在次日离开。他立即应允了，特别值得高兴的是他耐心地倾听了我的意见，承诺在《先驱报》上刊登我写的所有作品，但是声明他无法赞成和支持印度人的全部要求，这是由于他必须在报纸上给殖民者的观点留有充分篇幅和应有支持。

"这足够了，"我说，"只要你同意在贵报上对相关问题加以讨论。我所要求和期待的，不是别的，就是我们本应得到的最起码的正义而已。"

我在那天还参观了雄伟壮丽的三河汇合处（Triveni）[①]，并计划着自己手头的工作。

这次与《先驱报》主编的意外会面，为之后发生的一系列事情埋下了伏笔，这些事件后来导致我在纳塔尔受到了刑罚。

我并没有在孟买逗留，而选择直接回到拉奇科特，开始筹备写一本关于南非局势的小册子。这本小册子从动笔到出版花费了大概一个月的时间，它的封面是绿色的，后来被称为"绿皮书"。在这本小册子里，我有意描画出了一副南非印度人受到压迫的景象，措辞比之前的两本小册子更加温和，因为我明白传播发生在远方的事实可能会看上去像是夸张之词。

[①] 恒河（Ganges）与亚穆纳河（Jumna）的交汇之处，被印度教徒视为圣地。

这本小册子一共印刷了1万册，发放到印度各大报纸及各个派别的领袖人物手中。《先驱报》率先刊登了有关这本小册子的评论文章，该文由路透社摘要后发到英国，又由伦敦总社摘要后发往纳塔尔。刊登出的电讯内容不过三行，虽然内容简单，但却夸大了我对于纳塔尔印度人生活境遇的描述，而且完全没有引用我的原文，之后我会说明这件事情在纳塔尔所造成的影响。与此同时，各大报纸都对于这个问题大加评论。

想要将这些小册子寄出去并不容易，雇人包装需要花钱，但是我想到了一个非常简单的办法。我将当地的儿童集中起来，请他们在每天早上没有课的时候来义务劳动2~3个小时。他们都高兴地答应了，因为我承诺会将收集的邮票送给他们当奖励。他们很快就完成了任务，这是我第一次招募儿童当志愿者，其中的两位小朋友成了我现在的同事。

当时孟买爆发了瘟疫，附近地区的人们都惴惴不安，担心拉奇科特也不能幸免。我认为自己进入卫生部门也许能起些作用，于是向政府提交了申请，政府批准了我的申请，并且委派我去负责相关工作的委员会工作。我特别强调了厕所清洁这个问题，于是委员会决定检查每条街道的厕所。贫困人家并不反对我们上门检查，而且还依据我们的意见改进了自己的清洁卫生情况。但是当我们去大户人家检查时，居然有的人家拒绝我们进门，更别提接受改进意见了。我们得出的普遍结论是：大户人家的厕所比穷苦人家的更脏，他们的厕所里阴暗污秽、恶臭扑鼻、蛆虫滋生。我们所提出的改进意见非常简单：用桶来装粪便，以免遍地都是粪便，将厕所的隔墙拆除，让厕所里的光线和空气更为充足，同时也便于打扫。这些家庭对于我们的意见提出了诸多反对理由，很多人完全置之不理，根本不去执行。

除此之外，委员会还需检查"不可接触者"的居所。委员会里只有一位成员答应与我一起进去看看，其他人则认为前往那种地方本身就非常荒谬，更别提去检查他们的厕所了。然而对我来说，去那些地方看看倒是一件意外之事，让人惊喜交加。那是我这辈子第一次参观那种地方，那边的男男女女见到我们都非常惊异。然后，我让他们带我们去检查他们家中的厕所。

"我们的厕所？"他们惊异地叫道，"我们都是在外边空地上方便的，只有你们这些大人物才有厕所。"

"这样啊，那不介意我们去参观你们的屋子吧？"我问道。

"非常欢迎，先生，你们可以随意检查我们家中所有角落。我们住的也不算是房子，不过是洞穴而已。"

我进到屋里一看，非常高兴地发现屋里和屋外同样洁净。过道都被打扫得干干净净，地面则用牛粪涂抹得整洁美观，不多的几个罐子和盘子也被刷得闪闪发光，完全不用担心这种地方会暴发瘟疫。

但是在富裕人家的住宅区里，我们曾经见过一个厕所，不得不让我在这里多写几句。那户人家每个房间都有一条小沟，水和尿都排在小沟中，因此整个屋子里都弥漫着臭味。其中的一栋房子的小沟被用来排泄大小便，而这条小沟又连接一条管子直通楼下。因此，整个房子都臭不可闻，住在那里面的人怎么能睡得着觉，读者们只能凭想象了。

当时，委员会还检查了毗湿奴教徒所膜拜的哈维立神庙。哈维立神庙的住持与我们家庭的关系非常好，所以他同意我们随便检查以及提出改进意见。哈维立神庙里面的一个地方连住持本人都没进去过，人们经常从墙外往里扔一些杂七杂八的东西，包括用作餐盘的叶子，因此这里就变成了乌鸦和老鹰的栖息之地。庙里面的厕所自然也非常脏，但是我在拉奇科特住的时间并不长，所以那位主持对我们的意见究竟采纳了多少，就不得而知了。

看到一个受到众多教徒膜拜的地方居然如此糟糕，我心中非常难过。毫无疑问，人们都会希望一个神圣的场所应该非常注重环境的清洁卫生。据我了解，就算在当时，很多宗教经典的作者对于内心世界和外部世界的洁净都是同样重视的。

我的两个秉性

很少人会像我这样对于英国宪法无比忠诚，现在我了解自己对于真理之爱就起源于这种忠诚，我无法假装忠诚或者其他美德。在纳塔尔参加的所有会议，我都与众人一起唱英国国歌。我并非不了解英国人统治的缺点，但是总体而言，我能够接受。当时，我相信从整体上来看英国人的统治对于被统治的人民是有好处的。

我在南非见到的种族歧视，确实与英国人的传统背道相驰，但我相信那仅仅是暂时的或是存在于个别地区的现象。因此我与英国人一样，争相效忠于英国，认真地学习唱"国歌"。只要有人唱起来，我就跟着一起唱；只要有表达忠诚的机会，我就会毫不掩饰地投入其中。

我一直都不曾滥用这种忠诚，也没打算利用忠诚来谋取私利。对我来说，忠诚是一种不需回报的义务。

回到印度的时候，举国上下正为维多利亚女王登基60周年筹备庆祝活动。拉奇科特也为此事而专门成立了委员会，我应邀加入。虽然接受了邀请，但是我内心中怀疑这种庆祝不过是走走形式而已。果然，我发现其中存在很多骗局。我非常难过，于是扪心自问是否应该继续留在委员会工作，最后决定，只要能尽到自己的职责，我就心满意足了。

庆典活动当中有一项倡议性的活动是植树，我发现很多人植树不过是为了讨好达官贵人而做做样子。我劝告他们，植树并非强制，而是一种倡导，要不就认真地种，不然就根本别种。印象中他们对我的劝告不以为然，还嘲笑了我。我记得自己认认真真地将那些分配给我的树苗种好，还仔细地浇水和看护。

我教过家里的孩子们唱英国国歌，印象中还教过当地师范学院的学生们，但我不记得当时是为了庆祝女王登基60周年还是庆祝爱德华七世加冕为印度皇帝。后来，英国国歌的歌词引发了我内心的震动。随着"非暴力"观念的愈加成熟，我的思想和言论也更加谨慎起来，越发注意自省。歌词里有这么几句：击垮我们的敌人，让他们片甲不留；扰乱他们的政治，粉碎所有阴谋。这几句歌词与我的"非暴力"观念产生了强烈抵触。一个信仰"非暴力"观念的人唱出这些内容极其不合适。我们依据什么来判定所谓"敌人"就是"叛徒"呢？而且敌人一定就是坏人吗？我们向神灵所祈求的，唯有正义。布斯博士完全认同我的想法，他为那些听他布道的人创作了一首新歌。关于布斯博士，我们以后还会提到。

我不但秉性忠诚，而且生来就乐于护理别人，不管是朋友还是陌生人。

在拉奇科特，我虽然忙于撰写关于南非的那本小册子，但还是找机会匆匆去了一次孟买。我计划在各个城市都组织几场集会来引导公众舆论去讨论南非的问题，孟买正是我首选的城市。我先去拜访了兰纳德法官，他耐心地听完我的陈述，建议我去见费罗泽夏·梅赫达爵士。接着，我又拜访了巴德鲁丁·铁布吉法官，他也给了我相同的意见。他说："兰纳德法官和我能够提供的帮助非常有限。你了解我们在公众事务方面的地位，起不了太多作用。然而我们对你深表同情，当下能为你提供有力指导和帮助的，唯有费罗泽夏·梅赫达爵士。"

我自然想去拜会费罗泽夏·梅赫达爵士，就两位前辈建议我按照他的意见行动这一点，让我更加清楚地明白了费罗泽夏·梅赫达爵士的确对公众有巨大影响力。按照原有计划，我如期拜访了他，而且是有准备地面对他的威仪的。此前我早就听说过他所获得的名号，清楚自己即将见到的是"孟买之狮""本省的无冕之王"。但是在真正会面时，这位无冕之王却没有吓到我，恰恰相反，他以慈父对待已经成年的儿子那种态度来面对我。我们在他的卧室里见面，他身边围绕着一群朋友和信徒，其中有德·叶·瓦恰先生和卡玛先生，有人将我引荐给大家。此前我就得知了瓦恰先生是费罗泽夏爵士的左膀右臂，维尔昌德·甘地先生也跟我提过他是一位非常优秀的统计学家。瓦恰先生对我说："甘地，我们有机会还要谈一谈。"

大家相互间的介绍最多用了两分钟，然后费罗泽夏爵士非常认真地听了我的讲述。我向他提起自己已经见过兰纳德法官和铁布吉法官。"甘地，"他说，"我认为必须得帮助你在这边召开一个群众大会。"然后他转身让自己的秘书孟希先生确定下次集会的时间。定下日子之后，他就与我告别，让我在开会的前一天再来拜访他。这次会面消除了我对费罗泽夏爵士的畏惧，然后我无比欢喜地回了家。

这次在孟买逗留期间，我还前去探望了病榻之上的姐夫。姐夫并不富裕，而且我姐姐也不太会照顾他。姐夫病得非常严重，我建议带他回拉奇科特养病，他同意了。因此我就和姐夫、姐姐一起回到了拉奇科特。他的病情比我预想的严重，我将姐夫安置在我的房间里，夜以继日地照顾着他，有时候夜里我完全无法睡觉。除了照顾他，我还继续写那本关于南非的小册子。但是最终回天乏术，姐夫还是离世了。不过在他临终的这段时间，我有幸尽心尽力地守护他，内心也就得到了安慰。

我乐于护理别人的天性渐渐演变成一种极大的热情，甚至经常为此暂停自己的工作。我一个人忙不过来时，就让妻子甚至全家人都出马。

除非一个人能够真正地从服务中获得乐趣，不然这件事就没有任何意义。倘若只是为了装模作样，或者受到公众舆论所强迫，反而会阻碍人的发展，还不利于他的心智发展。假如为人服务不是出于愉快的心情，那么对谁而言都没有好处。但是，当人们心怀愉悦地为他人服务时，其他的所有欢乐和财富都黯然失色了。

参加孟买的集会

在我姐夫去世的第二天，我就必须出席孟买的公众集会，因此实在没有时间好好准备自己的演讲。数个日夜守在病人身边带来的焦虑和疲劳，让我精疲力尽，嗓子都哑了。所以我到孟买之后就彻底地听天由命了，完全没有想到应该将自己的演讲稿事先写下来。

应费罗泽夏爵士之约，我在大会前一天下午5点去他的事务所汇报情况。

"甘地，你的演讲稿准备好了么？"他问道。

"还没有，先生，"我战战兢兢地答道，"我打算即兴发言。"

"这种做法在孟买行不通。这边的报告环境不好，倘若我们打算在这次会议中有所收获，就务必要事先写好演讲稿，还要在明天天亮之前印好。我希望你能够做到，好吗？"

我十分紧张，不过还是表示自己会尽力试试。

"那么请你告诉我，孟希先生什么时间可以去找你拿演讲稿？"

"今天晚上11点。"我说。

第二天出席大会的时候，我终于明白费罗泽夏爵士的意见是多么睿智了。此次会议是在柯华斯吉·捷汗吉尔爵士的研究所大厅中举行的。之前我就有耳闻，只要是费罗泽夏·梅赫达爵士出席的集会，会场里经常人满为患，大多数听众是学生，他们将大厅挤得水泄不通。这是我第一次出席这样的集会，我明白只有少数人能听见我的声音，在念演讲稿时，我的声音甚至有些颤抖。费罗泽夏爵士一直鼓励我大声念下去，但是这却没有增加我的勇气，反而使我声音愈加低弱。

我的老朋友柯沙福劳·德希潘特先生前来帮助我，我将演讲稿给了他。他的音量适中，不过听众却不愿听下去，大厅里响起了"瓦恰！瓦恰！"的呼喊声。所以，瓦恰先生就站起身来接着念完我的演讲稿。效果非常好，听众们完全安静了下来听完全文，还在相应处不时发出喝彩和"可耻"的声音来声援他，这让我非常欣慰。

费罗泽夏爵士非常欣赏这次演讲，这让我很高兴。

这次集会之后，我唤起了德希潘特和一位波希朋友对于南非印度侨民遭遇的强烈同情。我在这里不能提及这位波希朋友的姓名，因为他现在是一位政府高级官员。这两位朋友都表示愿意跟我一起前往南非工作。不过当时担任小案法庭法官的西·姆·寇希之先生却劝阻了那位波希朋友。这是由于当时那位波希朋友正准备结婚，所以他必须在结婚和前往南非之间做出选择，而他最后选择了前者。幸亏巴希·罗斯敦济代替他弥补了这个失约，还有诸多努力从事织布工作的波希姐妹，以自己的勤奋劳动为那位阻碍丈夫脚步的姑娘弥补了过失，于是我就愉快地宽恕了那对夫妇。而德希潘特并没有结婚的打算，不过他也没有去。现在，他正在以足够的、有益的工作来弥补自己当年的失约。在前往南非的途中，我在赞稽巴认识了一位铁布吉家庭的成员，他曾经也答应来援助我，不过最终并没有来。如今，阿巴斯·铁布吉先生也在为那次失信而尽力弥补。不过我曾三次试图劝说其他律师去南非服务，可惜都没有结果。

行文至此，我不禁想起贝斯敦济·巴德夏先生。自打从英国留学归来后，我并没有中断和他的联系。第一次与他见面是在一家伦敦的素食馆，我对他的兄弟有所耳闻，那就是以"怪人"著名的巴若济·巴德夏先生。我从没见过他，是从朋友那里听说他为人古怪的。巴若济·巴德夏先生因为怜悯马而不愿乘坐马车，记忆力超群但不愿意考取学位，他始终秉持着独立自主的精神，虽然他是波希人，但却坚持素食。贝斯敦济并没有他那位兄弟那么大的名气，但是他在伦敦时，以博学而闻名。但是我们之间的共同之处是素食主义，而非学识，在学识这个方面我远不及他。

我们在孟买再次相见，当时他是高等法院的书记长。我们见面时，他正忙于编纂古吉拉特语高级字典。当时我见到任何朋友，都会建议他们去南非协助我开展公众工作。不过贝斯敦济·巴德夏不仅拒绝了我的请求，而且还劝我不要回南非。

"我是不会帮助你的,"他说,"跟你说实话,我都不建议你去南非。难道印度就没有工作吗?你看,仅就我们的语言文字而言,就有很多事可以做。我得找出一部分科学用字,而这仅仅是这个工作中的一项而已。你想想我们的国家穷成什么样了,在南非的同胞们自然是处境困难,不过我不希望你这样的人为了那种工作而牺牲。我们还是先在国内争取自治吧,之后自然而然地就能帮助到那边的同胞了。我明白你不会被说服,不过我绝对不鼓励任何像你这样的人投身于那里的工作。"

我不赞同这种言论,但是对贝斯敦济·巴德夏先生愈加尊敬,他对于祖国和母语的爱深深感动了我。那次谈话让我们之间更加亲近。我可以理解他的用心,但是这不能打消我回南非工作的决心,而且这种决心愈加坚定。一位爱国者不应该看轻任何一种为祖国服务的工作。对我来说,《纪达经》当中的几句话非常清晰且有分量:尽分内之责,虽败犹胜;做分外之事,虽得犹失。尽责而终,方为正道;谋求他途,必将迷失。

浦那和马德拉斯

费罗泽夏爵士的帮助让我的工作开展得非常顺利,接着,我从孟买到了浦那。浦那当地有两个大的派别,我则需要得到他们两派的支持。我先去拜访了罗卡曼尼亚·狄拉克,他说:"你需要借助各方面的帮助是正确的,大家在南非的问题上不会产生分歧。不过你需要请一位无党派人士来担任大会主席,你去拜访潘达卡博士吧,最近他不怎么参加公众运动了,但是这个问题也许能将他拉出来。你去拜访他,再将他的话转告给我,我愿意尽可能地帮助你。而且只要你愿意,随时都可以来找我,我愿意为你效劳。"

那是我第一次会见罗卡曼尼亚(Lokamanya)[①],那次会面让我明白了他为何能够获得如此声望。

接着我去拜访了戈卡尔先生,我在法古逊学院里找到了他。戈卡尔先

---

① 梵文中的意思是受到尊敬的人,现为对群众领袖的一种尊称。

生热情地接待了我。他的态度立刻赢得了我的好感。虽然这是我第一次与他见面,但我们却仿佛旧友重逢一般。对我来说,费罗泽夏爵士如同是喜马拉雅山,而罗卡曼尼亚就如同是海洋,而戈卡尔则像恒河。喜马拉雅山是难以攀登的,海洋更是渴望而无法征服的,但恒河却敞开怀抱,供人们痛快沐浴。一艘船,一对桨,泛舟于河上,是多么让人惬意啊。戈卡尔仿佛校长测试新生一般,仔细地询问了我的情况,然后告诉我应该去找谁,到哪里找,并且提出要查看我的讲稿。他还带我去参观法古逊学院,并保证会持续向我提供帮助,也嘱咐我在和潘达卡博士谈过之后,将谈话结果告知他,我怀着非常愉快的心情离开了。从政治的角度上来看,戈卡尔生前就在我心中占据了重要位置,直到今天,也是无人能够取代的。

我在中午时分拜访了潘达卡博士,他如同慈父一般接待了我。那时候我急于找人担任主席这件事,打动了这位不屈不挠的大学者,他也同意我坚持找一位无党派人士担任大会主席的意见。他不由自主地连声说:"是这样的,是这样的。"

听我说明了来意之后,他说:"大家都告诉你我不参加政治活动,但是这次我不能拒绝你。你的理由是如此强有力,你的勤奋又那样令人欣赏,让我难以拒绝你的邀请。你预先与狄拉克和戈卡尔都商量过了,做得很好。请转告他们:我愿意担任这两个组织联名举办的大会主席。不用考虑我的时间,对我来说什么时间都方便。"说完这些他就与我告别并予以祝福。

不费什么气力,浦那的那些学识渊博,大公无私的社会活动家们,就在一个朴素的小地方举办了一次集会,这让我对自己所怀有的使命持有更大信心并满意而归。

接下来,我去了马德拉斯,我在那里受到了更热烈的欢迎。巴拉宋达朗事件给那次集会留下来无法磨灭的印象。我的演讲稿已经印好了,对我来说,稿子的内容非常多,但是听众却很用心地聆听了每一个字。大会结束之后,按照惯例要在会场出售那本"绿皮书",我带去了1万册修订本,它们就如新出笼的点心那样畅销。事实上这本书没有大量印发的必要,出自热心,我对于这本书的需求估计过高。我是针对说英语的那些公众演讲的,但在马德拉斯,这个阶层并没有达到1万人。

在那里,给予我最大帮助的人是格·巴罗梅斯瓦朗·皮莱先生(已故),

那时他是《马德拉斯旗报》的主编,曾经对于这个问题有过细致深入的研究。他经常请我去他的办公室,还给我指导。《印度教徒报》的格·苏伯罗曼尼安先生和苏伯罗曼尼安博士都对南非的印度侨民表示了深切同情。而且,格·巴罗梅斯瓦朗·皮莱先生同意将《马德拉斯旗报》的专栏彻底交给我来打理,所以我也就充分地利用了这个机会。我还记得,苏伯罗曼尼安博士主持了巴才阿巴大厅的集会。

我大部分的朋友们所给予我的眷爱以及他们对于这份事业的热情是如此伟大,虽然我必须使用英语跟他们交谈,不过依旧觉得毫无隔阂。只要有爱,这人世间还有什么隔阂无法消除呢?

争取舆论的支持

我再次从马德拉斯前往了加尔各答,在那里我遇到了很多困难。在那边我谁也不认识,因此就在大东旅馆开房间住下了,之后我认识了《每日电讯报》的业务代表叶勒妥贝先生,他邀请我前往他的住处——孟加拉俱乐部。那时他不清楚印度人去俱乐部的客厅是不被允许的。在得知这条规定后,他将我带到了他的房间中。对于当地英国人的种族偏见,他感到非常难过,并且对不能邀请我去客厅而深表抱歉。

既然到了这边,我自然应去拜会一下"孟加拉的偶像"苏伦德罗纳斯·班纳济。看到他时,有很多朋友围绕着他,他说:"我担心人们不关心你所做的工作,要知道,我们这边存在很多困难。但是你大可以试试看。你必须得博得王公们的同情,还得拜会英印协会的代表,最好能与罗瘏·皮亚立穆罕·穆克琪爵士和席诃罗瘏·泰戈尔聊一聊,这两位都非常开明,并且热衷于公众工作。"

根据他的建议,我依次拜会了那两位绅士,不过没什么结果。他们都对我非常冷淡,只说在加尔各答举行一次公众集会非常困难,倘若想在这边办成什么事情,事实上要依靠苏伦德罗纳斯·班纳济。

我发现自己的任务愈加困难了。当我去《甘露市场报》拜访时,接待我的那位绅士认为我是一个流浪的犹太人。去《孟加拉人报》时的情况更糟糕，主编让我苦苦等待了一个钟头。很显然他要接见很多人，但就算访客全都离开了，他还是懒得看我一眼。我鼓足勇气向他说明来意后，他说："难道你没看到我们很忙吗？像你这样的客人总是来个没完，你还是走吧，我不想听你说。"当时我感觉自己受到了侮辱，不过立即谅解了那位主编的处境。我早就听说过《孟加拉人报》的名气，清楚那里的访客是络绎不绝的，而且很多都是和他认识的人。他的报纸不担心没有讨论的话题，而当时南非的问题是鲜为人知的。

不论来访者遭遇过怎样的不幸与苦难，他也只是进入到主编办公室众多人中的一个，而大家都有各自的苦难，这位主编如何能全都见完呢？更何况大家都认为报社主编是非常有权力的人，然而只有主编自己知道，他的权力其实迈不出自己办公室的门槛。但是，我并没有灰心丧气，还是继续去拜见其他报刊的主编。像之前那样，我也去找了英印混血的总编。之后，《政治家报》和《英吉利人报》意识到了南非问题的重要性。当我和他们的主编进行了长谈之后，他们答应发表全文。

《英吉利人报》的主编宋德斯先生将我当成自己人，他的办公室随便我使用，报纸也交给我来打理，甚至允许我动手修改他撰写的有关南非问题的社论，还提前将校样送来给我看。毫不夸张地说，我们之间搭建起了深厚的友谊。他承诺尽力协助我的工作，而且也的确是这样做的，我们一直保持通信，一直到他病重为止。

我这一辈子，拥有过很多类似的友谊，大多都是不期而遇的。宋德斯先生之所以对我如此厚爱，是由于我的脚踏实地，以及我对于真理的热爱。在他对我的事业报之以同情和理解之前，曾经仔细地考察过我，他发现我对于有关南非白人的情况也能够毫不偏颇，理智客观地向他说明，而且还带着欣赏的眼光。

凭借经验而言，获得公正的最快方法就是公正待人。

宋德斯先生给予我意料之外的帮助，让我备受鼓励，于是有了勇气，认为在加尔各答举办一场公众集会也许有可能成功。但是那时我却接到了来自杜尔班的电报：1月议会开会，速归。

因此我就写了一封信送往报社，说明自己匆忙离开加尔各答的原因，并且立刻启程前往孟买。在我动身之前，我发了一封电报给达达·阿布杜拉公司驻孟买的代理行，请他们帮我定最早一班前往南非的船票。当时达达·阿布杜拉正好购买了"科兰"号轮船，他坚持让我搭乘那艘船，还特别招待我和我的家眷免费搭乘。盛情难却之下，我只有心怀感激地接受了。在 12 月初第二次奔赴南非，这次同行的还有我的妻子，两个儿子和姐姐的独子。达达·阿布杜拉公司代理的另一条船，"纳德利"号也将于同一时间开往杜尔班。这两艘船的乘客一共约有 800 人，这些人当中有一半是去德兰士瓦的。

第三部
体验真理的故事

活下去，就像明天你即将死去那样活。
要学习，就像你永远都活着一样学习。

携妻带子的远航

妻儿与我一起远航这还是第一次。即使是我在讲述这段经历之时，还是会认为丈夫识字而妻子是文盲的情况之所以普遍存在，是由于中产阶级的印度教徒的童婚制度。这让夫妻之间产生了一道鸿沟，所以丈夫就必须充当妻子的老师。我会思考一些琐事，诸如，妻子和孩子穿什么衣服合适，应该吃些什么东西，采取哪种礼仪才能适应新环境，等等。现在回忆起当年那些事情，依然乐趣十足。

一位印度教徒妻子会将对于丈夫的绝对服从当作最高的宗教信仰。而且一位印度教徒丈夫则将自己视为妻子的统治者和主人，妻子要对他笑脸侍奉。

写到了这一章让我回忆起来，那时候为了给别人留下文明的印象，我认为我们的穿着和举止必须尽可能接近欧洲人的标准。只有这样做，我们才能够产生一点社会影响，因为如果没有任何影响，是不可能为侨团而服务的。

我妻儿的服装式样都是我决定的，我并不打算让别人发现他们来自卡提亚华的班尼亚一族，但纯粹的欧洲样式却又不适合他们。当时，波希人被视为印度人中最为文明的一类，所以我就选中了波希样式。这样一来，我的妻子穿上了"纱丽"（Sari）①，孩子们则穿上了波希样式的上衣和裤子。自然，所有人都得穿鞋袜。我的妻儿花费了很长时间才逐步习惯这件事情，他们觉得鞋会夹脚，脚趾也疼，袜子则散发着汗臭味道②。就算他们提出了这些反对意见，我也总有一套现成的说辞来反驳他们。对我而言，与其说是我的答复凭借道理说服了他们，倒不如说是我的权威使得他们必须屈服。他们之所以同意更换穿着，是因为除此之外别无他法。而且，他们也不情愿地在餐桌上使用刀叉，一般印度人都是用手来抓饭吃的。之后，等到我对这些所谓"文明"的依恋消失后，他们就马上停止使用刀叉了。但是经过长时间的适应后，从新的生活方式回归到过去的，对他们来说也是一样麻烦的。但是现在我已经明白，抛弃这种所谓"文明"的虚伪，我们反而能觉得更加自在和轻松。

与我们同乘一艘船的，还有一些亲戚以及熟人。我经常去找他们和统舱的乘客。由于这艘船是我委托人的朋友所有，因此我可以随便走动而不受到限制。

这艘船直达纳塔尔，中途没有停靠，故此我们的航程只花费了18天。但是在距离纳塔尔还有4天航程的时候，我们却经历了一场可怕的风暴，那似乎是对我们上岸后要经历的现实风暴的一次预警。南半球的12月是夏天雨季的月份，所以这个时间海上出现大大小小的暴风雨都是正常现象。但是我们此次经历的暴风雨却是那样的猛烈而漫长，乘客们都有些惴惴不安了。于是船上出现了神圣且庄严的一幕：大家共同面临险境，同舟共济，团结一心，忘却了彼此间的分歧，不管是穆斯林、印度教徒、基督教徒，所有的人都念着唯一的神。大家许下了各种誓言，而船长也陪着乘客们一起祈祷。船长向我们保证，虽然这次风暴很危险，但是此前出现过更危险的处境，他都平安度过了。船长还向我们解释，一艘建造得好的轮船是能够抵御所有坏天气的，但是这些保证似乎不能给大家带来安慰。每一分钟都能听见类似爆裂或者漏水的响声。而且那艘船颠簸摇晃得非常厉害，似

---

① 印度妇女的一种传统服装，通常围在长及足踝的衬裙上，从腰部围到脚跟成筒裙状，然后将末端下摆披搭在左肩或右肩，有各种色彩和质料。

② 一般情况，印度教徒无论男女都是终年赤足的，特别是在室内，穿着鞋袜是非常不敬的行为。

乎随时都会倾覆。甲板上早就没有了人，大家发出的唯一呐喊就是"神灵保佑"。我记得，这场灾难持续了大概24个小时。后来，天终于放了晴，船长宣布暴风雨已经过去了。人们的脸上又出现了笑容，惊恐消失了，他们也不再念叨"神灵保佑"了。于是大家又开始吃喝、唱歌、玩乐，恢复了生活常态。没有了对于死亡的恐惧，此前一刻不停地虔诚祷告也让给了"玛亚"（Maya）①，而通常的"纳玛滋"（Namaz）②和其他祷告还在持续，但像之前那样庄严神圣的不再出现了。

但是这次的暴风雨却让我与其他乘客产生了紧密联系。其实我并不是非常惧怕这场风暴，因为我已经有过了类似经历。我也不怎么晕船，因此可以在乘客之中穿梭奔走，照顾和安慰他们，并且将船长每小时一次的航行情况通报给他们。读者朋友们继续往下看就会知道，这次与大家结下的友谊对我之后的工作非常有帮助。

12月18日或者19日，我们的船在杜尔班港口下锚，"纳德利"号也于同日抵达。

但是真正的风暴即将到来。

另一种风暴

前文中我已经提过，这两艘船在12月18日或是19日于杜尔班港口下锚。依据规定，乘客必须经过彻底的健康检查，才可以在南非的港口登岸。假如船上有任何一位乘客得了传染病，整艘船都得被隔离一段时间。但是当我们启程时，孟买正在流行鼠疫，所以我们都非常担心被隔离。在进行健康检查之前，每艘船都必须悬挂一面黄旗，经过医生确认船上所有乘客都健康之后，才能将黄旗摘下来。也只有看到黄旗降下，乘客的亲友们才可以上船接人。

当时医生上船帮我们做检查，照例在船上悬起了黄旗。医生决定将我

---

① 印度哲学中的一个词，在英文中常被翻译成"空想"或者"幻想"。
② 《古兰经》里的祷告词。

们的船隔离5天，他认为鼠疫病菌最长可存活23天。所以我们的船必须要遵从医嘱，直到距离我们离开孟买的时间达到23天为止。实际上，这次隔离不仅是出于卫生方面的原因，还有一些其他考虑。

我们回来的消息，在杜尔班的白人中引起了骚动，这次隔离的一个原因就是因为那场骚动。达达·阿布杜拉公司每天都会派人来告知我们城中发生了什么，白人每天都举行集会，最大限度地威胁恐吓，甚至还利诱达达·阿布杜拉，声称只要公司同意这两艘船的乘客返回印度，他们就赔偿公司的所有损失。但是达达·阿布杜拉公司没有屈服于恐吓。当时阿布杜尔·卡利姆·哈齐·阿丹赛是公司的股东经理，他想尽办法要让这两艘船靠岸，让全体乘客都能登岸。当时他每天都会写信告知我相关情况。也多亏了曼苏克拉尔·纳扎先生（已故）当时专门去杜尔班来接我，他精明强干，并且毫无畏惧，是当时印度侨团的领导者。侨团的律师劳顿先生同样是一位无畏的人，他强烈谴责了当地白人的行为。他不仅是一位受聘的律师，还是一位真诚帮助侨团的朋友。

这样一来，杜尔班就成了实力悬殊的双方决斗的一个场所。一方是人数比率较少的贫穷的印度人以及一些支持他们的英国朋友，另一方则是为数众多的白人。那些白人在武装上，数量上以及受教育的程度和财富上都占据绝对优势，并且得到了纳塔尔政府的公开支持。内阁当中最具影响力的成员哈里·艾斯坎比先生也公开参与他们的集会，表示支持。

事实上，那次隔离的目的是想通过对乘客及船只代理公司的胁迫，达到迫使乘客返回印度的目的。白人开始威胁我们："假如你们不愿回去，就会被扔到海里，不过假如你们答应回去，还能拿回路费。"我一直游走于船上的乘客之间，鼓励他们，还将慰问函送给"纳德利"号船上的乘客们。

他们都保持着冷静和勇气。在船上我们为乘客安排了各种游戏，使得大家的心情得以放松。在圣诞节当天，船长设宴邀请头等舱的乘客，我和家人是受邀的主宾。我在宴后发表了讲话，谈及西方的文明。我清楚当时的场合并不适合发表严肃的内容，但除此之外，我别无他话。虽然我与大家一起欢度节日，但心里在牵挂着杜尔班的战斗，因为我是那场战争真正的主角。白人之所以反对我，其理由一是指责我在印度时，强烈地谴责了纳塔尔的白人；二是怀疑我为了让印度人在纳塔尔有一席之地，特意带领了两船人来这定居。我清楚自己的责任，也明白达达·阿布杜拉公司为我承受了巨大的风险，而且乘客们的生命也受到了威胁，我的家人面对着同样的困境。不过这绝对是在冤枉我，我并没有威逼利诱任何人去纳塔尔。开船前，除了一对夫妇是我的亲戚之外，船上的数百名乘客我都不知道他们的姓名和住址。在印度期间，我那些有关纳塔尔的白人的言论在纳塔尔都已经说过，更何况我说过的话有很多事实佐证，所以我对于纳塔尔白人代表及他们拥护的那种文明感到由衷的悲哀。在我心中一直存在对于这种文明的看法，于是就借由这场小型宴会说了出来。船长和其他朋友都耐心地聆听我的发言，也赞同了我的基本精神。我不知道这次发言对他们未来的生活会有什么影响。后来，我和船长还有其他官员又谈起了西方文明。我在发言时将西方文明表述为一种以武力为基础的文明，与东方文明相差甚多。当天现场提问的朋友们坚定了我的理念，印象中好像是船长向我提问："假如白人真的实现了他们的威胁，你那'非暴力'原则应如何坚持下去？"我回答道："我相信神灵会给予我勇气和理性来宽恕他们，并不需要诉诸法律。我并不生他们的气，但他们的无知和狭隘让我非常难过。白人想必是发自内心地觉得他们现在的行为是正确且合理的，因此我更没必要跟他们怄气。"

听了我的回答，提问的人笑了，也许他并不以为然吧。

日复一日地拖延着，结束隔离期的日子却始终无法确定。但是执行隔离的官员却说此事已经不属于他的管辖范畴了，一旦政府批准，他就立即允许我们上岸。

终于，我们收到了最后通牒。白人们声称，倘若想活命，就必须屈服。乘客们与我的答案都相同，坚持认为我们有权利在纳塔尔港口登岸，并向他们表达了我们不惜付出任何代价也要进入纳塔尔。

在第23天隔离期满时，我们这两条船获准进入港口，准许乘客登岸的命令也传达下来了。

经历考验

然后这两条船就开进了码头，乘客们相继上岸。但是船长听艾斯坎比先生说，白人对我还怀恨在心，我依旧有生命危险，最好等到黄昏后再带着家属上岸，到那时港务警官达图姆先生会护送我们回家。我答应会按照船长的吩咐来办。但是过了不到半个小时，劳顿先生找到了船长，对他说："倘若甘地先生不反对，我希望我们可以一起上岸。作为这家船行代理公司的法律顾问，我认为艾斯坎比的意见未必正确。"之后他找到了我，跟我说，"如果你无所畏惧，那么可以让夫人和孩子先行一步，坐车去罗斯敦济先生家，我们则徒步跟在他们后面。我完全不赞成让你偷偷摸摸地在日落后进城，我认为没人会伤害你。现在一切都平静了，白人们都解散了。总而言之，我认为你不该像小偷一样进城。"我立即同意了他的观点，让妻子和孩子们都安全地坐车前往罗斯敦济先生的家，在船长准许我离开之后，我就与劳顿先生上了岸。码头距离罗斯敦济先生的家大概有2英里远。

我们上岸之后立即就被几位年轻人认出来了，他们喊着我的名字，然后又过来五六个人跟他们一起喊。劳顿先生担心人太多会不好处理，于是喊来人力车拉我们离开。我一向不喜欢坐人力车，那是我这辈子第一次坐。然而那几位青年却阻拦我们的车，而且恐吓要杀死车夫，于是车夫立即逃走了。我们不得不继续步行向前，但人却越来越多，并将我们包围起来。他们先抓住了劳顿先生，将他拉开，然后往我身上扔石子、砖头还有臭鸡蛋，甚至有人扯下了我的头巾，还有人对我拳脚相加。我倒在地上，直到抓住了一栋房子的一根栏杆，才撑着身体爬起来打算喘口气。但是不行，他们继续对我拳脚相加。这时一位认识我的警官的妻子正巧经过这里，那位勇敢的夫人走过来，虽然当时没有太阳，她却将伞撑开，然后将我和那些人隔开。这样一来，就阻止了那群暴徒的野蛮行为，他们想要在不伤害亚历山大夫人的前提下打到我是不可能的。

一位印度青年看到了此情此景，立刻将情况报告给了警察。亚历山大警官派出一队警察围在我身边。幸亏他们及时赶来，将我安全地护送到了目的地。警察局就在我们走的那条路上，当我们经过的时候，警官曾让我暂时在警察局里躲避，但我谢绝了他的好意，但是没有同意。我对他说："只要他们认识到了错误，事情就会平息下来的。"在警察的护送下，我抵达了罗斯敦济家，没有再受到侵害。那时我满身都是伤，又青又紫的，不过只有一个地方流血了。当时船上的医生达迪巴若也在场，他尽最大可能地帮我医治。

虽然房间里非常安静，不过屋外却围满了白人。天色渐晚，外面激动的群众还在高喊："我们必须找到甘地。"那位眼疾手快的警官已经在试图控制现场局面了，他并不采用威胁，而是以调笑的方式来尝试稳定人群。虽然他也非常焦虑，不过还是传话给我："如果想让你朋友的房屋财产得以保全，想保证你家人的安全，就必须化装逃出来。"

就这样，在同一天里我就遇到了两种矛盾：当生命受到危险是一种假设时，劳顿先生建议我公开面对，我接受了他的建议；可是当这种危险真的成为了事实，另外一位朋友给了我一个相反的劝告，我也予以接受。谁能知道这种做法到底是为了保命，还是担心威胁到朋友的财产安全和我家人的生命呢？开始的时候我勇于面对那些人，但现在我却要化装逃走，谁能分得清这两种行为的对错呢？

已然发生了的事情，不管是对还是错，再去对其判断是没有意义的，需要的是对其理解，假如能从中获得教训是最好的。我们难以判断一个具体的人在某些特定环境中会采取什么样的行动，但是通过一个人的外在行为来判断是不可靠的，因为可以参考的材料并不充分。

不管怎样，我身体上的疼痛由于要准备逃亡而被淡忘了。按照警官的建议，我身穿警察制服，戴着用马德拉斯人头巾缠成的头盔。有两位警探跟随着我，其中一位打扮成了印度商人，在脸上抹了很多东西才真的像个印度人，另一位打扮成了什么样子我不记得了。我们经过一条小巷进入了邻近的一家店铺，穿过堆满麻袋的库房，从那家店铺的大门出来，穿过人群向为我们准备的马车走了过去。坐上马车后，我们就奔赴了此前亚历山大警官劝我临时躲避的警察局，我对他以及那两位警探致以了谢意。

在我逃脱期间，亚历山大警官却唱着与民同乐的小调：将老甘地吊在那棵酸苹果树上面呀！"

当他得知我已经安全抵达警察局后，就向群众宣布了这个消息："好啦，你们的猎物已然从附近的一家店铺逃跑了，现在你们还是解散了吧。"有人听到这个消息后非常气愤，有人却笑了起来，有人则完全不相信。

"好吧，"警官说，"假如你们不信，可以委派一两位代表跟我进去看看，倘若找到了甘地，我允许你们处置他，但如果找不到，你们就必须离开。我相信诸位是不会损坏罗斯敦济先生的房子，或者伤害甘地先生的妻子和孩子们的。"

于是他们派出代表去搜查房屋，很快就传出了令他们失望的消息，于是他们散去了。大部分人称赞那位警官处理得当，少数人则感到气愤不快。

当时张伯伦先生（已故）担任英国殖民地国民大臣，他发来电报要求纳塔尔政府依法惩治闹事群众。艾斯坎比先生找到了我，对我因遭遇殴打致伤这件事表达歉意，还说："请相信我是不愿意看到你受伤的，虽然你有权接受劳顿先生的意见而直面恶劣环境，但是如果你当时能认真思考我的建议，相信是不至于发生如此不幸的事件。现在只要你能够辨认出行凶的歹徒，我必定会抓住他们加以法办。另外，张伯伦先生也是这个意思。"

我答道："我不想惩罚任何人，也许我能够指认一两个人，但惩罚他们又有什么用呢？更何况我并不责怪那些人，他们不过是听信了谣言，误认为我在印度发表的一些诋毁纳塔尔白人的观点是言过其实的。假如是那样，就不奇怪了。倘若你允许我那样说，那么我认为应该谴责的是那些领导者，而且也包括你在内。你本应能够正确地引导群众，然而你也听信了路透社的报道，认为我真的夸大了事实。但我根本就不想诋毁或者控告你们，如果真相大白了，相信他们都会为自己的冒失行为而感到后悔的。"

"你介意我将你刚刚讲过的话记录下来吗？"艾斯坎比先生说，"我需要给张伯伦先生发电报转达你的意见。我并不是想让你匆忙地发表声明，假如你愿意，可以和劳顿先生以及其他的朋友们商量商量，之后再做最终决定。不管怎样，我觉得你放弃控告那些暴徒，将会使局面有所缓和，并且也能提高你自己的名誉。""多谢，"我答道，"我不用跟谁商量，在与你见面之前我就已经做了决定。我确定不会控告袭击我的人，现在我就将决定写出来。"言毕，我就写好了他要的声明。

风暴之后的平静

艾斯坎比先生派人来找我的时候，我还没离开警察局，而且我在那边已经住了两天了。即使当时并不需要那么谨慎，但他们还是派出了两位警察来保护我。在船上降下黄旗我们登岸那天，一位《纳塔尔广告报》的记者在跟我会面时提出了很多问题，我在答复的过程中一一反驳了各种有违我理念的说法。由于费罗泽夏·梅赫达爵士曾经的建议，所以我在印度期间做过的报告都有讲稿，加之我之前写过的其他文章副本也全都在身边，于是我将全部文件都交给了那位记者，并且声明：我在印度期间所发表的言论，全都是我在南非发表过的，而且语气激烈程度也比不上在南非时说得那样。此外，我与"戈兰"号和"纳德利"号的乘客完全没有关系，他们当中很多本就是老侨民，而且其中大部分并不打算在纳塔尔定居，而是想前往德兰士瓦。对于当时那些前往南非谋求财富的人而言，德兰士瓦比纳塔尔所提供的前景更为良好，因此很多印度人都打算去那里。

这次谈话加之我拒绝控告闹事者的态度，让杜尔班的欧洲人都为自己的行为而深感惭愧。报纸上宣布我是无辜的，而且那些暴徒应得到惩罚。于是这次迫害就转变成了对我，也就是对我们所奋斗的事业的赞许。南非印度侨民的声誉得以提高，我的工作也变得更加顺利了。

三四天以后，我终于回了家，不久之后就安顿了下来。因为这件事，我的律师事务得到了扩展。但是，虽然这次事件提高了侨团的名誉，却也激发了更多反对侨团的偏见。如果事实证明了印度人能够展开英勇斗争，那么人们就会觉得印度人极具危险性。在纳塔尔的立法议会上，有人提出了两个法案：其中一个法案对于印度商人非常不利，另一个则对于印度移民施加了更严厉的限制。多亏通过争取选举权的斗争，得到了一个有利于我们的决议，即不得通过反对印度人的法案，换言之，也就意味着不得依据肤色或者人种差异，在法律上对其区别对待。虽然从表面上来看那两个法案的条文适用于所有人，但真正的目的无疑是打算进一步对纳塔尔的印度侨民加以限制。

这两个法案使得我的公众服务工作大大增加了，而且侨团的积极性和责任感也得以极大增强。我们把那两个法案翻译成了印度文，并且作了充分说明，让侨团可以充分了解其中暗含的深意。同时我们强烈呼吁英国殖民地大臣能够加以干预，但是被拒绝了，所以那两个法案都被通过而且成了法律。

公众工作开始逐步占据了我当时的大部分时间，当时，前文提过的那位曼苏克拉尔·纳扎先生已经抵达了杜尔班，而且跟我住在一起。因为他全身心地投入于公众服务，使得我在一定程度上减轻了负担。在我回国期间，阿丹吉·米耶汗赛卓有效率地替我完成了工作，他发展了很多会员，还为纳塔尔印度人大会募集了约1000英镑的资金。之后，我充分利用了这两个法案事件和白人反对乘客登岸的示威游行事件在印度侨民当中唤起的觉悟，广泛地吸纳会员，筹集资金，获得了很好的效果。会员的数量明显增多，活动基金也增加了5000英镑。我希望能够为大会筹集到一笔永久基金，往后就能购置产业并收取租金以维持组织的运转了。对我来说，这还是第一次经营公众机构。当时我跟同事们说了这个想法后，得到了他们的赞同。我们将大会所购置的产业出租出去，租金完全可以维持日常开支。后来，我们将产业委托给一家有能力的托管机构，那家机构直到现在还存在。但是针对那家机构大家一直都争论不休，现在只能将租金存放到法院了。这种令人遗憾的局面是在我离开南非后才逐渐形成的。在发生分歧之前，我原来那种以永久基金维持公众团体的想法已经改变了。如今，我有了很多经营诸多公众团体的经验，我得到的结论是：依靠永久基金来维持公众团体的运转是不可能的，永久基金本身就可能会导致团体道德堕落。一个公众团体的存在应完全依靠公众的支持，需要筹集公众的资金来维持运行，如果公众不再支持它，它也就没有必要继续存在。而那些依靠永久基金维持的公共团体往往漠视公众利益，经常逆公众意见而行，我们在国内运作每个步骤都有这种体会。一些所谓的宗教团体的托管机构根本不对外公开账目，受委托方反而成了业主，不对任何人负责。我们的目的是让一个有益于社会的团体生存下去，如同大自然般运转，每天都不停歇，而得不到公众支持的团体，是没有必要运转下去的。一个公共团体每年收到的会费就可以检验其受欢迎程度及管理上的廉洁程度。我认为所有公共团体都应该能承受得住这种考验。但是，请大家不要误解我的用意，我的观点并不适用于那些受限于自身性质，没有永久性产业就无法运转的公共团体。

我认为所有公共团体的日常开支都应来自于自愿捐献的会费，而我在南非进行非暴力不合作运动时，也用事实证明了这个观点的正确。那场规模巨大且持续了六年之久的运动，不但没有永久基金，而且还需要几十万卢比的开销。我还记得当时面临着如果今天没有捐款就不知道第二天出路的情况，但是这些都是后话，读者们通过后文的讲述会慢慢了解。

对于儿女的教育

1897 年 1 月份我们抵达杜尔班，带了三个孩子，我姐姐的儿子 10 岁，我的两个儿子分别是 9 岁和 5 岁。他们去哪里接受教育呢？本来可以送他们进欧洲人的学校，但这是受到优待的破格录取，其他的印度孩子是无法享受这种优待的。当地的基督教会为印度孩子建了几所学校，但我不喜欢那些学校的教学模式，而且教会学校都用英语授课，还可能用少量不准确的泰米尔语或者印度语，事实上学校很难安排这种课程。诸多不利因素让人无法回避，所以我只能尝试自己教他们，不过不能保证规律上课，也找不到合适的老师教他们古吉拉特语。

如此下去是不行的，所以我就四处刊登招聘英语老师的广告，前提是其教学必须在我指导下进行。于是，一些功课由家教有规律地教授，而其他功课则需我自己不规律的讲授。我请了一位教英语的女性家庭教师，每个月付给她 7 英镑。这种学习维持了一段时间，不过并不让人满意。在跟我交谈时，孩子们能够从中学习到一些古吉拉特语，但仅仅是一些日常用语。但我又舍不得送他们回印度，我认为孩子们小时候不应该离开父母。孩子在一个秩序井然的家庭中成长，会耳濡目染地受到来自父母的影响，在宿舍里就无法学习到这些，所以我要将孩子留在身边。我曾把外甥和大儿子送去印度的寄宿学校住了几个月，不过没多久我就把他们接了回来。之后，大儿子长大了，才告别我们回了印度，去阿赫梅达巴读中学。外甥还算乐于接受我给予他的教育，但不幸的是，他在得了一场暴病之后夭折了。我的三个儿子没有进过公立学校，不过在我为南非参加非暴力不合作运动中的人们的儿女所开办的临时学校里，他们学习过正规的课程。

教育实验的结果不尽如人意，我无法将时间全都花费在教导和照料他们上。因为我无法给予他们足够的照顾，还有一些其他难以避免的原因，让他们没能接受我原本希望给予他们的那种文化教育。在这个问题上面，孩子们都对我表示不满。当他们在面临学士或者硕士学位考试，甚至是大学的入学考试时，就感受到缺乏正规学校教育的不利了。

但是我依然觉得假如当初我送他们去公立学校接受正规教育，他们就无法得到那些只有在经验丰富的学校中，或是只有通过父母言传身教才能得到的锻炼。但是我也不会像现在这样，从来不为他们的分数忧心。依据我的体验，现在孩子们在生活中拥有的那些简单质朴和热爱服务的精神，是英国以及南非那些矫揉造作的教育所无法培养出来的，那种做作的生活方式必然是从事公众工作的严重障碍。因此，虽然我给予孩子们的教育不能让他们，包括让我自己满意，不过每当我回顾往昔，并不觉得自己没有尽到教育他们的责任。虽然没有送他们去公立学校读书，但这并不遗憾。现在，我的大儿子身上已经出现了那种不良习气，正反映了我自己早年间未受训诫和不成样子的生活。我将自己的早年时光，视为对世界懵懵懂懂和放纵挥霍的一个阶段。我的大儿子也有过一段令人印象深刻的荒唐时光，他当然不愿承认那些年的所作所为和我当年自我放纵和毫无经验时的行为是一样的，反倒认为那是我这辈子最开心的日子，而之后发生的一系列变化则是建立于幻想之上的，但却被我误以为是接受了开明的启迪。他怎么想只能随他便，但是，他为何不认为我的早年生活所代表的是自我觉醒，而之后的生活却充满了激烈变化，以及狂妄和自大呢？朋友们经常对我表示质疑：让孩子们接受学校教育有何不好呢？我有什么权利折断他们的双翅？为什么阻碍他们考取学位和选择自己的生活呢？

我觉得这些问题没有什么可值得探讨的。我接触过相当多学生，我们总是打算通过自己或是别人把教育"热情"应用到别人家的孩子身上，并且也看到了结果。现在与和我儿子年龄相仿的很多青年相比，我并不觉得他们比我的儿子优秀，或者是有什么值得我儿子学习的优点。

但是，我的教育实践的最终成果在后来能明显地体现出来。在这里之所以讨论这个问题，是想表明，作为一个文明史的研究者，我可以正确衡量严格有序的家庭教育与学校教育之间的区别，还能充分体会到父母生活中的变化给孩子带来的影响。写这章的目的还为了证明，一个信仰真理的人在实践过程中，需要具备多少耐性；一个信仰自由的人在追求自由的时候，需要付出多大牺牲。倘若我缺乏清醒的自我认识，并且满足于给予孩子以其他孩子得不到的教育的话，那么他们所付诸的代价就是获得了所谓的学校教育，而失去了能够形成"自由"观念以及"自尊"意识的家庭教育。假如在自由和学校教育之间做出选择的话，谁不认为前者比后者好过千倍呢？

1920年时，我呼吁那些被束缚在中学、大学等学校教育中的青年应努力挣扎出来，与其如奴隶般戴着枷锁去获取学校教育，倒不如做个没有学识的人勇敢地为自由而冲破禁忌。现在，他们应该能够明白我这个意见的根源所在了吧。

在医院里当义工

我的业务发展非常迅速，然而这远不能让我满意。有一次，一位麻风病人登门求助，这促使我思索如何能进一步简化自己的生活，多为同胞们提供具体的服务等问题，并且因此而寝食难安。我不忍心让他吃完饭就走，于是就收留他住了下来，为他敷药并且加以照料。不过我不可能一直这么做，我无法负担这个责任，也没有永久收留他的意愿，所以就想办法让他去政府的医院里当契约工人。

但是，我总是不安，希望能做一些长期的慈善工作。圣爱丹教会会长布斯医生心地善良，经常免费替人治病。巴希·罗斯敦济捐献了一笔善款，让我们能够建立一家小型慈善医院，然后就将其交付布斯医生来负责。那时我急切地盼望到那家医院当志愿者，每天医院的配药工作需要花费一两个钟头来做，我决定抽出时间来当药剂师。那时我大部分业务都在事务所里完成，主要工作是出证书和仲裁。同时，我在地方法院也经常有一些案子，

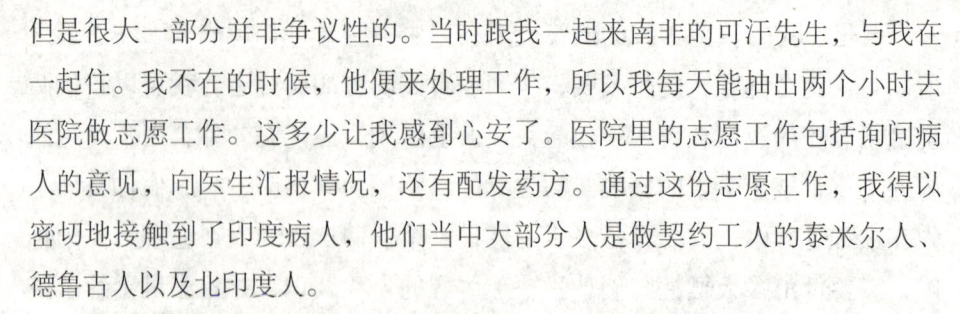

但是很大一部分并非争议性的。当时跟我一起来南非的可汗先生，与我在一起住。我不在的时候，他便来处理工作，所以我每天能抽出两个小时去医院做志愿工作。这多少让我感到心安了。医院里的志愿工作包括询问病人的意见，向医生汇报情况，还有配发药方。通过这份志愿工作，我得以密切地接触到了印度病人，他们当中大部分人是做契约工人的泰米尔人、德鲁古人以及北印度人。

医院里的志愿工作对我非常有帮助，后来在布尔战争期间，我也因此而能够从事看护病员的工作。

我一直都关心怎么抚养孩子的问题。在南非期间，我又有了两个儿子，医院里的志愿工作经验极其有助于解决照顾他们的问题。我独立自主的精神则是实践的主要动力。妻子与我商量好，在她生产期间要得到最好的医疗帮助。但如果医生和护士在紧要时刻出了岔子，我们就会陷入困境，到时候我应该怎么办呢？她要求必须要找印度护士，但在印度都很难找到训练有素的印度护士，在南非则更困难。所以我就开始自学一些关于安全分娩的知识，我读了特立普望达斯医生撰写的《人母须知》，而且按照书上写的方法来照顾我的两个孩子，同时还用上了在别处获得的所有经验。每次分娩之前，我们都会请护士来帮忙两个月，主要目的是为了照顾我的妻子，而不是照顾婴儿，照顾婴儿的工作我会自己动手。

最小孩子的出生对我而言是一次最为严峻的考验。妻子突然开始阵痛，但一时间找不到医生，为了找接生婆浪费了很多时间，而且即使接生婆在场，也未必就能帮忙接生。所以，我必须全程照顾，保证孩子的安全降生。之前我对特立普望达斯著作的认真研读，此刻给我带来了莫大帮助，所以我并不紧张。

我坚信，为了选择以正确的方式养育孩子，当父母的应具备照顾婴儿的常识。在深入研究过这个问题之后，我在抚养孩子的过程中受益匪浅。假如当时没有认真研究过这些，没有运用这些知识，恐怕我们的孩子们不会拥有现在这样的健康体魄。在我们那边有一种迷信的说法，认为孩子在五岁之前没有什么好学的。实际正相反，孩子五岁前从生活中学到的东西是他五岁后再也学不到的。对儿童的教育应在怀孕期间开始，母亲怀孕时，身体和精神方面的状态都会体现在孩子身上。因此胎儿在妊娠时会持续受到母亲情绪、欲望和性格上等因素的影响。孩子出生之后，就会模仿父母，而且在很长时间内，他的成长都完全依赖于父母。

一旦夫妻明白了这些道理，就不应该为满足欲望而有性行为，只有想抚育子女时，才可以为之。有种观点认为性行为是一种独立的生理功能，如同吃饭和睡觉那样是不可或缺的生理需求，我觉得这种想法非常无知。这个世界是依靠传宗接代的行为而得以延续的，但这个世界也是神灵施展抱负和实现光荣的场所，所以为了维护世界的秩序，人类繁衍后代的行为必须要节制。所有明白这些道理的人，都应尽力控制自己的性欲，并增加自己在体力上和精神上必备的知识修养，使这些知识能够造福于后代。

禁欲（上篇）

到了这个阶段，我已经开始认真考虑实施"禁欲"誓言了。从结婚之后，我就一心一意地过着一夫一妻制的生活，将忠于妻子这个原则当成真理的一部分。去南非之后，我渐渐意识到了"禁欲"的重要性，对我妻子来说，"禁欲"也是同样重要的。我不确定是在何种状况下或是看了什么书导致我出现的这个想法，但我记得主要是受到了赖昌德巴伊的影响。前文中我提及过这位朋友，并且还记得我们之间的一次谈话。有一次，我在他面前对葛莱斯顿夫人对丈夫非常忠诚这件事大加赞赏。我读过一本书，里面谈及即使葛莱斯顿先生[①]出席下院会议时，葛莱斯顿夫人也坚持为他泡茶，俨然是那对模范夫妇的一种生活规律，他们的行为是那样的和谐。我将这个故事讲给诗人听，之后赞扬了夫妻之间的恩爱。

"你最为欣赏的到底是什么？"赖昌德巴伊问道，"是身为妻子的葛莱斯顿夫人对丈夫的爱呢？还是抛开她与葛莱斯顿先生的关系的那种全身心的侍奉？假如她是葛莱斯顿先生的姐妹，或是其忠心耿耿的仆人，也同样关怀他，你又有何看法？难不成我们没见过那种忠诚的姐妹或仆人吗？假如你发现一位男仆也具备同样忠诚的话，是否也会像赞美葛莱斯顿夫人

---

① 英国政治家。

那样去赞美他？请你思考下我说的这番话吧。"

赖昌德巴伊同样是已婚人士，即使当时他的话听起来有些刺耳，但是仍然能让我不可抗拒地思考。我认为一位仆人对于主人的忠诚比妻子对丈夫的忠诚更值得赞扬，妻子对丈夫的忠诚并不少见，因为他们的关系是密切相连的，所以这种忠诚就非常自然。但是主仆之间如想达到同等程度的忠诚则需要超乎寻常的努力。这位诗人的观点渐渐在我心中滋长，所以，我反问自己，与妻子之间到底是怎样的关系呢？我所谓的忠诚是否仅仅在于将妻子视为满足性欲的工具呢？那么，只要我依然是性欲的奴隶，这种忠诚就一文不值。说实话，我妻子从不对我施以引诱，因此只要我想"禁欲"，就能够轻易达成。实际上唯一的障碍是我的脆弱意志，或者过度的性欲。虽然下决心打算"禁欲"，但依然失败了两次。失败的原因则是当时我努力的动机并不是最为高尚的，那时我的主要目的是避免生育更多的孩子。我在英国时，曾阅读过一些有关避孕的书籍。在关于素食那一章里，我已经提过艾利生医生宣传节制生育这件事。倘若那件事曾一度对我产生影响，那么希尔斯先生所反对的，即反对借助外力而应依靠意志力来解决生育的问题，则对我起了更大的影响，后来我实践了这个方法。我不打算再要小孩，于是开始自制。真正开始执行这个任务之后，却遇到了很多困难。我和妻子开始分床睡觉，我每天都工作到精疲力尽时才上床休息。但是，这些努力似乎都没有效果。但当现在回顾过去时，会发现最终的解决之道正是在那些失败之中摸索出来的。

直到1906年，才出现最终的解决方法。当时还没有开始非暴力不合作运动，而且我也完全没意识到它会来临。在布尔战争结束不久之后，祖鲁人在纳塔尔发起"暴动"，那时我还在约翰内斯堡当律师。我觉得在那种情况下应为纳塔尔政府服务。我的提议得到了采纳，下文还会提及。但是这份工作让我强烈地产生了自制的念头，依据以往的习惯，我说出了自己的想法并与同事们商量。我认为生育和之后对孩子的照顾是与公众服务相冲突的。在发生"暴动"期间，我为了服役放弃了在约翰内斯堡的家。在服役不到一个月的时间，我就不得不离开那栋精心布置的房子，携妻带子转移到了凤凰村，领导隶属于纳塔尔部队的印度救护队。我在当时艰苦的行军途中，产生了一个想法：假如我打算彻底投入到为印度侨团服务的事业中，那么就必须要抛弃抚养孩子，追名逐利的欲望，过着"瓦纳普罗斯达"（Vanaprastha）①般的生活。那次"暴动"的战时服务工作花费了我六周的时间，不过这个短暂的阶段却成了我这辈子非常重要的一个时期。我的心中逐渐形成了"禁欲"的誓言，终于我明白这个誓言并非是禁闭，反而是打开了真正的自由之门。之所以我在那个时候还没有什么作为，是由于我意志薄弱，而且缺乏自信，甚至对神灵的赐予也缺乏信心，因此我的心总是充满怀疑。那些不愿发誓的人，终将沉溺在诱惑中，而那些立下誓言并遵守的人，就能远离放纵的生活而过上真正的一夫一妻制生活。"我相信凭借自己的努力，无须被誓言束缚"是一种脆弱说辞，恰恰反映出了一个人想要逃避责任的软弱。否则，为何做出最终决定是这么的难？我立誓要摆脱即将吞噬我的情欲之蛇，一定得做到，而不是一味逃避。我清楚单纯依靠努力，最终可能依然会无果而终，印证了我没有意识到情欲之蛇终会害了我这个明确事实。因此如果我仅满足于自己的努力，就意味着我并不清楚采取明确行动的必要。"但是假如将来我的看法发生了变化，我怎么用誓言来约束自己的行为呢？"这种顾虑也经常让我犹豫不决，不过产生这种顾虑也说明了一个人对于必须舍弃某种特殊事务还欠缺明确的理解。所以尼斯古兰纳唱到：抛弃但不厌恶，终难长久。

因此一旦消除了欲望，"禁欲"的誓言就自然能够得以奉行。

禁欲（下篇）

在深思熟虑之后，我于1906年立下了"禁欲"誓言。直到发誓的时候，我才跟妻子商量此事，之前从没与她讨论过我的这个打算。她没有表示异议，但是在我作最后努力的紧要关头却遇到了极大困难。假如没有强大的力量协助，我怎么才能控制住自己的情欲呢？在那时，中断与妻子的肉体关系实际上是件很奇怪的事情。之后我出于对神灵力量的坚定信心，开启了生命中的全新体验。当我回顾立下誓言之后20年的感受时，内心充满了欣喜

---

① 意思是不理家事。

奇妙的感觉。其实自从1901年开始，我就已经开始为情欲的自制而付诸努力，也多少产生了一些成效。不过在1906年之前，我却没有体验过立誓后那种自由和乐观的感受。在立誓之前，其实我随时都有被诱惑征服的可能，但现在我的誓言已经成为抵御诱惑的强大武器了。对我来说，完全实现"禁欲"的可能日渐明显。当时我是在凤凰村立誓的。那天我结束了救护工作，就去了凤凰村，然后回到约翰内斯堡。在回到那边一个月左右，非暴力不合作运动就有了进展。"禁欲"誓言帮助我发起了这个行动，不过我并没有意识到，实际上非暴力不合作运动并非预定好的计划，而是在我意料之外发生的。但是我清楚之前的所有行动都是为了靠近那个目标。我在约翰内斯堡大大降低了家庭开支，之后跑到了凤凰村，立下"禁欲"誓言。

后来我发现，认真奉行"禁欲"的誓言就象征着"婆罗门"的实现。这个看法并不是从经书中发现的，而是我通过切身经验慢慢意识到的，读到相关宗教典籍是之后发生的事情。奉行誓言的每一天都让我更加深刻地感受到"禁欲"具备保护肉体、精神及灵魂的力量。如今对我而言，"禁欲"已经不是一种克制忏悔的过程，而是能为灵魂注入安慰和愉悦的事情，每天都会有一种清新的美好。

虽然其带来的是与日俱增的快乐，不过千万不要认为这对我而言是件轻松的事。虽然现在我已经56岁了，但仍然知道这件事执行起来是多么困难。我愈加清楚，坚守誓言等同于行走在刀刃之上，每时每刻都必须保持警惕。

奉行这个誓言的决定性条件是克制食欲，我发现在克制食欲后会很容易地奉行誓言，因此当下我对于饮食的体验并非仅从素食者的角度出发的，也是以禁欲者的角度出发的。一系列实验的共同结果表明，我建议务必限制禁欲者的饮食，简单为好，不放香料，如有可能，最好是生吃。

经过我6年来的实验发现，禁欲者最为理想的食品是新鲜水果和坚果。在改变饮食习惯之前，我并不知道吃这些食物可以帮助禁欲。但是在南非时，我每天只吃水果和坚果，这让奉行"禁欲"誓言变得非常容易，但是如果我喝牛奶就又变得困难起来。我从吃水果改为喝牛奶的原因，下文中会提及，必须要说明的是，虽然我认为喝牛奶让"禁欲"难以执行，不过希望大家不要因此而得出所有禁欲者都不能喝牛奶的结论。对于不同的禁欲者而言，不同的食物有不同的影响，只有经过数次实验之后才能断定。一直以来，我都想找到能够替代牛奶，但同时又具有和牛奶那样补充营养且易于消化功能的水果，但是西医、印度教医生以及穆斯林医生都没能给我启发。因此即使我清楚牛奶是一种刺激性的食品，但还是不敢劝阻别人食用。

作为能够帮助禁欲的外部力量，禁食和选择食物或者节食一样重要。人的情欲具有一种难以抵御的力量，而只有我们从四面八方将其包围并压制，才可以将其控制住。我们都知道当人食不果腹的时候，情感就会变得无能为力，因此我绝对不怀疑禁食对于"禁欲"很有帮助。但对于一些人来说禁食没有什么用，这是由于他们认为单纯依靠禁食就能解决问题。因此虽然他们不吃东西，但脑中想的都是美食，还想着禁食之后的菜谱。这样的禁食无益于控制食欲，也对控制情欲没用。只有当坚强的内心和饥饿的肉体同时起作用时，也就是当人的内心对于肉体拒绝的事物一样漠然处之时，禁食才有效果。所有的欲望都来自于心灵，因此禁食的作用有限，禁食者依然可能是情欲的奴隶。但是我们可以这样认为：假如不禁食的话，性欲一般很难消退，但奉行"禁欲"誓言的人，禁食则不可或缺。有相当多立志于"禁欲"的人都没能成功，那是由于他们和不禁欲的人一样，没能摒弃一些情感和欲望，所以他们的努力就仿佛是在盛夏时祈求寒冬那样难以实现。禁欲者与非禁欲者之间应该存在一条明确的界限。从表面上来看，这两者非常相近，但实际上是有明显区别的。虽然他们都用肉眼去观察事物，然而区别在于，前者能看到上帝的光辉，后者则只能看到身边的琐事。他们都能够用耳朵来聆听，但区别在于前者能够听到天上赞歌，而后者则只能听见人间鄙语。在安静的晚上，他们都难以入睡，然而区别在于，前者能够专心向神灵祷告，而后者却只能在庸俗的快乐中虚度光阴。他们都信仰神灵，然而区别在于，有人精心地维修寺庙，有人则只顾及自己的生活。因此这两种人就仿佛分开而立的两根柱子，随着时间推移，他们之间的距离将越来越远。

"禁欲"的意义就是从思想、言论和行为上控制自己的情欲。日复一日，我逐渐意识到了在上述各种欲望中自我控制的必要。放弃"禁欲"的可能是无限的，但是坚持的可能一样也是无限的。"禁欲"是难以通过有限的努力实现的，对于很多人来说，"禁欲"只能是一种憧憬。一个立誓奉行"禁欲"的人应该经常会发现自己的不足，不断挖掘自我内心深处徘徊不散的情欲，并且坚持不懈地努力克制，只要思想不完全受到意志的控制，那么"禁欲"就不是完美无瑕的。不自觉的想法是来自于内心深处的反映，因此控制思想就意味着节制心灵，但这也许比追风还难。但是，只要人们内心有神灵，那么实现自我控制是完全可能的。因此千万不要以为人们面对困难是无能为力的。面对最为崇高的目标，必须要付出最艰苦卓绝的努力才可以实现目标，这不足为奇。

直到我回到印度之后，才意识到仅依靠人力是难以实现"禁欲"的。在那之前我都认为只要吃水果就能摒弃所有情欲，甚至还以这种信念自我安慰，认为除此之外没有其他事情可以做。

不过在这个章节里就不谈我进行自我斗争的过程了。同时，我打算说明一件事：所有想通过奉行"禁欲"而认识神灵的人，都不必失望，只要他们对于神灵的信仰不亚于对自己付出努力的信心就好。

"色和味如影随形，色味绝则得道矣。"① 所以，神灵的名义及其恩赐就是立志于禁欲之人的力量源泉，回到印度之后，我才认识到这个真理。

崇尚俭朴的生活

曾有一段时间，我过着安逸舒适的生活。虽然精心装饰过自己的房屋，不过我并不对其留恋。在过上俭朴生活后不久，我就开始削减开支。付给洗衣工的账单是一笔大开支，而且他一直不遵守时间要求，即使我有两三打衬衫和领子，也不够用。领子每天都得换，而衬衫就算不能每天都换，至少得隔天换一次。我认为没有必要支付这些开销，于是就买了一台洗衣机来节省开支。我专门买来一本有关洗衣服的书，研究了里面的方法并且教给了我妻子，这必然增加了我的工作量，不过由于工作新奇，就演化成了一种兴趣。

亲自动手洗涤第一条领子的情景实在令人难忘。当时，我用了过多的浆粉，熨斗总也不够温度，又担心烫坏领子，因此不敢用力烫。结果，虽

---

① 出自《薄伽梵歌》第 2 章 59 节。

然领子熨烫得很平，不过表面则沾上了很多浆粉。我戴着这样的领子去法院，招来了同事们的嘲笑，不过我毫不在乎。

"嗯，"我说，"这是我第一次自己洗领子，浆得不太好，但也没给自己带来什么麻烦，反而为你们提供了笑料呢。"

有位朋友问："这边并不缺洗衣店吧？"

"太贵了，"我答道，"洗一次领子的钱都差不多够买条新的了，而且还离不开洗衣工，我宁可自己动手。"

不过我无法使朋友们懂得自力更生的妙处所在。不久之后，我洗衣服的技术越来越好，几乎成了浆洗专家，洗衣水平不逊于洗衣店。每天，我衣领的平整光亮程度也不比其他人差。

戈卡尔到南非时，带来一条头巾，那是摩诃窦·戈温德·兰纳德送给他的礼物。他十分爱惜这个纪念品，对其精心保管，只有在特殊场合才佩戴。有一次，约翰内斯堡的印度侨民为他举办了欢迎宴会，但是他的头巾皱皱巴巴的，必须熨平了才能戴出去。当时已经来不及送去洗衣店了，于是我就毛遂自荐要帮他烫。

"我相信你当律师的才能，不过我不信你能当洗衣工，"戈卡尔说，"假如烫坏了怎么办？要知道这条头巾对我来说非常重要。"

接着他愉快地对我讲述了关于这件礼物的故事。我还是坚持帮他烫，还保证不会出现问题，他同意了。最后，我熨烫好了那条头巾，并获得了他的赞赏。之后，就算别人不赏识我的手艺，我也无所谓了。

当我摆脱了对洗衣工的依赖后，我又自力更生地摆脱了对理发师的依赖。只要是去过英国的人，至少都学会了自己刮胡子，不过据我了解还没有学会理发的，我也要学会理发的本领。在比勒陀利亚期间，一次我去一家英国理发馆里理发，被理发师非常轻蔑地拒绝了。我自然非常伤心，马上买了一把剪子，对着镜子给自己理发。额前的头发还算理得有型，不过脑后却剪得很糟糕，法院的朋友们看到后简直要笑疯了。

"甘地，你的头发怎么了？是被老鼠啃了吗？"

"不是，白人理发师不屑于给我理发。"我答道，"因此我宁愿自己动手，不管剪得有多糟糕。"

对于我这个回答，朋友们完全不惊讶。

实际上，那位理发师不愿意给我理发是有原因的。假如他为有色人种理发，就会随时失去其他顾客。在印度，我们也不允许自己的理发师给"不可接触者"理发。而我在南非常常会遭遇到这种歧视，我觉得这是一种报应，所以也就不生气了。

我追求自力更生和简单生活的热情到后来演变成了一种极端的形式，我会在后文适当之处另作描述。实际上这个种子早就埋下了，只要浇水，自然就能生根、开花、结果，而且在后来我的确做了浇水的工作。

布尔战争

我必须要将1897年到1899年期间的其他经历从略，直接叙述布尔战争。

在开始宣战的时候，我本人是完全同情布尔人的，不过当时我觉得自己无权仅凭个人信念来行事。我在《南非非暴力不合作运动史》中详细地叙述了当时这个问题在我内心中所引起的强烈斗争，在这里不再赘述。如果有对此好奇的人，请阅读那本书。旁的不提，正是出于对英国的忠诚，那时我站在了英国人的一边。我觉得倘若我要求享受一位英国公民应有的权利，就有责任在那个时候保卫英国。那时我认为印度只有依靠英帝国才能得以解放。因此我付诸最大努力召集了尽可能多的人，费尽周折地让他们变成了一个救护队。

一般情况下，英国人认为印度人胆小，不敢冒险，除了眼前私利之外看不到长远利益。所以有很多英国朋友给我的计划泼冷水，但是布斯医生却给予我全力支持，他亲自教我们如何开展救护队工作。我们得到了能够从事医务工作的资格证书。劳顿先生和艾斯坎比先生（已故）全都热情地支持这个计划，最终我们申请了奔赴前线工作。政府对于我们的申请表示感谢，不过却回复说并不需要我们服务。

面对这种婉拒，我们自然不会放弃。经过布斯医生的介绍，我拜访了纳塔尔的主教。我们的救护队里有很多信仰基督教的印度人，主教非常赞成我的建议，并承诺帮助我们获得服务批准。此外，当时的时机对我们也非常有利，布尔人的表现得比想象中的还要厉害、果敢，这就让我们的队伍派上了用场。我们共计一千一百多人，队长有四十多个，全体人员里有三百左右的自由印度人，其余都是契约工人，布斯医生也加入了我们。救护队的表现非常好，虽然我们的工作是在火线之外进行的，同时还有国际红十字会的保护，然而在战事紧急时刻我们也会被派到火线之内开展工作。不过我们本身并未要求过这种保护，是当局不愿意让我们身处在枪弹射程之内。斯比昂·柯柏败退之后，形势发生了变化，布勒将军给我们写信，信中称虽然我们没有义务去冒险，但如果我们愿意去战场救护伤兵的话，政府将会予以感激。我们自然毫不犹豫地去做了，所以在斯比昂·柯柏时，我们一直都在火线之内工作。那段期间，我们每天用担架抬着伤员行军20～25英里，还曾有幸救护过伍盖特将军。救护队在工作6周后就宣布解散了。自从英军在斯比昂·柯柏以及瓦尔克朗茨受挫后，英军总司令放弃了使用主力夺取列第史密斯以及其他地方的部署，决定放慢发兵速度，等待英国及印度的援军。

当时我们不足为道的工作得到了高度赞扬，印度人的名誉也得以提高。报纸上写满了赞美我们的诗歌，称"终究我们还是帝国的儿女"。

布勒将军在其报告中饱含感激地提及了救护队的工作，而救护队的队长们也都获得了荣誉勋章。

在这期间，印度侨团的组织也更加完善，我与印度契约工人之间也有了更为密切的来往。印度侨民已经具备更高的觉醒意识，他们认识到印度教徒、穆斯林、基督教徒、泰米尔人、古吉拉特人以及信德人都是印度人，都是祖国的儿女，人们心中已经有了这个根深蒂固的观念。当时所有人都相信印度人能够摆脱诸多不公，当时白人的态度似乎也有明显变化。在战争期间，我们与白人之间的关系十分和谐，所接触到的成千上万的士兵对我们特别友好，也感谢我们奔赴战场为他们服务。我不禁要记述一段美好回忆，因为其彰显出人性在经受考验时所独具的美。一次，我们奔赴齐弗里兵营，罗伯茨勋爵的儿子，罗伯茨中尉在那边身负重伤急需救护。庆幸的是，我们的救护队将他从战地上救下来了。我们行军那天的天气非常炎热，所有人都渴得厉害，正巧路边有条小溪，但是谁先去喝呢？我们认为应该让士兵们喝完我们再去，但是士兵们不愿抢先，坚持让我们先去，这样温馨的谦让持续了好长时间。

卫生改革和饥荒救济

按照我的性格，甘心在一个有名无实的政治团体中当一个不起作用的会员是完全不可能的。我不会隐瞒或者放任侨团的缺点，也不会仅为争取各种权利而不努力弥补侨团的诸多缺陷。所以自从我在纳塔尔定居之后，就致力于打消人们对于侨团的指责，但是那些指责并非全无道理。人们经常指责印度人生活习惯很邋遢，室内室外都无法保持干净整洁。所以，侨团里的领导者们就开始带头将自己的房屋打扫干净，收拾整齐。但直到杜尔班发布了将要暴发鼠疫的报告之后，我们才开始挨家挨户地检查卫生。这次行动是在与城中神父们商量并且得到允许之后才进行的，原本他们也希望能与我们合作。双方合作能让他们的工作进展得更加顺利，也能够减轻我们的负担。假如城中暴发疫情，那么当局者通常都会沉不住气，采用高压的过分手段招致印侨不快。侨团此次由于先行采取了卫生措施而避免遭受了这种压力。

但是我却获得了一些痛苦的经验。我清楚不能指望侨团如同为自己争取权利那样痛快地履行自己的责任。在一些地方我会遭受侮辱，在一些地方我则遇到了礼貌的冷遇。实际上，发动人们保持环境卫生是十分困难的，想让他们出钱来改善卫生条件更不可能。一系列的体验使我明白：如果没有巨大的耐心，是无法鼓动人们去做任何事情的。急需改革的正是改革者本身，而并非社会。社会给予改革者的并不是什么好东西，只能是反对、憎恶，甚至残忍的迫害。为何这个社会要将改革者视为如同生命一般值得珍视的东西当作一种倒退呢？不管怎样，通过此次广泛宣传，印度侨团或多或少认识到了维持室内和室外清洁的重要性了。当局也非常看重我，他们清楚，虽然我乐于为印侨打抱不平，尽力为大家争取权利，不过还是热心公益事业并且坚持净化自我修养的。

但是，还有一件事情必须要做，即唤醒南非印侨对祖国的责任感。印度是一个贫困的国家，虽然印侨们来南非是为了寻求财富，但当他们的同胞处于困苦的环境中时，他们是有责任捐出一部分收入给那些苦难的同胞们的。在1897年和1899年，发生可怕的大饥荒时，印侨们捐献了很多钱来赈灾，而且1899年的捐献比起1897年的还多。我们还呼吁英国人来捐款，也得到了他们的积极响应。甚至连印度契约工人都加入到捐款的行列当中，而且通过这两次饥荒所建立的赈灾制度一直延续至今。在后来印度出现全国性灾难时，南非的印度侨民也会慷慨解囊，贡献出大笔捐款。

在南非为印度侨民提供服务期间，每个不同阶段都向我揭示了真理的全新含义。真理就仿佛一棵大树，你越是对其悉心照料，就越是能够结出累累硕果；真理就仿佛一座宝藏，你越是对其深入勘探，就越是能够挖掘出无尽珍宝。我从中获得了为人们服务的多种多样的工作形式。

珍贵的礼物

在战时任务结束之后，我认为自己应该回印度工作，而非留在南非。这并不是说在南非已经无事可做了，而是我担心如此下去我的主要业务会变成为了赚钱而做。国内的朋友们也反复催促我回印度，而且我也认为自己应当回印度多做一些工作。可汗先生和曼苏克拉尔·纳扎先生能够负责南非的工作，所以我就请求同事们解除我的职务。在花费很大气力与他们沟通之后，我的请求终于被大家所接受了，但这是有附加条件的：假如一年之内侨团有需要的话，我就要准备回到南非。虽然这对我而言非常困难，不过出于对侨团的热爱，我接受了这个条件。密罗白曾经唱过：主用爱的纱线系住了我，我是他的奴仆。对我来说，联结印度侨团与我的这根爱的纱线实在太过坚韧，恐难断裂。人民的呼声就是神灵的呼声，这里的朋友们的呼声实在过于真诚，让我无法拒绝。在接受了这个条件之后，他们准许了我的离开。

那时我与纳塔尔的社会各界建立了密切联系。纳塔尔的印度侨民在我临走时所给予我的温暖让我很是感动，到处都有他们为我举办的欢送会，还送了我许多珍贵的礼物。

1899年我回印度的那次，他们就送来了很多礼物，但是这次的送别是格外隆重的。礼物当中自然包括金银制品，此外还有名贵钻石。

但我有什么权利接受呢？如果接受了这些礼物，我又怎样说服自己是不计报酬地为侨团服务呢？除了少数几件礼物是我的当事人赠送的之外，其他大部分礼物都是人们为了表达感谢我为侨团所做的服务。实际上，我无法将我的当事人和同事区分开来，因为有些当事人也曾经帮助过我开展公众工作。

在众多礼物里面有一条金项链是送给我妻子的，价值50个金基尼。但是这件礼物同样是为了感谢我的公众服务而赠送的，因此不能与其他礼物分而论之。

我居然在收到这些礼物的那天晚上失眠了。我左右徘徊，情绪激动，但是想不到解决的方法。让我拒绝价格不菲的礼物是困难的，但是心安理得地留下那些礼物则更困难。

即使我可以收下礼物，但这会让我的孩子们还有我妻子怎么想呢？他们正在接受一种训练，那就是去过一种以为公众服务为宗旨的生活，并将这种服务本身当成一种奖赏。

长期以来，在我家中没有值钱的摆设，我们一直过着俭朴的生活。既然这样，我们怎么能戴金表、金链和钻石戒指呢？更何况我之前曾劝导人们不要贪恋珠宝，现在朋友们却送来珠宝，我应该如何是好？

我决定拒收这些礼物，于是就起草了一封信，把这些礼物转送给了侨团，并且为其成立了一个托管会，指定巴希·罗斯敦济以及另外几人为托管人。次日早上，我与妻子和孩子们谈过此事后，终于卸下了这个沉重的包袱。

我清楚劝说妻子可能会遇到一些困难，至于孩子们，我觉得是不会有什么难度的。因此我决定先说服孩子们。

果然，孩子们立即接受了我的建议。他们说："我们并不需要那些珍贵的礼物，应将其转送给侨团，而且即使我们以后需要，还是能随时买到这些东西的啊。"

听到他们的话，我非常高兴。我问他们："那么，你们会说服妈妈，对吗？"

"当然，"他们说，"这是我们的事情，妈妈不用戴首饰。她肯定是留着以后给我们用的，但是如果我们不要了，她为何会不愿意放弃那些东西呢？"

但是说来容易，做起来却比我想象的困难多了。

"你可能用不着这些，"妻子说，"孩子们可能也用不着。他们被你哄一哄就听了你的话。我能理解你不允许我戴首饰，但是我的儿媳妇也不用戴么？她们肯定是需要的，更何况谁知道以后会发生什么呢？那些礼物都是大家好心赠送的，我舍不得还回去。"

于是，我们就开始了激烈的争论，最后连眼泪都出来助威了。孩子们是非常坚定的，我也毫不动摇。

我耐心地劝说妻子："孩子们还没有结婚，我们不愿意让他们早婚。等他们长大成人以后，就能够照顾自己，处理好自己的事情。而且我们也绝对不能为自己的儿子找那种热衷于首饰的媳妇。何况假如真的需要给她们买首饰，还有我在呢，到时你向我要就好了。"

"向你要？这次我算看清你了。我的首饰早就让你卖了，还能指望你能给儿媳妇们买首饰？我看你是打今天开始想让儿子们当沙陀（Sadhus）①！不，那些首饰绝对不能退回去。而且，你有什么权力处理那条送给我的项链？"

"但是，"我反驳道，"那条项链是为了感谢你为他所做的服务，还是为了感谢我为他所做的服务才送的呢？"

"是，你说得对。可是你付出的服务等同于我付出的服务，难道我日夜为你操劳算不上是服务吗？你跟孩子们一起来逼迫我，让我伤心哭泣，亏得我一直为你们当牛做马！"

妻子的话有一部分非常有道理，不过我依然下定决心退回那些礼物。妻子终于勉强同意了，所以我将1898～1901年所收到的礼物都退回去了。我们签订了一份托管协议，将这些礼物存进了银行，依据我或其他托管人的意愿，以供侨团在公共服务中使用。

之后，每当我开展公众工作需要基金时，或认为应该动用这笔钱时，还是会想方设法另行筹集所需资金，尽量不去动那笔款项。直到现在那笔钱还存在那里，虽然需要时也动用过，但还是经常有所积累的。

---

① 即那些刻苦修行的人。

我从来都没对当时的做法后悔过，而且在过了若干年之后，妻子也认为当时的做法是非常明智的，帮助我们抵制了很多诱惑。

我一直有一个明确观点：一个为公众服务的人不应该接受任何贵重礼物。

重返印度

之后我就乘船回了印度。船在途经毛里求斯时，停泊的时间比较长，于是我登岸观光顺便了解了一下当地情况。这块殖民地的总督是查理斯·布鲁斯爵士，他邀请我前去做客，于是我就在他那边住了一夜。

回到印度之后，我又花费一些时间去各地转转。当时是1901年，国民大会党正在加尔各答召开会议，会议主持人是丁绍·华恰先生（后被封为爵士），我当然也参加了。那是我第一次参加国民大会党召开的集会。离开孟买时，我与费罗泽夏·梅赫达爵士搭乘同一列火车，这是因为我必须要跟他谈谈南非的情况。我清楚他的生活方式高贵阔气，他专门包了一个特等厢房，我根据他的指示到了包厢里与他一起坐一站，利用这段时间跟他谈谈。于是我就在指定的车站等候，之后上火车去包厢里跟他会面。同时在座的还有华恰先生和金曼拉尔·谢达华先生（现为爵士），他们正在谈论关于政治的问题。费罗泽夏爵士看到我就立即说："甘地，看起来我应该帮不上什么忙。我们自然乐意通过你的提案，然而就算是在我们国内，我们又拥有什么权利呢？我觉得倘若我们在自己的国家里都没有政权，在殖民地的印侨的境遇也不会有什么改善。"

我感到了惊异，而谢达华先生好像很赞成这种观点，华恰先生则用同情的眼光看了我一眼。

我尝试说服费罗泽夏爵士，不过像我这样的人想要说服孟买的无冕之王是完全不可能的。我只能用自己的提案获准提出这件事来聊以自慰了。

"显然，你会把提案拿给我看的，对吧。"华恰先生说道。这就算是他对我的鼓励了。我向他道谢，在下一站和他们告别。

之后我们抵达了加尔各答，大会主席受到了招待委员会的热烈欢迎，并被送到住处。

我询问一位志愿工作者我应该去哪里住,他将我送到了李朋学院,那边住了许多代表。我还算运气不错,罗卡曼尼亚跟我住在同一栋楼,我记得他比我们晚到一天。当然和往常一样,罗卡曼尼亚还是无法避免接受人们的拜见。假如我是画家的话,就一定会将他端坐床上接受"朝拜"的情景画下来,整个场面在我印象中是那样的栩栩如生。那时有无数的人前来拜访他,但现在我只记得其中的一位,也就是巴布·莫迪拉尔·戈斯先生(已故),他是《甘露市场报》的主编。他们在一起放声大笑,高谈阔论,评点统治人物倒行逆施的行为,那个场景至今让人无法忘怀。

安顿下来之后,我打算稍微细致地考察一下这个驻地的有关情况,但却发现这边的志愿工作者们都互相推诿工作。如果你请其中的一位去做些什么事,他会立即推给别人,接着又推给了第三个人,就这样推来推去的。至于代表们,则完全找不到人。

我和几位志愿工作者交上了朋友。我跟他们介绍了一些有关南非的情况,他们多多少少地感到了惭愧。我尝试让他们理解为人民服务的真谛,他们好像是有一些理解,但是不可能指望如雨后春笋般形成自觉的服务意识。它先要有服务的意志,还要依靠经验。那些善良且单纯的青年们并非缺乏意志,然而他们的实际经验可以说是几乎没有的。国民大会党每年只有三天的会议时间,会议结束后就没什么事情了。一年当中只有三天的表现时间,人们又能得到什么锻炼呢?而代表们和志愿工作者们也差不多,代表们并没有接受过比志愿工作者们更良好、更长期的训练。他们什么事都不自己动手,却经常指手画脚地指挥:"服务员,干这个,服务员,干那个。"

在那里,我还感受到了很多不可接触制度的陈规。泰米尔人的厨房和其他人的厨房相隔很远,对于泰米尔代表来说,假如他们在吃饭的时候看见了别人,就算是一种玷污。所以必须要在学院的综合楼上面专门为他们设置一间厨房,用柳条板包围起来。厨房里面烟雾缭绕,非常呛人。那个密不透气的小空间,不仅是他们的厨房,还是餐厅、洗衣间。在我看来,这就是"梵尔纳羯摩"(Varnadharma)[①] 的一种极其笨拙的外化。我在心

[①] 指的是印度教社会中四大种姓的职责。

中暗想，在国民大会党的代表之间都有这样不可接触制度的陈规隔阂，不难推测出他们所代表的选民之间存在的隔阂到底有多深。每当想起这些，我就不由得叹息起来。

那里的卫生状况糟糕至极，水沟到处可见，但厕所只有寥寥几个。只要想起那种臭味冲天的情景，我就有作呕之感。我将这种情况反映给志愿工作者，他们却说："那跟我们没关系，那属于打扫厕所的人的职责。"我想借一把扫帚，对方还诧异地看着我。后来，我终于找到一把扫帚清理厕所，但实际上只是为了自己而已。那边人那么多，厕所却那么少，因此需要经常清洁打扫才行。但是我一个人无法干那么多，因此只能满足于解决自己的问题而已。但其他人好像根本就不在乎臭味。但是这还不算完，到了晚上，有些代表干脆直接在房间外的走廊上方便。第二天早上，我指给了志愿工作者看，但没有一个人愿意打扫，而且我发现即使我动手去扫，也没有人愿意过来帮忙。之后，情况虽然有所改进，然而时至今日，随地大小便的代表还大有人在，而且所有的志愿者都不愿意打扫。我猜，假如大会延长会期的话，那种情况是极易引发瘟疫的。

从事文书和听差

两天之后国民大会党就要开会了，我决定为国民大会党的办事处提供服务，以便积累一些经验。抵达加尔各答之后，日常的斋戒沐浴完毕后，我就赶往了国民大会党的办事处。

巴布·普本德罗纳斯·巴秦和戈沙尔先生当时担任秘书。我找到普本巴布（Babu）[①]，毛遂自荐要求一些工作。他看了我一眼之后，说："我这边需要做的事情很少，也许戈沙尔巴布能让你做些事情，请去找他吧。"

就这样我去找了戈沙尔先生，他瞥了我一眼，笑道："我只能让你做文书，你愿意吗？"

"当然可以，"我说，"只要是我能胜任的事情，我都乐于去做。"

---

① "巴布"是"先生"的意思。

"这个态度倒是非常正确的，小伙子，"他这样说。然后他对着身边的志愿工作者们说："你们听到这位小伙子说的话了吗？"

他又转回头跟我说："好吧，这边需要处理一大堆信件，请坐在那把椅子上开工吧。你也看见了，成千上万的人都来找我，这让我如何是好？我是接待他们呢，还是坐下来答复这些源源不断的琐碎来信呢？我还没有找到一位能够很好地完成这份工作的文书。这些信件大部分没什么特别的内容，但是还请你全部看一遍，把那些应该答复的答复好。假如是需要思考一下再答复的，就拿给我。"

这样的信任让我感到愉悦。戈沙尔先生安排给我工作时，并不知道我的来历，后来才问过我。这件工作非常简单，我很快就处理完毕了，这让戈沙尔先生感到特别高兴。他非常健谈，因此经常一聊就好几个小时。当他了解了我的一些情况之后，对于安排我当文书这件事感到很抱歉。我安慰他说："您不要多心，我在您面前不算什么。您为了大会的工作忙得头发都白了，而且您是我的长辈，我只不过是一个没有经验的晚辈而已。您如此信任我，让我做这个工作，实在让我感激不尽。此前我打算为大会做一些工作，是您给了我这个难得的机会，才让我了解到了这些详细的情况。"

"实际上，"戈沙尔先生说，"这是一个正确的态度，可惜现在的青年认识不到。当然，自从大会成立的那天开始，我就非常了解它。关于大会成立这件事，除了得力于休谟先生（Mr.A.O.Hume）[①] 以外，我也有一份功劳在其中。"

于是，我们就成了好朋友。他还坚持请我和他一起吃午饭。戈沙尔先生穿衣服时总让佣人给他系扣子。我会自动承担起佣人的职责，而且我非常乐于这样做，因为我一直都非常敬重长辈。当他了解了我的想法之后，也就不介意我的这种私人服务了。事实上他还是很高兴的。他请我帮他扣衣服时，总会说："现在你了解了吧，大会的秘书忙得连系扣子的时间都没有，总是会有很多事情让他忙得团团转。"戈沙尔先生的天真让我感到非常有趣，我也完全没有因为这些举手之劳而感到丝毫不快。因为我从服

[①] 住在印度的一位英国退休官员，在英印政府的支持与鼓励下提议于1885年成立国民大会党。

务过程中获得的益处是难以估计的。

没过了几天，我就大致了解了大会的工作，也见了大部分的领导者。我观察了戈卡尔和苏伦德罗纳斯这类中坚人士的言行。我发现很多时间都浪费了，同时也意识到英文在我们的事务中占据了重要位置，这让我非常不舒服。没有人关心如何节省精力，如何高效率做事，往往一个人能做的事情却要好多人一起做，而且还有很多重要的事情根本没人去做。

我对自己看到的这些事情颇有微词，好在我内心有足够的仁慈宽容，因此我认为在那种情况之下，实在也没有办法做得更好了，这种想法让我不会低估任何工作。

参加国民大会

我终于有机会参加了公民大会。高深宽大的天幕，着装庄重得体的志愿工作者，还有那些坐在主席台上德高望重的前辈们，这些都让我肃然起敬。身在如此大型集会中，我几乎不知所措了。

主席致辞的讲稿足足有一本书的厚度，想要从头至尾全都读完是不可能的，因此他只读了其中几段。

主席讲话完毕后，接着进行的是提案委员会的选举。戈卡尔带我去参加了委员会的会议。

费罗泽夏爵士自然赞成我的提案，然而我不清楚这份提案将由何人于何时向提案委员会提出。会上，每一份提案都用英文作以冗长的发言，而且背后还有一些知名人士的支持。在那些政界老手的响亮锣鼓声中，我的提案仅是其中的一个微弱笛音，随着夜色降临，我的心跳得愈加厉害。印象中，如果是最后在会上提出的提案都是在匆忙间通过的，因为大家都着急着要离开了。已经是夜里11点了，会前我已经见过了戈卡尔，他看了我的提案。所以我就靠近他低声说："请务必帮忙！"他说："你的提案一直在我心里。虽然他们现在都是草率地通过了各种提案，但我不会让你的提案也那样一带而过的。"

"我们今天的任务就这样结束了吗？"费罗泽夏·梅赫达爵士问道。

"不，还有一个有关南非问题的提案。甘地先生已经等待很久了。"戈卡尔高声说道。

"你看了他的提案了吗？"费罗泽夏爵士问。

"当然。"

"你觉得如何？"

"非常好。"

"那么，请你提出来吧，甘地先生。"

于是我颤抖着将自己的提案宣读了出来，戈卡尔附议。

"一致通过！"大家欢呼。

"甘地，你有5分钟时间做陈述。"华恰先生说道。

整个程序远不能让我满意，谁都没耐心去了解那个提案，大家都急着离开。而且戈卡尔已经看过了那个提案，因此其他人就认为没必要去了解了。从那天早上开始我就为自己的发言忧心，5分钟的时间我应该说些什么呢？我原本已做好了充足准备，但事到临头却又说不出话了。本来我决定不念讲稿，即兴发言，然而我在南非锻炼出的演讲能力这时却又消失了。

轮到我提出议案的时候，华恰先生叫了我的名字。我站起身来，头晕乎乎的，好不容易才将提案念完。当时有人印发了一首他写的有关鼓吹去国外移民的诗，我念了那首诗，并结合那首诗谈及移民南非的印侨生活上的疾苦。就在此时，华恰先生按了铃，我觉得自己并没有讲满5分钟，我不知道第一次按铃是为了提示还剩2分钟的发言时间，还以为是到时间了。之前我曾听过有人讲了半个小时甚至45分钟，也没被铃声打断。所以我感到自尊心受到了伤害，听见铃声就立即坐了下来。当时我幼稚地认为，那首诗已经包含了对费罗泽夏的回应。那项提案应该是会顺利通过的，大会的来宾和代表之间不存在什么差别，每个人都举手表决，所有提案都一致通过，我的提案也是如此。因此对我来说，它没有得到足够重视。不过无论如何，这个提案被大会通过，这已经足够让我高兴的了。能够在大会上通过，就意味着被全国所认可，这足以让每个人感到高兴。

朝觐寇松勋爵

大会闭幕之后，为了让南非的情况引起更多关注，我需要拜会商会和各界人士。所以，我就在加尔各答住了一个月。这次我没住旅馆，而是经人介绍住在了印度俱乐部。俱乐部的会员里有几位知名的印度人，我希望通过跟他们的交往，能够让他们关注南非的状况。戈卡尔经常来这家俱乐部打台球，他听闻我还要在加尔各答住一段时间，就邀请我和他同住。我接到这个邀请之后心怀感激，不过认为去那里住并不合适。一两天之后，他亲自来接我，发现我不太好意思，就说："甘地，你是要一直留在国内工作的啊，这样客气是不行的。你应该多和人们接触，我还希望你能为国民大会党工作呢。"

在讲述与戈卡尔相处的情景之前，我打算先讲一件发生在印度俱乐部的事。

那时候正逢寇松勋爵举行自己的朝觐会，一些应邀参加的王公贵族都是印度俱乐部的会员，平时我经常能看见他们在俱乐部里穿着考究的孟加拉"拖蒂"、衬衫，还戴着围巾。但朝觐的那天，他们却穿了"坎沙玛"（Khansamas）[①]的裤子和闪闪发光的皮靴。我看到那种场景感到难受，就询问其中一人为什么这么做。

他答道："只有我们自己才清楚所遭受的不幸境遇，只有我们自己才懂得必须要忍受侮辱才能保住财富和头衔。"

"但是为何要穿'坎沙玛'的衣服和闪亮的皮靴呢？"我问。

"你觉得'坎沙玛'跟我们有什么区别吗？"他说，"仆人们是我们的'坎沙玛'，而我们，则是寇松勋爵的'坎沙玛'。假如我们不参加朝觐，就要自食其果。如果身穿日常服饰去朝觐，就是对于勋爵的大不敬。你觉得我在那边有机会跟寇松勋爵说上话吗？完全不可能！"

[①] 招待员。

我十分同情那位直言不讳的朋友，也为他感到难过。这让我想起了另外一次的朝觐。

在印度教徒大学奠基仪式上，哈定基勋爵举行了一次朝觐。王公贵族们自然前来参加，但潘迪特·马拉维亚吉特别邀请了我参加，因此我也去了。

让我感到难过的是，那些王公贵族们打扮得如同女人一样，身穿丝绸长裤和长衫，佩戴珠宝项链和手镯，头巾上面还挂着宝珠和钻石链子，在腰带上还挂着金柄的宝剑。

如此打扮并不是象征他们的忠诚，而是代表着他们的奴隶地位。我本以为佩戴这些萎靡不振的首饰是出于他们的本意，不过后来才听说在这种场合佩戴贵重珠宝是王公贵族们应尽的义务。我也听闻一些人极为反感佩戴珠宝，只有在朝觐的场合才戴。

不知道我了解到的这些情况是否准确。然而，不管他们是否在其他场合也佩戴珠宝，这样身上戴着这有女人才佩戴的珠宝来参加总督的朝觐，实在是令人难堪。

为了追求财富、权力和名誉，人们所承担的罪恶和荒谬是多么沉重啊！

与戈卡尔相处的一个月（上篇）

从与戈卡尔住在一起的第一天开始，我就感到如同回到自己的家一样。他对待我就像对待自己的弟弟那样，尽可能地了解我的需求，满足我的需要。所幸我对生活上的要求并不高，此外我也具备独立照顾自己的生活技能，并不需要别人的照顾。他对我独立自主的习惯，讲究个人卫生的习惯，坚韧不拔的个性以及规律的生活习惯有着深刻的印象，经常夸奖我。

他对我仿佛是毫无保留的，所有登门拜访他的重要人物，都为我一一引荐。其中给我留下最为深刻印象的是皮·西·罗伊医生（现为爵士）。其实他就住在隔壁，是熟客。

戈卡尔是这样为我介绍罗伊医生的："这位就是罗伊先生，他的月薪有800卢比，但自己只留下40卢比，剩余的全都捐献给了公众事业。他没有结婚，而且也不打算结婚。"

我没发现如今的罗伊医生和当年有什么不同，他还像以前那样衣着俭朴，不过如今他穿的是土布，当年穿的则是印度纺织厂生产的细布。我永远听不够戈卡尔和罗伊医生的对话，他们所谈的都是关于公共利益，或是具有教育意义的话题。他们有时也怀着痛惜之情批评一些从事公众工作的人，本来我觉得有些人是坚定不屈的斗士，现在倒是觉得他们微不足道了。

观察戈卡尔的工作就像接受教育一样令人愉快。他没有浪费每一分钟。他所建立的全部私人关系和友谊都是为了公众利益。他的全部言论都是为了国家利益着想，绝没有一点不真诚或者不诚恳之处。印度的贫穷和受到的屈辱一直是他最为关心的事情。有很多人试图引起他对其他事情的兴趣，然而他的答复都是一样的："你有你的事情，我有我的工作。我所追求的是国家的自由，唯有实现了这个目标，我才能考虑其他事情。现在仅是这项工作就足够我投入全部时间和精力了。"

我每时每刻都能感受到他对于兰纳德的尊敬，他经常引用兰纳德的话，在任何事情上，兰纳德都是绝对的权威。兰纳德逝世的纪念日（或是诞辰，我记不清）时，我正巧和戈卡尔在一起，他照例举行了仪式。当时除了我之外，他的朋友卡士华特教授和一位法官也前来参加。戈卡尔在会上讲话，深情地追述了兰纳德的生平事迹，还将兰纳德、戴朗和曼德立克三人进行比较。他赞美了戴朗的潇洒风度，认为曼德立克是一位伟大的改革家。他还举例说明曼德立克怎样热心为当事人服务的，说有一次他误了火车，为了能及时赶到法庭替当事人辩护，他竟然包了一趟专列。而兰纳德更加了不起，不仅仅是一位伟大的法官，还是一位伟大的历史学家、经济学家和社会改革家。虽然他是一名法官，但却无所畏惧地参加了国民大会党的集会，而大家对于他的睿智是那样的深信不疑，只要是他做出的决定，大家就会无条件地服从。戈卡尔在谈及那位先辈的高尚心灵和完美品质时，充满了无尽的欢乐。

那时戈卡尔有一辆马车。我一直都没发现那辆马车的必要性，一次我问他："你出门不能坐电车吗？难道乘坐电车会有损你作为领导者的尊严吗？"他听了我的疑惑后感到有些难过："怎么你也不理解我？我只不过是将公家的津贴用在个人享受方面。我也非常羡慕你能自由自在地坐着电车四处走，但是抱歉我不能那样做。假如你也成了我这样的公众人物，想要搭乘电车，虽然不是不可能，但却是十分困难的。大家没有道理怀疑一个领导者所做的任何事都为了个人享受。我喜欢你简单的生活方式，然而像我这样的人，是不能避免一些花销的。"

他的答复让人满意，然而他并没有给我另外一个问题以满意答案。

"但是你甚至不出门散步，"我说，"你总是觉得身体不舒服，这没有什么好奇怪的。难道为了公众服务，就找不到时间锻炼身体吗？"

他答道："我哪里有时间去散步呢？"我十分尊重戈卡尔，从来不敢和他顶嘴。即使这个回答并不让我满意，但我却不愿再说话了。不管是当时还是现在，我都相信，无论一个人有多少工作，每天还是要找时间锻炼身体的，就像每天都得吃饭一样。我个人的浅见是运动非但不会损耗一个人的工作能力，反而能增强工作能力。

与戈卡尔相处的一个月（中篇）

借宿在戈卡尔家中期间，我经常外出。

我曾经对南非的基督教朋友们承诺，回到印度之后会去拜访一些印度的基督教徒，了解一下他们的情况。之前就听说过巴布·卡立恰朗·班纳济，我对他非常敬佩。他积极地参与国民大会党的工作，这和大多数印度基督教徒不参加国民大会，而且将自己孤立于印度教徒和穆斯林之外的情况是非常不一样的，因此我对他没有任何疑虑。我告诉戈卡尔自己非常想见他，戈卡尔说："你去见他有什么用呢？他是一位好人，但是我担心他无法让你感到满意。我与他很熟，如果你非常想见他，当然没问题。"于是我和班纳济约见会面，他立即应允了。我去拜会他时，他的夫人正卧病在床，生命垂危。他的住所十分简陋，在国民大会上，他穿的是西装，我非常高兴地发现这次他穿的是孟加拉"拖蒂"和衬衫。我喜欢他的俭朴穿着，尽管当时我穿的是一件波希上衣和裤子。我慢慢地将困难告诉了他，他问："你相信人性本恶的说法吗？"

我答道："是的，我相信。"

"很好，印度教对于这个问题没有提供解脱之道，不过基督教解决了这个问题。"他接着说,"死亡是人类为自己的罪孽所付出的代价,而《圣经》则教导我们,得到救赎的唯一方法是将自己交给耶稣。"

我提出了《薄伽梵歌》中有关虔诚之道的内容,和他辩论后也没有什么结果。我感激他的好意,即使他的说法并没让我满意,但是这次会面对我是有帮助的。

在那段时间,我经常穿梭于加尔各答街头,步行去了很多地方。我拜见了米特法官和古鲁达斯·班纳济爵士,希望他们能支持我在南非的工作。除此之外,我还见了拉加·皮亚立穆罕·穆克琪爵士。

卡立恰朗·班纳济此前跟我提过迦里神庙,特别是在我从书中读过很多有关这座神庙的故事之后,就更急着去一探究竟了。于是,我择日前往。米特法官的家也在同一个地区,我就在拜会他的那天顺便去了神庙。在路上,我看见羊群被赶去神庙屠祭迦里神,还有成群的乞丐沿着通往神庙的小巷行乞,一些化缘的僧侣掺杂其中。就算是那时,我也坚决反对为那些身强体壮的乞丐提供施舍。他们一拥而上跟随着我,这时有个坐在走廊上的人拦住我,与我搭讪:"我的孩子,你要去哪儿啊?"我告知了他。

他请我和同伴坐下来跟他聊聊,我们照做了。

我问他:"你觉得这样宰杀牲口祭祀就是宗教吗?"

"谁会认为杀生是宗教呢?"

"那你怎么不动员人们提出反对呢?"

"那并不关我的事,我们要做的就是拜神。"

"你们不能另外找一个地方拜神吗?"

"对我们来说,所有的地方都一样。人群就像羊群,跟着为首的人向前走,至于要去哪儿,和我们'沙陀'没有关系。"

我们没有在这个话题上和他继续纠缠,于是起身走向神庙。我们看见了血流成河的场景,我实在无法忍受,觉得又恶心又难受,实在永生难忘。

那天晚上,我应邀参加了孟加拉朋友的餐会,我和一位朋友说起了这种残忍的拜神方式,但他却说:"羊在那时是根本没有感觉的,嘈杂声和擂鼓声能将所有痛苦的感情僵化。"

我无法接受这个说法,我告诉他,假如羊会说话,它们一定有不同的见解。我认为这种残忍的风俗应该被禁止,我想起了佛陀救生的故事,可惜我无能为力。

直到现在，我依然秉持着和当时相同的见解。一只羔羊的生命，其珍贵程度并不亚于一个人的生命。我不愿为了人的利益而牺牲羔羊的性命，越是弱小无助的生物，就越应该得到人类的保护，人类不能粗暴地对待它。然而那些没有资格去服务的人，自然无法给它们带来什么保护。在将那些羔羊从不洁的牺牲中拯救出来以前，我必须要经历更多的自我清洁和牺牲。如今我甚至觉得自己应该为了实现这种自我清洁和牺牲而死。我一直向上天祈祷，希望有大慈大悲的伟人（无论男女）降生在这个世上，将我们从沉重的罪孽中拯救出来，也将那些无辜的生灵拯救出来，净化那些神庙。以孟加拉全部的知识、智慧、牺牲精神和崇高感情，怎能容忍发生这种屠杀呢？

与戈卡尔相处的一个月（下篇）

那种以宗教名义而大开杀戒的祭祀方式，增加了我想要了解孟加拉人生活的欲望。我之前读过也听说过有关梵教团①的很多情况。关于普拉达布·昌德罗·马俊达的生平事迹，我也有所耳闻。我参加过几次有他发言的集会，还曾颇有兴趣地阅读了他撰写的关于克沙夫·昌德罗·沈的传记，从中了解了沙达朗梵教团与阿迪梵教团的不同之处。我还见过潘迪特·许樊纳斯·萨斯特立，也在卡达瓦特教授的陪同下探访了玛哈希·戴文特罗纳斯·泰戈尔，不过因为当时禁止他会客，我们并没有能见到他。但是，我们都受邀参加了在他家里举办的梵教团庆祝会，听到了优美的孟加拉音乐。后来，我成了孟加拉音乐的爱好者。

见识了梵教团之后，如果不去看看史华密·维卫康纳，就一定会有遗憾了。所以我就兴致盎然地前往贝禄·玛斯，路上大部分时间都在步行。我非常喜欢爱玛斯幽静的环境，那里适合隐居。不过到了那边却听说史华密当时住在加尔各答的家，而且卧病在床，不能会客，这让我顿时失望怅然。

---

① 孟加拉梵教团成立于1828年，1886年因戴文德罗纳斯担任团长，其影响也随之扩大。戴文德罗纳斯和克沙夫为梵教团开设了神学院，用于从事高等神学研究，梵教团的主要工作是宣传印度教。

之后我打听到了尼维蒂妲修女的住址，于是就去乔林居大厦看她。她的家装饰得富丽堂皇，这让我有些吃惊，而我们也话不投机。我将这些情况讲给戈卡尔，他说我和她那样轻浮的人说不到一起去不足为奇。

后来，我又在贝斯敦济·巴德夏先生家里见过她一次。我进去的时候，正赶上她和巴德夏先生的老母亲在谈话，于是我就为她们充当翻译。虽然我与她完全没有相同观点，但却无法不重视和佩服她对于印度教的热爱，之后我还阅读了一些她的著作。

一般情况下我将一天的时间分成两半：一半时间为南非的工作而到处拜会加尔各答的名人，另一半时间则用来参观和研究当地的宗教及公共团体。有一次，我在穆立克博士主持的会上演讲，内容是介绍印度救护队在布尔战争期间的工作。我和《英吉利人报》有过交情，这对于我目前的工作也非常有帮助。当时报纸的主编宋达斯先生得了病，不过他还是如同1896年时那样给予了我莫大帮助。戈卡尔很欣赏我那次的发言，他听说罗伊医生也非常赞赏我的演讲后，感到很高兴。

与戈卡尔同住让我在加尔各答的工作开展得很顺利，我有机会与孟加拉最有名望的家族来往，而且这也是我与孟加拉密切接触的开始。

在这值得怀念的一个月里，发生的很多事情我只能略去不谈。我要简单说一下我前往缅甸游玩的经历，以及那边僧侣的状况。看到那边僧侣浑浑噩噩的样子，让人心里很是难过。我参观了大金塔，很不喜欢当地神庙中燃着的很多小蜡烛，而且圣殿里还有成群结队的老鼠，这让我想起了史华密·达衍纳德在摩尔维的经历。缅甸妇女自由且有活力，非常可爱，但是那里的男人好逸恶劳，实在令人痛心。在那短暂的逗留期间，我也看出来仰光并不能代表缅甸，就如孟买不能代表印度一样。在印度，我们已经成了英国商人的经纪人，但在缅甸，我们居然和英国商人联合起来将缅甸人变成了我们的经纪人。

从缅甸回来之后，我就与戈卡尔告别了。这次离别让人十分不舍，不过我在孟加拉，或者确切地说，是在加尔各答的工作已然结束了，没有再住下去的必要了。之前我就想过，在回国定居之前，应该乘坐三等车厢环游印度，亲身体验一下三等车厢乘客的痛苦。我将这个想法说给戈卡尔，一开始他觉得我的想法非常可笑，但是听我说明了意图后，就欣然赞同了。

我打算先去贝纳勒斯拜访正在病中的贝桑特夫人。既然是乘坐三等车厢的旅行，就应重新给自己配齐装备，戈卡尔送给我一个金属制的餐盒，里面盛满了甜点心和油饼。我花了12安那买了一个帆布袋，还买了一件恰亚（Ohhaya）①羊毛长外套。帆布袋里面仅装了那件外套，一条"拖蒂"，一条毛巾和一件衬衫。此外，我随身携带了一条仅够自己盖的毯子和一只水罐。完成这些准备工作后，我就出发了。戈卡尔和罗伊医生去车站送行，本来我跟他们说不必麻烦来送，但他们依然坚持。戈卡尔对我说："如果你坐的是头等车，我就不来送行了，不过现在一定要来送。"

戈卡尔进入车站月台的时候，没有人阻拦他。他戴着丝绸头巾，身穿夹克短外衣和"拖蒂"。罗伊先生身着孟加拉服装，而他却被查票员拦住了，戈卡尔向他们说明了这是他的朋友之后，才被放行。就是这样，我带着他们的美好祝愿，踏上了旅途。

在贝纳勒斯

那次旅行的起点是加尔各答，终点是拉奇科特，我打算沿途只在贝纳勒斯、阿格拉、斋浦和巴兰埔稍作停留。除此之外，我没有更多时间去其他地方。在这几个城市我基本都只停留一天，而且就像普通香客那样住在福舍（Dharmashalas）②，唯独在巴兰埔是例外。记得我那次旅行消费只有31卢比（包括车费在内）。

乘坐三等车厢旅行时，我基本都选择坐普通车而非邮车，这是因为我清楚邮车不仅拥挤，而且车费也贵。现在的三等车厢还是非常肮脏，厕所也糟糕，跟当年没什么太大区别。可能也是稍微有所改善的，不过头等车和三等车的设备悬殊依然很大，与二者在车票价格上的差距来比，是不成比例的。三等车的旅客得到的是对羊群那样的待遇，因此他们得到的舒适程度也就是羊群的舒适程度。在欧洲时，我也经常乘坐三等车，只有一次

① 属于布尔班达邦的一个地区，以盛产羊毛制品而闻名。
② 免费让香客休息的场所。

坐了头等车，也不过是为了看那里究竟如何。不过我注意到头等车和三等车的差距并没有像印度那样悬殊。在南非，三等车的乘客多数是黑人，但也比我们舒适很多。南非一些地方的三等车厢甚至还有卧铺和有弹簧的座位，并且座位也是有限额的，那样可以避免发生过分拥挤的情况出现。但在印度，我发现乘客的数量经常超过了正常的限额。

铁路部门对于三等车厢乘客的舒适感是毫不关心的，加之乘客本身就很脏，没有好的卫生习惯，对于一个爱干净的乘客而言，乘坐三等车厢绝对是一个巨大的考验。他们基本上都乱扔垃圾，随时随地吸烟，嚼槟榔叶子和烟草，将整个车厢当成了痰盂，又吵又闹，还说脏话，完全不在乎他人感受。我发现1902年时乘坐三等车厢的体验，与1915年到1919年时的体验没什么差别。

对于这种恶劣环境，我只能想到一个补救方法，即通过让那些受过教育的人都去搭乘三等车的方法，以改正人们的不良习惯。此外，也不能让铁路部门闲着没事，如果我们有需要就要提出意见，千万不要只为自己的舒适就贿赂或者采取不正当手段，不应允许任何有关人士违规。如果这样做，我相信会极大地改进现状。

在1918年到1919年期间，我生了一场大病，这迫使我必须放弃乘坐三等车旅行。这是一件一直让我又难过又羞愧的事，特别是当时正处于为三等车厢乘客解决困难的宣传工作已有眉目之时，我却无法继续旅行。那些贫苦的铁路和轮船乘客的痛苦，却因他们自己的不良习惯而加深，政府又给予对外贸易过多便利，还有诸如此类的事情造成的后果，是需要一两个具备胆识和毅力的人将其当作终生事业来进行改革的。

有关三等车厢乘客的问题我就写到这里，现在我打算说一下自己在贝纳勒斯的经历。早上抵达那里之后，我决定去一个有"潘达"（Panda）[①]的地方住下。刚下车，就有无数的婆罗门围上来，我在其中找了一位最干净且给我留下良好印象的人。事实证明我的选择是正确的。他在院子里养了一头母牛，房子有两层，我住在了楼上。按照传统规矩，我在去恒河沐浴之前是不能进食的。于是这位"潘达"就忙着为我张罗了起来。我事先跟他谈好最多

[①] 即婆罗门僧侣，也是圣地的向导。

只能付 1 卢比 4 安那的小费，请他在帮我准备东西时记住这一点。

这位"潘达"同意了。"无论香客是富翁还是穷人，"他说道，"我们都提供相同的服务，而且我们收小费的金额也是完全依照香客的心意和能力而定。"我完全没感觉那位"潘达"对我接待有不周之处。"普佳"（Puja）[①] 在 12 点时结束，之后我前往迦尸的毗湿奴神庙参拜。在那边遇到了一件极为令人痛心的事。1891 年我在孟买当律师的时候，曾去普罗坦纳社的礼拜堂上听过一次有关"去迦尸进香"的演讲。因此，我在思想上已经不抱奢望，但是没想到失望比自己想象的还要大得多。

通向神庙的小巷又窄又滑，非常吵，有很多苍蝇，加之卖货人与香客们嘈杂的声音，让人非常不舒服。原本人们来到这里是为寻找冥想和神游的氛围，但显然这里没有这种气氛。实际上，人们渴望的气氛只有凭借自己的内心才能寻找到。我也确实见过虔诚的人们彻底处于冥想之中，完全意识不到周围的喧嚣。但是，在这方面实在无法信任寺庙负责人。僧侣们有责任在寺庙内外营造并保持纯洁、恬静的氛围，不仅包括肉体上的，还有精神上的。但是我感觉不到这种气氛，那里只不过是狡猾的小商人们贩卖甜点心和玩具的市场。

一到寺庙门口，就有人先给我一束已经凋零的花。寺庙的地面铺着精致的大理石，但却被那些不懂美感的善男信女们弄碎了，他们捐钱建造的是一个精美的"垃圾箱"。

我走进了"茆纳－伐辟"（知识之井），想寻觅神灵的踪迹，不过没能找到，所以我心情不太好。"茆纳－伐辟"周围的环境也很肮脏。我没有心情付小费，于是只拿出了一个铜板。那位负责的"潘达"生气了，他扔掉了那枚铜板，并且咒骂我："对我侮辱会让你堕入地狱！"

我倒是没有因此感到不安。"王爷，"我说，"无论我的运气怎样，你这个阶级的人都不应该说这种话。你要不就拿走这枚铜板，不然就什么都拿不到。"

"滚开，"他答道，"我才不在乎你的铜板。"接下来是一连串的咒骂。我捡起那枚铜板就离开了，心里正庆幸着我少花了一个铜板，但是那位王

---

① 指拜神。

爷并不甘心失去那枚铜板，又将我叫了回去："好了，留下那枚铜板，我不和你计较了。如果我不收下，对你也没好处。"

我一言不发地将那枚铜板又给了他，叹了口气后走开了。之后我又去过迦尸神庙两次，不过是在我为"玛哈德玛"（Mahatam）[①]的称号而苦恼之后的事情了，如同上文所述的经历不再出现。人们急于参拜我，而不让我去那座神庙。成为"玛哈德玛"的苦恼，唯有"玛哈德玛"自己才清楚，那里的肮脏和喧嚣至今依然如故。

假如有人对于神灵的大慈大悲有所疑惑的话，就请到那些圣地去看看吧。人们将虚伪和背叛都归罪于瑜伽派的神祇，这给他的神圣之名带来了多少屈辱？他早就说过"种瓜得瓜，种豆得豆"这个训诫了。

"羯摩"的法则是亘古不变的，也难以逃避，因此实在不需担心。他立下了这个法则之后，就悠闲地离开了。在参拜过那座神庙之后，我就等待着贝桑特夫人的接见。我听说了她刚大病初愈。我递上名帖，她马上出来会见我了。由于我求见她是想表示问候，于是我说："听闻您身体欠佳，我就是前来问候而已，您虽然身体不舒适，去还出来会见了我，非常感谢您的深厚情谊，我就不再占用您更多时间了。"

说完这些，我就向她告辞了。

定居孟买

戈卡尔非常急切地盼望我去孟买定居，一边做律师，一边帮助他进行公众服务。那时的公众工作主要指的是国民大会党的工作，而戈卡尔所负责的工作就是大会的行政管理。

我喜欢戈卡尔的建议，然而对于我是否能当好律师却没有信心。此前的诸多失败的、不愉快的经历依然记忆犹新，但对于使用谄媚手段得到业务的方式，我依然深恶痛绝，就如同憎恶毒药那样。

所以我决定还是先在拉奇科特开展业务。柯华尔朗·马福济·达维还

[①] 直译为"伟大的灵魂"，现多翻译为"圣雄"，是印度人对于甘地的尊称。

在那里，他一向对我寄予厚望，当初就是他力劝我去英国留学的。他立即交给我三个案子，其中两个是要去卡提亚华政治监督官的司法助理官那边上诉，另外的那个是嘉姆纳伽的旧案。最后那个案子非常重要。我告知他，这个案子我没有把握能够胜诉。柯华尔朗·达维大声地说："不管是胜诉还是败诉，都跟你无关，只要你尽量努力就可以了，我当然会帮助你的。"

对方的律师是沙玛兹先生（已故），我做了充分的准备。虽然我并不精通印度法律，但是达维先生给予了我十分明确的指示。在去南非之前我就听朋友们说过，费罗泽夏·梅赫达爵士对于见证法了然于心，他获得成功的秘诀正是在此。我将这一点牢记于心中，在前往南非的途中，我曾经对于印度见证法以及评注进行了认真深入的研究。当然，我在南非所获得到的从业经验，也会对目前的工作非常有帮助。

之后，我赢了这场官司，也增加了自信。至于另外两起案件，我原本就不担心，而且都胜诉了。这些激起了我的希望：即使是在孟买营业，我也未必会失败。

但是在我叙述自己是在何等形势之下决定前往孟买之前，我想说一说自己所看到的那些英国官员完全无视民间疾苦的情况。司法助理官的法庭是巡回性质的，四处流动，因此律师和当事人都得跟着走。一旦律师外出办案，就必将增加收费，当事人就得承担双份开销。然而，法官对其他人的不便完全是漠不关心的。

我在前文中提及的一起上诉的案子打算在维罗瓦尔开庭，那里正在闹瘟疫。我记得那个地区的人口不过五千五百人左右，每天的病例却高达五十起。实际上那里十分荒凉，我不得不住在距离城区较远的一个福舍中，但我的当事人住到哪里去呢？假如他们是穷人，那就只能祈求神灵保佑了。

我的一位朋友在那个法庭上也有几个案子，他给我发了一封电报，让我说明由于维罗瓦尔正在闹瘟疫，所以向法庭申请转移到其他地区开庭。我递交了申请书，那位官老爷就问我："你害怕在这边开庭吗？"

我答道："我怕不怕倒不是什么问题，我可以随时搬来搬去，但是我的当事人怎么办呢？"

"瘟疫在印度已然成为家常便饭了，"那位官老爷答道，"为何要恐惧呢？维罗瓦尔的气候很好，人们应该学会过这样的露天生活。"这位官老爷就住在远离城镇的海边,他在那里搭建起了一座宫殿式的大帐篷。

与他这等荒唐的哲学去争论是无用的,那位官老爷对自己的文书说:"记下甘地先生说的话,让我看看律师和当事人是不是真的感到不便。"

那位老爷最终还是按照他自以为正确的方式去办事了,他这种人怎会去替那些贫苦的印度人考虑呢?怎会去了解人民的需求、习惯、特性和风俗呢?一个习惯用金币来衡量事物的人,怎会马上适应用铜板来计算呢?虽然我们都对于这个世界予以最美好的期望,但就像一头大象想不到蚂蚁所考虑的事情一样,英国人也不会去考虑印度人的利益,或者说为了印度人的利益而立法。

接着讲前文没有结束的故事。虽然前面的三个案子让我获得了一些成就,不过我还想在拉奇科特多住一段时间。但是有一天,柯华尔朗·达维跑来对我说:"甘地,我们不愿你在此埋没,你必须定居孟买。"

"但是到了那边谁能为我介绍业务呢?"我问,"你能帮我解决开销问题吗?"

"我当然可以,"他说,"我们还会时常将你当成大律师从孟买请回来的,而且,写诉状的工作我们也会派人送到你那边。一位律师的成功还是失败,就都看我们这些讼师的了。你在嘉姆纳伽和维罗瓦尔已然显示出自己的实力了,因此我不再为你担心。你注定是要从事公众工作的,我们不能让你的满腹才华埋没在卡提亚华。所以告诉我,你打算什么时候去孟买?"

"等纳塔尔汇来一笔钱之后我就出发。"我答道。

两周之后,钱汇到了,于是我动身去了孟买。我在裴尼、吉尔伯特和沙衍尼的事务所挂了牌,就这样在孟买定居下来。

遭遇信仰考验

即使我在福特地区租了事务所,在齐尔关租了住处,然而神灵却不让我安顿下来。在搬进新居不久之后,我的二儿子曼尼拉尔就患上了严重的伤寒,还伴随肺炎和夜间呓语的症状,他在前几年还出过一次严重的天花。

我们请了医生来。他说服药的效果不大,如果给孩子吃鸡蛋,喝鸡汤可能会有好处。

曼尼拉尔年仅十岁，征求他的意见是不现实的。作为他的监护人，我必须拿个主意。那位医生是一位非常好的波希人。我告诉他，我们全家全都吃素，我无法让儿子吃那两样东西，所以能否推荐其他食物呢？"你儿子生命有危险，"好心的医生说，"我们可以让他喝一些兑水的牛奶，但这是这样他依然无法获得足够的营养。要知道，很多印度教徒家庭都找我看病，他们并不反对我开的方子。我建议你在对待自己儿子的问题上不要如此固执。"

"您说的都没错，"我说，"身为医生，您的职责在此。不过我的责任也非常重大，假如这个孩子已经长大成人，我定会征求并且尊重他的意见。但是现在，必须让我来替他考虑这个问题，而且要替他做决定。只有在此时，一个人的信仰才面临着真正的考验，对错是非都在一念间。不吃肉、鸡蛋等食物，属于我们宗教信仰的一部分。哪怕是作为维持我们生命的手段，饮食也必须有个限度。就算是为了生命本身，一些禁忌也是绝对不可以破除的。据我了解，即使是在当下这种情况，我们的宗教信仰也不允许我或者我的亲人用肉或者鸡蛋来治病，因此我无法采用您的治疗方法。但是请您做一件事情，我打算尝试一下碰巧学会的水疗法，但不知道怎样给孩子的脉搏、胸部、肺部进行健康检查。倘若您可以费心随时来我家中为他检查，并告知我检查结果，我将不胜感激。"

那位好心的医生体谅了我的困难，并且接受了我的请求。虽然曼尼拉尔自己还不能做出选择，但我还是将医生与我之间的对话告诉了他，并且征求他的意见。

"那就请您尝试一下水疗法吧，"他说，"我不吃鸡蛋，也不喝鸡汤。"

这让我感到欣慰，其实我明白如果我让他吃其中某样，他也会吃的。

我懂得库赫尼疗法，之前也尝试过，还知道绝食会有帮助。所以我就开始采用库赫尼疗法为曼尼拉尔进行坐浴，让他每次坐在水盆里三分钟，与此同时，连续三天喂他兑了水的橘汁。

但是他还是高烧不退，温度甚至高达华氏 104 度①。到了晚上，他就陷

---

① 即摄氏 40 度。

入了昏迷，这让我无比焦虑。人们会如何看待我呢？我的哥哥又会怎样看待我呢？我们能不能请其他医生来？为什么不去找一位"阿育吠陀"医生呢？身为父母有什么权力将自己的主意强加于自己儿女身上？

诸多念头缠绕在我心中，接下来我产生了一个完全相反的念头。神灵定会乐于看见我用在自己身上试验过的疗法治疗我儿子的。我相信水疗法，不太相信对抗疗法。医生也无法保证他们的治疗方法能够治好我儿子，他们顶多是尝试而已。实际上生命之线都操纵在神灵手中。为何不相信神灵并且以神的名义继续坚持我心中正确的治疗方法呢？

我被这两种相互冲突的思想所折磨。已经深夜了，我躺在曼尼拉尔的床边，打算用一条湿被单将他包裹起来。我起床泡湿了一条被单，将水拧干，用它包裹着曼尼拉尔，只把他的头露出来，又盖上两条毛毯，还用一条湿毛巾为他敷头。他整个身体发烫如同一块烧红的铁，而且又干，身上没出一点汗。

那时我已然精疲力尽，我将曼尼拉尔交给妻子照顾，然后自己出门去乔巴底散步，呼吸一些新鲜空气。那时已经晚上10点了，路上行人非常少。我沉浸在自己的忧思之中，几乎无视行人。"神啊，在这保守考验的时刻，我的荣誉在您手中。"我心中反复默念着，嘴里诵念"罗摩那摩"。过了一会儿，我回了家，心怦怦地直跳。

我刚进门，就听见曼尼拉尔说："爸爸，是你回来了吗？"

"亲爱的好孩子，是我。"

"请将我搬出去吧，我浑身热得厉害。"

"孩子，你出汗了吗？"

"我浑身上下全都湿透了，请将我搬出去吧。"

我摸了他的额头，真的大汗淋漓，温度降下去了，感谢神灵！

"曼尼拉尔，你现在一定是快要退烧了，再出一些汗，我就把你搬出去。"

"不，求求你，爸爸，快把我从这个火炉里救出来吧，以后再裹吧。"

我尽量给他讲一些有趣的故事，又哄了他几分钟，他汗如雨下。之后，我解开包裹在他身上的被单，把他身体擦干。我们父子俩就躺在一张床上呼呼地睡着了。

我们俩都睡得像木头似的，第二天早上，曼尼拉尔的高烧退下去了。

在接下去的四十天里，我们只喂他喝兑水的牛奶和果汁。那时，我已经不恐惧了。曼尼拉尔患的是一种非常顽强的高烧，不过终于被制服了。

如今，曼尼拉尔是几个孩子里面最为健康的一个。谁知道他的康复是由于神灵的恩典，还是要归功于水疗法，或是由于耐心的看护和饮食调理呢？让人们根据自己的信仰来判断吧。我相信是神灵挽救了我的荣誉，直到今天，我依然坚信不疑。

再次奔赴南非

在曼尼拉尔康复之后，我发现齐尔关的房子不适合居住，不但潮湿，而且光线也不好，所以我与列瓦商卡·贾吉望先生商量，决定在孟买郊区租一栋即通风好又有走廊的房屋。我在班德罗和珊塔·克罗兹附近寻找了一段时间，班德罗有一家屠宰场，因此不能选那里。喀特科巴及其附近的地方距离海太远。最终我们在珊塔·克罗兹找到了一栋不错的房子，卫生条件也算比较好，所以我们就将其租下了。

我们购买了从珊塔·克罗兹到赤契喀特的头等火车季票，还记得当时自己经常为此感到自豪，因为头等车厢经常只有我一位乘客。我也时常步行去班德罗搭乘直达赤契喀特的特快火车。

我的律师业务兴旺得出乎意料。在南非的当事人经常会交给我一些工作，这些已经可以满足我的日常开销了。

当时我在高等法院中没能找到什么工作，不过却参加了那时候经常举行的"辩论会"，尽管我一直缺乏勇气参与辩论。还记得在所有参与者当中，贾米亚特朗·纳纳巴伊表现得十分出众。像其他新入行的律师一样，我去高等法院旁听的目的，与其说是为了增加见识，不如说是为了享受从海上吹来的令人迷醉的微风。我也发现了享受这种乐趣的人绝对不止我一个。看上去这似乎已经成为一种时髦，因此我并没有什么可难为情的。

之后我开始去高等法院的图书室了，也因此认识了很多新朋友，我认为用不了太久自己就能在高等法院找到工作。

就是这样，一方面我感觉自己的事业已经顺利进入轨道，另一方面戈卡尔也持续地关注着我，忙于为我的未来制订计划。他每周都来我的事务所两三次，经常会带来几个他希望我认识的朋友，而且设法让我熟悉他的工作方式。

但是神灵总是不容许我依照自己的计划行事，他以自己的方法为我做好了安排。

正在我以为自己能够如愿以偿地定居在此地时，却意外接到了一封从南非发来的电报："张伯伦有望抵达，盼速归。"我想起自己的诺言，马上回电说，只要他们的钱汇到，我就立即动身。他们很快就将钱汇过来了，于是我关闭事务所，动身前往南非。

预计至少需要在南非工作一年，因此我保留了租的那栋房屋，让妻子和孩子们留在那里。

我觉得凡是有事业心却没有在国内找到出路的年轻人，都应该去国外发展一下。所以我带了四五个这样的青年同行，其中就有摩干拉尔·甘地。

从以前到现在，我们家族始终都是一个庞大家族。我希望寻找到那些乐于另辟蹊径，敢于出国的人。我父亲还在世时，经常会收留很多族人，帮他们安排一些在政府部门的工作。我期待他们能从那种依赖中解脱出来。我不能，也不愿意为他们找工作，他们应当自食其力。

我提出了自己的想法，想方设法说服那些青年，期待他们的理想能与我的理想相一致。而我在指导摩干拉尔·甘地这件事上，的确取得了最大的成功。不过之后再写这件事吧。

再度与妻儿告别，眼看刚刚安顿好的家又被拆散，而且又从安定变成了不安定，所有这一切都让人难过，但是我已经习惯了不安定的生活状态。人活在这世上，指望过安定且一成不变的生活是错误的，这是由于除了神灵是唯一不变的真理之外，其他所有事情都是不确定的。在我们眼前和周围所出现和发生的一切，都是会改变的，是暂时的。但是，这世上唯有至高无上的神灵本身能够代表一种确定，假如有人能够看见这种确定性而且遵从神灵的指引，那么就是有福气了。生命当中最高的完美就是追求真理。

我抵达杜尔班的时间刚刚好，那边正巧有工作在等着我。而派出代表等待张伯伦先生的日期也已经定好，我需要尽快起草一份准备呈交给他的备忘录，然后和代表团一起去见他。

第四部
非暴力不合作运动

谦逊的极限，是不使用暴力。

手段上的不纯洁，必然导致结果的不纯洁。

"丧失了爱的劳动？"

张伯伦先生那次去南非是为了接受一份3500万英镑的礼物，同时也为了取得英国人和布尔人的民心，所以他对于印度代表团的态度非常冷淡。

"你要知道，"他说，"帝国政府对于自治领地是没有什么控制权的。假如你们遭受到的不公是事实的话，我会尽力帮助你们，但是如果你们想和欧洲人生活在一起，就必须尽量和他们友好相处。"

这个答复等同于给代表团成员们头上泼了一盆冷水，我也觉得失望至极。不过这倒是让我们大家认清了现实，我认为我们的工作必须要从头做起。因此，我向同事们说明了目前形势。

平心而论，张伯伦先生做出的答复也无可厚非。他直截了当地说出了倒也好，这是以一种非常文雅的方式让我们明白强权统治就是硬道理或武力的法则。

但是我们手里没有刀枪，我们的血肉之躯也不能承受刀砍枪击。

张伯伦先生在这边停留的时间非常短。如果从斯林纳伽到科摩棱海角有1900英里的距离，从杜尔班到盖普城将近1100英里，那么张伯伦先生几乎是以旋风般的速度在赶路。

他从纳塔尔匆忙地赶到德兰士瓦。我也需要前往那里为当地的印度人

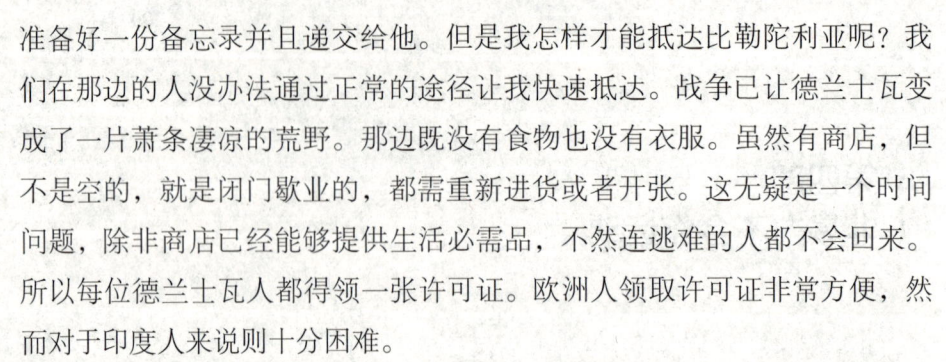

准备好一份备忘录并且递交给他。但是我怎样才能抵达比勒陀利亚呢？我们在那边的人没办法通过正常的途径让我快速抵达。战争已让德兰士瓦变成了一片萧条凄凉的荒野。那边既没有食物也没有衣服。虽然有商店，但不是空的，就是闭门歇业的，都需重新进货或者开张。这无疑是一个时间问题，除非商店已经能够提供生活必需品，不然连逃难的人都不会回来。所以每位德兰士瓦人都得领一张许可证。欧洲人领取许可证非常方便，然而对于印度人来说则十分困难。

在战争时间，很多军官、士兵纷纷从印度和锡兰两地来到南非。倘若这些人打算在南非定居，那当地的英国行政机关就有责任来安置他们。但南非的英国当局无论如何都需要委派一些新的军官，这批有经验的军人来这里很能派上用场，他们里面有一些心思很灵活的人，想出了成立新部门来安置他们自己的办法。给出的理由是，既然可以为黑人设立了一个专门的部门，那么为何不能针对亚洲人设立一个专门的部门呢？于是，一切都顺理成章了。当我抵达德兰士瓦的时候，这个针对亚洲人的新部门已经开始运行了，而且逐步扩展了自己的办公范围。那些负责给归来的难民签发许可证的官员们，本来可以将许可证签发给所有人，不过在出现这个针对亚洲人的新部门之后，不经过新部门的允许，他们可以将许可证签发给亚洲人吗？因为假如经过这个新部门的举荐后再签发给人们许可证，负责发证的官员就可以少负一些责任，减轻了负担。这就是当局所争论的问题之关键所在。然而实际上这个新部门需要有工作可以去负责，并且那些人需要获取报酬。假如没有工作，这个新部门就没有必要设立了，从而会遭到解散，所以他们就为自己找到了这样的工作。

因此印度人想回德兰士瓦就务必向这个部门提出申请，但却需要等好多天才能得到答复。由于当时想重返德兰士瓦的人过多，因此应势而生了一大批中介人或掮客。他们和官员们互相勾结，趁机大肆盘剥成千上万的印度穷人，我听说假如没有门路，就拿不到许可证，而且就算有时能够找到门路，也需要花一笔钱。如此一来，我真是无计可施了，只能去找老朋友，杜尔班警察局的局长，跟他说："请你让我见发证官，拿一张许可证。你是了解的，我原来就住在德兰士瓦。"警长立即戴上帽子出门，帮我弄到了一张许可证。当时仅距火车发车时间不到一个小时，我准备好了行李，向亚历山大警长道谢，乘坐火车前往了比勒陀利亚。

那时，我已经清晰地意识到前方有很多困难等待我。一抵达比勒陀利亚，我就起草了备忘录。在杜尔班的时候，我不记得曾有印度人预先提供代表名单的要求，但在这里有一个新部门在负责此事，必须得提供一份代表名单。但在比勒陀利亚的印度人早已听说当地官员打算把我赶走。

我会在下一章中述说这件既让人痛心，但又非常有趣的事情。

来自亚洲的专制者

当地新部门的负责官员并不清楚我是如何进入德兰士瓦的。他们盘问那些此前经常去找他们的印度人，不过那些人也说不清楚。那些官员们只能胡乱猜测，认为我可能没有拿到许可证，而是依靠此前的人际关系非法进城的。如果真是那样的话，就可以逮捕我了。

那是当时的普遍做法，"一战"结束之后，政府就被赋予了很多特殊的权力，南非的情况正是这样。政府颁布了一项维持和平法，依据这条法律，没有许可证进入德兰士瓦的人，应当受到拘捕和监禁的惩罚。当局曾讨论过依据此法令逮捕我的问题，但是官员们都没有勇气让我当面出示许可证。

于是那些官员就发电报到杜尔班查问，当得知我持有许可证后，他们很失望，不过并没有善罢甘休。即使我想办法进入了德兰士瓦，但他们还有办法阻止我等候张伯伦先生。

他们通知当地印度侨团，让其提交即将成立的代表团成员名单。种族歧视在南非当然不是罕见的事，不过我没有预料在这边自己遇到了类似在印度经常出现的那种龌龊卑鄙的官员。南非的公众组织是为了公众利益而建立的，并且对公众舆论负责，因此负责官员也保持了相当的礼貌和谦逊，有色人种多多少少也从这种部门获益了。但来自亚洲的那些官员们，却将自己的专制行为模式和专横的习惯一起带来了。南非建立起来的是责任政府或者民主政府，但伴随着亚洲官员而来的则是纯粹而简单的专制。这是因为亚洲各国没有责任政府，统治他们的都是来自外国的政权。南非的欧洲人多为定居下来的移民，他们已经成了南非的公民，并且对于政府官员有监察权。然而现在来自亚洲的专制人物们出现了，结果印度人从此被夹在魔鬼与汪洋大海之间了。

我亲自尝到了这种专制的味道。一开始我应召会见那个部门的官员，他来自锡兰。为表明我是"应召"去会见那位官员的说法并非夸张，我需要将事情讲清楚。事实上他并没有给我送来任何的书面命令。印度侨民的领导者们经常需要会见亚洲人事务部的官员，铁布·哈齐汗·穆罕玛德赛（已故）那时是印度侨民里的一位领导者。那位官员询问他我是谁，为何到这里来。

"他是我们的顾问，"铁布赛说，"他是应我们的要求来这边的。"

"那么你认为我们在这里做什么呢？莫非我们不是奉命来保护你们的吗？甘地对这里的情况能了解多少？"那位专制者问道。

铁布赛尽力回答他："你们当然在这里，不过甘地是我们的人，他懂我们的语言，也清楚我们的处境。而你们，毕竟是当官的。"

那位官员命令铁布赛将我带到他的面前，我和铁布赛以及另外几个人就去见了他。没有提供椅子给我们，我们全都站在那边。

"你为何来这边？"那位官员问我。

"我是应同胞们的请求而来的，为他们提供一些帮助和建议。"我答道。

"但是你不知道自己没有权利来这里吗？你持有的许可证是错发给你的，你必须要回去。不能在这边等候张伯伦先生。我们特地成立亚洲人事务部，就是为了保护当地的印度人的，行了，你走吧！"讲完这些话，他就将我赶走了，没有给我任何答辩的机会。

但是他却留下了我的同伴，将他们痛骂一顿，劝他们把我打发走。

他们愤愤不平地回来了。那时，我们正面临着一场始料未及的新局面。

忍辱负重

虽然那种侮辱让我非常难过，不过由于此前有过多次类似经历，我已然习惯了。所以我决定忘记这个侮辱，尽力采取心平气和的态度来解决问题。

我们接到来自亚洲人事务部主任的来信，信中提及因为我已经在杜尔班见过张伯伦先生了，所以他们认为我的名字不应出现在向张伯伦请愿的代表团成员名单里面。

我的同事们无法接受这件事，于是他们建议干脆不要组织代表团见张伯伦了。我将侨团所处的尴尬局面讲给他们听。"假如我们不向张伯伦先生请愿，"我说，"那么别人就会认为我们完全没有遭遇任何苦难。不管怎样，反正总有书面提出请愿的内容，而且我们已经准备好书面材料了。请愿书无论是由我来念还是由其他人念完全无关紧要。张伯伦先生是不会追究这件事情的。我们要忍下这口气。"

我的话音未落，铁布赛就大声叫道："难道对你的侮辱不就等于对侨团的侮辱吗？我们怎能忘记你是我们的代表呢？"

"你说得对，"我答道，"但是侨团得忍下这口气，除此之外我们还能有什么办法？"

"无论如何，为什么我们一定要忍受这样的侮辱呢？对于我们来说，还担心发生什么更坏的事呢，又有多少权利可以失去呢？"铁布赛问道。

这是一个极具气魄的回答，但是对事态的发展有何帮助呢？我已经充分意识到侨团的能力非常有限。我尽力平息大家的情绪，劝说他们请来乔治·戈夫莱先生———一位印度律师，他是来取代我的位置。

接下来，戈夫莱先生带着大家去请愿，张伯伦先生在其答复中提及了我缺席的事。"比起反复听取同一位代表的意见，换一位新人来讲不是更好一些么？"戈夫莱先生这样说，极力试图缓和气氛。

但是事情远没有结束，侨团与我们自己的工作反而因此而增加了，我们必须要从头做起。

"基于你的建议，侨团才出力帮助英国人打仗，但你看现在自己落得了什么下场！"有人说这种话嘲讽我，但是这种嘲讽没有影响到我的情绪。"我不后悔提的那个建议，"我说，"我始终认为我们参战是正确的，那样做不过是履行我们的责任。我们之所以付出并非是要求回报，我相信做好事的后果最终总是好的。让我们忘了过去，认真考虑当下的任务吧。"大家都同意了这个观点。

我接着说："实际上，你们请我来做的事情已经完成了。不过我现在还不能离开德兰士瓦，就算你们允许我回家，我还是会尽可能多待一段时

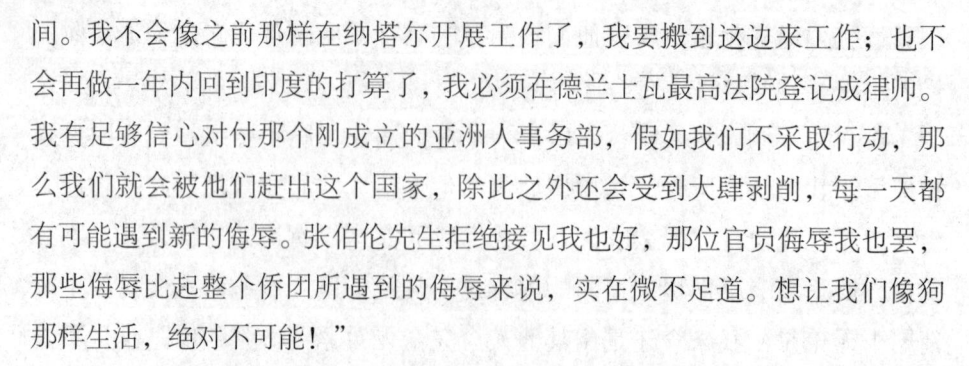

间。我不会像之前那样在纳塔尔开展工作了，我要搬到这边来工作；也不会再做一年内回到印度的打算了，我必须在德兰士瓦最高法院登记成律师。我有足够信心对付那个刚成立的亚洲人事务部，假如我们不采取行动，那么我们就会被他们赶出这个国家，除此之外还会受到大肆剥削，每一天都有可能遇到新的侮辱。张伯伦先生拒绝接见我也好，那位官员侮辱我也罢，那些侮辱比起整个侨团所遇到的侮辱来说，实在微不足道。想让我们像狗那样生活，绝对不可能！"

于是，我就趁热打铁，与比勒陀利亚和约翰内斯堡的印侨们展开了广泛磋商，最终决定在约翰内斯堡建立事务所。

我对于是否能在德兰士瓦最高法院里登记成律师，实在没什么把握。但是律师协会并没有反对我的申请，法院也予以通过。那时，印度人想在合适的地区找到几间房子当办公室是有困难的。不过幸亏我们与当地商人李琪先生有着密切交往，通过与他相熟的房屋经纪人的介绍，我们在城中司法行政区找到了几间合适的房子当事务所，就这样，我开始在此营业了。

自我牺牲精神

在讲述为德兰士瓦的印度侨民为争取权利而进行奋斗以及抵抗亚洲人事务部的行动之前，我必须得谈谈我个人的一些事情。

直到现在，我内心依然存在一种复杂的愿望，而自我牺牲精神则被这种为未来做出打算的愿望冲淡了。

大约是我在孟买开办事务所那时候，有一位美国保险经纪人也在那边。他是一位样貌招人喜爱，声音动听的人。他就像我的老友一样跟我讨论我未来的福利："在美国，如你这般地位的人，没有不买人寿保险的。难道你不为自己的未来购买一份保障吗？生命无常，美国人将买保险当成一种宗教义务来履行，我能建议你也买一份小小的保险单吗？"

之前，我对在南非或是印度遇见的所有经纪人都是冷淡对待的，因为我认为购买人寿保险意味着惧怕及对于神灵缺乏信仰。但是当时我却被那位美国经纪人的话给诱惑了，伴随他意气风发地发表的见解，我眼前浮现出我妻儿的一幅画面。"你这个人，几乎把妻子全部的首饰都卖没了。"我暗自对自己说，"假如你哪天有个三长两短的，供养妻儿的重担就会落到你那可怜的哥哥肩膀上。他已然义不容辞地担当起了父亲的责任，你还忍心让他增加负担吗？"基于类似诸多理由，我终于被说服了，购买了1万卢比的人寿保险。

但是当我到南非改变了自己生活方式之后，我的想法发生了改变。在经受考验的时候，我所采用的所有行动都是以神灵的名义而进行的，并且都是在为神灵效劳。我不知道还要在南非住上多久，恐怕是再也回不了印度了，所以我决定将妻儿接来一起生活，我会赚钱来养活他们。这个打算让我觉得购买人寿保险是可悲的，也为自己陷入了保险经纪人的圈套而感到羞愧。我想，假如真的有那么一天，一直都身代父职的哥哥，是不会将照顾我留下的孤儿寡母当成包袱的。而且我又有什么理由假设自己会比别人先去世呢？归根结底，真正的保护者不是我自己，也不是我哥哥，而是万能的神灵。我购买了人寿保险，就是剥夺了妻儿的自信心，为何不指望他们自己能够照顾自己呢？在这世上有无数贫苦人家，他们又能怎么办？为何我无法将自己当成他们其中的一员？

这种思想反复在我心中起伏，然而我没有立即采取行动。记得在南非期间我至少是交过一次保险费用的。

外在环境也支持我这一系列想法，在第一次旅居南非期间，我受到了基督教徒的影响，内心中保持了强烈的宗教情感，但现在却是在通神学者的影响下加强了我的宗教情感。李琪先生是一位通神学者，在他的帮助之下，我和约翰内斯堡的通神学者团体产生了接触。由于信仰不同，我并没参加那个团体，但我几乎和每位通神学者都有了密切的往来，每天都跟他们讨论宗教问题。他们经常诵读一些通神学的书，偶尔还会在他们的集会上发表演讲。通神学的主旨精神是培养和促进人与人之间的手足情谊。有关这个问题我们讨论了很多次，我还批评了在我看来行为与其宗教信仰不符的那些会员。与此同时，这种批评也让我自己获益，引发了我的自省。

自省的成果

1893年，在我与基督教朋友们有了密切交往时，我对于宗教还是一个门外汉。他们尽力想让我明白宗教的真谛，接收来自耶稣的福音，但当时我只是一个没有成见的谦恭的听道者而已。当时我正全身心投入研究印度教，同时也努力地了解其他宗教。

到了1903年时，情况发生了一些变化。通神学的朋友们一心想让我加入他们的团体，不过主要的用意是打算从我这个印度教徒身上得到一些宗教经验。通神学的著作深受印度教的影响，因此那些朋友就指望从我这里得到一些帮助。我对他们说我的梵文水平不够好，也没有读过印度教经典的原文，就算是译本也很少看，但他们是"沙姆斯迦罗"[①]和"普纳建摩"[②]的信仰者，坚决认为我多少能够提供给他们一些帮助。于是，我感觉自己有些鹤立鸡群了。我开始和几位朋友一起诵读辨喜撰写的《瑜伽经》，还与其他朋友诵读姆·恩·德维卫迪撰写的《瑜伽论》。除此之外，还要与一位朋友读钵颠阇利的《瑜伽修多罗》，还跟很多人一起读《薄伽梵歌》。我们成立了一个"求证教徒俱乐部"，时常聚在一起诵读经书。我十分推崇《薄伽梵歌》，其对于我有一种强烈的吸引力。现在我承认是有必要深入对其钻研的。我手中有一两种译本，我就主要依此来理解梵文原意。与此同时，我还决心每天利用早晨洗漱的时间背诵一两首。我每天洗漱需要35分钟：15分钟刷牙，20分钟沐浴。在刷牙的时候，我习惯采用西方的方式站着刷。所以我就在面前的墙上贴上一张写了几首《薄伽梵歌》的字条，以便随时背诵，强化记忆。这段时间可以满足我每天诵读新篇章和复习旧篇章。印象中我就是使用这种方法背诵了十三章。不过后来诵读《薄伽梵歌》的时间不得不被其他更为重要的工作占用了，我的时间和精力全部投入到了非

[①] 意为：前世注定的。
[②] 意为：转世。

暴力不合作运动的开创和发展之中了,直到现在依然如此。

诵读《薄伽梵歌》对于我的那些朋友到底有什么影响,只有他们自己清楚,不过对我来说,《薄伽梵歌》已经成了一部真理性的行为指南,是为我日常生活提供依据的宝典。就像翻阅英文字典来查询我不认识的生词那样,我也是凭借这部行为指南来解决自己遇到的所有疑难和考验的。《薄伽梵歌》里面有一些字,例如"阿巴里格拉哈"[①]和"萨摩婆瓦"[②]吸引了我。如何修习和保持那种"平等"是一个值得钻研的问题。一个人要怎样对待曾经遭受过的侮辱,蛮横而且腐败的官员,提出没有意义的反对意见的旧同事,以及接人待物无可厚非的好好先生?一个人要如何放弃自己及其全部财产呢?难道仅有肉体本身还不够吗?难道妻儿不也是财产吗?莫非我应该将橱柜里的书都付之一炬吗?我应当放弃所有而全身心追随神灵吗?答案是明确的:除非我舍弃所有,不然我就无法追随神灵。对于英国法律的研究给予我启发,特别是史尼尔关于平衡法的论述,因此,我更深刻地体会到了《薄伽梵歌》训诫中"受托人"的含义。所以,我对于法学的敬意增加了,并且从中获得了宗教的体验。我明白了《薄伽梵歌》中有关"不占有"的意义指的是:但凡想要获得救赎的人,都应效法受托人,他手中虽然掌控着大量财物,但是绝对不会将任何一样当成私物。这个道理十分清楚:一个人想要做到"不占有"和"平等",就必须先改变观念和态度。所以我就写信给列瓦商卡巴伊,请求他允许我取消人寿保险,将能退回的钱收回,或将已缴的保险费当成丢了算了。我已经确信,既然神灵创造了我和妻儿,就自然会照顾他们。我还写了信给我那身兼父职的哥哥,跟他说明我已将自己的所有积蓄都给了他,往后我不会再汇钱回去,我之后的收入会全部用在侨团的工作中。

想要得到哥哥的谅解并不容易,他言辞激烈地说明了我应对他负有的责任。他说我不应自认为比父亲更为睿智,我必须像他那样好好照顾家庭。但我跟哥哥说,我目前所做的正是父亲曾经做的事情,只是我让"家庭"的含义稍有扩充,然而我的做法到底有什么明智之处,以后大家会明白的。

---

① 意为:不占有。

② 意为:平等。

从此之后，哥哥就不再理我了，与我断绝了关系。我深觉不安，但如果让我就此放弃自己所认定的责任，我会更加不安的，反复权衡，我最终选择了较轻者。但是这完全无损我对于哥哥的敬爱，那份感情还是一如既往的纯洁而伟大。哥哥对于我的厚爱正是他伤心的根源所在，他并非那么需要我的钱，只是将这种做法当做我对家庭负责任的一种表现。幸亏他在晚年时原谅了我的行为。哥哥临终之际，认识到我的做法是对的，他写了一封感人肺腑的信向我道歉，像是一位父亲对自己的儿子道歉。他将自己的儿子托付给我，让我按照适当的方式来教育他们，并且表示他想要见我。他发了一封电报说他想去南非看我，我回复表示赞成，但是未能实现。他寄予自己儿子的期望，也没能实现。哥哥在动身南非之前就去世了，他的几位儿子依然在旧式的家庭气氛中长大，他们的生活方式没有什么改变。我不能将他们强行拉来，不过这并不能怪他们。"谁能够预知自己的命运呢？"谁能够抹杀一个人与生俱来的印象呢？同样，希望自己的儿女按照自己的人生经历去生活也是徒劳无功的。

这件事情在某种程度说明了父母对子女承担了一种多么可怕的责任啊！

为素食付出的牺牲

正当自我牺牲和俭朴生活的理想进一步得到了实现时，日常生活中的宗教体验也愈加活跃，我将素食视为一种使命的热情也随之高涨了起来。我只知道一种传教方式，即用自身事例来言传身教，以及与追求知识的人进行讨论的方法。

约翰内斯堡曾经有一家素食馆，由一位笃信库赫尼水疗法的德国人开设。我经常去光顾那家素食馆，而且招揽了很多英国朋友一起去。但是我明白那家店难以维持，因为其经常陷入经济困境。即便我尽可能地以自认为合适的方法提供赞助，也确实花费了一笔钱，可惜它最终还是倒闭了。

大多数的通神学者基本都是素食者，那时，团体中一位有事业心的女士开了家规模很大的素食餐馆。她是一位热衷于艺术，善于言辞，交友广泛但不精于计算的人。最开始这家素食馆的规模并不大，但后来她却决定冒险租了个大房间扩充店面，而且向我借钱。她找到我的时候，我还不了解她的经济状况，不过料想她的预算一定非常精确，并且我也有能力帮助她。那时候当事人经常会将大笔钱财存在我那里，在征得了一位当事人的同意后，我以他的名义借给了那位女士大概1000英镑。我的那位当事人是一位慷慨而诚挚的人，名叫巴德立，他刚到南非时还当过契约工人。他跟我说："如果你需要，那就把钱拿走吧。这些事情我不懂，但我相信你。"后来，巴德立积极参加了非暴力不合作运动，并且为此坐了牢。我认为经过他本人的同意就足够了，于是就这样借出了那笔钱。

　　过了两三个月之后，我才发现那笔钱收不回来。我实在难以承受这样的损失，本来可以将这笔钱用在其他很多事情上，现在那笔钱没能收回，又怎能让深信我的巴德立白白遭受损失呢？他只信任我，所以这笔钱应该由我来还。

　　一次我将此事讲给一位当事人听，他也是我的朋友。他委婉地责怪了我的愚蠢。幸亏当时我没成为"圣雄"或者"巴布"，朋友们都亲切地这样称呼我为"老兄"。他说："老兄，这不是你应该负责的。我们有很多事情要依靠你。这笔钱绝对是要不回来的，我也明白你绝对不会让巴德立难过，你会从自己腰包掏钱还给他。不过如果你总是像这样动用当事人寄存在你那里的钱来进行改革计划的话，那些可怜的人就都遭了殃，过不了多久你也会变成一个穷光蛋。但你是我们的受托人，应该清楚，假如你沦为乞丐，我们的公众工作就结束了。"

　　我一直对那位朋友心怀感激，现在他还在世。不管身在南非还是其他地方，我都没有遇见过比他更为纯洁诚挚的人。我了解他的为人，当他发现自己对于别人的怀疑缺乏根据时，就会向他们坦诚致歉并且说明自己的想法。

　　我明白他对我提出的警告是正确的。即使我补偿了巴德立的损失，但我再也无法经受任何类似损失，也不能忍受常年负债。那是我未曾经历的，也是终生厌恶的。我认识到一个人即使有改革的热情，也得量力而为。像我这样动用当事人寄存的钱，违反了《薄伽梵歌》的训诫：只求付出不问收获，才能心安理得。这次犯的错误是我终生的一个警钟。

这次为了推行素食而做出的牺牲，既不是刻意，也出乎意料，这是一种必要的美德。

土疗和水疗的实验

伴随着生活方式的日渐俭朴，我愈加排斥吃药。在杜尔班执业的时候，我一度身体虚弱，患上了风湿性炎症。皮·捷·梅赫达医生为我治疗后痊愈，之后直到我回印度，都没有得过什么其他疾病。

但是在约翰内斯堡时，我经常会便秘和头痛。偶尔会吃一些泻药，也在控制饮食。不过我算不上健康，并且一直想要摆脱服用泻药。

正是此时，我从报上读到曼彻斯特成立了一个"不吃早餐协会"。那个协会的观点是认为英国人吃饭的次数过于密集而且吃得太多，甚至在深夜里还吃东西，这种饮食方式导致了英国人的医药费过多的状况，所以如果想改善现状的话，他们至少应该放弃早餐。虽然这篇报道并非针对我而发的，不过对我来说却非常有借鉴价值。我一日吃三餐，下午还有茶点，吃东西的时候从来不节制，遇到爱吃的蔬菜和不加香料的素食时经常开怀大吃。我每天早上很少在六七点之前起床，所以我考虑假如不吃早餐的话，可能就不会头痛了，所以我就开始了这种体验。开始的几天确实非常难熬，但头真的不疼了，因此我断定之前吃东西真的是过量了。

然而这种改变并没有解决便秘的问题。我尝试了库赫尼的坐浴疗法，有一点效果，不过并没有彻底治愈。就在此时，不知是那位开素食馆的德国人，还是别的哪位朋友，我忘了到底是谁了，给了我一本贾斯特撰写的《重归自然》。我在这本书中读到了有关土疗的方法，作者还提倡以鲜果和坚果当成人类日常的天然食品。我并没有立即体验每餐只吃水果，但立即开始进行土疗的实验，并且得到了惊人疗效。该治疗方法是，将凉水渗入干净的泥土中，再将像是膏药一样的土铺在一块细麻布里，再将其绑在肚子上。我睡觉之前绑上，夜里或是早上醒来后就拿掉它，治疗效果非常明显。之后我就使用这个办法自疗，而且推荐给我的朋友们，从没失效过。在回到印度之后，我一直没以同样的恒心继续采取这个办法的原因之一是，我一直都居无定所，无法实施这种实验。但是我始终相信土疗和水疗的功效。时至今日，遇到必要的时候，我还在一定程度上用土疗法来为自己治病并且向同事们推荐这个方法。

虽然我的一生中得过两场大病，但是我依然认为人不是那么需要药物的。在1000个病例里面，有999例是能够依靠规律的饮食、水疗、土疗和类似的家常方法治愈的。有点毛病就跑去找医生，无论是印度教的医生还是伊斯兰教的土医，吃下诸多草药或者矿物做成的药丸，这样的做法不仅是糟蹋了自己的生命，而且还让自己沦为肉体的奴隶，而非成为它的主人。如果人失去了对肉体的自我控制能力，也就无法称其为人了。

这些观点虽然是我在病床上写下的，不过希望大家不要因此就看轻它们。我十分清楚自己为何得病，也能充分意识到得这些病，应该全由自己来负责，也正是因为有着这么一点自知之明，我才没有失去耐心。实际上，我倒是应为这些病而感谢神灵，因为我能够从中吸取教训，成功抵御了很多服用药物的诱惑。我明白自己的固执经常让医生们感到为难，但是他们都礼貌地忍受了，并没有放弃我。

话题又扯远了，在继续进行更多叙述之前，我想给读者一个提醒。所有因为读过本章而去购买《重归自然》的人，千万别将书中的每一句话都当作真理。作者经常只谈及事物的一方面，然而实际上至少可以用不少于七个角度去观察每一件事情，并且每个角度的结果可能都是正确的。然而不是在相同时间和相同情况下都正确，而且很多书都是为了获得读者和追名逐利而写的。因此，所有读这类书的人都应该对这些事情有所辨别，在根据书中观点进行任何实验之前，最好先去咨询一些有经验的人，或者在尝试之前认真领会书中内容。

一个警告

恐怕在这一章节中还要继续说些闲话。在进行土疗法实验的时候，我同时也在进行饮食的实验，在此花费大篇幅来讲述这件事未必合适，虽然之后也有机会再谈，但是不吐不快。

从现在到未来，我都不打算细谈有关饮食的问题，这是因为我在几年前已经在《印度舆论》一书中用古吉拉特文写过一系列的文章来讨论这个问题了，之后还以名为《健康指南》的英文版本出了单行本。在我撰写的寥寥几本书中，这本在东西方都同样受欢迎，对此我直到现在都不太理解。这些文章本是为《印度舆论》的读者们写的，反而《健康指南》的影响力更为广泛一些。不过很多读者没有看过《印度舆论》，他们经常就饮食营养的问题跟我通信讨论。所以现在看来应该有必要谈一谈那本小册子，虽然，觉得不需要修改书上的观点，不过我还是依据亲身经验改动了一些内容，都是读者们所未知，而我认为他们应该知道的。

就如我其他所有作品一样，那本小册子的完成也伴随着一种精神上的终极目标，但这种精神上的终极目标时常激励着我的每一个行动。所以，一想到直到现在书中提出的一些理论我自己也没有加以实践时，内心就非常不安。

我坚信，除了在婴儿时需要吮吸母亲的乳汁以外，人完全没必要喝任何奶。除了晒干的水果和坚果以外，他的食物不应该有其他东西。从葡萄这类水果和杏仁这类坚果中就能够得到身体器官和神经组织所需的足够营养。一个人如果能够依靠这类食物维生，就能够非常容易地节制性欲和其他情感。印度有一句俗语：吃什么，像什么。我和同事都对此有深刻的体会，在那本书中已经细致地论述了这个观点。

但是不幸的是，在印度时我发现在实践中自己必须要否定其中一些理论。在凯达忙着招募新兵之时，我由于吃错东西而病倒，差点丧命。我尽量尝试通过不喝牛奶来重建自己健康的体格，不过徒劳无功。我向自己所认识的所有医生、印度教的大夫和科学家们求助，拜托他们寻找一种能够替代牛奶的食物。有人建议喝绿豆汤，有人则建议喝"茅赫罗"水，还有人建议喝杏仁露。我拼了命地一一体验了这些食物，不过其中没有一样能让我离开病床。印度教医生引述了查罗克（Charaka）[①]的很多诗文给我听，说明宗教中有关饮食的禁忌在治疗上毫无意义，想要维持生命，只能喝牛奶。那些毫不迟疑地建议我喝牛肉茶和白兰地的人又怎能帮助我依靠吃不含牛

[①] 印度吠陀时期的一位医学家，他自成一派，是印度教医学之宗。

奶的食物活而下去呢？我发了誓，不喝黄牛或者水牛的奶。当然，我立的誓言意味着不喝所有的奶，不过为了活下去，我只能自我欺骗而只去强调誓言的字面意义。既然发誓时在心里指的是黄牛和水牛的奶，那么我就可以喝羊奶。开始喝羊奶的时候，我心中很清楚明白已经破坏自己的誓言了。

但是打算发动一次反对罗拉特法案的运动的想法激励着我，增加了我活下去的信心。结果怎样呢，我生平里最为重大的一次体验就此结束了，在喝过了羊奶之后，我恢复了健康。

我清楚人们探讨过灵魂和饮食是否有关系的问题，由于灵魂既不吃，也不喝，因此问题的重点不是你从外面放入什么东西，而是你的内在流露出了什么东西。毋庸置疑，这种说法有些道理，但是与其检查其中原委是否正确，不如坚持自己的信念。对于那些愿意生活在对神灵心存敬畏的境界中，乐于和神灵面对面的探索者们来说，控制饮食的数量和质量，与节制思想和言论是一样重要的。

我不但找到了自己那些失败的理论，还要郑重敬告读者们不要再去运用。我要规劝那些遵从我的理论而不喝奶的人，不需要坚持那样做，除非这个做法在各方面都是绝对有好处的，或者是在有经验的医生劝告下才能这么做。直到现在，根据我的经验：对于那些消化不良或者困于病床上的人而言，再也没有什么既清淡又富含营养的食物可以与奶类相媲美。

假如有人读到这一章时，正巧有过这方面的经历，愿意凭借自己的体验而非书本上的知识告诉我有某种能够替代奶类，且与奶类有同样营养又容易消化的蔬菜的话，我将不胜感激。

与当权者抗争

在这里转回来谈亚洲人事务部吧。

主管亚洲人的官员很多都集居在约翰内斯堡。我在观察之后得出了结论，这些官员完全没有很好地保护印度人、中国人以及其他亚洲人，而且还在狠狠地压榨他们。每一天都有人来对我控诉："有权利进城的人无法拿到进城的许可证，但那些无权进城的人只要花上100英镑就可以进城。

倘若你不站出来主持公道，还有谁能做到呢？"我也有同感，假如我无法将这种罪恶消除，那就枉费住在德兰士瓦了。

所以我开始收集证据，等到掌握了足够的材料之后，就将它们交给了警察局局长。局长看上去像是一个公正的人，他没有冷淡地对待我，而是非常有耐心地听我说完，并且打算看所有材料。他亲自去和证人谈话，并且很满意我的工作，但是我们都意识到：如果想在南非找到白种人陪审团来审判一个对有色人种犯下罪过的白人是非常困难的。"但是，"他说，"不管怎样，我们都应尽量试一试。假如担心陪审员会替那些犯罪的白人开脱而让他们逍遥法外的话，是不对的。我得将他们绳之以法，我保证我会尽力而为。"

我并不需要这些保证，我怀疑大部分官员，但并没有掌握不可反驳的证据去起诉他们。不过逮捕那两个罪犯，我还是有十足把握的。

我的行动不再是秘密，很多人知道我几乎每天都往警察局跑。那两位即将被拘捕的官员手下有几位办事不错的暗探，他们经常在我的事务所外盯梢，将我的一举一动报告给他们的长官。但是我必须要承认，这两个官员实在是太糟糕了，导致他们无法雇到更多暗探。如果没有印度人和中国人的帮助，还是抓不到他们。

不过还是有一个人潜逃了，警署发出一张引渡的传票，又把他逮捕回了德兰士瓦。他们受到了审判，虽然有充足证据起诉他们，而且陪审团也掌握了其中一个人潜逃的事实，不过最终他们还是被判无罪释放了。

我确实很失望，警察局长也感到非常难过，这让我极为厌恶律师这个职业。由于人们可以利用智力来掩盖罪恶，在我看来，智力就成了一种可恶的东西。虽然那两个官员确实罪恶深重，就算他们获释，政府也不能庇护他们。他们都被革职了，而亚洲人事务部也比之前清廉了，印度侨团的利益多多少少有了些保障。

这件事情提升了我的声誉，增加了我的业务。印度侨团之前每月花费在与官员打交道的几百英镑的冤枉钱也省下了一大半。这笔钱不能完全停止使用，依然有贪污的人伺机进行那套勾当。但是现在至少正直的人能够保持自己的正直了。

实际上，虽然那些官员很坏，不过我与他们并无私怨。他们自己也明白这一点，当他们遇到困难来向我求助时，我也会去帮助他们。后来他们得到了受雇于约翰内斯堡市政厅的工作机会，只要我不提出反对，他们就可以任职。他们当中的一位朋友特地因为此事来找我，我承诺不会阻碍他们，所以后来他们被成功雇用了。

我的态度使得和我打交道的那些官员们都非常心安，即使我经常与他们所在部门做斗争，不过他们还是愿意和我保持颇为友好的关系。当时我并没有完全意识到这种品格是出于我秉性的一部分。之后我才逐渐明白这也是非暴力不合作运动最为根本的一部分，并且是佛教和婆罗门教非暴力主义的一种特性。

一个人与其行为是两码事。做好事是应当得到赞赏的，而做坏事就应该受到谴责，但一个人总会由于其行为的好坏而受尊敬或怜悯。"恶其罪而非恶其人"这句话是说起来简单但做起来难，这就是仇恨之火遍布世界的原因。

非暴力主义就是追求真理的基础。我逐渐意识到：倘若不以"非暴力"为基础，追求真理是徒劳无功的。反抗和攻击某种制度是正当的，然而要反抗和攻击这种制度的创造者，就等同于反抗和攻击自己。我们任何人都是造物主的儿女，就像被同一把刷子粉饰出来的，只有这样，每个人心中所蕴含的神圣力量才是无穷无尽的。藐视一个普通人就等同于藐视神灵的力量，伤害的不仅仅是那个人，而是全世界。

回忆与忏悔

生活中所遇到的诸多事情使得我和各个阶层的人都有密切的接触，与他们交往的经验证明了我对于他们是一视同仁的，不管是亲戚还是陌生人，是同胞还是外国人，是白人还是有色人种，是印度教徒还是信仰其他宗教的印度人（如穆斯林、波希人、基督教徒和犹太教徒）。我可以说自己的心不允许差别地对待他们。我不敢保证这是有意为之的美德，因为这并非我努力后的结果,而是出自本性的行为。至于"阿希莫杀"①"婆罗摩恰立亚"②"阿巴里格拉哈"等美德,则确实是凭借我全心全意不断争取而来的。

我在杜尔班当律师期间,事务所的职员们都与我一起住,他们其中既有印度教徒也有基督教徒,如果按照省份来分,则是既有古吉拉特人也有泰米尔人。我的妻子经常因为这件事与我产生争执。当时有一位职员是基督教徒,属于潘查摩(Panchama)③种姓。

我们所居住的房子是仿照西式洋房建造的,房间里没有排放污水的设备,因此每个房间里都有一把夜壶。我们没有雇佣人或清洁工,一般都是由我妻子或我自己来打扫。那些已经跟我们住熟了的职员当然也会自己动手清理,不过这位基督教徒是新来的,所以整理他的房间成了我们的职责。但让我妻子清洗潘查摩人用的夜壶超越了她能够容忍的限度,所以我们发生了争吵。她不仅不让我做,自己也不愿做。直到现在,我仍然记得她呵斥我的情景,她气得眼睛通红,拿着夜壶下了楼梯,眼泪顺着脸庞留下来。但我是一个既残忍又仁慈的丈夫,自奉为妻子的教师,出于盲目的爱而使她受折磨。

我希望妻子不要带着情绪倒夜壶,打扫卫生,我想让她心情愉快地劳动。所以我大声说:"在家里我受不了你这种无聊的样子!"

这句话像箭一样中伤了她。

她回击说:"你自己在家待着吧,我走了。"

我发怒了,丧失了理智,怜悯之情也消失不见了。我抓着她的手,将这个无助的女人拖到了楼梯对面的门口,打算开门把她推出去。她的眼泪如潮水般奔涌:"你没感觉到羞愧吗?你丧失理智了吗?你让我去哪里?在这边我没有父母或者亲戚能够去投靠。作为你的妻子,你认为我就应该忍受你的拳打脚踢吗?看在老天爷的份上,请冷静下来吧,把门关上,免得被别人看见了笑话我们!"

我还是装作不买账的样子,不过的确感到了羞愧,就把大门关上了。我妻子离不开我,实际上我也离不开她。我们吵过很多次架,但最终都重

---

① 意为:非暴力。
② 意为:禁欲。
③ 属于印度教社会中的不可接触阶级,被视为不洁的人。

归于好了。妻子凭借其无比的耐性，往往都能获得胜利。

现在我能够超然地来叙述这件事情，是因为那是属于我曾经幸福经历过的日子。我不再是一个昏头昏脑的盲目丈夫了，也不再自诩是妻子的教师了。倘若嘉斯杜白愿意的话，今后她依然可以对我毫不客气，就像我过去也经常那样对待她。我们作为久经考验的朋友，谁也不再将对方当成发泄情欲的对象。在我患病期间，她一直都忠心耿耿地看护我，照料我，不求任何回报。

我刚才提到的那件事发生于1898年，那时我还没有"禁欲"的观念，依然将妻子当成丈夫发泄情欲的对象，认为妻子生来就应听命于丈夫，并不明白其实妻子是分担丈夫的喜悦与忧愁的助手、朋友和伴侣。

直到1900年，我的想法才发生了剧烈变化，到了1906年，新观念才变得具体可行。不过有关这个问题，我打算在适当的时候再谈，于此只说明一点：伴随着我对性欲的需求逐渐消失，我的家庭生活变得愈加平静、甜蜜和幸福。

读者们可别将我们当成一对理想的夫妻，或者推断我们两个人的思想是能完全保持一致的。可能嘉斯杜白自己都不清楚她与我的思想有何不同。直到现在，她也许还是不能赞同我的很多做法。我们从没讨论过这些问题，她既没有从父母那里得到教育，也没有在我应当帮助她的时候得到我的帮助。但是她秉性里有一种非常高贵的品质，大部分的印度教徒妻子多多少少都具备这样的素质，也就是作为妻子无论自愿还是非自愿，无论自觉还是非自觉，都认为应当追随丈夫的步伐。因此虽然我们在文化程度上有天壤之别，但我还是一直认为我们的生活是美满、幸福、不断进步的。

与欧洲朋友的亲密交往（上篇）

行文至此，我有必要告诉读者我是如何将这个故事一周又一周地逐步写出来的。

当我开始动笔时，并没有一个非常明确的计划，我没有日记或者文件用作写作基础。我在写作的时候，是有神灵在指示的。我不敢妄断自己人生中一切有意识的思想和行动都是在神灵的指示下进行的，但是审视一下我这辈子做出的几个最重要的决定，和那些看似不足为道的事情，如果说都是有神灵在指示的，并不为过。

我没见过神，也不认识神，我信仰神灵仅仅是出自本意。因为我的信仰是无法被抹掉的，于是我就将其视为一种体验。不过，有人认为将信仰当成体验等同于玩弄真理。或者更加准确地说：我的确找不到合适的语言来形容我所信仰的神的特性。

之所以我相信自己写下这个故事是出于神灵的指示，现在也许比较容易理解了。我本来打算将这一章的标题用在上一章，不过在我写作的时候，意识到在讲述与欧洲人的交往经历之前，我应当写一个类似序言的东西。于是我这样做了，也没有改标题。

现在当我动手写这个章节的时候，我又遇到了一个新问题。关于我打算写的那些英国朋友，究竟应该写哪些事情，略过哪些事情呢？这成了一个严重的问题。假如无意间将有关的事情漏掉了，真理就被掩盖了。不过很难判断什么是有关的事情，这是因为关于怎样写才是恰当的这件事，连我自己都不知道。

现在我深深地感受到了多年前读到的"不宜将自传当成历史"这个说法是有道理的。我明白在这本自传里，我并没有记录下记忆中的一切。谁能告诉我，为了真理，究竟应写下来什么？省略什么？我在法庭上所提供的有关我生平某些片段的证据，又有什么价值呢？假如有爱管闲事的人认真检查了我写完的那几章内容，可能会突出这些问题；假如遇到了一位挑剔的批评家，他会自鸣得意地将"我的许多虚伪之处"全部掀出来。

有段时间我开始犹豫是否应该继续写下去。然而只要还有发自内心的声音，我就必须要继续写下去。我要遵从圣哲的格言：凡事既然开始，就不能半途而废，除非从道德上证明它是错误的。

我写自传不是为了取悦批评家，写作这个过程本来就是对真理的一种体验。无法否认写作的目的之一是要给我的同事们留下一些安慰和回忆的素材。我就是为顺应他们的愿望才着手准备写作的。如果不是捷朗达斯和史华密·阿南德一直坚持他们的意见，可能我就不会写这本书了。因此假如写这本自传是个错误的决定，那他们也会与我一起承担责难。

现在回归正题吧。就像曾有很多印度人如家人般与我同住一样，在杜尔班期间，也有很多英国朋友跟我一起住。并不是所有跟我一起生活的人都喜欢这样，不过我坚持留他们一起住。我并不是在每件事情上都明智，印度人和欧洲人都带给过我一些痛苦经历，但我并不感到遗憾。虽然有这些不愉快的经历，虽然我经常给朋友带来不便和烦恼，但我从未改变过自己的态度，朋友们跟我相处时也非常包容我。当我和陌生人交往而让朋友们感到不快时，我总是毫不迟疑地对朋友们加以责备。我觉得信仰神灵的人想从别人身上看到自己所信仰的神灵，必须怀揣着足够的超脱去和别人共同生活。这种生存能力是能够培养出来的，不应回避这种难得的接触机会，而是应秉持为他人服务的精神来相处，这才能让大家感觉不到拘束。

布尔战争爆发的时候，虽然我家里已经住满了人，但还是接待了两位从约翰内斯堡来的英国人。他们都是通神学者，其中一位是吉特庆先生，之后我们还有机会谈到他。那些朋友们经常让我妻子感觉自己很悲惨，不幸的是，因为我的原因，她还得经受很多类似考验。第一次有英国朋友如家人般跟我们亲密地住在一起。我留学英国的时候虽然住在英国人家里，然而那时是我在努力适应他们的生活方式，多少有点像住在公寓里。不过现在的情况不一样了，那两位英国朋友成了我的家人，他们在很多事情上都采用印度人的生活方式，即使房间里的设备都是西式的，然而生活方式主要是印度式的。印象中将他们视为家人的确是存在问题的，但是我可以确定，在我家中，他们绝对没有什么不便，完全就像住在自己家里那样自在，这种交往在约翰内斯堡比在杜尔班更为深入。

与欧洲朋友的亲密交往（下篇）

在约翰内斯堡期间，我曾雇用过四位印度职员，与其说他们是职员，不如说他们更像是我的儿子。就算有那么多人手，还是不能满足我的工作需要，就拿打字来说吧，没有打印机是不行的，但只有我会打字。我想办法教两位职员，但由于他们英文水平太差，因此一直无法达到要求。后来我打算训练一位职员当会计。我不能去纳塔尔找人，由于没有许可证任何人都不能进入德兰士瓦，而我也非常不愿意为了这件事去巴结负责发证的官员。

我分身乏术，事情积累如山，不管如何勤奋工作，还是难以应付业务上和公众工作中的事务。我非常想雇佣一位欧洲人当职员，不过不知道有没有白种人愿意为我这个有色人种做事。不管怎样我都打算试一试。我找到一位相识的打字机代理商，请他帮忙去找一位速记员。那边有很多女速记员，他答应帮我找一位合适的试试看。他遇见一位名叫狄克的女子，她刚从苏格兰来，非常需要工作，无论是什么工作都可以。于是那位代理商就让她来见我，当时她给我留下了一个非常好的印象。

我问她："你不介意在印度人手下工作吗？"

"我不在乎。"她的回答很坚定。

"你期待的薪金是多少？"

"17英镑10先令会不会太多？"

"如果你可以完成我所需要的工作的话，这个数不高。你何时能来上班？"

"随时都可以，你说了算。"

我很高兴，立即口述信件让她帮忙打字。

没过多久，她就仿佛是我的女儿或者姐妹一样，而并非仅是一个速记员。我找不出她工作上有什么问题，经常让她处理高达数千英镑的现金业务，还将账本给她管理。我完全信任她，不仅因为她出色的工作能力，也许还因为她将内心深处私密的思想感情都讲给我听了，甚至连选择丈夫的事都要征求我的意见，我还有幸为她主婚。狄克小姐在成为麦克唐纳夫人之后，不得不离开了事务所，不过即使在她婚后，如果我实在忙不过来，只要请她帮忙，她从来不拒绝。

但是我必须得再找一个速记员代替她工作，幸亏我通过克伦巴赤先生介绍又找到了史密斯小姐。有关克伦巴赤先生，我在后面还会提及。史密斯小姐如今在德兰士瓦的一所中学当老师，她来我这里时年仅17岁。她的脾气有一些古怪，有时候克伦巴赤先生和我都没办法忍受。与其说她来这是当速记员，不如说她是来积累经验的。

她秉性之中没有对有色人种的偏见，似乎也不在乎年龄和经验。她甚至敢于毫不犹豫地当面侮辱甚至呵斥别人。她的粗暴经常让我陷入困境，但是她坦白真诚的性情往往又能解决问题。她打好的信，我经常不用审核就签发了。我认为她的英文比我好，并且充分相信她的忠诚。

她极富牺牲精神，在相当长的一段时间里，她得到的薪水不过6英镑，然而她却总是不愿意接受每个月高于10英镑的薪水。每次当我劝她多拿一些工资时，她总会责怪我："我来这里不是为了薪水，而是因为我愿意与你一起做事，我欣赏你的思想。"

有一次，她从我这里支取了40英镑，但她坚持将其当成欠款，并且在去年将这笔钱全部还给了我。

她的勇气和奉献精神一样大。我这辈子有幸遇到了几位这样的女人，她们的品格如同水晶一般洁净，她们的胆识让战士失色，史密斯就是其中的一位。如今她已然长大成人了。今天的她是什么样的一个人，我已不如从前那样清楚了，但是与这位年轻女子的接触却永远是属于我的一段神圣回忆。因此倘若我不把自己所了解的她的为人说出来，就有愧真理。

她日夜为非暴力不合作运动操劳。夜幕降临时，她还需独自外出工作。如果有人提出派人接送她，她会非常生气地加以拒绝。成千上万勇敢的印度人都向她求教。在进行非暴力不合作运动期间，几乎所有的领导者都被关进了监狱，幸亏有她领导着这个运动。她领导几千人，处理无数信件，还得操持着《印度舆论》周刊，不过她永不懈怠。

有关史密斯小姐做出的此类事情，我能写个不停。现在我得引用戈卡尔对她的评价来结束这一章内容。戈卡尔熟悉我所有同事，他喜欢其中的很多人，也经常夸奖他们。但是在所有的同事里面，不仅包括印度人也包括欧洲人，他最为欣赏史密斯小姐。他说："我很少遇到如史密斯小姐这样勇于牺牲，为人纯洁且无所畏惧的人。在你所有的同事里面，我认为她应当名列第一。"

《印度舆论》

在我继续记述与其他欧洲人的密切交往之前，我得先讲两三件重要事情。狄克小姐一个人还无法满足我在工作上的需要，我仍然需要更多的帮手，前文提及的李琪先生跟我很熟，原本是一家商行的经理，后来他听从了我的意见，离开了那家商行而来跟我共事，从而大大减轻了我的负担。

那时马丹吉特先生提议创办《印度舆论》，前来找我征求意见。他早就开办了一家印刷厂，我赞许了他的提议。于是杂志于1904年创刊了，由曼苏克拉尔·纳扎先生担任第一任总编辑，然而这个刊物的实际运营工作却是由我来承担。实际上我大部分的时间都花在了这上面。曼苏克拉尔倒不是做不了这些事，他在印度办过多份报刊，具有丰富经验，不过只要我在那里，他就不愿冒险为错综复杂的南非问题发表社论文章。他非常佩服我的见解，因此就将社论专栏交给了我。直到现在，《印度舆论》仍是周刊，最开始以古吉拉特文、印度文、泰米尔文和英文四种版本出版。但是我认为泰米尔文和印度文的版本没有实际意义，它们并没能起到应有作用，所以我就将它们停了，以免给人留下欺诈的印象。

我原本没料想到自己会在办杂志上花什么钱，然而不久之后我就发现了，假如没有我的资金做后盾，杂志想要继续发行是非常困难的。所有人都明白，虽然我不是这本杂志的正式编辑，但事实上杂志的经营管理由我负责。倘若一开始就没创刊倒也没什么，但已经办了几期却要中途停止，不仅是一种损失，更是一种耻辱。因此我便不断地为杂志注资，直到后来几乎花光了自己的全部存款，我记得有一段时间每个月需汇出75英镑。

几年之后再回头看，那本杂志对于印度侨团做出了很多贡献，我们没有将其当成商业性的事业来运营。因为它一直由我来负责，所以其变化能够代表我自己生活的变化。当年的《印度舆论》就和今天的《青年印度》《新生活》一样，都是反映我生活的一面镜子。一周又一周，我投入自己全部心血去写专栏，宣传我对于非暴力不合作的理解。在它出版的10年间，也就是从1904至1914年，除了我入狱期间曾有间断之外，几乎每一期的《印度舆论》上面都有我的文章。在我印象中，每一篇文章的每个字都是经过深思熟虑的，没有故意夸张或随意写出的东西。那份杂志已经成为我训练自制的好场地。对于朋友们来说，它是用以了解我的思想的一个媒介。批评家们很少在其中找到可以非议的内容。实际上《印度舆论》的论调已经迫使批评家成为拥趸。假如没有这本杂志，也许我们无法发动非暴力不合作运动。读者希望从这本杂志里面了解非暴力不合作运动的准确情况，也想从中得知南非印度侨民的真实处境。对我来说，它已经成为我研究人类本性的一种手段，我一直都想为编者和读者搭建出一座亲密而单纯的桥梁。我经常会沉浸在流露出真情的读者信件中。因为人们的性情各有差别，有的来信表达了亲切的关怀，有的则是予以严厉的批评，还有的是沉痛的诋毁。对我来说，研究、消化和答复这些信件是一种很好的教育方式。通过诸多信件，我似乎感觉到了整个侨团的思想。与读者的通信让我彻底明白了身为新闻工作者的责任，也让未来的运动更为行之有效，并且具有无法抗拒的尊严。

《印度舆论》刚创刊的第一个月，我就意识到创办杂志的唯一目的就是服务。新闻出版业是一股伟大的力量，就如洪水能够摧毁村庄和庄稼那样，一支不受约束的笔也能够毁坏一切。倘若约束的力量来自外界，那将比没有约束的危害更为严重。只有来自于内在的约束才是有益的。假如上述说法是正确的，那么世界上还有多少报刊能经受这种考验？而谁又能组织那些无用的报刊呢？谁又应当是裁判呢？就如善良和邪恶并存于这个世界上那样，有用与无用也并存，人们必须要依靠自己来做出选择。

苦力集中地还是"隔度"？

有些人对于我们的社会贡献巨大，却被印度教徒当作"不可接触者"阶级。他们都被驱逐到了遥远的城镇或者村庄住，这种地方在古吉拉特文里被称为"德瓦度"（Dhedvado），是含有侮辱的意思。在盛行基督教的欧洲地区，犹太人也曾经被视为"不可接触者"，专门划分给他们居住的区域有一个讨厌的名字，叫"隔度"（Ghettoes）。如今我们在南非也同样成了"不可接触者"，为了我们能够复兴，安德禄和沙斯特立的魔棍究竟起了什么作用，以后就能见分晓了。

古代犹太人自以为只有本民族的人才是上帝的选民，其他所有民族都不是，结果他们的后代却被当成了异端，甚至遭受了不公平的待遇。印度教徒也将自己看作雅利安人，也就是文明的人，而将自己的一部分同胞视为非雅利安人，也就是不可接触者，结果不仅南非的印度教徒受到了一种莫名其妙，或不公平的待遇，甚至连穆斯林和波希人都遭到了同样的歧视。由于他们身处同一个国家，所以都被视为有色人种。

现在读者们多少可以明白这一章标题的意思了吧。我们在南非有一个让人反感的名字，叫作"苦力"。印度语中的"苦力"指的是搬运工或者女佣，不过在南非它带有污蔑的色彩，在我们眼中，其所代表的就是"不可接触者"的意思，而划分给"苦力"居住的区域被称为"苦力集中地"。约翰内斯堡就有这么一个区域，不过与印度人在其他地方拥有租赁权的情况不同，在这里，印度人是以99年为期限租借的，虽然人口众多拥挤不堪，但这个区域的面积并没有随着人口的增多而扩大。除了偶尔派人打扫厕所之外，市政部门并没有为本区做其他的卫生工作，更别提修筑道路和供应照明设施了。既然市政部门对该区域的居民福利怀着如此漠不关心的态度，当然也不用指望他们关心本区的公共卫生了。但在缺乏市政部门监督的情况下，人们便更加无视市政卫生的条例了。如果住在这里的人都有鲁滨逊的精神，情况自然是不一样的。但是这里的印度人并不知道世上有过鲁滨逊那样的移民。一般来说人们移民国外是为了寻求财富和贸易，然而前往南非的印度人，多数是无知、贫苦的乞丐和农民，需要有人给予他们关心和保护。与他们同来的商人或受过教育的印度人为数寥寥。

市政部门对于犯罪的漠视，加之印度移民的无知，致使这个区域变得非常不卫生。市政部门不仅没有改善这种情况，反而还因为不卫生而要取消这个地区，然而不卫生正是由于他们的不负责而造成的。他们的目标是从立法部门那里得到驱逐移民的批准。这就是当时我在约翰内斯堡的生存环境。

既然印度人在这个区域里享有土地所有权，自然有权利要求补偿。有一个特别法庭负责处理有关地产问题的案件。假如租用人不愿意接受市政部门给出的补偿，他有权利向这个法庭申请裁决，倘若法庭裁决的款额高出市政部门提出的数额，那么市政部门就需承担法庭裁决的赔款。

大部分居民都请我来担任他们的法律顾问，我不打算从这些官司中赚钱，所以我就对他们说，只要能胜诉，不管法庭判决多少钱我都满意，而且无论结果如何，每个案子我仅收取10英镑。我还跟他们说，我打算拿出所得收入的一半来帮穷人设立一座医院或类似机构，他们当然都高兴。

大概70个案子里仅败诉了1起，于是我得到了一笔相当丰厚的酬金。但是出版《印度舆论》需要一大笔钱，我记得为其花费了1600英镑。为了那些案子，我拼命工作，当事人都非常敬佩我，他们中的大多数人是来自比哈尔或邻近地区以及南印度的契约工人。他们建立了协会来解决自己的疾苦。有别于那些自由的印度商人。他们其中有一部分人胸怀宽广，信仰自由主义，并且品格高尚。蔡朗新先生是领导者，他担任主席，还有巴德立先生，跟主席一样好。如今他们两人都过世了，他们曾给予我莫大帮助。巴德立先生跟我来往密切，在非暴力不合作运动中发挥了非常大的作用。依靠众多朋友，我与来自南印度或北印度的无数侨民都建立了亲密联系。我不仅是他们的法律顾问，还是他们的兄弟，与他们一起承担私人或公共的困苦和忧伤。

这些印度人赋予我一个有趣的称呼，阿布杜拉赛不愿意直呼我为甘地，幸亏谁都没叫我"萨希布"（Saheb）[①]。后来阿布杜拉赛就叫我"兄弟"。其他人也跟着他一起叫我"兄弟"。直到我离开南非，还被印度侨民称呼为"兄弟"，这让我心里美滋滋的。

黑死病（上篇）

虽然市政部门收回了那个区域的土地所有权，但并没有立即让印度人从"苦力集中地"搬走。在他们搬走以前，得先为他们找到合适的新住处，然而市政部门一时办不到，所以印度人只能继续在那个"肮脏的"地方住下去，他们的情况比之前还糟糕。既然失去了所有权，于是他们就变成了市政部门的房客，于是，他们的环境就更加不卫生了。当他们还持有所有权时，出于对法律的畏惧之心，他们多多少少还能维持起码的清洁。然而现在市政部门撒手不管，随着移民的数量逐步增多，随之而来的是更加肮脏和混乱的局面。

[①] 乌尔都语，是穆斯林的尊称，有"老爷"之意。

就在印度人正在为这件事发愁时，突然暴发了黑死病，也称为肺炎瘟疫，它比其他类型的鼠疫更为可怕和致命。

幸亏爆发这种传染病并非在印度人所居住的区域，而是在约翰内斯堡附近的一个金矿，那个采矿井中的工人多数为黑人，他们的白人雇主需对卫生负有全部责任。一些印度工人也在矿井里工作，其中有 23 个人被感染了，一天晚上，他们被秘密地送回了那个区域里的住所，并且病得非常严重。马丹吉特先生当时正在为《印度舆论》征求订阅客户，正巧就在这个区域。他是一位勇敢无畏的人，看到了那些病人后，心里很是难过，于是用铅笔写了一张便条给我："突然暴发黑死病，必须尽快想出办法，否则后果将不堪设想，请快点来吧。"

勇敢的马丹吉特先生撞开了一间空房子的门，将所有病人都安置在里面。我骑着自行车赶去那里，写了张便条给城里的书记官，告知他我们占用这所房子的原因。

那时正在约翰内斯堡工作的威廉·戈夫莱医生一听到消息，就立即赶来救援，又当医生又当护士。但是我们 3 个人实在无法应付 23 个病人。

依据以往经验，我秉持着一种信念：只要我们心地纯洁，在灾难到来时，就自然有办法抵抗病魔。那时我的事务所中有四位印度职员，他们是卡利安达斯、马克拉尔、甘樊特莱·德赛，还有一位我已然忘记了他的姓名。卡利安达斯的父亲拜托我照顾他，我在南非很难遇到像他那样乐于助人又绝对服从命令的人。幸亏那时候他还是未婚，因此我能毫不犹豫地将非常冒险的事情交给他来办。马克拉尔是我从约翰内斯堡找来的，我记得当时他也未婚。我决定牺牲这四个人，他们是我的职员、同事，或者甚至等同于我的儿子。这件事情不用征求卡利安达斯的意见，于是就问了其他三个人，他们都答应了。

"你去哪里，我们就跟到哪里。"这就是他们简洁可爱的回答。李琪先生也想加入我们，但他有一个大家庭，于是被我阻止了。我确实不忍心让他冒险，所以他只能在危险区以外工作。

那真是可怕的一夜，又要守夜还得看护他们。之前我也曾护理过很多病人，然而从没看护过黑死病病人。戈夫莱医生的勇气鼓舞着我们，需要做的事情并不多，就是喂他们吃药，侍候他们，将他们和床铺收拾干净，抚慰他们的心。

这几位年轻人不倦的工作热情和大无畏的精神让我分外高兴。我们可以理解戈夫莱医生的勇敢行为和马丹吉特先生的丰富经验，但那些涉世未深的年轻人的经验却让人难以理解。他们的精神的确非常可贵！

那天晚上我们将所有病人都安置在了一起。

但是那场瘟疫带来的除了苦难以外的宗教价值，却引起了我的极大兴趣，因此我至少得用两章的内容来记述。

黑死病（下篇）

市政书记官向我们致以谢意，因为我们及时地将病人集中在了空房子里，并对其加以照料。他坦然承认市政委员会一时还想不出办法来应付这个突发事件，但是他承诺将尽力帮助我们。既然市政部门意识到了自己的职责，就会毫不迟疑地果断采取措施。

在我坚持下，他们在第二天安排了一座空仓库给我们使用，还建议我们应将病人转移到那边。市政部门不愿意承担打扫房子的责任，那边又脏又乱，我们自己将它打扫干净。在好心的印度人的帮助之下，我们还添置了几张床和其他必需品，一个临时医院就搭出来了。市政部门派来一位女护士，带来了白兰地和其他设备，戈夫莱医生依然负责担任主管。

女护士是一位慈祥的夫人，她非常愿意看护病人，但是我们很少让她靠近病人，以免她被传染。

我们收到指示，要经常给病人喝一点儿白兰地。那位护士甚至让我们也像她那样，喝一些白兰地，预防感染，但我们都没喝。我非常怀疑那对病人到底有没有好处。在得到了戈夫莱医生的许可后，我对三个不用白兰地治疗的病人实施土疗法，将湿土敷在他们的头和胸口上，他们中活了下来两个人。其余的 21 人全都死在了仓库里。

当时市政部门正忙于采取其他措施，他们在距离约翰内斯堡 7 英里的地方建了一座传染病医院。那两个活下来的病人被转移到了那家医院附近的帐篷中，其他新发现的病人也都被送到了那里。因此我们得以从这份工作抽出身来。

几天之后，我们听说那位善良的护士也被传染了，并且很快就去世了。不知道那两位病人到底是如何被救活的，为何我们没有被传染，不过这次经验增加了我对于土疗法的信心，也增强了我对于白兰地药物功能的怀疑。我清楚无论是信心还是怀疑都缺乏可靠的依据，不过我至今依然相信自己的直觉，所以有必要再次提及。

那次瘟疫暴发的时候，我给报社写了一封言辞强硬的信，信中指责市政部门收回印侨居住的区域，但又不对清洁卫生工作负责的过失，他们对于瘟疫有无法推卸的责任。那封信促成了我与亨利·波拉克先生和约瑟夫·杜克神父的相识。

前文中我已提过自己经常去一家素食馆吃饭，并在那里认识了阿尔伯特·韦斯特先生。此后，我们常常在那家餐馆吃饭，饭后还会一起散步。韦斯特先生是一家小型印刷厂的股东，他从报纸上读了我写的那封有关瘟疫的信，很多次他在餐馆里都没能找到我，所以感到非常不安。

在瘟疫爆发之后，我和同事们都缩减了食量，因为我早就给自己立下规矩，在瘟疫流行期间我要吃得清淡些。因此那段时间我完全不吃晚餐，午餐也是在其他客人到来之前就吃完了。我和那家餐馆的老板非常熟，我已经告知他，我正在忙于看护黑死病的病人，得尽力避免跟朋友们接触。

韦斯特先生连着一两天都没能在餐馆里找到我。一天清晨，我正想外出散步时，他却敲门来找我了。我一打开门，就听见他说："我在餐馆总是看不到你，很担心你会出事，因此我决定一大早就来看你，确定你在不在家。现在我放心了，你尽管吩咐，我准备去帮忙看护病人。你知道我是未婚，无牵无挂的。"

我向他道谢，不过毫无迟疑地回答道："我不打算请你去照顾病人。假如没有新病人进来，过一两天我们就自由了。但是有另外一件事需要你去做。"

"好的，什么事？"

"你可否去杜尔班主持《印度舆论》的印刷出版工作呢？马丹吉特先生大概要留在这边了，因此杜尔班需要有人来负责，如果你能去我也就放心了。"

"你知道我自己也有一家印刷厂。我能去，但得等到晚上再给你最终答复，好吗？我们晚上散步的时候，可以好好聊聊这件事。"

我非常高兴，在我们谈过之后，韦斯特先生答应前往杜尔班。薪金问题并非在他考虑的范围之内，因为金钱不是他行动的动力。不过我们还是决定付给他10英镑的月薪，假如效益好，还会给他分红。韦斯特先生在第二天晚上就搭乘邮车前往了杜尔班，并把他的债务委托我负责代收。从那天开始直到我离开南非，他一直是与我同甘共苦的好伙伴。

韦斯特先生出生于卢特（英国林肯郡）的一户农民家庭，仅接受过普通的学校教育，不过他凭借着自己的努力，在社会这所大学校中学到了很多知识。我一直认为他是一位心灵纯洁、冷静、敬畏神灵、仁爱的英国人。

在其后的几章中，我们还会读到更多有关他和他的家庭的故事。

火烧印度居民区

虽然我和同事们暂时都不用照顾病人，但还有很多由黑死病引起的问题需要处理。

前文中已经提及过市政部门对于这个区域的疏忽。他们对于白人居民的健康倒是很关心，为了他们不惜花费大笔金钱。那时为了阻止黑死病扩散，更是花钱如流水。虽然我曾经责备过市政部门置印度人于不顾的滔天罪恶，但却忍不住赞扬其对于白人居民无微不至的照应，他们竭尽全力地帮助白人。假如我们不与他们合作，市政部门的工作会更加困难，他们将毫不迟疑地使用武力来让事情变得更糟糕。

但是麻烦都避免了。市政部门对于印度人的表现是满意的，以后的防疫工作就变得简单多了。我利用所有可能的力量去动员印度人帮助市政部门，那是一份艰难的工作，但我记得当时没有人反对我的提议。

印度人居住的区域有专人负责严密把守，未经允许任何人不得入内。我和同事们都有自由进出的通行证。我们需要让整个地区的人全部转移到距离约翰内斯堡约13英里的平原地区搭帐篷住三个星期，之后再放火烧掉这个区域里的所有房屋。准备粮食和其他日常用品到帐篷那边自然需要花费一些时间，此期间需要派人把守在这里。

人们都十分惊慌，但是我经常在那儿出现让他们感觉到了安慰。有很多穷人将省下的节余都埋在了地下，现在都得挖出来了。他们从没听说过银行，于是我就成了他们的银行，钱如流水般涌进了我的事务所。在这种危急时刻，我自然不能因为自己付出劳动而向他们索取任何费用，于是我想到了一个方法。我与一位银行经理关系非常好，我的存款都存在他那里，我跟他说我打算把印度人的钱都存进他所在的银行。然而银行却无法一次性接受那么多的铜币和银币，还有一些银行职员拒绝收来自疫区的钱。但是那位好心的经理想尽方法为我提供方便，我们在协商之后决定先彻底地给所有的钱消毒，之后再存进银行。我记得那次差不多存进银行6万多镑。我劝那些有钱的人将钱存成定期，他们都采纳了我的建议。于是，他们中的一些人后来也习惯将钱存进银行了。

一列专车将这里的印度居民运往约翰内斯堡附近的克拉斯普鲁伊特农场，由市政部门使用公共开支来供给物资。那个由帐篷搭成的城市看上去非常像一座兵营。对于这种安排，不习惯兵营生活的人当然会感到强烈的不安和震惊，好在他们并没有觉得非常不方便。我每天都骑自行车去看他们。他们住下后不到24小时就暂时忘却了一切疾苦，开始欢乐地生活了。每次我过去看他们时，都又说又笑，开开心心的。三周的露天生活非常明显地增进了他们的健康。

我记得在居民离开的第二天，市政部门就放火烧掉了整个区域。他们没打算留下那里的任何东西，大火将一切烧得一干二净。就在那时，市政厅以相同的理由烧光了商场里的全部木材，损失大概1万英镑。之所以决定采取这个措施，据说是因为有人在商场中发现了几只死老鼠。

这次市政部门花了很多钱，不过的确成功遏制了疫情的进一步蔓延，城市居民又能自由呼吸了。

一本书的魔力

黑死病事件提高了我在穷苦印度人当中的声望，也增加了我的业务和使命感；而随着与欧洲人的一些交往日益加深，也大大提升了我道义上的责任感。

此前我在素食餐馆里认识了韦斯特先生，现在又在那边认识了波拉克先生。一个晚上，坐在离我不远处位置上的一位青年递给我一张名片，说非常想认识我，于是我邀请他过来坐下说话。

"我是《评论家》的副编辑，"他说道，"我读过您在报上发表的有关瘟疫的那封信，就非常想结识您。非常高兴我真的有了这么一个机会。"

我被波拉克先生的诚恳所打动。初次会面那个晚上，我们就彼此了解了对方。我们对于若干重要的生活上的问题看法似乎都非常相近。他热爱简单的生活，想到了什么，就立即付诸实践。所以他在生活上的改变不仅是迅速的，而且很激烈。

花费在《印度舆论》上的费用日益增加，韦斯特先生的报告让人震惊。他写道："我未曾指望这个事业能产生如你预想那样的利润，甚至它还会亏损。账目很是混乱，有大笔到期未付的欠款需要讨回，不过没有人能理出一个头绪出来，这还需要繁多的整理工作。但是你也不用为此惊慌，我会尽量将所有事情办得妥帖的。有没有利润都无所谓，反正我要留下来。"

实际上当韦斯特先生发现这份工作无利可图后，他大可以一走了之，我也不会责怪他，但是他没有。其实他有理由来指责我，因为我缺乏确实的证据就对他许诺，声称这个事业有利可图。不过他从来都没抱怨过，但我能感觉到，因为这件事韦斯特先生将我当成了一个容易被欺骗的人。我仅简单地估量了马丹吉特先生的预算，并没有加以认真检查，就对韦斯特先生说是能够赚到钱的。

如今我意识到，一个为公众服务的人，如果没有绝对把握是不可以妄下断言的。特别是一位信仰真理的人更需要谨小慎微，让人相信未经充分检验的事情就是有违真理的。我必须得很痛苦地承认，虽然我懂得这一点，但却没有彻底克服自己容易轻信别人的习惯，其中部分原因是我渴望尽可能地多做工作，而自己又无法做那么多。这种渴望多做工作的想法经常会引起同事们的不安，不过我自己倒是不以为然。

接到韦斯特先生的信之后，我就去了纳塔尔。我与波拉克先生关系很好，他去车站给我送行，送了本书给我在旅途中解闷，还说相信我肯定喜欢看。

这就是鲁斯金的《致后来者》。

我刚开始读那本书就完全被它吸引住了。从约翰内斯堡到杜尔班需24小时。火车抵达那里时已经是傍晚了，那天晚上我不能入睡，决定要按照那本书的理想去改变我的人生。

我是第一次阅读鲁斯金的书。上学的时候，除了教科书，我从未读过课外读物，投身于社会后，用于读书的时间也非常少。所以我不敢说自己明白多少书本上的知识，但是我相信自己并未失去什么。正相反，由于读的书少，我倒是能够彻底消化读过的书。真正让我生活马上产生深刻变化的，就是这本《致后来者》，后来我将其翻译成古吉拉特文版本，名为《人人幸福》。

我相信自己从鲁斯金那部伟大著作中找到了内心中一直秉持的某些信念，而这就是其能够吸引我并且能够改变我的生活的原因。诗人就是能将人们内心深处所隐藏的善良呼唤出来的人。诗人并非能够感染所有的人，因为每个人的造化是有深浅差别的。

我所理解的《致后来者》的要义包括：

1. 来自个人的善意包含在众人的善意之中。
2. 因为每个人都有依靠工作谋生的权利，当律师和当理发师具有相同价值。
3. 劳动的一生，如农民和手工艺人的一生，都是有价值的。

上述的第一点我是明白的，关于第二点我仅有模糊的认识，不过我从没想过第三点。《致后来者》仿佛黎明的曙光，照亮了我的思想，其实后两点都应包含在第一点中，我准备将这些原则付诸实践。

凤凰村

我和韦斯特先生之间无话不谈，我对他说了《致后来者》一书对我的启发，还建议将《印度舆论》搬到一个农场中经营。在那边，每个人都是劳动者，领取相同的工资，利用业余时间为杂志工作。韦斯特先生赞成了我的这个提议，所以我们决定不论人种、肤色及国籍，将每月每人工资都定为 3 英镑。

但还有一个问题：印刷厂里的十几位工人是否都同意搬到偏僻的农场中生活，是否都会满足于维持基本生活？因此后来我们决定，只要不愿意这样生活的，都可以拿之前的工资，直到他们逐步同意成为那个新村的一员为止。我跟工人们探讨了这项计划，马丹吉特先生认为我的建议是海市蜃楼，他说那会毁掉他全力投入的事业，工人们也不能同意，而《印度舆论》只能停刊，印刷厂也得关门大吉。印刷厂的工作人员里，有我的一个堂弟，名为恰干拉尔·甘地。我告知韦斯特先生那个计划时，也跟他说了。他有妻子和子女，不过他打小就决定跟着我一起做事，百分百信任我，因此未经讨论他就赞同我的计划，从此之后一直跟我共事。机械工人戈文达·史华密也赞成这个做法。其他人都不同意，但都承诺不管印刷厂搬到哪儿，他们都会跟着去。

仅用了两天时间，我就与同事们把事情安排妥当了。我立即登广告征求杜尔班附近靠近火车站的一块土地。马上就有人以凤凰村的一块土地应征。我和韦斯特先生去看了，一周之内就买下了那片 20 英亩的土地。那边有一小股泉水，还有几棵橘子树和芒果树。附近还有一片 80 英亩的土地，那边长着更多的果树，还有一座废弃的农庄。我们将那片土地也买了下来，一共花费 1000 英镑。

罗斯敦济先生始终都很支持我的事业，他非常喜欢这个计划，还为我提供了一个大仓库的旧波形铁片和其他的建筑材料，于是我们就投入到工作里面。有几位从布尔战争开始就跟我一同工作的印度木匠和泥瓦匠，帮我修建好了印刷厂。不到一个月的时间，房子就建成了，75 英尺长，50 英尺宽。韦斯特先生和木匠、泥水匠们一起工作，他们不惜冒着生命危险住在那里。当时那个地方杳无人烟，茂密的杂草里隐伏着无数蛇虫。最初大家都住在帐篷里，大约一周之内我们就将大部分东西用牛车搬到了凤凰村。这个地方距杜尔班有 14 英里，距火车站 2.5 英里。

建设新厂房期间，仅有一期《印度舆论》不得不让外面的水银印刷厂承印。

然后，我竭力动员那些与我一起从印度来这边碰运气的亲戚朋友到凤凰村来，他们当时从事着各种各样的生意。本来他们就是打算来南非赚大钱的，因此很难说服他们，但还是有一些人表示同意。那些人中我仅提一下摩干拉尔·甘地的名字。其他人全都回去做生意了，只有摩干拉尔·甘地彻底地放弃了生意，前来与我共事。凭借其卓越才能、牺牲精神和无私奉献，他在与我共同投入道德实验的那批同事中名列前茅。如果论及他那无师自通的手艺，更是首屈一指。

于是，凤凰村于1904年建成，无论前景怎样，《印度舆论》始终都排除万难照常出版。

但是在这种改革开始时，遇到的新困难，进行的新改变，引起的新希望和新失望，真是一言难尽，需要开辟新的篇章来记述。

创刊首夜

在凤凰村印发新一期《印度舆论》实在不易。如果我没做好两手准备，那一期就可能会延迟出版，甚至根本无法出版。我不太愿意用发动机来推动那台印刷机。我认为应用人力印刷才能保持这边的气氛，然而村子里的农活也需要人手。因此采用人力印刷这个想法十分不现实，我们还是配备了一台用油的发动机。幸亏我曾经向韦斯特先生提议，假如那部发动机不好用，得做好其他准备，因此他又预备了一个手动的轮子。同时将报纸的尺寸也裁小了，以便必要时仅靠一台踏板机也能够印刷出来。

一开始，我们得熬到三更半夜才能出版一期，每个人都要动手折纸，我们的工作经常要到晚上10点甚至午夜才能结束。但是第一夜是让人难忘的，当时已经排好了版，可发动机纹丝不动。我们从杜尔班专门请了一位工程师帮我们修理机器，大家都非常焦急。之后韦斯特垂头丧气地对我说："机器坏掉了，恐怕杂志无法按时出版了。"他都快掉眼泪了，我安慰他说："如果真的那样，也没有办法。哭泣也没什么用，让我们再想想有没有其他办法吧，那个手动的轮子试了吗？"

"现在去哪儿找人呢？"他答道，"人手不足，得4个人才能推动那个轮子，还得一组一组地轮班干，但是大家都累坏了。"

当时房子还没有盖完，有木匠在这边，他们都躺在地板上睡觉。我指着他们问:"我们不能请这些木匠帮忙吗?我们没准得干一个通宵,应该尝试这个办法。"

"我不敢叫醒木匠,但我们的人确实很累。"韦斯特答道。

"好吧,我来做。"我说道。

"那么我们可能会熬过这一关。"韦斯特说。

我叫醒了那些木匠们,请他们帮忙,他们爽快地答应了:"假如出现紧急状况的时候我们不能帮上你们,那我们还有什么用呢?你们去休息吧,对我们来说这份工作很轻松。"我们自己的人自然也准备好了。

韦斯特十分高兴地哼起了小调,于是我们开始工作。我和木匠们一起干起来,其他人也一拨拨地轮流干,我们就这样持续工作到早上7点钟。但是依然还有很多事没做完。我建议韦斯特把工程师叫醒,试一下能不能发动机器,倘若这次成功了,我们的杂志就可以按时出版了。

韦斯特叫醒了工程师,他立即去了机器所在房间。快看!快看!他碰了一下,机器就轰隆隆地响起来了,所有人都一起欢呼了起来。"这是为什么?我们昨晚无法弄好它,为什么今天早上就什么问题都没有呢?"我不禁问道。

"很是难说,"记不清是韦斯特还是工程师说道,"有时机器也跟我们一样,需要休息。"

在我看来,发动机坏了这件事对于我们大家而言都是一种考验,但在紧要关头它恢复工作是对于我们诚实且认真的劳动的回报。

杂志终于按时出版了,我们都很开心。

最初的坚持保证了杂志的按时出版,凤凰村也有了一种自力更生的氛围。后来甚至在一段时期里,我们故意不用机器,而是仅靠手工操作。我认为那正是凤凰村道德情绪最为高涨的阶段。

波拉克毅然前来

虽然建成了凤凰村,但是我在那里生活的时间并不长,仅有短暂的一些日子,这一直让我深感遗憾。我原来的想法是逐步摆脱律师业务,在凤凰村里住下来，用体力劳动维持我的生活，将服务于凤凰村作为我的乐趣。但是这个愿望最终没能实现，通过诸多事情，我发现人们所制订的计划经常会因突发事件而改变，但是倘若追求真理是我们的最终目的，不管人们的计划遇到了怎样的挫折，结果不但不会坏，而且经常可能比人们所预期的还好。意外地建造凤凰村，还有其他诸多意外的事自然都不是坏事，虽说很难判定这些事是否比我们此前设想得要好。

为了让大家都能够依靠体力劳动生活，我们将印刷厂附近的土地分成许多块，每3英亩为一块，我自己也分得了其中一块。在这一小块土地上，我们用波形铁片盖房子，虽然这并非出于我们的本意，其实我们打算像普通农民那样用土砖或茅草来盖泥房子。但那是不可能的，因为那样得花费更多的钱，并且更费事，大家都希望能尽快安顿下来。

杂志的总编辑依然是曼苏克拉尔·纳扎先生，他并没来凤凰村，而是留在了杜尔班的《印度舆论》分社。即便我们雇用了排字工人，不过我们希望村中的每个人都能学会打字，那应是印刷出版中最为容易的一种工作，也是最为麻烦的一道工序。所以凡是不会这门技术的人都学习了起来，而我自己则是最笨的学生。最先学会了这门技术的是摩干拉尔·甘地，虽然他此前未曾从事过印刷工作，如今却成了一位优秀的排字工人。他不仅速度快，让我感到惊喜的是，他很快就熟练掌握了印刷工作的所有业务。我始终认为他自己还没有觉察到自己的潜力。

我们还没安顿下来，房子也没全部盖好，但我不得不离开凤凰村前往约翰内斯堡，我不能对那里的工作置之不理。

刚回到约翰内斯堡，我就迫不及待地给波拉克先生讲了我所做的重大改革。当得知是他借给我的那本书导致了这个结果时，他心中充满了欣慰。他问："我能加入你们的新体验吗？"我说："当然可以！只要你愿意加入凤凰村。"他答道："当然愿意，只要你允许。"

我非常佩服他的决心。之后的一个月内，他将辞职报告递交给了上级，要求解除他在《评论界》中的职务，后来他果然到了凤凰村。他擅长交际应酬，不久之后就深得人心并且融入了这个大家庭。他性格简单淳朴，所以不仅不觉得凤凰村的生活苦，反而习以为常。但是我不能让他在那里待太长时间。李琪先生已然决定前往英国读完他的法学课程，而我自己实在无法承担事务所的繁重工作，所以我建议波拉克来我的事务所当一名律师。那时我还以为我们两人退休之后能住进凤凰村养老，但是这个想法未能实现。波拉克十分值得信赖，因此如果他依赖某个朋友，定会竭力地支持他，与他保持一致而不和他争论。他在凤凰村给我写了一封信，说他虽然喜欢住在那边，觉得很幸福，也非常希望留下来发展这个村子，但他最后还是打算离开那边去我的事务所当律师，因为他觉得那样做能够更快实现我们的理想。我由衷地感谢他的这封信，于是波拉克离开了凤凰村，去了约翰内斯堡帮我签署文件。

正在此时，一位名叫马新泰的苏格兰通神学者应我之约，也到我的事务所当文书了。本来我是辅导他参加当地的法律考试，后来我请他效仿波拉克，他表示同意。

由此可见，即使我大肆渲染需尽快实现住在凤凰村的理想，然而现实却似乎走向了相反的急流。如果不是神灵另有安排，我将迷失在这张以简单生活为名的罗网中无法自拔。

在几章之后，我将为大家叙述，我和自己的理想是如何以一种令人预料不到的方式被拯救的。

受神灵保佑的人

那时我已经不打算在短时间内回印度了。本来答应妻子我将在一年之内回国，但是一年过去了，回国依然遥遥无期，所以我打算将妻子和孩子们再接到南非。

在前往南非的船上，我的三儿子兰达斯在和船长玩耍时摔断了胳膊，船长悉心照顾他，还安排船上的医生给他治疗。船靠岸的时候，兰达斯打着绷带下了船。医生叮嘱我们到家后要立即找合适的医生为他处理伤口。但那时我极为推崇土疗法，甚至还成功说服了一些信任我的当事人也去体验一下土疗法和水疗法。

所以我能为兰达斯做些什么呢？他只有 8 岁。我问他是否同意我替他治病，他微笑着回答说自己非常愿意。他还那么小，根本不懂得判断什么东西对他来说是最好的。不过他明白土医和正常的治疗方法不同，而且他也清楚我有使用家庭疗法的习惯，于是就把自己委托给了我。我带着恐惧和紧张的心情解下了他的绷带，为他清洗了伤口，然后敷上了洁净的泥土，又重新包上。就这样，大概持续一个月为他换洗，伤口终于痊愈了。我并没给他缠绷带，而且伤口复原的时间也没有船上的医生说的那样长。

这次实验，加之先前的几次实验，增加了我对于家庭疗法的信心，而且如今我对于这种办法更加自信了。我扩展了治疗的范围，将土疗法、水疗法和绝食法都用来治疗各种外伤、发烧、消化不良、黄疸和其他病症，而且大部分的实验都是有效的。但是我现在已经不像在南非时那样有信心了，并且事实也说明这种实验的确有些冒险。

我在这里谈论这些实验，并非想证实它们的成功之处。对于任何实验，我都无法保证能完全成功。实际上医疗工作者也不敢对他们的实验下定论。我只想表明，但凡愿意接受这种新奇实验的人必先从自己开始。只有这样才能加快发现真理的脚步，而神灵总是保护那些认真实验的人们。

与欧洲人发展密切关系的实验所承受的风险，和治病实验所承担的风险是同等严重的。所不同的是，这两种冒险的性质不同。然而我在发展这种关系时，并没有料想到这种风险。

我邀请波拉克跟我同住，我们开始了如同亲兄弟一般的生活。波拉克有一位交往多年的女朋友，虽然订婚很久，但总拖着不结婚，我认为波拉克是打算攒些钱再结婚。他对于鲁斯金的学说理解得比我更为透彻，不过他的西方背景阻碍了他将鲁斯金的学说立即付诸行动。但是我劝他："假如两个人心心相印，就如同你的情形那样，假如仅仅是出于经济上的原因而把婚姻耽搁下来，是没有道理的。倘若贫穷是一种阻碍的话，那么穷人就永远都不能结婚了。更何况如今你与我同住，并没有家庭开支的问题。我觉得你还是尽快结婚为好。"就像我前文提到的那样，我从不与波拉克在相同问题上反复争论。他接受了我这个有说服力的建议，立即跟他的女朋友通信讨论此事。当时他的女朋友还在英国，她非常愉快地接受了这个建议，几个月以后就来到了约翰内斯堡。婚礼没有花费多少钱，甚至连一套礼服都没有买。他们也不用举行任何宗教仪式。波拉克夫人生来就是基督教徒，而波拉克则是犹太人，他们共同的宗教就是道德伦理的宗教。

顺便提及一下婚礼过程中发生的一件有趣的事情。德兰士瓦负责欧洲人结婚登记的官员不愿为黑人或是有色人种登记结婚。在那次婚礼中，我是他们的傧相。这并非由于他们找不到欧洲朋友做傧相，而是波拉克不愿另找他人。因此当我们三人去结婚登记处时，登记官无论如何也不相信我居然是一对白人夫妇的傧相。他提议推迟登记，以便进行调查。次日是周日，接着是新年元旦的公共假日，假如仅凭这样一个不靠谱的借口来拖延神圣的婚期，实在让人难以容忍。我认识这一地区的负责人，登记处属于他的管辖范围，于是我带着这对新人去找他。他听闻有这么一回事，忍不住笑了，为我开了一张给登记官的条子，这才顺利地办好了结婚手续。

在此之前，只要是与我们同住的欧洲人，都是此前我们多少有些了解的，但是现在有一位完全陌生的英国女人加入到我们这个家庭。我记得我们与这位新婚夫妇从未曾因不同意见而发生争执，即使波拉克夫人与我妻子有过什么不愉快，那也不过是关系融洽的家庭中的小插曲而已。而且不要忘了我的家庭本质是一个不同种族混居的家庭，各种不同脾气的人都能够自在地生活在一起。当我们意识到这个问题时，就能发现，所谓同类与异类之间的区别仅仅是想象的产物，我们都是一家人。

我认为最好在这章中一并对韦斯特的婚事表示祝贺吧。这个阶段中，我对于"禁欲"的思想还没有完全成熟，因此我总是希望自己那些还是单身汉的朋友都能够结婚。一次韦斯特需要回卢特探望他的父母，我劝他如果可能的话就在那边结了婚再回来。凤凰村是我们共同的大家庭，既然我们全都打算当农民了，就不害怕结婚及其后果。果然，韦斯特带着夫人回来了，那位夫人是来自莱斯特的一位年轻美貌的女子，出身于莱斯特的一户皮鞋匠家庭，韦斯特夫人原本也在皮鞋工厂工作过。之所以说她美丽，是由于她内心的美感染了我。真正的美丽都是由纯洁的心灵散发出来的。和韦斯特先生同来的还有他的岳母，那位老夫人至今依然健在。她十分勤劳，本性乐观，那种乐观真是让我们自惭形秽。

一方面我劝说那些欧洲朋友们结婚，另一方面还鼓励我的印度朋友们将家眷都接来。就这样，凤凰村逐步发展成为一个小小的村庄，很多人在这里定居，繁衍生息。

家庭生活一瞥

上文中我提及过，虽然家庭开销很大，但是我们在杜尔班就开始有了节俭的倾向。在约翰内斯堡时，遵循着鲁斯金的教导，我们过上了更加严格的俭朴生活。

但凡在一个律师家庭能实现的俭朴，我都做到了。不过身为律师，家里不布置几件家具还是不行的。然而比起外在的改变，我内心的变化更大。所有人都提高了参加体力劳动的兴趣，所以我要求孩子们也在这样的纪律下做事。

为了不买做好的面包，我们决定根据库赫尼的食谱自制不发酵的黑面包。使用普通的细面粉来做并不好吃，我们觉得手磨的面粉一定更为简单、营养而且省钱。于是我就花了7英镑购买了一台手工磨面粉的机器，它的铁轮子一个人推的话很费力，两个人推就轻巧多了。我与波拉克和孩子们经常磨面粉，我妻子偶尔也来帮忙，虽然磨面粉的时候她经常是在忙着做饭。波拉克夫人到这里之后，也加入了我们的队伍。对于孩子们来说，磨面粉是一种非常有益的运动。我们从来不强迫他们做这做那，他们偶尔来帮忙完全是一种娱乐，如果累的话可以随时休息。但是孩子们——其中有几个我在后文里还有介绍——从来都没有让我失望过。当然也有做得不好的孩子，不过大多数孩子都干得非常起劲。印象中当时很少有孩子以疲劳为借口而逃避工作。

我们聘用了一位佣人来看守房子，他就如同我们的家人一样，跟我们在一起住，孩子们也经常帮助他工作。市政部门的清道夫负责把粪便运走，而厕所则是由我们自己负责打扫的，从来都不麻烦佣人做那件事。对孩子们来说，这是一种非常好的锻炼。我的孩子里面没有一个讨厌清道夫的工作，自然而然地养成了良好的清洁习惯。我们住在约翰内斯堡期间，家里很少有人生病，偶尔有人生病，孩子们也会自愿做看护的工作。我并非对他们的学习漠不关心，但我的确因为其他事情而忽略了教育，因此我的孩子们也是有理由埋怨我的。他们也曾向我表达过这种不满，于是我就得为自己的过错辩护一下。我曾有过对他们进行文字教育的愿望，甚至打算亲自给他们上课，但总是有这样那样的事情而耽误了。因为我没有给他们请家庭教师，所以每天我都得带着他们徒步往返于事务所，大概需要步行5英里。这对于我们而言是一种非常好的运动。假如没有其他事，我会利用在路上谈话的机会教育他们。除了大儿子哈里拉尔住在印度之外，其他孩子都是用这种办法带大的。只要我每天至少抽1小时对他们进行严格且有规律的文字教育，我觉得这一定就是一种理想的教育。但是我并没有为他们提供足够的文字训练，这一直是让大家共同感到遗憾的事。我的大儿子经常在私底下对我表示不满，有时甚至在报纸上公开指责我，而其他的几个孩子虽然慷慨地原谅了我，却也认为那是一种无法避免的失败。我倒是没有因为此事而感到痛苦，不过的确有些遗憾，我并非一位理想中好父亲。不过我认为牺牲了对他们的文字教育也许是个错误，但那是为了侨团的服务而牺牲的。我十分清楚自己并没有忽略为形成孩子们的人格应需的所有必要的教育。适当提供这种教育是为人父母的义务。即使我付出这些努力，不过孩子们还是有所欠缺。我相信他们之所以有这样的欠缺，并非都是个人缺陷，他们父母双方的性格缺陷也是一个重要因素。

孩子们不仅继承了父母生理上的特征，并且还继承了他们的个性气质。环境虽然很重要，然而占据首要位置的还是从祖先那里继承下来的品性。我也见过很多孩子虽然获得的遗传并不好，然而却能成功地克服不良遗传的影响，那就要归功于他们纯洁的灵魂了。

波拉克经常和我在应不应该给孩子们进行英语教育的问题上争得面红耳赤。我一直认为身为印度人，假如训练孩子从小就说英语，使用英式思维思考问题，那就等同于背叛了自己的孩子和祖国。那是在剥夺孩子继承本民族精神遗产和社会风俗遗产的权利，在一定程度上，将不利于他们以后为祖国服务。正是出于这种考虑，我才坚持用古吉拉特语和孩子们进行日常交流。波拉克非常不赞同我的观点，他觉得我是在耽误孩子们的前途，他始终认为假如孩子们从小就学习一门像英语那样通用的世界性语言的话，未来他们在面对生活的竞争时将比别人更具优势。他的这种观点并没有说服我，如今我已经记不清是我的正确态度让他认同了我的看法，还是由于我太固执而让他放弃了说服我。这些事情大概发生在二十多年以前，随着经验的累积，我的信念也逐渐加深了。即使我的儿子们缺乏系统的文字教育，不过他们自然而然地获得的母语知识对自己和祖国都是有好处的，因为那样他们就不至于变得如同像外国人那样对祖国感到陌生了。他们非常自然地学会了两种语言，对他们来说，用英语交谈和写作是轻而易举的，因为他们在日常生活中就与英国朋友们有所往来，并且他们生活在一个以英语作为主要语言的国家里。

祖鲁人的"暴动"

虽然我认为可以在约翰内斯堡定居了，但生活却并不平静。我刚觉得自己能舒服地喘口松气，却发生了一件意外之事。报纸上报道了祖鲁人在纳塔尔的"暴动"消息。我和祖鲁人没有结过怨，他们从来没伤害过印度人。我曾一度怀疑使用"暴动"这个词是不恰当的。不过那时我相信英国在维护世界的幸福安康，一种发自内心的忠诚甚至不允许我对于英帝国产生怀疑。所以这次"暴动"似乎不足以影响我的决定。纳塔尔成立了一支自卫义勇军，还公开招募新人，报纸上说那支队伍已经去平息"暴动"了。

由于和纳塔尔有紧密联系，自以为是纳塔尔的一个公民，于是我立即给省督写了一封信，表示自己愿意协助政府，假如有必要，我可以成立一支印度救护队。他立即回信接受了这个提议。

我没想到他能这么快回信，还好我在写信之前就已经做好所有必要的安排了。我早就决定，假如我的提议被接受，我就解散在约翰内斯堡的家。波拉克打算搬到一个小一些的房子去住，而我妻子和孩子们则去凤凰村。我妻子完全同意这个决定，我不记得还有哪次她曾如此配合地支持我。因此，省督的回信一到，我就通知房东我会在一个月内退租，把一些东西送到凤凰村，一些则留给波拉克。

之后我就去杜尔班招募队员了。我们并不需要组织太多人，除我之外，还有24人，其中有4个古吉拉特人，1个巴丹人（Pathan）[①]，其余的基本

[①] 印巴分治之前毗邻阿富汗的一个民族，实际上属于阿富汗的一个民族。

都是来自南印度的契约工人。

为了给我一个身份以便开展工作，而且也是为了与现存的习俗相符，医务长任命我为临时上士军衔，而且让我挑选了三位中士和一位下士。我们还从政府那边领取了制服。我们的救护队在战场上大概工作了六周。我刚抵达"暴动"的地点，就明白那里其实并没有发生算得上"暴动"的事情，也没有发现有什么抵抗。那场骚动之所以被夸大地形容为暴动，是因为有个祖鲁人首领劝说祖鲁人不要再缴纳一种最近开始向他们征收的税，并且杀害了一位前来收税的军士。总而言之，我是绝对同情祖鲁人的。值得欣慰的是，抵达司令部之后，我们接到的主要任务是护理受伤的祖鲁人。我们受到了主任医师的欢迎，他说白人不愿意去看护那些受伤的祖鲁人，因此他们的伤口已经溃烂，他感到束手无策。现在，他认为我们是前来拯救那些无辜的人的福星，于是就将绷带和消毒药水等用品都交给了我，带我前往临时医院。祖鲁人非常欢迎我们，那些白人士兵经常站在栏杆那边看我们，劝说我们不要给祖鲁人包扎伤口。但由于我们不搭理他们，于是他们被激怒了，用各种难听的话辱骂祖鲁人。

之后我逐渐和那些士兵混熟了，他们也就不再干预我们的医疗工作了。史巴克斯上校和威利上校是那些士兵的指挥官，他们曾经在1896年时激烈地反对过我，但现在他们对我的行为感到惊讶，特别来看望我并且向我致谢，还将我介绍给麦肯锡将军。读者们千万不要误会那些白人士兵们都是职业军人。威利上校原本还是杜尔班的一位著名律师，而史巴克斯上校则是杜尔班一家非常有名的屠宰店的老板，还有麦肯锡将军则是纳塔尔的一位知名农场主。这几位绅士都参加了志愿军，并由此开始了军事训练和军旅生涯。

我们照料的伤者并不是在战场上受伤的，他们中的一部分人是被当作战俘抓回来的，大部分被施以鞭笞的责罚，所以他们才受了重伤。由于没有人为他们处理伤口，所以伤口就溃烂了。其他人都是善良的祖鲁人，虽然他们领到了以示区别于"敌人"的一种证章，不过士兵们还是误伤了他们。

除了这个工作以外，我还得为白人士兵配药、发药。对我来说，这倒是手到擒来的工作，因为我此前曾经在布斯医生的小医院中做过一年这样的工作，这份工作让我结识了很多欧洲人。

我们隶属于一支机动队伍，这支队伍接到的命令是：哪里有危险，就往哪儿开。队伍主要由骑兵组成，队伍一转移，我们就得抬着担架徒步随军前行。有那么两三次，我们每天必须走上40英里。但不管去哪儿，我总是感谢神灵所赐予我们的工作。我们需要用担架抬着那些友善但被误伤的祖鲁人行军，照顾他们，看护他们。

心灵的追寻

祖鲁人的"暴动"给予了我新的体验，也给了我很多思考。布尔战争也没有像这次"暴动"这样生动地让我感受到战争的恐怖。这并非战争，不过是一味杀人。不仅是我一个这么认为的，我和很多英国人交流过，他们也这样想。每天早晨，我都能听到士兵们的枪声如同鞭炮般响彻在无辜的村庄里，置身其中的确是一种考验。但是我咽下了这口苦酒，在这里只有我们这支救护队负责看护受伤的祖鲁人。一想到这里，我的良心就稍微得到了些许宽慰。

有很多其他事情也引人深思。这边人烟稀少，有几座原始的，所谓"未开化的"祖鲁人村落零散地分布在遥远的丘陵和山谷之间。通过这样庄严寂静的地带时，不管身边是否带着伤员，我时常会陷入沉思中。

我思考"禁欲"及其所蕴含的意义，这种信念深深地在我心里扎根了。我与同事们展开讨论，那时我并没有意识到它是自我实现的必要条件，不过我却清楚地感觉到，但凡打算投入所有身心为人类服务的人，就必须要做到这一点。我认为自己将来定会有更多机会为大家服务，倘若我依然纵情于家室之乐和满足于养儿育女，我就无法胜任这样的工作。

总而言之，我难以同时享受灵魂的自由与肉体的放纵。就当时情况而言，假如我的妻子怀孕了，我就无法再让自己冒险做事。假如不"禁欲"，我就不能为社会服务。如果"禁欲"，那么家庭生活和社会生活就会彻底达成一致。

如此想来，我就迫不及待地想要立下最后的誓言。这个誓言的前景带给了我一些鼓舞，与此同时想象力能够也得以发挥。

就在我进行紧张的体力和脑力劳动时，有消息说"暴动"几乎快平息了，过不了多久我们就能解散了，过了一两天我们真的各自回家了。

没过多久我收到了省督的一封信，信中特地向救护队的工作致谢。

刚回到凤凰村，我就迫不及待地和恰干拉尔·甘地、摩干拉尔·甘地、韦斯特以及其他几位朋友讨论"禁欲"问题。他们都同意我的想法，而且认为立誓是必要的，不过他们也指出了困难之处。其中的几个人勇敢地承诺会遵守誓言，据我了解，有的人已然成功实现。

我自己也身在这个行列中，立下了终生奉行"禁欲"的誓言。我必须得承认那时我还不清楚这件事的重要性，直到现在我还依稀记得当时遇到的很多困难。在我眼中，不实行"禁欲"的生活是毫无滋味的，简直如同禽兽一样。野兽生来不知道何为自制，但人之所以为人，就在于其具有自制力。以前我以为宗教典籍里对于中对于"禁欲"的赞美实在过于夸张，今天看来我愈加发觉那些赞美是源于经验而且是绝对正确的。

虽然"禁欲"充满了不可思议的力量，但实施起来却并非易事，因为它并不仅仅是只限于肉体的事。"禁欲"始于控制对于肉体的生理冲动，但不仅于此。想要实现真正的"禁欲"，脑中就不能有不纯洁的思想，甚至不能放纵口腹之欲。一个人如果想达到这种境界，就必须付诸更多的努力。

对我来说，想做到肉体上的"禁欲"也是无比困难的。如今我对于自己的自制能力已然有了相当的把握，不过还未能排除思想上的杂念，但这一点恰恰是最为根本的。我的意志力并非薄弱或不够努力，实际上我也不知道那些入侵我的杂念到底从何而来。我相信人们掌握着排除杂念的钥匙，然而这把钥匙需要靠每个人自己去寻找。虽然圣人和先知给我们留下了丰富经验，但并没有给我们留下可靠且普遍的药方。完美无缺仅是来自于神灵的恩惠，因此神灵的追随者们给我们留下了赞歌，比如《罗摩那摩》等，都是以神圣和纯洁而著称。倘若我们不能无条件地依赖神灵的恩典，想要完全控制自己的思想是不可能的。每本宗教典籍都是这样教导我们的，我在追求"禁欲"时的每个时刻里都能感知到这些真实的训诫。

为了实现"禁欲"，我开始了自我斗争的历程，这在后面的几章里还会提到。于此我要说一下自己如何开始的，之后就结束这一章。最初基于新鲜感的热情，做起来倒是不难。我的第一个改变就是与妻子分床，或者跟她分室而住。

从 1900 年起，我就开始尝试"禁欲"，直到 1906 年 6 月至 7 月左右才完全实现。

非暴力不合作运动的诞生

当时在约翰内斯堡发生的很多事情都仿佛是促使我这种节欲自净的行为转化成非暴力不合作的先声。现在我明白，我人生中一切重要的事情，直到"禁欲"的誓约，都是潜在为这个运动而做的准备。非暴力不合作运动的原则，在这个运动的名称还未确定之前就存在。实际上当这个主义诞生时，连我自己也说不清楚它究竟是什么。我不仅用古吉拉特文，也用英文中类似"消极抵抗"这种短语来描述它。我在一次与欧洲人的交流中发现"消极抵抗"的含义过于狭隘，它被当作弱者的武器，特点是仇恨，最终将演变为暴力。所以我不得不重新考虑一个有关印度人这个运动的说法。自然，我们必须创造一个新词来概括这个运动。

我绞尽脑汁还是无法想出一个合适名称，于是就在《印度舆论》上公开悬赏征求读者们意见。最终，摩干拉尔·甘地创造的"萨达格拉哈"① 夺魁。不过为了让其表意更为精准，我将其改成"萨提亚格拉哈"，从此作为古吉拉特文里用以表明这个运动的代名词而流行起来了。

实际上，这个运动的历史等同于我在南非生活的一部经历，是我在那里体验真理的一部历史。在耶罗弗达的狱中，我写下了有关这部分历史的大多数内容，在出狱之后才完稿。它最早发表在《新生活》，其后才印成单行本发行。瓦尔济·格温吉·德赛先生曾经将《思潮》翻译成英文，现在我正在安排尽快将这本书翻译成英文出版，以便让更多人了解我在南非最为重要的体验。希望未曾读过《南非非暴力不合作运动史》的人能读一下这本书。我不打算在这里复述那本书的内容，不过在接下来的几章中我将提及书中没有谈到的有关我在南非经历的几件事。接下来，我会给读者们讲一些在印度体验真理的经历。所以打算严格按照编年史题材的顺序来

---

① "萨达"意为：真理；"格拉哈"意为：坚定。

阅读这些内容的读者，现在就可以去阅读有关南非非暴力不合作运动的历史了。

增加在营养学上的实验

我迫不及待地想在思想和言行上做到"禁欲"，与此同时，强烈地希望能投入大部分时间在非暴力不合作运动中，以及在培养纯洁心灵上。所以我在饮食上又作以更多变化，从而达到更好的自制。起初的那些改变的动机大部分出于讲究卫生，但新的实验却是基于宗教的立场。

如今绝食和节食在我的生活中占据着越来越重要的地位。一个人的情欲和食欲往往是形影相随的，我就是这样。为了抑制生理冲动和食物诱惑，我遇到了很多困难，就算现在我也无法保证自己已经彻底克服它们了。我的食欲一向很好，朋友认为我在很多情况下无法节食。假如我不能继续节食，就等于退化到了连动物都不如的地步，自己也早已遭到厄运了。但是，正因为我已然充分地意识到了自己的缺点，并且凭借更多的努力去克服它，因此这些年我才能够振作起来投身于工作。

正因清醒地意识到了自己的缺点，以及出乎意料地找到了志趣相投的同伴，于是我开始只吃水果，或者是在"叶卡达希"日、"建摩斯达密"日（Janmashtami）[①]等类似节日中绝食。

最开始我吃的是水果，不过以节食的观点来看，我在水果和谷物之间没有选择余地。我发现如果习惯了，对前者或后者的味道喜好都差不多。所以我更重视绝食，以及在节日当天只吃一顿饭的方式。但如果遇到苦修之类的场合，我也是乐于绝食的。

但是我也清楚，因为现在身体更加结实了，食物的滋味尝起来也就更好了，而且胃口也更大。我认为绝食能够作为克制放纵的一种有力武器，之后我自己和别人的诸多体验都可以验证这个事实。我打算改善和锻炼身体，但由于我的主要目的是达到节制和征服我的味觉，所以我开始时仅挑

[①] 印度教神话里黑天的生日，在这天，虔诚的印度教徒会用绝食以示纪念。

选一种食物，之后再慢慢地增加种类，并同时控制食量。不过我的胃口还是像过去一样好。当我决定放弃某种食物而改吃另外一种时，后者往往比前者更加鲜美好吃。

有几位同伴跟我一起进行那些实验，其中带头的是赫曼·克伦巴赤。有关这位朋友的情况，我在《南非非暴力不合作运动史》一书中有所提及，在此就不再复述那些内容了。不管是在绝食还是改变饮食的阶段，克伦巴赤先生总是跟我一起实验。非暴力不合作运动的最高潮时，我住在他的家里一起讨论新的食物，从新的食物中获取更大的乐趣。那时的谈论内容让人兴趣盎然，我没觉察那有任何不妥。但是经验告诉我，讲究味觉是有问题的，吃东西并非为了满足味觉，而是为了维持体力。当身体的所有感觉器官都为促进身体平衡而效力，而且在通过身体支撑灵魂时，食物的特殊口感就不复存在了，那时食物才是以大自然期望的方式发挥着自己的作用。

为了实现人与自然的和谐，多少次实验都不为过，多么惨烈的牺牲也无所谓。但不幸的是，当下的潮流正猛烈地朝着相反的方向奔去。为了粉饰即将消亡的肉体，为了将生存的时间延长片刻，我们如果不以牺牲掉多数人的生命为耻，那结果只能是自我毁灭。为了治疗一种旧病，我们会制造出上百种新病；为了享乐于声色之娱，我们终将失去享受的能力。一切这些每天都在发生，人们无法漠然无视。

接下来我要谈一谈在营养学上的体验了。

嘉斯杜白的勇气

我妻子这辈子有三次死里逃生的经历，都是在家庭疗法下痊愈的。在非暴力不合作运动进行期间，要么就是即将开始时，她患了一场大病，持续出血不止。一位医生朋友建议要动手术，她有些犹豫，不过最后还是同意了。她的身体过于虚弱，所以动手术时没有打麻醉药。手术获得了成功，她遭受了巨大的痛苦，但还是以非凡的勇气撑过来了，医生和他的妻子一直帮忙照顾她。这件事发生在杜尔班，医生知道我人在约翰内斯堡，告知我无须为病人担心。

几天以后，我收到了一封信，信中说，嘉斯杜白的病情恶化了，现在甚至无法坐起来，还一度不省人事。医生知道如果没有我的允许，她不可以喝酒吃肉，所以他打电话问我是否能让她喝牛肉茶。我表示不同意，不过我说假如我妻子想要表达自己的意见，医生可以跟她商量，她想怎样都可以。"但是，"医生说，"我无法与病人探讨这件事，还是请你回来一趟吧。倘若我不能按需安排病人的饮食，就不能对你夫人的生命负责。"

我在当天搭乘火车回到杜尔班，医生平静地告知我："就在给你打电话时，我已经让病人喝牛肉茶了。"

我说："医生，那可是欺骗了病人啊。"

"医生为病人开药方和食谱，不算欺骗。实际上，我们作为医生，为了救病人，哄骗病人或是隐瞒病人家属也是一种美德。"医生回答得很坚定。

我十分痛心，不过还得强装镇静。那位医生是个好人，也是我们的朋友。我对于他和他的妻子不胜感激，不过我并不认同他的职业操守。

"医生，告诉我现在你打算怎么做。我绝对不同意我妻子吃肉，就算她会因此没命。当然，倘若是她自己愿意吃的，那我无话可说。"

"你如何想是你自己的事情，不过我告诉你，只要由我负责你妻子的治疗，我就有权力安排她的食谱。假如你不同意，那很抱歉，你只能将她送到其他地方，我不忍心看到她死在我的诊所里。"

"你的意思是让我现在将她带走吗？"

"我什么时候说让你把她带走了？我只不过需要完全自由的处置权利，如果你同意，我和我的妻子会尽全力去救她，你也可以放心地离开这里。不过如果你无法满足我的要求，那就等同于强迫我让你将她带走。"

我记得那时有一个儿子在我身边，他完全同意我的观点，认为他母亲的确不应该喝牛肉茶。然后，我与嘉斯杜白商量。她实在非常虚弱，本不应该与她商量这样的事情，但是不得已。我将医生的话告知她，她的答复非常坚决："我不喝牛肉茶。虽然在这世上，活着是件难得的事情，但我宁愿死在你怀中，也不想让那些可憎的东西玷污我的身体。"

我请求她，告诉她并非一定要听我的话。我举例子说，一些印度教朋友偶尔也将肉和酒当成药而毫不忌讳。但她态度很坚决："不，请将我立即带走。"

我心里非常高兴，决定带她离开。我告知医生这个决定时，医生气得大喊："你怎能忍心！她都已经病成这副样子了，你还跟她说这件事。实话跟你说，她受不起颠簸，假如死在路上，并不奇怪。但如果你非得这么做，悉听尊便。倘若你不愿让她吃牛肉茶，我不敢再冒险将她留下来，哪怕是就留一天也不行。"

所以我们决定马上离开。当时正下着毛毛雨，去车站又有些远。我们得乘火车从杜尔班去凤凰村，下火车之后，距离凤凰村还有 2.5 英里。这自然要承受巨大风险，不过我相信神灵，我得继续进行下去。我提前请人前往凤凰村请韦斯特准备一张吊床，一瓶热牛奶和一瓶热水，还让 6 个人来车站抬嘉斯杜白。在那种危险的情况下，我叫了一辆人力车让她坐在里面，然后赶去搭乘下一班火车。

嘉斯杜白并不需要鼓励，她反而安慰我："我不会出事的，放心吧。"

她已经很久没吃有营养的东西了，瘦得皮包骨头。火车站的站台非常长，而人力车又进不去，我们得步行一段路才能上火车，因此我就背着她一直走到车厢。下车之后，我们将她放在吊床上抬回了凤凰村，在那边她依靠水疗法逐渐恢复了力气。

过了两三天，史华密到凤凰村来看我们，他听闻我们拒绝医生的建议，就抱着同情心来劝慰我们。我记得他来的时候，我的次子曼尼拉尔和三儿子兰达斯都在场。他引用《摩奴法典》的话，说吃肉是无损宗教信仰的。我不喜欢他在我妻子面前说这些，不过出于礼貌没有打断他。我读过《摩奴法典》，不用他来教我如何做。我也清楚有一派人认为这些话是被篡改的，就算没有被篡改，这与我的素食主义和宗教教义也并没什么关系，而且嘉斯杜白的信仰也是无法动摇的。她并不明白宗教教义是什么，然而祖先所流传下来的宗教习惯已经足够她应用的了。我的儿子当然也跟随了父亲的信仰，因此他们也不理会史华密那一套。然而，嘉斯杜白结束了这场谈话："史华密，无论你说什么，我都不会喝牛肉茶的。请不要再烦我了，如果你愿意，可以与我的丈夫和孩子继续讨论，但我的意思不会改变。"

家中的非暴力不合作

我第一次进监狱是在 1908 年。我发现强制犯人所遵守的一些规则，正是一个"禁欲"的人需要自觉遵守的，因为二者同样需要自我控制。比如监狱规定：必须得在太阳下山之前吃完晚餐。无论是印度犯人还是南非犯人都不许喝茶或咖啡。假如愿意的话，允许在煮熟的食物里加一点盐，但不许吃可以满足味觉的食物。一次我要求监狱里的医生给我们一些咖喱粉拌饭吃，还有让我们煮东西的时候可以放一点盐，但他说："在监狱里不能讲究吃，以健康的观点而言，你们并不需要咖喱饭，而且不管是生的还是熟的食物加盐是没有区别的。"

后来这些规定都得到了修改，虽然不是非常容易办到，然而这两个办法却都是有助于自制，有益于健康的规定。外力强行施加于人的禁规原本就是很难成功的，但如果是出于自愿，则能产生有益的效果。因此我被释放之后依然遵守监狱的那两条规定。那时，只要有可能，我就不喝茶，还总在日落之前就吃晚餐。如今我实施这两条原则已经不费力了。

之后，还有个机会迫使我连盐也不吃了，这个习惯我一直保持了十年。我从一些关于素食的书中读到，食盐并非饮食中必备的东西，而且无盐的食物更加益于健康。我因此推论一个奉行"禁欲"的人最好不要吃盐。我曾经读过，自己也意识到身体虚弱的人不应吃豆类，不过我却非常爱吃豆类。

手术之后，嘉斯杜白的身体有所好转，不过不久之后又开始出血了，而且这种病非常顽强，仅靠水疗法似乎不管用。虽然她没有拒绝这种治疗方法，但也没有多少信心，当然她也不会寻求外人的帮忙。所以，在尝试了所有的治疗方法都不成功的情况下，我恳求她不吃盐和豆类。无论我如何恳求她，无论我搬出多么有权威的观点支持自己的说法，她还是不同意。最终她像是挑战似的说，假如有人劝我这样做的话，我也无法放弃这些食物。一方面我感到痛心，但同时又很高兴，之所以高兴，是因为我终于有了一个机会向她表达爱护之意。我对她说："你错了，假如我生病，医生劝我不要吃什么食物，我定会毫不犹豫地听从他们的劝告。虽然现在没有医生的劝告，但我还是决定一年不吃盐和豆类，不管你是否也这样做。"

她非常震惊，悲伤地说："请你宽恕我吧！我了解你，不应该这么刺激你。我答应不吃那些东西了，但请务必收回你的誓言，那太让我难过了。"

"你愿意放弃这些东西那就再好不过了。我相信你一定能康复的。但是我不能将认真许下的誓言收回。而且我认为这对我也有好处，因为一切的自我节制，不管是出于什么动机，总会对人有好处的。因此不必在意我，这也是对我的一个考验，同时对你来说也是一种道义上的支持。"

于是她放弃劝说我了。"你实在太倔强了。谁的话都不听。"说完之后，她居然难过地流下泪水。

我将这件事当成非暴力不合作的一个例子，也是我人生中最为甜美的回忆之一。

嘉斯杜白很快恢复了健康，这到底应该归功于戒除盐和豆类，还是因为她的饮食方式的其他改变；到底应归功于我严守生活规则的结果，还是因为这个事件所引发的精神上的喜悦，我不知道。但是她的确很快就恢复了，血也彻底止住了，而我又多了一个"庸医"的外号。

但我从新的饮食习惯中同样获益匪浅。对于舍弃的东西我从来都不留恋。一年以后，我发现那种强迫感少了很多。这个实验更加激发了我自我克制的动力，回到印度之后，我也一直不吃那两样东西。只有1914年在伦敦期间，我才再次吃到那两样东西。后面我还会谈是在什么样的情形下吃到那两样东西的。

我也劝说过很多同事戒食盐和豆类，实验的效果都不错。医学上对此有两种相反的意见，不过从道德上，一切自制对于心灵都有好处，我完全不怀疑这一点。一个可以自制的人和一个沉溺于享乐的人的饮食方式当然不一样，他们的生活方式也定是不同的。奉行"禁欲"的人通常会由于放纵享乐而失败。

致力于自我克制

上一章里我曾提过嘉斯杜白的病是怎样促成了我饮食上的变化的,之后我为了"禁欲",这方面的变化就更加多了。

第一个变化是不再喝牛奶[①],一开始我是从赖昌德巴伊那里得知牛奶会刺激性欲的,相关的素食主义书籍也强调了这种观点,不过如果我还没有立誓禁欲的话,是不会抵制喝牛奶的。虽然我早就明白牛奶并非维持生命的必需品,然而要做到绝对不喝又谈何容易。我愈加强烈地感受到为了自我克制而不喝牛奶的必要,正巧此时我看了几本来自加尔各答的书,书中谈及母牛被主人折磨的情景。这些内容深深地触动了我,于是我去找克伦巴赤先生探讨这个问题。

虽然我在《南非非暴力不合作运动史》中已经向读者介绍过克伦巴赤先生,但我认为还是有必要再次提及此人。我们的结识非常意外,他是可汗先生的朋友,可汗先生认为他具有超凡脱俗的气概,于是就向我介绍了他。

当我逐渐开始了解他之后,就无比惊讶于他的奢侈作风。我们初次见面时,他就问了我很多有关宗教的问题,偶然间论及乔达摩佛陀的出家。随着交往不断加深,我们很快就成了十分要好的朋友,幸亏我们在想法上很一致,他认为只要是我所践行的自我改造,他也得身体力行。

那时候他还是单身,可是每月除了房租,他的开销高达了1200卢比。如今他过着简单的生活,每个月只花费120卢比。在我解散大家庭以及第一次出狱后,我们就在一起住,当时我们的生活的确非常艰苦。

就在那时,我们探讨起关于牛奶的问题。他说:"我们总是认为牛奶是有害的,那为何不放弃喝牛奶呢?其实没有必要喝牛奶。"我惊讶于他能有这样的提议,自然十分支持,我们立誓不再喝牛奶。那是1912年,当

[①] 印度教徒禁止宰牛,但却酷爱喝牛奶。

时我们在托尔斯泰农场①。

我并不只满足于这个变化,没过多久我又提议每餐只吃水果,而且只吃最便宜的水果,我们得过最穷的生活。

吃水果节省掉了烹饪的过程,当然方便多了。我们经常吃枣、柠檬、香蕉、生花生和橄榄油。

我必须得给那些奉行"禁欲"的人提出警告,虽然我认为饮食和"禁欲"之间有密切关系,不过这只是我个人的观点。一个人倘若无法排除心中杂念,即使绝食也不能让他清心寡欲,但只改变饮食并没有用。想要彻底清除杂念,必须依靠严格的自我反省,无条件服从于神灵的旨意。一个人的心灵和肉体密不可分,世俗之人往往贪恋美味和华饰。为了摒除这种倾向,节食和绝食自然是十分必要的。世俗之人无法控制情感,于是沦为了情感的奴隶,因此需要洁净的不含刺激性的食物以及定期绝食来消灭肉欲。

如果轻视节食和绝食,就与完全依赖节食和绝食是相同性质,都是错误的。我的经验说明,只有全身心投入自制,节食和绝食才能发挥作用。事实上,假如没有它们的帮助,欲望是不能彻底从头脑里消除的。

绝 食

当放弃了牛奶和谷物,并开始实验水果餐时,我开始把绝食作为自制的一种手段。克伦巴赤先生与我一起实验。以前我也曾时不时地绝食,但那纯粹是为了健康。后来,我从一个朋友那里了解到,绝食是自我克制的一个必要手段。

我出生于毗湿奴教信徒的家庭,我母亲是一位坚守所有誓言的人。在印度的时候,我就奉行"叶卡达希"和其他的绝食,但那不过是模仿我母亲的样子而已,是为了取得父母的欢心。

我那时并不懂,也不相信绝食的功效。然而我看到那位朋友的确因为

---

① 甘地极其崇拜托尔斯泰,为了体验托尔斯泰理想中的农民生活,他在南非开办过一个农场,并将其命名为托尔斯泰农场。

绝食而获得好处，于是就照着他的样子开始进行"叶卡达希"绝食，以此支持"禁欲"的誓言。印度教徒在绝食期间照例可以喝牛奶，吃水果，但我只喝水。

开始进行实验时，印度教历的司罗梵月（Shravan）[①] 碰巧和伊斯兰教历的兰赞月遇上了。甘地家族不但遵奉毗湿奴教派的誓言，还遵奉赛义德的誓言，不但参拜毗湿奴神庙，还去赛义德的教堂。我们家族中的一些成员还习惯于在司罗梵月中整月遵守"普拉度萨"（Pradosha）[②]，我也打算照做。

这些重要实验都发生在托尔斯泰农场，那时我和克伦巴赤先生，以及几户非暴力不合作者的家庭生活在一起，其中有青年也有儿童。我们给晚辈们开设了一所学校。这些人里面有四五位穆斯林，我一直鼓励他们保持自己的宗教习惯，经常会检查他们是否每天都做礼拜。其中还有基督教徒和拜火教徒，我觉得自己的职责就是鼓励他们遵行各自的宗教教义。

因此这几个月里，我劝导穆斯林青年们做兰赞月绝食。当然我自己也做"普拉度萨"，之后我要求印度教徒、拜火教徒和基督教徒和我一起绝食。我跟他们说，与别人一起开展有利于自制的宗教行为，总归是件好事。农场中的许多人都赞成我的建议。印度教徒和拜火教徒并非在每个细节上都模仿穆斯林，也根本没有必要那样做。穆斯林需待到太阳落山后才能进食，而其他人并不必遵守这种规定，因此他们可以在这时为穆斯林朋友们做些美食。印度教徒和其他青年在次日日出之前吃完他们一天中的最后一餐，他们并不需要穆斯林的陪伴。当然除了穆斯林之外，其他人在绝食时是可以喝水的。

实验得出的结果是，大家都认同绝食是值得的，而且培养了他们的一种珍贵的集体精神。

住在托尔斯泰农场里的人都是素食者，我心怀感激，这要对所有尊重我感受的人致谢。穆斯林青年在兰赞月里也没有吃肉的机会，不过他们谁都不想让我心怀不安。他们吃起素食来也津津有味，而印度教徒经常为他

---

① 大概是公历的七八月间。
② 白天时绝食，夜晚才进食。

们准备好吃的素食，以维持农场的质朴。

我有意在这章中将话题扯到了朋友身上，这是因为我无法忘怀那些温馨的回忆，也间接地向大家展示我的一种个性，那就是乐于和同事们共同分享我认为是好的事情。对他们而言绝食是件非常新鲜的事情，多亏赶上了"普拉度萨"和"兰赞"禁食，让我非常容易地劝说他们将绝食当成自我克制的一种手段。

于是，自制的风气就自然而然地盛行于农场了。现在这里所有人都加入到了我们部分绝食或者彻底绝食的行列，我认为这一定是好事。我不知道这种自制对于他们灵魂的触动到底有多深，对于他们克服肉体欲望的力量到底有多大，不过我的确受益匪浅。同时，我自然也明白，要得到同样的效果并非一定要进行绝食。

只有一个人以自制为目的之时，绝食才在克制性欲这方面显露成效。我的一些朋友在绝食之后，性欲和食欲反而增强了。换而言之，除非不间断地追求自制，否则绝食并没有什么功用。《薄伽梵歌》第二章的名句用在这里倒是非常合适：绝食者其情可见，情之所求渐消逝，眷恋之情若犹在，一朝得见上苍面，眷恋之情都不见。

所以绝食和类似训练，只不过是为了实现自制而采用的一种手段而已，倘若只有肉体上的绝食而没有精神上的绝食，必定会导致一场虚伪的灾难。

出任校长

我希望读者朋友们了解，这几章中的内容全部是在《南非非暴力不合作运动史》当中省略或极少提及的事情。记住这点就能容易理解这几个章节之间的联系了。

随着农场规模的逐步扩大，我们认为有必要为农场的青年们成立教育机构。那时农场中有印度教徒、穆斯林、拜火教徒和基督教徒的男孩们，还有几个印度教徒女孩。我们无法专门为他们聘请教师，而且也没有必要。原因在于合格的印度老师非常少，而且合格的老师也不会愿意为微薄的薪资到距离约翰内斯堡21英里远的地方教书，更何况我们也没有多余的钱。

而且我也认为没有必要从外面聘请教师，我不信任现有的教育制度，并且认为只有凭借经验和实验才能够找出真正的制度，而真正的教育只能由父母给予孩子，再加上一定程度的外界帮助。托尔斯泰农场是我们的大家庭，而我则是一家之主，因此我应该尽量担负训练青年人的责任。

这个想法并非没有缺陷。他们各自的成长环境不同，宗教信仰也不同。出于这种情况，就算我身处于家长的位置，又怎能完全做到公正地对待他们呢？

我始终都认为，心灵的教化与性格的培养是最为重要的，而且我相信无论他们的年龄和成长环境有多大差别，道德上的训练都适合所有人。所以我决心像他们的父亲一样24小时跟他们生活在一起。我觉得性格的培养将为教育他们奠定基础，只要稳固基础，我相信依靠孩子自己或者在朋友的帮助下，能够学会其他的知识。

我当然也充分地意识到了文字训练的必要，在克伦巴赤和普拉吉·德赛的帮助之下，我们开设了这种课程。而且我们也没有轻视体力训练，他们平日就上了这些课。因为农场里没雇佣人，因此从烧饭到打扫卫生一切工作都得我们自己来。农场里还有很多果树需要我们料理，而且还得做诸多种植花木的工作。克伦巴赤喜爱园艺，他曾经在政府的一座示范花园里学过一些相关知识。农场里不论老少，凡是没在厨房里工作的，都有义务去做一些园艺活儿。孩子们也干了很多活儿，包括挖坑、砍树以及搬运东西。这些劳动锻炼了他们，他们也非常愿意干，于是他们通常不需要其他的运动或游戏。当然他们中的一些人，有时是会集体装病或偷懒。有些时候我会默许他们的这种把戏，但一般而言我还是严格要求他们的。我觉得他们不会喜欢这种严格，但我记得他们并没有反抗。我严厉的时候，经常会用讲道理的方式让他们认识到不认真工作是错误的。但是没过多久，他们就又丢下工作去玩了。不管怎样，我们就是以这种方式训练他们的，他们也总算拥有了强壮的体格，几乎没人生过病。新鲜的空气和水以及规律的饮食对于健康的功劳非常大。

再说一下职业训练。我有意让每一位年轻人都掌握一门有用的技能。为此克伦巴苏专门前往特拉比斯特修道院学习如何制鞋，后来又教给了我，我又传授给那些打算从事这个职业的人。克伦巴赤还会木工，另外一个人也会，所以我们就开设了木工的课程。而且几乎所有青年都学会了做饭。

对他们来说，所有这些都是新鲜的。他们做梦都没想到自己竟然有一天能够学会这些东西。一般来说，南非的印度孩子能学到的无非就是读、写、算这三样而已。

托尔斯泰农场中有这样一条规矩：但凡老师没有指示的事情，年轻人就不能去做，但凡要求他们做的工作，就得有老师跟他们一起做。正是基于这个原因，孩子们总是兴高采烈地学习，不管学的是什么。

有关文字训练和性格培养，下面几章还会提及。

文字上的训练

上一章中我谈及了如何进行体力训练，还说了一点职业教育。即使这些并不能让我完全满意，不过多多少少总算是成功的。

但是，文字训练则是更为困难的一件事。我既无资源，又不具备文字修养，也没有时间投入这份工作。平时的体力劳动已经让我在晚上疲惫不堪了，而在最为需要休息的时间，我又得去上课了。为了能好好上课，我得尽量保持清醒。我早上要处理农场的事情以及家务，因此只能在午后上课，除此之外再也没有合适的时间用来上课了。

文字训练最多上三节，我得教他们印度语、泰米尔语、古吉拉特语和乌尔都语，教学全部使用孩子们的方言进行，也会教他们一些英文。印度教徒的孩子们还得学习一些梵文，基础的历史、地理和算数是大家都得学的。

我负责教授泰米尔语和乌尔都语。我了解的那点泰米尔文都是在船上和监狱里学的，我掌握这些知识的程度超不过波布那本优秀的《泰米尔语手册》。而我认识的乌尔都文也是在船上学会的，我只知道常用的波斯语和阿拉伯语，都是穆斯林朋友教的。至于梵文，我会的也不过是中学时学过的那些，而古吉拉特文也并没有比人们在学校里学到的好多少。

这就是我用于教学的资本。我的文字修养不高，同事们则比我要好很多。但是我爱祖国的语言，也热爱自己的学生们，最为重要的是他们非常宽容，这给了我信心。

那些泰米尔孩子都是在南非长大的，因此对泰米尔语所知甚少，至于文字，则更是一窍不通。因此我教他们文字和基本语法就可以了，这倒是非常容易。我的学生们都知道自己能够在泰米尔文上超过我，于是有一次当一个不懂英文的泰米尔人找我时，学生们就成了我的翻译。我感到很高兴。我从来不在学生面前掩饰自己的无知，而是尽可能在各个方面向他们展示我原本的样子。所以即使我的泰米尔文知识非常匮乏，但从没因此而失去他们的敬爱。相较而言，教穆斯林孩子们学习乌尔都文较为容易。他们认识字母，所以只要让他们对读和写产生兴趣就可以了。

那些青年大多数不认识字，没有接受过正规的学校教育。然而我发现在工作过程中除了监督他们学习和告诫他们不要偷懒之外，能够教给他们的东西其实不多。不过我非常满足，因为和不同年龄的孩子们待在一起，我能学到不同的东西。

至于书本上的知识，我们听过很多，然而我认为不需要。我甚至都不记得当时是如何利用手上能找到的书籍的了，我觉得完全没必要让孩子们了解太多书本知识。学生们真正的书本就是他们的老师，我现在已经不记得什么老师教给我的书本知识了，不过还清楚地记得老师们所教授的书本之外的东西。

孩子们用他们的耳朵听到的比起用眼睛看到的要多很多，并且省力。我从来不会要求孩子们从头至尾地读书，不过我用自己的话将读过并且理解的东西都告诉给他们了，而且我敢保证，时至今日他们也清楚地记得那些内容。想要记住书本上的知识是十分费力的，但我口传身授给他们的东西，他们能很容易地复述。读书是项艰巨的任务，然而当我设法让自己的讲授引人入胜时，他们就会将我的讲解当作一种乐趣。通过听我的讲解而引起很多思考，而我则可以对他们的理解能力进行衡量。

精神上的训练

与体力训练和智力训练相比，对于孩子们进行精神训练则困难得多。在这个问题上，我很少依赖宗教典籍。我当然相信每位学生对自己的宗教都很熟悉，对于自己信仰宗教的经典也有相当的了解，所以我竭力为他们提供我掌握的知识。然而在我看来，这仅是智力训练的一部分。在教育农场里的孩子们之前，我就明白精神训练需要靠自己才能达成的。训练精神就是性格形成、认识神灵和自我实现。对于青年来说，这是最为本质且重要的东西。其他一切训练如果不以精神训练为基础，就是毫无意义，甚至是有害的。

我听过一个迷信的说法，称自我实现只有在人生第四个阶段，也就是在遁世期[①]才有可能实现。可是到了如此衰老的年纪才认识自己，就如同再次经历儿童生活般可悲，那样的人生没有价值，只不过是人世间的负累而已。我清楚地记得自己教书时将这个观点告诫给了学生们，那是1911年或者1912年，虽然那时我并没有用同样的话表达出来。

我到底该怎样对他们进行精神训练呢？我先让孩子们熟读圣诗并且背诵，也把书中关于道德培养的故事读给他们听，不过这还远远不够。当我和他们产生了更为密切的接触后，我发觉精神训练不能仅仅依靠书本知识，就像体力训练是从体力运动中得来的，智力训练是从智力运动中得来的那样，精神训练也只能从精神运动中才能得到。然而培养精神全靠老师的言传身教和生活给予的磨炼。无论老师是否生活在孩子们中间，他都需时时刻刻留心自己的言行。

和学生保持距离的老师需要用自己的生活方式来影响学生的精神，这是有可能的。假如我本来就是一个谎话连篇的人，想要让孩子们说实话那是不可能的。一个懦弱的教师绝对无法教出一个英勇的学生，一个放纵的老师也无法让学生明白何为自制。所以我明白，自己必须以身作则，成为他们的榜样。因此，那些青年就成了我的老师，他们提醒我务必要正直善良。在托尔斯泰农场，我愈加严格要求自己的行为，多半是由那些委托我管教的孩子们所促成的。

他们当中有一个顽劣、爱撒谎、爱打架的孩子。这个孩子有一次的表现特别过分，激怒了我，我从来都没体罚过孩子，但这次实在忍不住了。

[①] 印度教徒四大种姓中的：婆罗门、刹帝利、吠舍属于再生族，一生中有四个修行期，即"梵行期"（学生生活）、"住家期"（社会生活）、"林栖期"（修行生活）以及"遁世期"（游方生活）。

我尝试跟他讲道理，不过他太顽固，甚至想要欺骗我。后来我随手拿起身边的戒尺用力地打在他的手臂上。我打他的时候，手在发抖。我保证他也看到了这个情景。他们从未经历过这种情景，那个挨打的孩子哭着恳求我的宽恕，这并非是由于我打疼了他，如果真是如此，他完全可以用拳头回敬我，他是一位体格结实的17岁青年。他是由于理解了我不得已而打他时的心痛才哭的。从此之后，他再也没有顶撞过我，但我一直都后悔自己那次使用了暴力，担心他会认为我是一个残忍的人。

我向来反对体罚，印象中我只有一次惩罚了自己的儿子。直到如今，我还不敢断定那次使用戒尺的行为是否妥当。可能那是错误的，因为那是由愤怒而引发的惩罚人的欲望。倘若那只是我表达悲痛的一种方式，倒能心安理得，然而那次打人的动机是非常复杂的。

这个事情引发我思考体罚是否是一种比较好的教育方法。不知道体罚在那时是否奏效，但是那位青年很快就忘记了这件事，而且我没发现他后来有明显的进步，这件事让我更加了解了老师对于学生的责任。

后来，这些男孩子还是经常做犯规的事情，不过我再也没有体罚过他们。对这些孩子进行精神训练的体验让我愈加了解精神的力量。

好和坏的差别

在托尔斯泰农场期间，克伦巴赤引导我注意一个问题，这个问题我之前从未曾思考过。我提到过，农场里面有一些生性顽劣的孩子，还有几个终日游手好闲的人。我的三儿子还有别的孩子，成天跟他们在一起玩。这让克伦巴赤非常不安，他觉得我儿子不应该和那些不守规矩的孩子混在一起。

一天，他对我说："我不赞同你允许自己的孩子和那些坏孩子在一起，长此以往只有一个结果：他们也会学坏。"

记不清当时这个问题是否令我为难了，不过还记得我当时对他说："我怎么能差别对待我的孩子和那些游手好闲的孩子呢？我对于他们担负着同样的责任。那些孩子是我请来的，假如我用一些钱将他们打发走，他们就会去约翰内斯堡，立即恢复到过去的那种状态。说实话，让他们来这里，他们以及他们的监护人就赋予了我一份责任。他们在这里要忍受诸多不便，这一点我们都非常清楚。我肩负责任，因此必须把他们留下来，我的孩子也必须和他们一起生活。倘若我那么做了，那么从现在开始，我儿子就会觉得自己比其他孩子更优秀，这样的优越感会把他们毁掉的，我认为这也是你不想看到的。让他们和其他孩子接触是有好处的，他们自己能够分辨善恶。倘若那些孩子的确具备什么优点，为何我们不能相信他们也会对其他孩子有好影响呢？不管怎样，他们得留在这边，即使这是冒险，我们也只能这样做。"

克伦巴赤听了我的话直摇头。

我认为结果不算坏，我的儿子并没有因此学坏，我认为他们反而有所收获。假如他们曾有过一些优越感的话，现在也消失了，他们学会了和各色人等相处。他们经受了考验，非常有纪律性。

这次和其他类似的实验让我懂得一个道理：如果让好孩子和坏孩子共同接受教育，好孩子是不会有所损失的，只要他们的父母和监护人能够细心地观察他们，时刻保持警惕。

将孩子用消毒了的棉花包裹起来，未必就能保证他们可以抵抗诱惑或者污染。如果让孩子与形形色色的人来往，父母和老师就得接受极为严峻的考验，他们必须要时刻保持警惕才行。

将绝食当成苦修

我愈加明白将这些孩子抚养成人并且使用正确的方法进行教育是一件多么不容易的事。

倘若我是他们真正的老师和监护人，我就必须感染他们的心灵，分享他们的快乐和伤悲，帮助他们解决困难，帮他们为奔放的热情寻找释放的出口。

一些非暴力不合作运动的倡导者们出狱后，托尔斯泰农场几乎没人了。留下来的几个人大部分都是凤凰村的，因此我让孩子们都搬到了凤凰村去，在那边我又经历了一次艰难的考验。

当时我必须要奔波于约翰内斯堡和凤凰村之间。有一次我突然在约翰内斯堡得到一个消息，凤凰村的书院里有两个孩子做了堕落的事。我听到非暴力不合作运动的失败或者挫折时还能够保持镇定，但这个消息却如同晴天霹雳。我立即搭乘火车赶回凤凰村，克伦巴赤坚持与我同行。他看出我情绪失常，不忍心让我自己赶路，因为他和我一样也感到非常难堪。

一路之上，我开始反省自己犯下的过错。被监护人或者学生的堕落，监护人或者教师需要承担无法推卸的责任。我相当清楚自己的责任，我妻子早就给过我警告，但我生来容易轻信他人，因此并没有理会她的话。我觉得赎罪的唯一办法只有苦修，所以我决定绝食7天，并且发誓在四个半月之内每天只吃一餐。克伦巴赤对我进行了劝阻，但未能成功。后来他坚持要跟我一起绝食，我对他的友情无以回报。

我感到非常轻松，因为在做了这个决定之后，我内心的重担消失了。不再继续抱怨犯罪的人，而是对于他们怀有纯粹的怜悯。我的心情也变得好起来，并带着这种心情回到了凤凰村。我进一步调查了此事，了解到了一些不为人知的细节。

我的苦修让每个人都感到难过，不过气氛却得以净化。大家都意识到犯罪是一件非常严重的事情，我与那些孩子们的关系也更加坚固了。

不久以后，那件事所引发的另一个问题，让我不得不再次绝食14天，那次绝食取得了意料不到的效果。

讲述这些事情，并非是说当学生犯下过错后，老师就必须用绝食表示忏悔。我认为有时候确实需要果断采用这样的措施，不过要清楚地意识到做这件事是否恰当。假如老师和学生之间没有真正的爱，倘若学生的错误没有触动老师的心灵，如果学生对于老师不尊敬，绝食就是无益的，甚至是有害处的。虽然在这种情形下，大家对于绝食的行为有异议，但是老师应对学生的错误负责则是毋庸置疑的。

对于我们大家来说，第一次绝食并没有任何困难，只要减少或暂停日常活动就可以了。读者朋友们也许记得，我在绝食期间是只吃水果的。然而在第二次绝食的后期，我极为难受。那时候我还未能完全领悟"罗摩那摩"的惊人效果，因此我忍受痛苦的能力也就被减弱了。而且那时我还不懂绝食的技巧,绝食时应该多喝水,不然就会感到恶心。除此之外,由于第一次绝食很容易就达成了,这致使我在第二次绝食的时候疏忽大意了。在第一次绝食时,我按照库赫尼的方法每天洗澡,但第二次绝食期间,在洗了两三天澡后,我就不再洗了,也很少喝水,因此喉咙很干,身体也很虚弱,在最后的几天里,我仅能用微弱的声音说话。尽管这样,我还是每天都坚持口述写作,每天阅读《罗摩衍那》和其他经典。遇到了紧急的事情,我还有足够体力跟大家进行讨论并提出意见。

应戈卡尔之邀前往伦敦

在这里必须要略去很多有关南非的回忆了。1914年非暴力不合作运动结束的时候,我接到了戈卡尔的指示,让我取道伦敦回国。所以我与嘉斯杜白、克伦巴赤在7月份乘船前往伦敦。

在非暴力不合作运动进行期间,我就开始搭乘三等车船旅行了,因此这次购买的也是三等舱的位子。但这条航线的三等舱位与印度海岸的三等舱位还有印度国内的三等火车座位非常不同。印度车船的三等座位经常是不够的,睡铺很少而且非常不干净。但是这次去伦敦,船上的舱位不但很多,而且非常干净。轮船公司还特意为我们提供了一些便利,给了我们一个专用的卫生间。由于我们吃素食,所以厨房特别为我们准备了水果和坚果。按常理,三等舱的旅客是吃不到水果或坚果的。于是,18天的旅程过得非常舒服。

在这次旅途中发生了一些值得记录的事情。克伦巴赤非常喜欢望远镜,他拥有一两个很值钱的望远镜。我们每天都要讨论这个问题。我尽力想说服他,携带如此昂贵的望远镜与我们所渴望的俭朴生活的愿望是极不相符的。一次我们站在船舱边的舷窗下进行了热烈的争论。

我说:"与其让这个东西成为引发我们争论的话题,不如将其丢入海中。"

克伦巴赤先生说:"不喜欢的东西自然可以丢掉。"

"我说的是望远镜。"我说道。

"我指的也是它们。"他立即答道。

然后我就将望远镜扔进了海里，它们大概价值7英镑，不过它的价格远远比不上克伦巴赤对于它们的喜爱程度。但克伦巴赤并没有因为舍弃它们而感到后悔。

每天我们都以这种方式学习到一些新东西，因为我们都打算遵循真理的道路前行。在追求真理的道路上，需要克服愤怒、自私、憎恨等情绪，只有这样才能找到真理。一个被情感所支配的人也许有良好的意图，也许有真诚的言语，但是他永远也无法找到真理。想要成功找到真理，就是要彻底抛开爱与恨，福与祸的双重束缚。

启程时，我才结束绝食没多长时间，并没能完全恢复体力，我经常在甲板上走动，稍微锻炼一下，以期能恢复胃口和促进消化。但是我觉得双腿酸痛，无法运动。抵达伦敦后，我的情况比在南非时还糟糕。我在伦敦找到了齐弗拉兹·梅赫达医生，我将绝食的情况和后来感到的不适都告诉了他，他说："假如你不再彻底地休息几天，恐怕你的腿会废掉。"

这时候我才明白，一个长期绝食的人，不能着急恢复体力，并且对饮食也要加以节制。想让胃慢慢地恢复功能，也许停止绝食时比进行绝食时更需要小心节制。

船抵达了马德拉，我们听说世界大战可能随时会爆发。船进入英吉利海峡的时候，我们得知大战已经爆发。船滞留了很久，因为想要通过布满水雷的海峡是非常困难的，整整花费了两天时间才抵达南安普敦。8月4日宣布了开战，我们在6日抵达伦敦。

战时志愿者

一抵达伦敦，我就听说戈卡尔由于健康问题前往巴黎治疗，现在却滞留在巴黎。巴黎和伦敦之间的交通已然中断，不知道他什么时候能回来。不见他我是不会回印度的，然而谁都不知道他什么时候回伦敦。

那我应该做些什么呢？大战和我有什么关系呢？那时有一位曾经与我同狱的非暴力不合作运动的参与者索拉博吉·阿达加利亚正在伦敦学习法

律。因为他是非暴力不合作运动最为坚定的参与者之一，因此被送去英国留学，以便取得律师资格后去南非取代我的工作，普兰吉旺达斯·梅赫达医生负责他的学费。经由他的介绍，我们和齐弗拉兹·梅赫达医生以及那时留学英国的几位印度人一起开了会。经过大家商议，决定召开英国及爱尔兰的印度侨民大会，我准备在会上发言。

我觉得侨居在英国的印度人应该为战争做一些事情。英国学生已经去参军了，印度人也不应落后。很多人反对这个主张，他们认为印度人和英国人有天壤之别，印度人是奴隶，而英国人则是主人。奴隶怎么能和主人合作？难道奴隶不该趁这个时候谋求自由吗？那时我并不认同这种说法。我明白印度人和英国人的地位差别，然而我不认为印度人已然沦为了奴隶。这种局面的出现，是一些英国官员个人的失误，问题并非来自英国的制度方面。何况我们可以用爱来感化对方。倘若通过合作能提高我们的地位，那么我们就应该在他们需要帮助时主动伸出援手。即使现存制度是不完善的，但并非无法忍受，现在我的观点依然如此。假如我对那种制度缺乏信心，从而拒绝与英国政府合作，那么我当时的朋友们不仅会对制度丧失信心，而且对英国官员们也不会有任何好感。

那些持有反对意见的朋友，认为当时正好可以大胆地向英国人提出印度人的要求，从而改善印度人的地位。

我觉得最好不要在此时乘英国之危，在战争时期选择不威胁他们是更为恰当，更有远见的行为。所以我坚持自己的观点，号召大家结成一支志愿服务队。很多人都响应号召，基本上各省和信奉各宗教的团体都派出了代表。

因此我给克立威勋爵写了一封信，说明此事，表示我们愿意受训从而承担医疗救护工作。

经过一番慎重考虑，克立威勋爵同意了我们的要求，并且对我们愿意在危难关头给予英国援助表示感谢。

于是志愿人员开始在著名的康特利尔医生的指导之下开始进行看护伤员的基本训练，6周的时间虽然不长，不过也全部学完了初级课程。

我们这个班一共80多人，在6周的培训之后进行了考试，仅有一人不及格。这时政府给我们安排了军事上的及其他训练，这个工作由贝克上校负责。

战争时期的伦敦状况良好。大家没有惊慌失措，都忙于为自己的国家尽量做一些事。身强体壮的成年男人开始受训入伍，而老弱病残和妇女们又能做些什么呢？假如他们愿意的话，可以做的工作有很多，例如她们可以做衣服，为伤员包扎伤口，等等。

那时有一个妇女俱乐部，她们尽最大努力为士兵们做了很多衣服。沙瑞珍尼·奈都女士就是那个俱乐部的一员，她投入了全部身心在这项工作中。我第一次见她的时候，她就将一大堆裁好的衣服交给我，让我想办法缝制好再还给她。我欣然接受她的请求，在接受看护训练那段时间，我和朋友们一起缝制了很多衣服。

一个艰难选择

我们为战争服务的消息传到了南非以后，我收到了两封电报。其中一封来自波拉克先生，他质问我现在的行为如何与"非暴力"的信仰保持一致。

我早就预感到会有这些质问，我曾在自己主编的《印度自治》上面讨论过这个问题，在南非时也经常和朋友们探讨这个问题。大家都承认战争是不道德的，倘若我不想杀害敌人的话，就更不应该参加战争，特别是当我清楚这场战争毫无正义可言，或并不清楚这场战争的原因及其意义的时候。朋友们自然都清楚我曾经参加过布尔战争，他们觉得我的观点从那时候开始就已经改变了。

实际上，促使我参与协助英国的理由和当年参加布尔战争的理由是一样的。我很清楚，参加战争和"非暴力"水火不容。但是一个人总是会经常搞不清自己的职责的。一个追求真理的人经常要不得已地在黑暗中探索。

"非暴力"是一个宽泛的概念，而当灾难突发时，我们都是无助的平凡人。俗话说，生生不息。这句话蕴含着深刻寓意。人类不能避免对外界的杀戮，不然就无法生存，不管那是有意识还是无意识的。人的衣食住行必然需要某些杀戮，也就是对于生命的摧残，无论是多么微小的生命。所以，信仰"非暴力"的人，只要他的行为都源于怜悯，只要他尽量避免对弱小生命的摧残，并且想方设法对其拯救，他就能从恐怖的樊笼中解脱出来，并且增强他的自制能力和慈悲的同情心。不过他无法彻底做到不杀生。

同理亦然，"非暴力"的原则是维持所有生命的统一，一个人的错误能影响到其他人，因此一个人无法彻底做到不杀生。只要他依然是社会一员，就不可避免地卷入到社会本身为存在而进行的杀戮中。如果两国之间发生战争，一个信仰"非暴力"的人阻止战争就是职责所在。但实际上，一个人是难以承担这种责任的，也是没有力量和资格抗拒战争的，他所能做的就是参加战争，并且用尽全力将自己、祖国和整个世界从战争的伤害中拯救出来。

我早就希望能依靠英帝国来改善我和印度人民的地位。在英国的时候，我得到了英国舰队的保护，凭借其武装力量得到了安全。我已经进入到了其潜在的暴力。因此如果我打算保持自己同帝国的关系，继续在它的旗帜下生活，我仅有三条道路可供选择：一是公开抵制战争，按照非暴力不合作的原则，抵抗帝国的军事策略，直到其改变军事策略为止；二是不服从法律从而因不文明的罪名入狱；三是站在帝国这边，投身战争，从而获得抵抗暴力战争的能力和锻炼。我正是缺乏这种能力和锻炼，因此除了为战争效力之外，别无他法。

从"非暴力"的角度来看，我觉得战斗人员和非战斗人员没有不同。但凡自愿参加匪帮的人，不管他是负责搬东西，还是负责警卫，或是负责看护伤员，他犯下的罪过和匪徒们都一样。同理可见，在战争中负责看护伤兵的人，也无法逃避战争的责任。

在接到波拉克电报之前，我已然对这件事进行了全面的考虑。接到他电报之后，我又和几位朋友进行了探讨，结论是我有责任参加战争。时至今日，我不认为自己的想法有哪里不对，也不后悔那时所采取的行动，因为直到现在我还坚持认为应当加强与英国人的联系。

我也明白无法说服所有的朋友都赞成自己的立场。这个问题很微妙，它允许各种各样的见解，因此我就向那些信仰"非暴力"的人和认真生活的人作尽可能清楚的说明。一个追求真理的人应该尊重习惯，永远秉持谦逊的态度，知错就改，不管付出多大代价。

小型的非暴力不合作运动

虽然我带着责任感参加了战争,但我不仅没能直接参加战争,实际上,在紧要关头时,我还被迫开展了小型的非暴力不合作运动。

我曾提及过,我们的名单经过批准后就有长官负责我们的军事训练事宜。我们认为那位长官仅仅负责技术的事务,而我则直接负责内部纪律等问题,长官需要通过我来管理队伍,但是那位长官从一开始就让我们打消了这个想法。

索拉博吉·阿达加利亚先生为人机智,他警告我:"得当心这个人,他似乎是存心来当我们的主人呢,我们一定不能听他的。我们原本打算将他当成导师,然而他所任命的那些年轻人却自以为是我们的上司,一直在命令我们。"

那些年轻人都是来自牛津大学的学生,他们被派来训练我们,那位长官派遣他们来担任我们的小队长。

我自然也发现了那位长官的粗暴,不过我还是劝说索拉博吉不要着急,让他冷静下来,但他并不是一个能被轻易说服的人。

"你过于相信他们了,那些家伙会欺骗你,到你了解他们的真面目后,你就会发动我们进行非暴力不合作运动了。到那时你会很难过,我们也会和你一起难过。"他笑着说。

"既然已经决定了和我同甘共苦,那么除了难过之外,你还指望什么呢?"我说,"一位非暴力不合作者天生就是受欺负的,就让那位长官欺负我们吧。我无数次地告诉你,欺人者终将自欺,你忘记了吗?"

索拉博吉大笑着说:"好吧,那就让我们继续受人欺负吧。总有一天你得死在非暴力不合作上面,还得拖着我们这些可怜人。"

这些话使我想起了伊弥丽·贺布豪斯小姐(已故)写给我的一封信:"如果有一天你因为真理而走上断头台,我完全不会感到奇怪。愿神灵给你指出正确的道路,并且保护你。"

和索拉博吉的谈话是在那位长官奉命调到我们队里不久之后发生的。几天之后我们和他的关系就濒临破裂。在经过14天的绝食之后，我的体力并没有彻底恢复。因为经常要步行2英里左右才能到达指定的训练地点，我得了胸膜炎，身体很虚弱。但是在这种情况下，我还得参加周末的露营训练。有一次，其他人都留下训练了，我因为身体太虚弱就回家了，之后就发生了非暴力不合作运动。

那位长官开始肆意发威，他让我们谨记，无论是军事训练还是非军事事务，全部事情都归他负责，还说要让我们尝尝他的厉害。索拉博吉赶紧找到了我，说他忍受不了这种粗暴的行为。他说："由你下达的命令我们才愿服从，我们还在训练营他们就下达了那么多荒唐的命令。那些负责指挥的牛津青年们跟我们有激烈的冲突，我们务必得和长官讲清楚这个问题，不然就无法待下去了。来参加我们救护队的志愿者们并不愿意服从那些不合理的指挥，想要让人们放弃自尊真是太过分了。"

我找到了长官，向他传达了我们的意见，请他关注这些问题。他让我将意见写下来给他，同时让我告知大家："反映意见的正确程序应当是先告知已经任命的小队长，再经由他们通过指导员转达给我。"

我做出的答复是，我并非需要什么权利，从军事意义上而言，我与其他人没有区别，但是作为志愿队的负责人，我应该得到许可担任非正式的代表。而且我还对他说大家对于任命的小队长很不满，应该撤销这些小队长，让救护队来选举出小队长，之后再提请指挥官批准。

我没能说服那位长官，他坚决认为由选举产生小队长是有违军纪的，撤销已经生效的任命更是不可能。

所以我们召开会议，决定抵制他们。我告知大家进行非暴力不合作运动的严重后果，不过大部分人还是赞同抵抗。除非撤销那些小队长，让救护人员选举出自己的队长，不然大家就拒绝参加军事训练和周末露营。

之后我给长官写了一封信，说明他拒绝我的建议让我感到非常失望。我向他保证自己并非企图什么权利，而仅是为了能够更好地做事。我还给他举了之前的例子，指出在布尔战争时，即使我在南非印度救护队里面也没有官衔，但是葛尔威上校和救护队从没发生过任何争执。上校在采取行动之前总是要先征求我的意见，从而了解队里的想法。我还向他汇报了前一天晚上通过的决议。

但是这封信没起到什么好的效果,长官觉得我们的集会和决议是对纪律的严重挑衅。

所以我给印度事务部大臣写了封信,告知他事情的经过,也将决议发给了他。他回信说,那边和南非的情况不同,还提醒我注意,依据规定,小队长是由长官来任命的。但是他对我保证,如果以后再任命小队长,长官会考虑我推荐的人选。

之后和我们有关的事情还有很多,但是我并不打算多谈这件令人痛心的事情了。值得说明的是,这次经历与我在印度的经历是一模一样的。在长官的威逼利诱下,我们的救护队四分五裂了,一些举手赞同抵抗的人选择了屈服,又回去接受训练了。

就在这时,一大批伤兵突然被运到了尼特利医院,急需我们的救护队前去工作。在长官的说服之下,一些人前往尼特利医院救护伤兵,其他人则拒绝执行他的命令。当时我正在家中养病,不过和救护队的人都保持着联系。副国务大臣罗伯茨先生在那期间还专门来探望过我几次。他尽力劝说我去做一做救护人员的工作,以便让他们尽快去医院里帮忙。他建议让那些人单独组成一个救护队,到了尼特利医院,他们直接对长官负责即可,这样就不会出现有损自尊心的情况了,出现问题时政府会出面调解的。不过他希望救护队能赶快去医院照顾那批伤兵。这个提议还不错,我和同伴们都非常赞同,所以那些没去的队员也动身前往了。

只有我没有去,我在家卧床养病。

戈卡尔的慈悲

上一章节提及过我在英国患了胸膜炎,没过多久戈卡尔就回伦敦了,我与克伦巴赤经常去拜访他。我们聊的话题大部分和战争有关,克伦巴赤十分熟悉德国的地理,游历过欧洲非常多的地区,经常在地图上为我们指出和战争有关的一些地点。

我的胸膜炎也是我们平时讨论的话题。即使在那时候,我也未曾中断饮食实验。我每天只吃生花生，煮熟或新鲜的香蕉、柠檬、橄榄油、西红柿、葡萄等，完全不吃牛奶、谷物、豆类。

为我提供治疗的是齐弗拉兹·梅赫达医生，他经常劝我喝牛奶，吃谷类，我坚决反对。戈卡尔听闻此事后，无视我吃水果餐的理由，让我谨遵医嘱。

对我来说，戈卡尔的嘱咐是非常难以反驳的，他不允许别人说一个"不"，我请求他给我24小时来认真思考这个问题。那天晚上我和克伦巴赤回了家，探讨着到底应该如何处理这件事。他一直同我吃素食，很喜欢这种实验，然而我清楚为了我的健康考虑，他也赞成让我停止实验。因此我打算听从内心的声音自己做决定。

我考虑了一个晚上。如果放弃实验就等同于放弃我在那个方向上的所有理想，而我认为这些理想并不是错误的。但在戈卡尔的压力之下，问题在于我应怎样修改自己的实验。最后我决定，倘若我的饮食实验背后的动机是出于宗教信仰，我就继续实验。而那些动机如果是复杂的，我就得听从医生的劝告。戒食牛奶主要就是基于宗教上的因素。我眼前又浮现出加尔各答的养牛工从母牛身上挤出最后一滴奶的残忍画面。我还认为既然动物的肉不是人类的食物，那么动物的奶也不应是人类的食物。因此，次日早上，我做出了坚决不喝牛奶的决定后，心情就轻松许多了。我有些害怕见到戈卡尔，但是相信他会尊重我的决定。

那天晚上，我和克伦巴赤前往国立自由俱乐部会见戈卡尔。他一看到我，就立即问："怎么样了，打算接受医生的劝告了吗？"

我声音虽小但语气坚决地回答："您的全部意见我都愿意接受，不过在这件事情上我请求你不要强制我。我绝对不喝牛奶，不吃奶制品和肉类。就算会因为不吃那些东西而丧命，我也不后悔。"

"这就是你最后的决定了？"戈卡尔问。

"恐怕我无法做出其他决定了，"我说，"我明白这个决定会让你难过，真的请您谅解。"

听过这话，戈卡尔非常难过，不过他宽容地说："我不赞同你的决定，也不清楚有什么宗教意义在其中，但是我不勉强你了。"说完，他转过去对齐弗拉兹·梅赫达医生说："请不要再难为他了，在他能接受范围内，无论你开什么方子都可以。"

那位医生无可奈何地劝说我喝一些阿魏树脂的绿豆汤，我接受了这个提议。喝了一两天之后，我的疼痛只增不减。我认为也许是药不对症，就又重新吃起了水果。我还是继续使用外敷药，多少减轻了一些痛苦，总体而言，我的固执的确让医生感觉非常困扰。

这时戈卡尔回国了，因为他实在无法忍受伦敦的十月浓雾。

治疗胸膜炎

胸膜炎的长时间不愈让人不安，我明白想要痊愈仅靠吃药是不行的，还应改变饮食习惯并加以外敷药。

我前去拜访著名的素食者艾利生医生，在1890年时我曾经见过他，他治病的方式主要依靠调理饮食。他帮我做了认真的检查，我跟他解释了自己发誓不喝牛奶的原因。他鼓励我说："没有必要喝牛奶，我希望你能在一段时间内不吃含有脂肪的食物。"他建议我吃黑面包，生的蔬菜诸如甜菜、萝卜、洋葱以及其他青菜，还有新鲜水果，主要是橘子。蔬菜不要煮熟，如果我嚼不碎，就捣碎了再吃。

我按着他给的食谱吃了三天，不过我不习惯吃生的蔬菜。我的身体情况阻碍我对于这项实验保持完全公正的判断，吃生的蔬菜让我心神不安。

艾利生医生还提议让我全天开窗，用温水洗澡，用油涂擦痛处，每天花费15分钟到半小时在户外步行，我乐于尝试他的建议。

我家里都是法式的窗户，假如全都打开，雨水就会淋进来。而且扇形窗也很难开，所以我就把玻璃打碎了，让新鲜空气进来，还将窗户开到雨淋不进来的程度。

这些方法让我的健康有所好转，不过并没彻底治愈。塞西丽亚·罗伯茨夫人有时会来看我，我们逐渐成了朋友。她极力劝说我喝牛奶，但我表示坚决拒绝，于是她就为我寻找牛奶的替代品。有人推荐给她麦芽粉，并保证说这是一种化学制品，和牛奶毫无关系，但却具有和牛奶相同的营养价值。我了解塞西丽亚夫人十分尊重我的宗教习惯，因此也绝对信任她。我用水冲了一杯麦芽粉试着喝了一口，觉得和牛奶的味道完全相同。再看瓶子上的说明才发现,所谓的麦芽粉其实就是用牛奶做的,所以我只能放弃。

我将此事告知塞西丽亚夫人,请她不要因此而感到抱歉,但她还是立即赶来向我道歉,原来她的朋友根本没有认真看说明。我安慰了她,并因我无法接受她好心找到的食物而向她致歉。我对她保证,由于误会而喝下的牛奶不会让我产生罪恶感。

我和塞西丽亚夫人的友谊还有很多美好的回忆,于此就不多赘述了。我还记得在经受考验和情绪低落之时,很多朋友都给了我莫大安慰。但凡信仰神灵的人,都能够在经历考验和遭受失望的时候,从他的朋友身上看到神灵的慈悲,因此能化忧愁为欢乐。

艾利生医生第二次来探望我时,放宽了他的限制,同意我吃花生酱或橄榄油以补充脂肪,如果我愿意,可以吃做熟的菜。我十分乐于做这些改变,然而这还远不能让我痊愈。我依然需要悉心的照料,所以我不得每天花费大部分时间卧床休息。

有时梅赫达医生也来看我,他提供给我一个长期的治疗建议,可我没有接受。

日复一日,我的病就这么拖了下去。有一天,罗伯茨先生来探望我,竭力劝我回国:"你应该去不了尼特利了,之后的日子会更冷,我非常建议你回印度,只有回去你才会痊愈。等你养好病,假如战争还在继续,你依然有很多贡献力量的机会。当然,我觉得你现在已经做出很大贡献了。"

我接受罗伯茨的建议,准备返回印度。

重返祖国

克伦巴赤先生本来打算去印度所以才和我结伴来英国,我们一直同住,自然也打算搭乘同一条船回印度。但是当时德国人正受着严格的监管,我们也不清楚克伦巴赤能不能得到护照。我想尽了方法,罗伯茨先生也为此四处奔走,他曾给印度总督发了一封电报说明这件事,然而哈定基勋爵直接回答说:"印度政府恐难冒险。"我们都明白这个答复的意思是什么。

必须要与克伦巴赤分离这个事实让我十分难过,不过他比我要更伤心。

假如他能跟我去印度的话，就可以继续跟我一起住，现在一定过着俭朴快乐的农夫与纺织工的生活了。如今他在南非过着和从前一样的建筑师的生活，生意依然非常好。

我们打算乘坐三等舱，不过东方半岛轮船公司的轮船并没有三等舱，于是我们只能买了二等舱。

我们带着从南非拿来的坚果预备在路上吃，但是没能派上多大用处，因为船上持续供应新鲜水果。

齐弗拉兹·梅赫达医生用石膏结结实实地缠住我的肋骨，嘱咐在我抵达红海之后再拆开。前两天我勉强戴着，但实在太不方便了。所以我花费很大力气拆下石膏，恢复了必要的沐浴的自由。

我的食物依旧主要是坚果和水果，我明显发现自己一天比一天好了起来。当轮船进入苏伊士运河时，即使我还是非常虚弱，但已然脱离危险了，所以我开始逐步增加运动量。我的身体之所以能得以康复，我认为应该归功于温带清新的空气。

不知道是出于以往的经验，还是其他原因，我感觉船上英国人与印度人之间的距离越来越远，这是我之前没有见过的。我曾有意和几位英国人交谈，不过仅限于一般客套的寒暄，基本没有进行过以往我们在去南非的船上有过的那种恳切的交谈。我觉得其中原因大概是英国人已然有意无意地认为自己属于统治民族，而印度人则认为自己属于被统治民族了吧。

我真希望能快点回家以摆脱这种不舒服的感觉。船抵达亚丁，我们立即感到仿佛已经到了家一样。因为我们在杜尔班结识了亚丁人克科巴·卡瓦斯吉·丁索先生，并且同他及他的夫人有过密切交往，因此对于亚丁人是非常了解的。

几天之后，我们抵达了孟买。阔别十年之后再次踏上祖国的土地，实在难以用言语表达出我那种快乐的心情。

戈卡尔在孟买为我召开一个欢迎会，即使他身体不佳，却还是赶到孟买来接我。我殷切地期待能和他并肩作战，亲密合作，所以我感到十分轻松，不过命运却给我们另作了安排。

从事律师的一些回忆

在记述我回到印度的生活经历之前,我认为有必要追述几件在南非发生的事情。

有几位律师朋友要求我谈一谈当律师时的往事。不过值得讲述的事情太多,如果全部写出来,能写成一本书,那样就超出我的写作范围了。然而追述这些带有实践真理性质的事情,其实非常值得。

身为一名律师,我从来没做过任何失职的事。我所经手的案件大部分都是为了公益事业,我并不从这种事情上赚钱,有时甚至得倒贴钱。我觉得关于我的律师业务,说到这里就差不多了吧,然而朋友们还想让我多说一些。也许他们认为,我如此轻描淡写地只谈几件事并不过瘾,因此一定要我多说一些,这样律师们就能从中获得经验了。

我在当学生的时候就听人说过律师是撒谎的职业。但是这种说法对我而言并没有多大影响,因为我从来都不打算依靠撒谎来致富成名。

在南非的时候,我的原则经受了多次考验。我清楚我的对手们经常会教唆证人撒谎,实际上,如果我也教唆我的当事人或者证人撒谎,就能赢下一些官司,不过我拒绝这种做法。记得曾有一次我们已经赢得胜诉,但是我怀疑我的当事人对我说谎。在我的内心深处,我期待为当事人争取到应得到的权利,我希望胜诉的案件都是正当的。在确定收费标准时,我从来不将胜诉当成一个条件。不管我的当事人是胜诉还是败诉,我都不会多收或少收费用的。

我对每一位当事人都说过,我不受理欺诈案件,不要指望我教唆证人说谎。于是我的声誉大大提高了,没有任何欺诈的案子来找我。实际上,有一些当事人会把那些清白的案件交给我来办,而将那些可疑的案件给别人。

有个案件十分棘手,是一位与我关系很好的当事人委托给我的。案件涉及非常复杂的一笔账目,而且被拖了很长时间。之前有几个法院对此案件进行了部分审理，之后法院将账目交付给了几位资格很老的会计师来仲裁。虽然得到的是对我的当事人完全有利的结果，然而仲裁者在计算账目的时候出现了失误，即使数目非常小，但是案情却十分严重，因为他们误将借方列成了贷方。而且对方出于其他方面的原因也反对这个仲裁。那时我担任当事人的助理律师，可是当我们的主事律师发现差错之后，却认为我们不应承担这个错误。他显然认为律师不能做出任何损害当事人利益的事情，而我却觉得我们应当承认这个错误。

但是主事律师驳斥我："假如这样做了，法官极有可能取消整个仲裁，任何一位成熟的律师都不想看到这种后果。不管怎样我不愿冒这样的险。假如这个案件被发回重新开庭的话，我们的当事人到底要花多少钱，而最后的结果又会如何，那就说不定了！"

我们探讨这个问题的时候，当事人也在场。

我说："我觉得我们的当事人和律师都要冒这个险。假如我们不承认错误，指望法庭去支持一个错误的仲裁，那怎么可以呢？假如我们承认了，就算让当事人吃了亏，那又有什么坏处呢？"

"但我们凭什么要承认错误呢？"主事律师问道。

"我们又凭什么确定法官不会找出差错，或者我们的对手不能发现错误呢？"我说。

"那么你愿意负责辩论吗？我可不想用你的观点和对手争论。"主事律师用笃定的语气答道。

我谦虚地说："假如你不愿意申辩，而我们的当事人也同意的话，那么就交给我吧。假如无法改正错误的话，我也不想管这个案子了。"

我一边说一边看着我的当事人。我的当事人十分为难，我从刚开始就参与了这个案件，当事人对我也完全信任，并且充分了解。他答道："好吧，就由你负责申辩这个案子，改正错误吧。败诉也无所谓，如果这无法避免，神灵是会保佑正义的一方的。"

听了他的话我非常高兴，我正希望他这样做。主事律师一边警告我，一边怜悯我的固执，不过还是对我表示了祝贺。

结果怎样，看下一章就清楚了。

法庭上的诚实

我觉得自己的决定是完全正确的，不过我也不能确定自己能否将这个案子处理得妥当。在高等法庭上对如此复杂的案件辩论是一种非常冒险的行为，当我在法庭上出现的时候，我已然开始害怕得颤抖起来了。

一提及账目上的错误，就有一位法官说："甘地先生，这不是欺诈吗？"

听到如此的污蔑，我极为愤怒。法官居然没有凭据就指责他人是欺诈，这确实是无法忍受的事。

"刚开庭就遇到这样一位有成见的法官，这个棘手的案子能胜诉的希望大概是微乎其微的。"我自言自语说道。然而我竭力控制自己的情绪，整理好思路，答道："我非常惊异于法官大人并没听完我讲的话，就怀疑我有欺诈的行为。"

"这并非指责，"那位法官说，"那不过是一种猜测而已。"

"我认为这种猜测就是一种指责。请您听完我的陈述之后再指控我。"

"打断你的发言，的确很抱歉，"法官答道，"请你继续说明出现差错的原因。"

我有充足的证据支撑我的说明，还得感谢那位法官提出的这个问题，使得我能够从开始就引起法官注意我针对账目的辩论。我备受鼓舞，于是利用这个机会细致地解释了这个问题。法官耐心地听取了我的申辩，我利用事实和数据说服了法官相信账目之所以出错原因都在于疏忽。所以法官认为并不需要取消花费很多精力才做出的判决。

对方律师显得非常轻松，也许他们觉得纠正这个错误之后，并不需要做出多少辩论。但是法官继续诘问他，因为他们认为账目问题应该很容易核算出来。对方律师绞尽脑汁地试图改变裁决，可是最开始怀疑我的那位法官已经被我说服，彻底站到我这边了。

"假如甘地先生没能纠正这个差错，你们会怎么办呢？"他问道。

"让我们再找一个比原来那位更为称职、公正的会计专家来核实账目是不可能的。"

"本法庭必须假设你对于自己所经手的案件是最为清楚的，所有会计专家都有可能出现这种疏忽，假如你们不能找到新的问题，本法庭只能让你们双方重新提起诉讼，为一个明显的错误再花上一些钱。但是倘若这个错误能够得以改正，我们就不需再听双方申诉了。"法官这样说道。

于是，法官驳回了那位律师的意见。然而，最后到底是肯定了纠正错误之后的裁决，还是下令让仲裁人复查，我已经记不得了。

我和我的当事人还有主事律师都十分高兴，这件事更为坚定了我的信念：没有对真理的信念就无法成为好律师。

但是，请读者朋友们牢记：就算在实践过程中保持着一颗诚实的心，也无法完全避免在实践中出现的本质性错误。

当事人变成同事

纳塔尔的律师和德兰士瓦的律师不一样，在纳塔尔有身兼两职的律师，只要得到讼师头衔，就可以同时当状师；而德兰士瓦的情形却与孟买一样，讼师和状师的职责范围是有所区别的，取得了律师资格之后，就有权利选择当讼师或者状师。在纳塔尔时，我选择当讼师，但到了德兰士瓦，又决定做状师。这是由于如果当讼师就无法直接和印度人联系了，而南非的白人状师是不会为难我的。

德兰士瓦的状师也有资格在地方法庭出庭。一次，我受理约翰内斯堡地方法院的一个案件，发现我的当事人在说谎，他在证人席里惊慌失措，所以没经过任何辩论我就要求法官取消此案。对方律师非常惊讶，但地方法官却很是高兴。我指责当事人对我撒谎，他也清楚我从来不受理欺诈的案件，我跟他摆明事实，他对我承认错误，此外我记得自己请求法院做了不利于那位当事人的裁决，他并没有不满我的行为。实际上在这个案件中我的做法并没有影响我的业务，反倒让我的工作更加顺利了。我也发现自己对于真理的忠诚让我在同行中赢得了声誉，虽然有肤色、种族歧视等阻碍，但在某些案件中我的诚实战胜了偏见，甚至还获得了他们的厚爱。

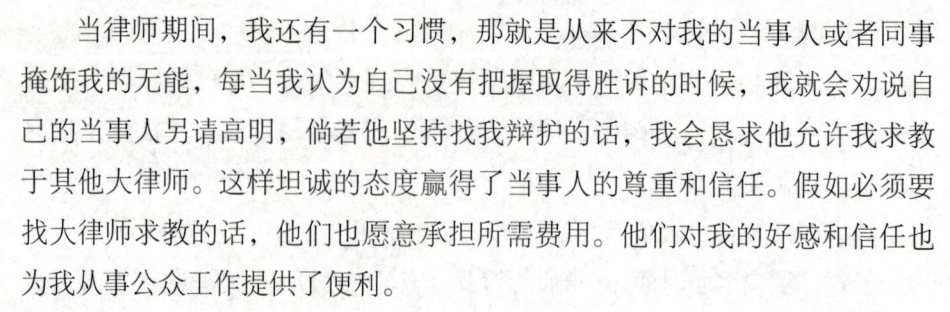

当律师期间，我还有一个习惯，那就是从来不对我的当事人或者同事掩饰我的无能，每当我认为自己没有把握取得胜诉的时候，我就会劝说自己的当事人另请高明，倘若他坚持找我辩护的话，我会恳求他允许我求教于其他大律师。这样坦诚的态度赢得了当事人的尊重和信任。假如必须要找大律师求教的话，他们也愿意承担所需费用。他们对我的好感和信任也为我从事公众工作提供了便利。

在前文中，我提及自己来南非当律师的目的是为了给侨团提供服务。所以，必须要先取得当地人们的信任，这是一个不可或缺的条件。心胸宽广的印度人非常善于赚钱，但是当我劝说他们为争取自己的权利应去尝一尝坐牢的滋味时，很多人都欣然同意了，并不是他们认识到了这种做法是正确的所以去做，而是出于对我的信任和好感他们才去做的。

行文至此，我心中浮现出很多美好的回忆。那么多的当事人都成了我在公众工作中真诚的朋友和同事，他们信任的配合和无私的支持竟让这个满是苦难，危机四伏的生活变得美好起来了。

解救一位当事人

现在读者们应当非常熟悉巴希·罗斯敦济这个名字了吧。他是我的当事人，也是我的同事，或者更为确切一些来说，他先是我的同事，之后才成为了我的当事人。他很信任我，因此就连家务事都来找我商量，听取我的建议。甚至他在生病的时候也来找我帮忙，虽然我们在生活方式上有极大差别，然而他却毫不犹豫地接受我的治疗方法，彻底信任我这个"庸医"。

一次这位朋友被一件非常麻烦的事情缠住了，虽然他几乎不对我隐瞒什么事情，然而这次却只字不提。他是一位从事进口的巨贾，经常从孟买和加尔各答进口商品，有时候也免不得做些走私的勾当。然而因为他与海关官员关系不错，所以没有人怀疑过他。基于对他的信任，海关通常是依据货单收税，但是也许他们是默许走私的。

古吉拉特诗人阿柯有句话非常好：小偷如水银一般难以就范。巴希·罗斯敦济的情况就是如此。一天，我的这个好朋友慌乱地跑来找我，泪流满面地说道:"好兄弟,我隐瞒了你。现在我的罪过被揭发了,我走私,现在完了,我一定会坐牢,一切都完了。现在可能只有你能救我了。除了这件事之外,我没对你隐瞒过什么,我认为自己不应该用做生意的手段来打扰你,因此有关走私的事情我根本没跟你提过。但现在我后悔也来不及了!"

我安慰他说:"能不能救你完全是神灵的事,至于我,你了解我的为人。我只能劝你去自首。"

这位善良的波希人感到了深深的绝望。

"难道对你承认错误还不够吗?"他问道。

"你是对政府犯下过错,跟我认错能有什么用呢?"我温和地答道。

"好吧,我会遵从你的意见行事,不过你觉得我有必要找之前的法律顾问商量一下吗?他也是我的朋友。"巴希·罗斯敦济咨询我的意见。

经过了调查之后,我才了解我的朋友已经从事走私很长时间了,不过这次事发涉及的钱财数额非常小。我们找到了他的法律顾问,他认真地阅读了文件,说:"这个案件会由陪审团来审判,纳塔尔的陪审团是不会轻易放过印度人的,但我是不会放弃希望的。"

我与那位律师并不熟,因此巴希·罗斯敦济插话说:"感谢你的忠告,这个案件我想请我的好朋友甘地先生来帮忙。当然,如果有需要,还得请你来指点。"

在回答了法律顾问的问题之后,我们就去了巴希·罗斯敦济的店里。

那时我对他表达了自己的观点:"我认为这个案子根本没必要搬到法庭里解决。对你提起控诉还是不了了之,完全取决于海关官员的态度如何,但他们又得听从检察长的指示,因此我觉得这两边你都应该找一找。我觉得你一定得缴纳海关规定的罚款,也许他们会同意就此放过你。但是假如他们不同意,那么你就得做好坐牢的准备。我觉得真正丢脸的不是坐牢而是做了违法的事,既然羞耻的事情已然发生了,那你就应当将坐牢视为一种忏悔,而真正的忏悔后就不会再犯相同的错误了。"

巴希·罗斯敦济未必能彻底听懂我的话,他是一个非常勇敢的人,然而在那一刻,他很是犹豫。他的名声岌岌可危,怎能忍心看着自己多年以来苦心经营的好名声就这样毁于一旦呢?

"好了,"他说,"我曾答应你,我的命运掌握在你手中,你想怎办就怎么办吧。"

我为这个案子到处奔波,费尽口舌。我先是找到海关官员,将一切事情毫无保留,无所畏惧地告知了他,还承诺让他审查所有账目,并且告诉他巴希·罗斯敦济是多么的懊悔和难过。

海关官员说:"我喜欢那位老波希人,对于他做出这种傻事表示非常痛心。你也清楚我有自己的职责所在,我必须得服从检察长的指示,因此我建议你尽力说服他。"

"倘若你不坚持让他上法庭,"我说,"那就非常感谢了。"

在那位海关官员答应以后,我接下来去找了检察长。检察长也欣赏我毫不保留地诚恳,相信我没有隐瞒事实。

如今我依然想不起是因为这个案件还是其他事情,我的坚持和诚恳得到了他的如下评价:"我认为你永远都不会得到否定的回答。"

就这样,巴希·罗斯敦济的案子依靠调解得以解决。他缴纳了两倍于走私款项的罚款。罗斯敦济将这件事情的经过原原本本地记录了下来,装到镜框里,挂在他的办公室中,借此引起他的后代和同行们的警戒。

罗斯敦济的几位朋友警告我,让我不要被他靠不住的忏悔所蒙蔽。当我将他们的话转述给罗斯敦济时,他说:"假如我连你都骗,那我还能有什么前途呢?"

第五部
谋求印度自治

如果我们能够发展意志力,
那么我们就会发现自己并不需要武装力量。

初次体验

在我回印度之前,从凤凰村启程的那些人已经先行抵达印度了。按照计划我应当比他们早到印度,不过因为我在英国忙于战争的工作,于是计划就被打乱了。当我发现自己也许会无限期地滞留英国时,我必须得为凤凰村的人们寻找一个安身之所。我希望他们在印度也能住在一起,假如可能的话,我们打算像在南非时那样继续生活下去。我身在英国,无法找到合适的地方让他们栖身,所以发电报让他们去找安德禄先生,并且按照他说的去做。

于是,他们暂时在康格里的古鲁库安顿了下来,史华密·史罗德兰吉(已故)将他们当成是自己的儿女。之后他们搬到了圣提尼克坦(Shantiniketan)书院①。在那边,诗人②和他的同事们都非常爱护他们。凤凰村村民在这两个地方居住的经历对于他们和我都有很大的帮助。

我经常对安德禄说,诗人、史罗德兰吉和苏希尔·鲁德罗院长都是极其可爱可敬的人。在南非的时候,安德禄经常乐此不疲地提起他们,听安

---

① 即和平村,位于加尔各答北100英里处。
② 指的是泰戈尔,在泰戈尔的努力下,圣提尼克坦书院后来变成了著名的国际大学。

德禄活灵活现地讲他们的故事也是我在南非最为美好的回忆之一。安德禄将凤凰村的村民介绍给苏希尔·鲁德罗，鲁德罗院长没有书院，不过他将自己的家彻底留给了凤凰村的人居住。他的热情和慷慨让大家高兴万分，完全不会因为离开凤凰村而感到怅然若失。

我在孟买登岸之后才听说凤凰村的人都去了圣提尼克坦书院。因此在我见过了戈卡尔之后，就赶紧去看他们了。

我在孟买受到了热情欢迎，于是我又借此开展了一次小规模的非暴力不合作运动。

那次欢迎会是在杰罕济·贝迪特先生的宫殿中举办的，会上我不敢用古吉拉特语发言。我是习惯和契约工人一起生活的人，身处于金碧辉煌的宫殿，感觉自己是十足的乡下佬。当时我穿了一件卡提亚华外衣，戴着头巾，扎了"拖蒂"，看起来比如今的样子还要文明一些[1]，不过面对贝迪特先生家豪华壮观的大厅令我不知所措。多亏费罗泽夏爵士一直在那边照顾我，这才让我勉强应付过去了。

之后还有一次古吉拉特人的欢迎会，是由乌塔姆·特维蒂（已故）组织的。古吉拉特人坚持要为我办欢迎会，不然就不让我走。我预先了解了欢迎会上面的节目安排。真纳（Jinnah）[2] 先生也出席了，因为他也是古吉拉特人。我已记不清他到底是欢迎会的主席还是主发言人，总之他用英语发表了一段简短精妙的演讲。在我印象里其他大多数人也是使用英文进行发言的。轮到我发言时，我使用古吉拉特语表达了自己的谢意，同时也表明了自己对于古吉拉特语和印度斯坦语的偏爱，而且谦虚地表示不应该在古吉拉特人的集会上使用英语发言。我这么做是有自己的考量的，因为我担心像自己这种久别祖国的游子对于已成惯例的做法指手画脚，也许会被认为是失礼的。但是似乎没有人误会我使用古吉拉特语致答谢词的动机，大家应该都认同了我的做法，这让我感到很高兴。

集会上的这件事增强了我在同胞面前提出一些新建议的胆量。

---

[1] 后来甘地习惯赤裸上身，扎着"拖蒂"，踏着木屐，天冷的时候就披上一条大围巾。

[2] 原为国民大会党的领导人之一，后来脱党参加了全印穆斯林联盟，在1940年后，真纳主张脱离印度，成立新国家巴基斯坦。1947年印巴分治以后，他成为了巴基斯坦总督，被誉为巴基斯坦国父。

我在孟买住的时间并不长，但体验了很多类似经历，之后我就应召前往浦那去见戈卡尔了。

与戈卡尔的重逢

刚抵达孟买时，戈卡尔就派人通知我，说省督想见我，并说按规矩来说我最好在前往浦那之前去见省督。我依照戈卡尔的意见去拜见了省督阁下，寒暄过后，他对我说："我请求你一件事情，我希望请你不管何时打算采取和政府有关的行动时，能事前通知我。"

我答道："没问题，因为我是一个非暴力抵抗者，照例事先需要听取对方的意见，并且想办法尽可能与其共同寻找最好的解决之道。在南非的时候，我也是严格按照这个原则做事的，在这边我也会这样。"

威灵顿勋爵对我致谢，说道："你什么时候见我都可以，你会发现我们的政府是为人民谋福利的政府，绝对不会做出损害人民利益的事。"

我答道："这也是一直支撑我走下去的信仰。"

与他会面之后，我就去了浦那。我不能将这段宝贵时光中发生的所有值得追忆的事情如数记录下来。戈卡尔和印度公仆社的朋友们十分热情地向我表示欢迎。记得戈卡尔还将全体社员都召集起来迎接我，我与他们坦诚地交流各种问题。

戈卡尔很希望我能加入到这个团体中，我也持有相同的愿望。不过有些社员却认为我的想法和处事原则与他们有太多差异，因此让我入社似乎不太合适。但是戈卡尔却认为，虽然我会坚持自己的主张，但我还是会愿意听取，并且能够包容他们的不同意见的。

"可是，"他说，"社员们还不清楚你是准备秉持妥协的态度加入的，他们都非常固执地坚持自己的主张。我希望他们能够接受你，但假如他们无法接受的话，请千万别怀疑他们对于你没有敬爱之心。他们只是不愿冒险，担心会因为意见相背而损坏你们之间的关系。然而不管他们是否接纳你，我始终将你当作社员来看待。"

我告诉戈卡尔，我认为无论自己是不是社员，都希望能尽快开办一个学院，将凤凰村的村民安顿下来。地点最好位于古吉拉特，因为身为一个古吉拉特人，我认为服务家乡就是间接为国家效力。戈卡尔赞同这个想法，他说："你当然可以这样做，不管你与他们商谈的最终结果如何，开办学院的经费请一定交给我来筹划。我会将开办学院当成我自己的事业来做的。"

听到他这样说，我感到很快乐，如此一来我不必为筹措经费而劳神，也不是孤独一人做这件事了。当遇到困难时，有人可以为我提供可靠的指导和帮助，这让我的心理负担大为减轻。

然后，戈卡尔请来了德夫先生（已故），请他专门在该社的账目中为我开一个账户，倘若我需要开设学院的资金或者其他公共开支，可以随时支取现金。

接下来我准备去圣提尼克坦。出发之前，戈卡尔为我饯行，仅邀请了少数几位朋友来参加茶会，悉心地为我准备了符合我饮食习惯的食物茶点，如水果和坚果等。虽然举行茶会的房间距离他的房间不过几步远，但他却没有力气走过来，可是他实在舍不得我走，坚持着来和我道别。但是他一来很快就昏倒了，不得不被抬回了房间。他经常会像这样昏厥，即使他如此虚弱，但还嘱咐我们让茶会照常举行。

实际上那次茶会就是一次座谈会，是在该社宾馆对面的空地上进行的，我和朋友们在会上一边吃花生、枣和应季水果，一边谈天。

但是戈卡尔那次的昏倒事件在我人生中却有着特别的意义。

是威胁吗？

离开浦那之后，我先前往拉奇科特和布尔班达探望了我的寡嫂及其他亲戚。

在南非开展非暴力不合作运动期间，我为了与契约工人保持密切的关系，大加改变自己的穿衣习惯，就算在英国，不出门时我依然保持着俭朴的穿衣风格。在孟买登岸时，我穿着一套卡提亚华服装：一件衬衫、一条"拖蒂"、一件外套和一条白色围巾，这些都是用印度棉布做的。不过这次我是要从孟买搭乘三等车旅行，围巾和外套是不必要的，因此就不带这两件了，我又花了 8～10 个安那买了一顶克什米尔帽子。这样的打扮一定会让别人觉得我是个穷人。

那时正流行黑死病，记不清是在维朗坎还是巴德湾，有人上车检查三等车厢乘客的健康情况。我不巧正在发烧，检查人员记录下我的名字，让我到拉奇科特后自己去医务所报告病情。

大概是有人放出消息说我要经过巴德湾，当地的一位知名公共工作者，莫迪拉尔裁缝来到站上迎接我。他告知我当地的风俗习惯，还有火车乘客由于瘟疫而遭受到的诸多苦难的事情。由于我正在发烧，所以不太想说话，于是就用一句简洁的问话结束了我们之间的对话："你打算坐牢吗？"

我认为莫迪拉尔只不过是一位行事鲁莽的青年，讲话也不会多加思索。但莫迪拉尔并非这样的人，他坚定地答道："倘若您愿意领导我们，我们当然甘愿坐牢，我们是卡提亚华人，有对您提出请求的优先权。自然，我们现在并非打算阻碍您的行程，不过请您承诺回程时会在这里暂停一段时间。如果您看到了我们这些年轻人的工作情况和精神状况，您会感到高兴的。请相信我们，只要您一声令下，我们就会马上响应号召。"

莫迪拉尔的回答让我刮目相看，他的同事们夸奖他："我们的朋友不仅只是一位裁缝。他的手艺很棒，每天只要做 1 个小时的工作，每个月就可以有 15 卢比的收入。所以他将剩余时间全部投入到公众工作之中。他领导我们，他的思想让我们为自己之前受过的教育感到惭愧。"

之后我和莫迪拉尔的关系日益加深，我发现人们对于他的赞美毫不为过。莫迪拉尔每个月去当时刚刚成立的学院住上几天，一来可以教那些孩子裁缝的技艺，二来他自己也会帮助学院做一些裁缝工作。他经常对我谈及维朗坎的情况，还有火车乘客的困难，已经到了让他难以忍受的地步。之后，他得了一场急病，人在壮年就去世了，他的离世让巴德湾的公众事业遭受了巨大损失。

接着说我第二天的情况，抵达拉奇科特之后，我就去医务所去汇报病情。那边有人认识我，医生感到十分难为情，有些生那位检查员的气。实际上那位检查员也不过是履行职责，他不认识我，就算认识我，也必须秉公处理。之后那个医生不再让我汇报了，而是坚持让检查员为我检查。

在瘟疫流行期间，为了公共卫生，检查三等车旅客的健康状况是非常有必要的。就算某个大人物在三等车上，不管其拥有何等地位，都应该自觉遵守穷人们也遵守的规定，并且铁路的官员们也不能偏袒。但我的经验表明，铁路的官员们并没有将三等车乘客视为同胞看待，而是将穷人们当成一群任人宰割的绵羊。他们跟穷人说话的态度傲慢，动辄就发号施令，不容他人解释或争论。三等车乘客必须唯命是从，仿佛是官员的奴仆一样，官员们甚至会无故殴打或者勒索他们，直至将其折磨到无以复加的程度才将票卖给他们，有时候还会害他们误车误点，这些皆为我亲眼所见。除非那些接受过教育的人或者有钱人自愿放弃特权，搭乘三等车，不将穷人遭受的责难、无理和不公正待遇视为理所应当的事情，还能下决心为消除所有不平等而进行斗争，否则改革是无法实现的。

在卡提亚华期间，我到处都听见有人抱怨维朗坎海关的弊端。因此我决定去找威灵顿勋爵提出建议，毕竟他承诺会协助我。然后我马上搜集并查阅所有和这个问题有关的文献，亲自证实人们的抱怨是确有根据，之后就与孟买政府通信，打算讨要一个说法。然后我去拜访了威灵顿勋爵的私人秘书，要求面见勋爵阁下。勋爵表示了同情，不过将责任推卸给了德里。他的秘书说道："假如这件事是我们负责的话，我们早就将海关撤了。这件事超出了我们的职权范围，你得找印度政府探讨此事。"

因此我与印度政府通信，然而印度政府除了承认已经收到我的信件之外，没有其他答复。直至我有机会见到了詹士福勋爵，这件事才得以解决。我将事实告知他，他表示惊讶，说自己完全不清楚这些情况。在耐心听完我的叙述之后，他立即打电话查阅了维朗坎的相关文件，并承诺，假如当局无法做出解释，他就将海关撤销。几天之后，我从报纸上得知，维朗坎的海关已经被撤销了。

我将此事视为印度非暴力不合作运动的起点。我前去找孟买政府的总督大人时，他的秘书对于我在卡提亚华所发表的一次演说中提及的非暴力不合作表示不以为然。

"那不是威胁吗？"他说，"你觉得一个强大的政府会理睬你的威胁吗？"

"那并非威胁，"我答道，"那是教育人民。我有责任告知人民解决困难的所有合法手段。一个打算争取自立的民族应当清楚获取自由的所有方法和手段。通常包括暴力在内，而暴力会被当成解决问题的最后的办法，但非暴力不合作运动不一样，它是坚决不使用暴力的一种武器。我觉得自己有责任向人们解释其做法和界限。我并不怀疑英国政府是一个强大的政府，然而我也坚信非暴力不合作运动是最为有效的良方。"

那位聪明的秘书迟疑地点头说："我们等着看吧。"

圣提尼克坦

离开拉奇科特之后，我赶往了圣提尼克坦。那边的师生对我表示了热烈欢迎。欢迎会完美地融合了朴素、艺术和爱。在这里，我第一次见到了卡卡萨希布·柯列卡。

当时我还不清楚柯列卡为何被人们称为"卡卡萨希布"，之后我才知道，原来那是我在英国一位好友，如今在巴洛达邦创建甘伽纳斯学院的柯沙福劳·德希潘特先生为教师们起的类似家庭成员的名字，那样可以为他的学院营造出一种家庭气氛。因为柯列卡先生曾经在那边教过书，因此被称为"卡卡"（伯伯的意思），而伐德克被称为"摩摩"（舅舅的意思），哈利哈尔·夏玛则被称为"安纳"（兄弟的意思），其他人也得到了类似的称呼。卡卡的朋友阿南德（史华密），摩摩的朋友巴特华昙（阿巴）都先后加入到了这个大家庭，成为我的同事。德希潘特先生自己被称作"萨希布"（也是兄弟的意思）。学院解散之后，这个大家庭也解散了，不过大家精神上的联系从未断绝，他们的别称也一直没变。

卡卡萨希布继续去各个院校任职，我抵达圣提尼克坦的时候，碰巧他也在那边。金达曼·萨斯特本来和他在一个学院，现在也在那边教书，他们两个人一起教授梵文。

凤凰村的村民们分散居住在圣提尼克坦城里，摩干拉尔·甘地是他们的领导者，负责监督大家严格遵守在凤凰村学院时的所有规矩。他的仁爱、博学以及耐心，让他在圣提尼克坦得到了人们的拥护。

安德禄和皮克逊也在那边。孟加拉老师里跟我们关系比较好的有贾格兰南德巴布、尼帕尔巴布、萨托斯巴布、克希提穆罕巴布、纳根巴布、沙罗巴布和卡立巴布。

　　很快我就和那边的师生相处得很融洽，并且开始引导他们展开对于自力更生的探讨。我向老师们提出，倘若他们和学生们都自己动手做饭，而非雇佣厨师，那他们就可以根据学生身体情况和道德状况来安排饮食，能够为学生们提供了一个自力更生的机会。有一两位老师表示反对，大部分人则极力赞同。可能是出于好奇，学生们都很欢迎这个建议，所以我们就开始进行这项实验了。我打算听一听诗人的意见，他说如果老师们赞成，那他就不会反对。他还跟学生们说："这个实验中蕴含了自治的钥匙。"

　　皮尔逊以极大热情来进行这次实验，甚至不惜牺牲自己的休息时间。他投入了所有精力。我们安排一些人切菜，另一些人去洗米。纳根巴布和几个人负责厨房及周边环境的卫生状况，看到他们拿着锄头去工作，我的确非常高兴。

　　但是想要指望这125名学生以及他们的老师每天都兴致勃勃地进行这样的体力劳动，未免太奢望了。他们几乎每天都会出现新问题。有些人早就显露出倦意，但是皮尔逊却不知疲倦，我们经常看到他满面笑容地在厨房内外忙碌。他总是抢着去干活，包揽了洗涤较大餐具的任务。一些学生为自愿洗涤餐具的学生弹起"希达"（Sitar）①，让他们忘记疲劳。大家都快乐地劳动，圣提尼克坦一片忙碌景象。

　　这种变化一旦开始，就会产生连锁反应。凤凰村的人不仅自己做饭，而且他们的饭菜愈加简单。为了节省作料，他们将饭、豆汤、青菜甚至面粉都一起放在同一个蒸笼里蒸。圣提尼克坦的学生们也开展了类似的实验来改变孟加拉的厨房。其中一两位老师和几位学生负责开展这项改革。

　　但是这次实验没过多长时间就中断了。在这所著名的学术机构中进行的这种短期实验没有任何坏处，老师们可以从中获取很多有益经验。

　　我原来打算在圣提尼克坦多住一段时间，但事与愿违。在那边还不到一周，我就接到了浦那发来的电报，是戈卡尔去世的消息。圣提尼克坦顿时陷入了悲痛之中，所有人都过来向我表达哀悼之情。他们还在学校的神庙中举行了一次非常庄严的集会，来哀悼我们国家这个不可挽回的损失。

① 印度的一种弦乐器。

于是，我带着妻子和摩干拉尔·甘地赶往浦那，其他人仍然留在圣提尼克坦。安德禄将我们送到了巴德湾，他问我："印度也能开展非暴力不合作运动吗？如果可以的话，你认为应该什么时候开始呢？"

"这非常难说，"我说，"至少在一年以内是不可能的。戈卡尔曾劝我游遍印度，多听多看，在此期间不要对于任何公众问题发表意见。就算一年过去了，我也不急于对现状发表观点。所以我觉得也许五年之内是不会发生非暴力不合作运动的。"

我还记得戈卡尔曾经常取笑我关于印度自治的想法，他说："等你在印度待上一年之后，就会改变观点的。"

三等车厢乘客的悲哀

在巴德湾的时候，我们经历了一个三等车乘客买票难的情况。"还没开始卖三等车票呢！"售票员这样对我们说。我去找站长，一位好心人告知了我站长在哪里，于是我就对站长倾诉了我们的困难。然而他做出了相同的答复，我们只能继续等待。等到卖票窗口一开，我就冲过去买票。但是身强体壮的人都跑在前面，所有买票的人都拼命挤，完全不管旁边的人。因此我几乎是最后一个买到车票的人。

火车进了站，上车又成了一个麻烦。已经上了车的乘客和没有挤上去的人对骂起来，大家互相推搡，互不相让。我们在站台上跑来跑去，但到处都是相同情况，找不到位子。我去寻求警卫人员的帮助，他却说："如果你可以，就赶紧挤上去，不然就等下一趟车。"

"但我有急事啊，请帮帮忙。"我恭敬地对他说。但他没搭理我。我实在着急坏了，就让摩干拉尔随便找个地方挤上去了，我带着妻子登上了二等车的车厢。警卫看到我们上车，于是在到阿三索尔站时让我们补票。我非常生气地对他说："你的职责就是给我们找到座位，我们在三等车找不到座位，这才坐在这边。假如你能在三等车厢里给我们找到座位，我们自然乐意坐在那里。"

"不要废话，"他说，"我没有时间给你找座位。要不补票，不然就下车。"

我必须尽快赶到浦那，于是没有与他争论，选择补了票，但是我对于受到的不公平待遇感到非常气愤。

次日早上，火车到了莫加尔沙莱。摩干拉尔想办法在三等车厢帮我们找到了座位，我告知了查票员，请他开具一个证明，以证明我在莫加尔沙莱就换到三等车厢了，但他却不肯为我开证明。我找到列车长要求获得赔偿，可却得到这样的答复："按照规矩，没有证件不能退票，不过我们可以为你开特例。但是，我们不能把巴德湾到莫加尔沙莱的票钱退给你。"

假如我将之后乘坐三等车厢的经历全部写下来，很容易就能写成一本书，不过我只能在这几章中顺便提及。后来因为身体的关系，我不得不放弃搭乘三等车，这也是我毕生的遗憾。

毋庸置疑，铁路当局的高压措施造成了三等车乘客的悲哀。但是这与乘客本身的粗鲁、肮脏、自私及无知也是有关系的。遗憾的是，他们无法意识到自己的缺点，认为自己做的所有事都是极其正常的。他们的无知是我们这些"接受过教育的人"对于他们漠不关心而造成的。

火车抵达卡利安时，我们已经疲惫不堪了。摩干拉尔和我从车站的水管里找到水，凑合洗了澡。我正想办法找地方让我妻子洗澡的时候，遇到了印度公仆社的高尔先生，他也是打算去浦那。高尔先生建议让我妻子去二等车的浴室里洗澡。我迟疑着是否应该接受他的好意，我清楚妻子没有权利去二等车厢的浴室里洗澡，然而最后我还是同意了这个不妥的行为，一个信仰真理的人是不应该那样做的。并非是我妻子想要去那里洗澡，而是我对于妻子的偏爱胜过对真理的尊崇。《奥义书》中说：真理的脸庞藏在"玛亚"的金纱之后。

印度公仆社

参加完在浦那举行的葬礼之后，我们自然将问题的焦点集中在探讨印度公仆社的未来，还有我是否应该入社的问题之上。对我来说，入社确实是非常棘手的问题。戈卡尔在世的时候，我不用请求入社，只要依照他的意愿行事即可，我非常喜欢那样做。如今我既然决定投身于波涛汹涌的印度公众事业，就需要一个可靠的舵手帮我指明前进的方向。戈卡尔曾经是那样的人，在他的庇护下我感觉非常安稳，但现在他去世了，我只能依靠自己。我认为自己应该请求入社，这样才能告慰戈卡尔的在天之灵。所以我毫不迟疑地，坚决地提出入社的请求。

那时大部分社员都在浦那，我尝试说服他们，试图消除他们对于我的疑虑。不过我能发现，他们的观点明显有分歧。一部分人支持我入社，而另一部分人则竭力反对。我明白两派人都非常爱护我，然而他们应该更忠于社团的宗旨，无论如何，他们的忠诚并不亚于爱护我的心意。我们的探讨内容严格限定于原则问题，并没有意气用事。反对派的观点是，我与他们在重大问题上的观点有很大分歧，担心我入社之后会改变印度公仆社原本的宗旨，这显然是他们无法接受的。

经过了长时间的探讨，问题仍然悬而未决。

我回家之后，内心非常激动。我想，假如得到了多数人的投票赞成，那么我入社就是正确的事吗？这个行为是否配得上我对于戈卡尔的忠诚呢？非常明显，对于我入社这个问题，社员们的意见产生了如此大的分歧，这影响了他们之间的感情，也会削弱他们的战斗力。因此最好还是由我自行撤销入社的申请，那些反对我入社的人就不会感到为难了。这样才是我忠于印度公仆社和戈卡尔的做法。我在瞬间做出了这个决定，立即给萨斯特立先生写信，告知他们不用再开会了，我将撤销入社申请。反对派们很欣赏我的决定，这样他们就不至于陷入两难境地，而我们之间的友谊也更加深厚了。在撤销了入社申请之后，我反倒感觉自己成了一名真正的社员。

如今，经验向我证明了选择不入社的正确，而那时反对我的人也是有道理的。他们和我之间的确在很多原则问题上的看法存在严重分歧。然而承认那些分歧的存在并不代表我们之间要互相疏远或者产生矛盾。恰恰相反，我们依旧情同手足，而我也经常出入于印度公仆社设在浦那的分部。

就算我并非印度公仆社的正式社员，但在精神上我依然同他们在一起。这种精神上的联系比物质上的联系更为珍贵。脱离了精神的物质关系，就如同没有灵魂的躯壳。

坎巴庙会

我继续旅行,下一站是前往仰光看望梅赫达医生,路上还在加尔各答停留了几天。在那里我受到巴布·帕本德罗纳斯·巴素先生(已故)无微不至的招待。孟加拉人的确是热情好客的典范。那时候我依然严格要求自己只吃水果,因此巴素先生给我提供了能在加尔各答找到的全部水果和坚果。主人家中的女士们整夜不睡为我剥果皮,还想尽方法按照印度方法调制各种新鲜水果,并为我的同伴和我的儿子兰达斯做了许多美食。这样的盛情款待让我非常感动,然而一想到要麻烦他们全家人招待我们两三个人,就十分过意不去,但是盛情难却。

我们是乘坐统舱去仰光的,比起在巴素先生家中受到的让我们有些难为情的过分接待,我们在船上遭遇到粗野的非人待遇简直就令人无法忍受了。我们没能得到一个统舱的乘客应该得到的最基本的舒适。浴室实在肮脏得让人难以接受,厕所更是污浊不堪。

我们不能忍受这种恶劣的条件,我找到了大副,不过没有用。倘若还能找到什么东西填补这幅又脏又臭的画面的话,那就应该是旅客们的坏习惯了。他们随地吐痰,吃残羹冷炙,把烟头和槟榔叶子随便乱扔,到处都脏兮兮,闹哄哄的。他们还经常霸占地盘,行李比他们自己还占地方。我们就是在这种环境中度过了两天。

抵达仰光之后,我立即给轮船公司的代理行写信,将我的亲身经历告知给他们。因为这封信和梅赫达医生的努力,虽说我们回程还是坐的统舱,但情况却好了很多。

在仰光期间,我的水果餐给主人增添了负担。不过好在我与梅赫达医生非常熟,于是把他的家当成了自己家,这样多少还能控制下奢侈的菜单。但是我没有限制水果的品种,因此我的胃口和眼睛总是不受控制地超出限度。那时吃饭的时间不规律。我习惯在日落之前吃晚餐,但实际上经常要到晚上9点钟左右才能吃上饭。

那一年，即1915年，正是坎巴庙会（Kumbhafair）期间。那种庙会每隔12年才会在哈德瓦举办一次。原本我无意参与那种集会，不过我却非常想去古鲁库见一下摩哈德玛·姆希朗吉先生。印度公仆社也已经派出了一大批志愿者到坎巴工作，潘迪特·赫立达纳斯·昆兹鲁作为队长，德夫医生为医官。他们请我派一些凤凰村的人去协助他们，因此摩干拉尔·甘地已然比我先行抵达了这里。我从仰光回来之后，就参加坎巴庙会，与他们汇合。

从加尔各答到哈德瓦的旅程非常辛苦。有时候车厢没有灯。过了沙哈兰埔之后，我们就被塞到了装货物或者运牲口的车厢里面。那种车厢没有顶棚，头上是炙热的太阳，脚下是滚烫的铁板，我们都快被烤熟了。就算大家都非常渴，可正统的印度教徒还是不愿喝穆斯林教徒的水，只愿意喝其他印度教徒的水。然而荒唐的是，同样是这些印度教徒，当他们生病的时候，假如医生给他们喝酒或者牛肉茶，或穆斯林和基督教徒给他们水喝的时候，他们就不是这么犹豫了。

住在圣提尼克坦期间，我们凤凰村人主要职责是做清道夫。由于哈德瓦志愿者们都集中住在福舍里，于是德夫医生挖了一些坑当作简易厕所。他不愿意花钱雇用清洁工来打扫厕所，因此这就成了我们凤凰村村民的工作了。我们提议用土盖住粪便，再进行清除，德夫医生愉快地接受了我们的建议。提出建议的人是我，但执行者则是摩干拉尔·甘地。我大多数时间都坐在帐篷里，接受无数香客的"朝拜"，并且与他们讨论宗教上以及其他方面的问题，没有任何属于自己的时间。甚至连去河边沐浴，那些"朝拜"者们也会尾随我，吃饭的时候他们也不离开。这时我才明白自己在南非的那些微小服务居然在整个印度激荡起来如此大的反应。

不过这并非一件值得炫耀的事情，我似乎陷入了深渊。在没人认识我的地方，我如同国内千百万人一样忍受着痛苦，比如搭乘三等车厢。然而在有人认识我的地方，我就被重重包围，成了被他们疯狂膜拜的"牺牲品"。哪一种处境更为可悲呢？我无法确定。但至少我明白，虽然旅行很辛苦，不过我的情绪非常好，不会发怒。但是那些"朝拜"者盲目的爱戴常常会让我生气，甚至感觉到悲哀。

那时我的身体还不错，能够四处走动，认识我的人还不多，去街上也不会产生麻烦。在四处闲逛时，我能观察到那些香客的心不在焉，伪善和无聊。但聚集在这边的"沙陀"们，仿佛生来就是为了享受人生中的那些好东西一样。

在这边我看到了一头五只脚的母牛！简直不可思议，不过清楚内情的人很快就告诉我那头不幸的母牛实际上是一个牺牲品，有个心怀贪婪的坏人做了这件蠢事。第五只脚居然是从一头活生生的小牛身上砍下后嫁接在那头母牛肩上的！而这样做就是为了骗取无知香客们的钱。除了印度教徒之外，谁都不会因为这头五脚母牛而感到喜悦，而且也只有他们愿意给这头奇特的母牛布施。

庙会的日子终于到了，对我来说，这不过是个纪念日而已。我不是怀着香客的心情来哈德瓦的，也从没打算以朝圣来提高自己的功德。但是据说有170万人参加了这次庙会，他们未必都是伪善的朝拜者，或只是为了游玩才来到这里。毋庸置疑，一部分人是为了功德和自洁才去那边的。然而这样的信仰能在多大程度上提升人们的灵魂，是非常难说的。

我为此无法入眠，陷入了沉思。虽然有那么多的伪善者，不过虔诚的人还是能够出淤泥而不染的，他们没有罪过。假如来哈德瓦这个行为本身就是一种罪过，我就应该公开抗议此事，并且在庙会当天离开。假如来哈德瓦朝圣是正确的，我就应当主动地克己苦修，为这里对于神灵的不敬的伪善罪恶进行忏悔，并且自我净化。对我来说，这是非常自然的事情。

我一直都严于律己。回想起在加尔各答和仰光受到的那些优厚款待，确实给主人增加了很多不必要的麻烦。所以我要节制饮食，而且在日落之前吃晚饭。我坚信，假如我不这样自我要求的话，就会给接待我的人带来很多不便，那样，我就不是为他人服务，而是让他人为我服务了。因此我发誓，在印度的期间，每天的食物不能超过五样，天黑以后绝不进食。我对于可能会遇到的麻烦作了充分考虑，不过我是不会违背誓言的。我思考过，如果以后我生了病，是否将药物也算作为五种食物之一呢？最终我决定，不管在任何情况下，都不应该有例外。

我严格遵守誓言已有13年。这不仅是一种深刻的考验，还是保护我的盾牌。我认为它能使我延年益寿，也免去很多疾病之苦。

拉克斯曼·朱拉[①]

抵达古鲁库，会见了身材伟岸的摩哈德玛·姆希朗吉后，我心里的负担消失了，顿时感到古鲁库的宁静与哈德瓦的喧嚣形成了一种鲜明对比。

摩哈德玛对我非常好。"禁欲"者思考问题都非常周到。我在那边初次见到了阿恰立亚·兰玛德福吉，我一眼就发现他是个极有力量的人。虽然我们对于很多问题都有不同的看法，不过这并不妨碍我们成为朋友。

我一直和阿恰立亚·兰玛德福吉以及其他教授探讨在古鲁库加强工业培训的重要性。告别时，我们真是依依不舍。

早就听过很多人赞美拉克斯曼·朱拉，而且那座桥距离赫里希克斯不远。很多朋友都劝我在离开哈德瓦之前一定得去参观一下。我打算徒步去那边，所以分成两个阶段进行。

在赫里希克斯期间，有很多云游僧人来见我。其中有一位与我很亲近。那时凤凰村的村民也在那边，史华密思考了很多问题。

以往我经常与史华密探讨宗教相关问题，他清楚我有非常深沉的宗教情感。一次他看见我从恒河沐浴归来，但没戴帽子也没穿衬衫，头上没有"饰嘉"（Shikha）[②]，脖子上也没有圣环（Sacred thread）[③]，于是感到非常难过。他对我说："看到你这副样子我感到很难过。你是一位虔诚的印度教徒，却不束发，也不戴圣环，但这两件都是印度教的象征，是每位印度教徒必备的。"

我舍弃那两件装束已有一段历史。十岁的时候，我非常羡慕婆罗门的孩子们用圣环拴住成串钥匙做游戏，自己也非常想那样玩。那时卡提亚华的吠舍家族并没有佩戴圣环的习惯。然而当时有人正在提倡这种运动，强

[①] 位于恒河上的一座吊桥。
[②] 印度教男子一般会在脑后蓄留一绺头发，有吉祥和祛病免灾之意。
[③] 婆罗门和刹帝利的印度教徒佩戴在身上的一根由细绳或线做成的环，上起左肩下至右肋，是区别于其他种姓的宗教仪式，吠舍一般不带，首陀罗则不能佩戴。

迫前三等种姓的人必须遵守这个规矩。于是甘地家族中就出现了佩戴圣环的人。有一位婆罗门负责教我们两三个小孩学习《罗摩护》，他也为我们戴上了圣环。虽然我没有成串的钥匙，但也弄到了一把钥匙来玩，再后来丝线断了。我忘了当时自己是否感到了惋惜，但是之后我不就再佩戴圣环了。

长大以后，在印度和南非时都有人一再善意地奉劝我戴上圣环，不过我没同意。我的理由是，为何首陀罗阶级的人都不能佩戴圣环，但其他阶级就有权利戴呢？此外我不认为自己应该遵循在我看来毫无必要的风俗。我并非反对戴圣环，只是佩戴的理由不充分而已。

作为毗湿奴信徒，脖子上自然要戴项圈，长辈们要求我们务必要留"饰嘉"。但我在奔赴英国之前就剃掉了"饰嘉"，我担心光头会被人取笑，也担心会被英国人当作野蛮人。说实话，我一直都有这种胆怯的心理，在南非期间，我还让我堂弟恰干拉尔·甘地也将代表宗教信仰的"饰嘉"剃掉。我担心保留"饰嘉"会妨碍他开展公众工作，因此不顾他是否愿意，是否难过，坚持让他剃掉。

我将这些经历向史华密全盘托出，并对他说道："不戴圣环，是因为我觉得没有必要，很多印度教徒都不戴圣环，他们依然是印度教徒。何况圣环原本是精神再生的一种象征，佩戴圣环的人应该更加自觉地追求一种更加高尚、纯净的生活。然而那些人都做到了吗？除非印度教将'不可接触'的规矩废除，取消尊卑贵贱的界限，并将教内蔓延着的罪恶和虚伪彻底消除，否则印度教徒就不配戴圣环。所以我现在反对戴圣环。但是保留'饰嘉'的建议倒是值得考虑一番。我是担心被别人笑话才剃掉了'饰嘉'，因此还是应该留起来的。我需要和同志们探讨一下这件事。"

史华密并不认同我对于戴圣环这件事的观点。在他看来，我的批评正是应该佩戴的理由。直到今天，我的观点还是和在赫里希克斯时一样。我理解既然有各种不同宗教的存在，那么每种宗教就都需要有一些与众不同外物作为象征。然而如果将象征当作圣物来崇拜，或者作为比其他宗教更为优越的标志，那么就应该放弃它。在我眼中，圣环并非提升印度教地位的一种手段，因此我认为戴或不戴都无所谓。

至于"饰嘉"，我当初是因为懦弱才将其剃掉的，因此在和朋友们讨论之后，我又留了起来。

还是继续来说拉克斯曼·朱拉，在前往拉克斯曼·朱拉的途中，我被赫里希克斯附近的天然景色迷住了。我们的祖先拥有如此好的审美能力，并且赋予这些美景以宗教意义，无法不让人肃然起敬。

但是人们肆意破坏这些美景的方式却让我非常不安。赫里希克斯与哈德瓦一样，人们将道路两侧和美丽的恒河两岸都搞得肮脏不堪。他们甚至玷污了圣洁的恒河水，其实只需多走几步就能在隐蔽的地方大小便，但他们偏要光天化日地在河边方便。看到此景，我不由得难过起来。

拉克斯曼·朱拉只不过是恒河上的一座铁吊桥而已。我听说这边原本有一座非常好的绳索桥，可是一位马尔蒂瓦的慈善家将其拆掉，斥巨资在此架上一座铁桥，然后将钥匙交给政府保管。我没见过那座绳索桥，所以不便发表什么看法，然而在这么美的一个地方架上一座笨重的铁桥实在大煞风景。虽然我们对于政府都是忠心耿耿的，可是也觉得将朝圣的桥梁的钥匙交付给政府的做法实在太过分了。

过了桥就到了福舍，那里破旧不堪，除了用斑驳的波形铁板搭建出破棚子以外，就没什么了。听说这种福舍是为善男信女们而修建的。我去的时候没看到福舍里有人住。但是住在好房子里的人们却没给我留下什么好印象。

在哈德瓦期间的体验对我有非常大的价值，这些体验让我决定了接下来要住在何处，以及要做何事。

创建学院

前往坎巴庙会那次朝圣是我第二次拜访哈德瓦。

非暴力不合作学院于1915年5月25日成立。史罗德兰吉希望我能在哈德瓦住下来，但加尔各答的几位朋友建议我去卫提亚纳士潭，还有人竭力建议我去拉奇科特。但是一次我偶然经过阿赫梅达巴时，那边的朋友劝说我在此定居，他们还自告奋勇地为创建学院筹款，而且要给我们找房子住。

我非常偏爱阿赫梅达巴这个地方。作为古吉拉特人，我觉得自己应当利用古吉拉特语为国家提供最大的服务。而且在古代的时候，阿赫梅达巴曾是手工纺织业中心，倘若打算恢复乡村手工纺织业，选这里似乎是最为合适的。这个城市是古吉拉特的首都，在这边争取富人的资助应该比其他地方更加容易。

关于不可接触者的问题自然成了我与阿赫梅达巴的朋友们经常探讨的问题之一。我对他们明确表态，我在为学院招收学生时，会优先录取不可接触者，只要其符合基本条件。

"你打算去哪里找符合条件的不可接触者呢？"一位毗湿奴派朋友不以为然地问。

最终我决定在阿赫梅达巴创建学院。

至于住在哪里，阿赫梅达巴的一位名叫吉望拉尔·德赛先生给我帮了大忙。他愿意将自己位于科赤拉布的一所住宅租给我们，这就解决了问题。

我们先得考虑学院的取名问题，我与朋友们商量此事，有人建议采用"塞瓦希兰"（服务之家），还有人建议用"塔普凡"（俭朴之家），等等。我比较喜欢"塞瓦希兰"这个名字，但不足之处在于这个名字无法强调出服务的方法。"塔普凡"似乎是个自命不凡的头衔，虽然俭朴是我们必须要坚持的原则，然而我们不能自命为俭朴之人。我们的宗旨是忠于真理，我们的事业是追求和坚持真理。我打算在印度实验一下在南非实验过的方法，看看这个方法在印度是否也适用，能在多大程度上适用。因此我们选定了"非暴力不合作"这个名称，理由是它同时表明了我们的目标，还有我们的服务方法。

还需制定一个校训来规范师生的言行。有人提出一个草案，在那个草案基础之上，朋友们畅所欲言，提出了很多非常好的建议，至今我还记得古鲁达斯·班纳济爵士的建议。他建议在校训里加上"谦恭"，因为他觉得现在年轻一代非常缺乏谦恭的精神。虽然我也注意到了年轻人的这个缺点，不过却担心一旦将谦恭列为每个人都必须遵循的校训，那么谦恭就不再是真正的谦恭了。谦恭的意义并非出风头，不出风头是"莫克萨"（拯救），否则就得找寻其他途径以求实现，如果一个人想要自救，或者一位奴仆缺乏谦恭的精神和大公无私的精神，那么就无法自救。缺乏谦恭精神的服务，不过是自私自利而已。

我们这群人里大概有13个泰米尔人，其中5位泰米尔青年是从南非跟我来印度的，其他人则是来自于全国各地，总共 25 人。

于是，非暴力不合作学院成立了。我们就如同一家人一样在一起生活。

经历风波

学院创建仅仅几个月，我们就遭遇到了未曾预料到的考验。安立特拉尔·塔卡尔在给我的信里写道："有一位谦逊忠诚的不可接触者强烈希望加入你们的学院，你们能够接受吗？"

我感到了为难，没有想到这么快就有一位不可接触者家庭留意到我们这个学院，而且还是通过塔卡尔巴巴这样有声望的人推荐的。我将这封信给同事们看，他们都表示欢迎。

我立即给安立特拉尔·塔卡尔回了信，表示只要他们同意自觉遵守学校的校训，我们就欢迎他们加入学院。

那是一家四口，男主人杜达白，妻子丹尼朋，他们的女儿拉克斯密，以及一个刚会走路的小家伙。杜达白曾经在孟买当过老师，他们一家人都愿意遵守校规，就这样他们成了我们学院的新成员。

但是他们的加入却在那些帮助过学院的朋友们中引发了骚动。首个难题就是使用水井的问题。房东拥有水井的部分管理权，管理水桶的人对我们提出抗议，认为从我们水桶里滴出的水会玷污他的水，因此他咒骂我们，还侮辱了杜达白。我叮嘱大家不要理会他的咒骂，照常去打水。管理水桶的人发现我们并没有回骂他，于是感到惭愧也就不为难我们了。

更大的问题是对学院的全部资助都停止了。那位曾担心不可接触者是否可以遵守校规的朋友绝对没有料想到会发生这种事情。

随着资金援助的停止，还有谣言声称有人要组织社会力量抗议我们接纳不可接触者。对于此事我们早有准备，我跟同伴说，虽然我们受到抵制、排斥，但还是得继续坚持，绝对不能离开阿赫梅达巴。我们宁愿搬到不可接触者居住的地区，用体力劳动来维系生存，也绝对不违背原则。

于是事情就这样发展下去了，一天，摩干拉尔·甘地对我说："我们的基金快用尽了，没办法支撑到下个月。"

我平静地答道："那么我们就搬到不可接触者所居住的地区。"

我已然经历过不止一次类似这种的考验了，神灵总会在最后一刻伸出援手。在摩干拉尔·甘地对我说明了经济困难的状况之后没多久，有一天早上，一个小孩来找我，说外面有一位客人要见我。于是我出去会客，那个人问："我知道你们学院遇到了困难，我想要为你们提供一些帮助，你们愿意接受吗？"

"当然愿意，"我说，"我们目前已经到了山穷水尽的境地了。"

"那么我明天这个时候会再来，"他说，"你还会在这里吗？"

"在的。"我答道。然后他就离开了。

次日，那位好心人在约定好的时间开车来到了学院，汽车喇叭响起，孩子们进来报信，我出去见他。他将总计13000卢比的钞票交给我，连名字都没留下就开车离开了。

我从未料想到会得到这笔捐款，而且是以如此奇特的方式！那位提供援助的绅士此前并没有来过学院，我也仅仅见过他一面。没有正式拜访，也没有事先交谈，而他居然送完钱就离开了！这对我来说是绝无仅有的经历。这笔钱让我们暂时可以不搬到不可接触者居住的地区了，足够我们过一年的安稳日子了。

同时，学院内部也涌起风波。虽然在南非期间，不可接触者朋友也经常来我家同吃同住，但我妻子和其他妇女似乎并不同意让他们来学院。我很快就发现她们虽然并不厌恶丹尼朋，但也至少是在冷淡她。我并不介意经济上的困难，但是无法忍受她们对待丹尼朋的态度。丹尼朋是一个平凡女人。虽然杜达白没有接受过多少教育，但是非常有见地。我喜欢他的耐心，虽然他有时也发脾气，但总体而言，我对于他善于忍耐的印象非常深刻。我请求他暂时忍受这些屈辱，他不仅表示同意，还劝他的妻子也这样做。

我们接受了这个家庭这件事，给大家上了非常有价值的一课。开始时我们就向世界宣布：我们反对不可接触制度。因此，那些愿意帮助学院的人首先要认同我们的原则，这样处理学院这方面的问题从而变得简单多了。实际上赞助学院的人大多是正统的印度教徒，他们愿意帮助学院也许能够明确地说明，不可接触制度的根基已然动摇了，还有很多类似事件也说明了这一点。

非常遗憾，因为篇幅所限，我必须省略很多有关这个问题的细节，例如我们如何处理伴随主要问题发生的一些微妙的小问题，还有我们怎样克服一些始料未及的困难，以及其他与体验真理有关的事情。下一个章节可能也存在这样的缺陷，我必须要省略一些重要的细节，虽然对我来说这些事情对于追求真理的人是有价值的。因为文中涉及的很多人物依然健在，因此没有征求他们的同意就提及他们是欠妥的。实际上，想要一一征询他们的意见是很难办到的，更何况那样做也超出了这篇自传的范围。我希望，也许神灵同样打算将这本书写到开始进行非暴力不合作运动为止。

契约制度的废除

我们得暂时停止从创立起初就经历了内外风暴洗礼的学院这个话题了，另一件事情吸引了我的注意力。

所谓契约工人，就是按照契约从印度移民到国外做工的人，他们的契约时间大概是五年左右。虽然依照1914年《史沫资—甘地协议》的规定，废除了纳塔尔的契约移民3英镑的税，不过还是有很多问题有待解决。

1916年3月，潘迪特·马丹穆汗·马拉维亚吉在帝国立法会上提出了一个废除契约工人制度的法案。哈定基勋爵在接受那个提案时声称自己已经得到了"英政府将按预定程序逐步废除这个制度的承诺"。而我认为那不过是一个空洞的口头保证，我们应该动员他们马上废除这种制度。印度之所以长期忍受这个不合理制度，完全是由于疏忽所致，大家都觉得推翻这个制度的时机已经到来了。我和一些政党领袖会面，在报纸上面发表了几篇文章，我认为公众舆论已经彻底倒向我这边了。这不就是进行非暴力不合作一个非常好的题目吗？我对此坚信不疑，可是不知道从哪里入手。

当时总督已经不再隐讳"终将废除"这句话的含义了，他说那是"在合理时间内有了其他办法再废除"之意。

因此，在1917年2月，潘迪特·马拉维亚吉再次提出立即终止这种制度的议案，但被詹士福勋爵拒绝了。我开始周游全国，动员群众的时机已经到来。

我打算在动身之前拜见总督。我请求与他会见，他立即答应了。当时马菲先生（现在是约翰·马菲爵士）担任总督的私人秘书，我与他关系非常好。这次谈话差强人意，即使他答应帮忙，但却没有切实的措施。

我的首站是孟买。杰罕极·贝迪特先生打算以帝国公民协会的名义召开一次会议。协会的执行委员会先开会草拟出决议，以便在正式的会议上提出。史丹尼·李德博士、拉鲁白·萨玛尔达斯先生（现为爵士）、纳罗建先生以及贝迪特先生都出席了会议。这次会议探讨的主题是限定政府废除这个制度的最后期限。当时出现了三种意见："尽快废除""于7月31日之前废除""马上废除"。我主张的是限期废除，假如政府没能在限期内废除，我们就可以采取一些必要行动。

拉鲁白主张"马上废除"，他觉得这比"于7月31日之前废除"的期限更短。我认为人民未必清楚"马上"的意思。假如我们打算召集他们参加运动，那么就必须使用一个更为明确的说法。人民对于"马上"的理解并不相同，政府有政府的解释，而人民又有人民的说法，但"7月31日"就非常具体，不会让人引起误会。倘若到那天政府还没答应我们的提议，那么我们就会采取进一步措施。李德博士赞成我的观点，拉鲁白先生最后也表示认同。所以我们决定将7月31日定为政府宣布废除契约工人制度的最终期限。公众大会通过了这项决议，不久之后印度各地的集会就相继通过了这个决议。

嘉芝·贝迪特夫人竭尽心力组织了一个妇女请愿团去向总督请愿。团员里有从孟买来的妇女，我印象里有塔塔夫人和狄尔莎夫人（已故）。这个请愿团起了很大作用，总督给予她们一个鼓舞人心的回复。

我还去了卡拉奇、加尔各答等地，到处都在召开集会，人民的热情极为高涨。刚开始宣传动员的时候，我并没料到会有这种局面。

那段时期，我时常一个人旅行，所以有很多奇妙的体验。警察经常尾随我，不过我向来光明磊落，因此他们无法查出什么，也就不来烦扰我了。而我也没有给他们带来什么麻烦。幸亏当时没有人称呼我"玛哈德玛"，尽管认识我的人见到我也经常喜欢这么称呼我。

一次，好几个车站都有侦探找我麻烦，查验我的车票，并记下号码。

我有问必答，尽力配合。同车旅客将我当作"沙陀"或者"法吉尔"（Fakir）[1]。他们发现我每一站都被骚扰，就替我打抱不平，斥责那些侦探。他们抗议道："你们为何总是无缘无故地找这位可怜的沙弥碛呢？"他们对我说："不要将车票给那些流氓查看。"

我平静地对他们说："给他们查看车票并没有什么麻烦的，那是他们的职责。"而乘客们还是不理解，他们愈加同情我，并且强烈谴责他们如此对待无辜之人。

实际上，侦探们的盘查倒没什么，真正让我难过的还是乘坐三等车旅行。最辛苦的一次是从拉合尔到德里，我得从卡拉奇前往加尔各答，途中在拉合尔换车。车里挤满了人，大家都奋力往上挤，如果关门了，就从窗户爬进去。我必须要赶到加尔各答参加一个集会，假如我错过了这趟车，就不能按时抵达那里。然而我无论如何都挤不上火车，谁都不愿意帮我，我快要绝望了。就在此时，一位搬运工注意到了我的狼狈样子，对我说："给我12个安那，我会替你找个座位。""好吧，"我说，"只要你将我弄上车，我就给你12个安那。"于是他就一个车厢接着一个车厢的向乘客们恳求，不过没人搭理他。火车马上要开了，有位乘客说："这边没有座位了，但如果你愿意的话，你就将他推上来，不过他只能站着。"搬运工问我："你看怎么样？"我立即同意了，他就从窗户把我推了进去，于是我终于上了车，他也赚到了12个安那。

那晚上真是不好受。其他的乘客好歹还能坐着，但我却得抓着上铺的链子站上两个钟头。不断有乘客问我："为什么你不坐下？"我的解释是我没有座位，然而即使他们是舒服地躺在上铺上，看到我站在那边还是觉得碍眼。他们就这样重复地问着我相同的问题，也不觉得厌烦，而我也不觉得厌烦，还是温和地回应他们。最终，他们终于消停了。有人问了我的姓名，我回答了，他们觉得不好意思并向我致歉，还给我腾了个位置。于是我的忍耐得到了回报。我的确太累了，昏昏沉沉的，感谢神灵在我最需要的时候再次帮助了我。

就这样，我迷迷糊糊地抵达了德里，又从德里乘车前往加尔各答。喀

---

[1] 苦修化缘的僧侣。

斯巴刹王公是加尔各答集会的主席，也是东道主。那里的人和卡拉奇人一样热情高涨，几位英国人也参加了那次集会。

在 7 月 31 日最后期限之前，政府就宣布了废除印度契约的移民制度。

在 1894 年时，我就草拟了抗议这个制度的第一份请愿书。从那时开始我就希望这种"半奴隶制"——罕德爵士经常这样称呼那个制度——能够早日终结。

很多人参与了 1894 年发动的那场战争。但我必须要说，就是由具有潜在力量的非暴力不合作运动加速了那种制度的灭亡。

如果读者们想要详细了解当时那次斗争的情况以及参与那次斗争的人们，请阅读《南非非暴力不合作运动史》。

反对"三卡塔"制度

三巴朗① 是属于贾纳卡王（King Janaka）② 的国土。如今那里是一片芒果林，然而在 1917 年之前，那里却四处种满了靛青。依据法律规定，三巴朗的佃农每耕种 20 卡塔（Katha）土地，那么就要用 3 卡塔给地主种靛青。这种制度就是"三卡塔"制（恰好相当于 1 英亩）。

必须要承认我那时完全没有听说过这个地名，更别说了解那边的地理状况了。同时，对于靛青的种植我也是一无所知。我曾经看见过一捆捆的靛青，不过完全没想到那是由三巴朗成千上万农民历经千辛万苦才种植出来的。

拉兹库玛·苏克拉就是曾经遭遇过这种欺压的农民。他迫切地期待能为成千上万遭受相同苦难的人洗刷掉靛青的污渍。

我于 1916 年前往勒克瑙出席国民大会党大会时，他拉住我的手说："请去三巴朗看看吧，律师先生会将我们的苦难告诉你的。"他提到的"律师先生"就是布拉吉索尔·普拉萨德巴布，之后他成为我在三巴朗的一位可

---

① 位于印度比哈尔省狄哈专区的一个县。
② 印度教传说中兼有圣哲之德的一位国王。

敬的同事。如今他成了比哈尔公众工作的灵魂人物。拉兹库玛·苏克拉将他带进我的帐篷，当时布拉吉索尔巴布身着黑绒衣服和裤子，没能给我留下什么深刻印象。我当时以为他不过就是一个欺诈老实农民的律师而已。在听他讲了一些三巴朗的相关状况之后，我就习惯性地答道："在没有亲眼看到三巴朗的情况之前，我不能发表任何意见。请你先在大会上提出议案，现在还是请你离开吧。"拉兹库玛·苏克拉自然想要得到国民大会党的支持。于是，布拉吉索尔·普拉萨德巴布在大会上提出了对他们示以同情的议案，得到了全员通过。

拉兹库玛·苏克拉对于这个结果非常高兴，但却没有特别满意。他希望我能亲自去三巴朗看看农民们的艰苦处境。我答复他说我会去三巴朗住上一两天的。"一天就够了，"他说，"你将亲眼看到那边的状况。"

我从勒克瑙前往康埔，拉兹库玛·苏克拉坚持与我同行。"这边距离三巴朗非常近了，请你到那里去一天吧。"他坚决地邀请我。我对他说："很抱歉，原谅我这次真的不行。我保证一定会去。"我再次对他承诺。

我回到了学院，拉兹库玛也跟着去了那边。他恳求我："现在请你定下去三巴朗的时间吧。"我说："好的，我将去加尔各答，你就在那边找我吧，我会跟你去三巴朗。"实际上我也不知道要去什么地方，能做些什么。

我还没抵达加尔各答的布本巴布的家，拉兹库玛已经在那边等我了。于是，这位率直、无知但是非常坚决的农民朋友就这样将我征服了。

1917年初，我们离开加尔各答前往三巴朗。我们的样子看起来就像乡下的大老粗一样，我连搭乘什么火车都不知道。他将我带上了车，跟我坐在一起，我们一大早就到了巴特拿。

那时我第一次去巴特拿，那边没有朋友或者熟人可以借宿，我本以为拉兹库玛·苏克拉这位老实巴交的农民在巴特拿会有一些影响，其实并没有。路上我与他聊天，发现他什么都不懂。他太天真了，认为那些律师朋友们是真心打算帮助他，实际上他们只是在利用他。可怜的拉兹库玛就像是律师们的奴仆一般，在农民当事人与律师之间，存在一道无法逾越的鸿沟。

拉兹库玛·苏克拉带我到了拉金德拉巴布（Rajendra Prasad）[①]的家。

[①] 印度共和国第一任总统拉金德拉·普拉萨德。

拉金德拉巴布大概是去普里或者其他地方了,我现在已经记不清他到底去哪里了。那时他家里有一两位佣人,但对我们不理不睬。我身上就带了一点食物,我想吃些枣,随行的人就去集市上帮我买来了。

比哈尔的不可接触制度极为严格。佣人们在井边打水时,我不可以去那边汲水,因为他们不清楚我属于哪个种姓,担心从我桶里流出的水会玷污他们的水。拉兹库玛带我使用室内的厕所,佣人们却带我去室外的厕所。我并没有感到惊奇或者愤怒,因为我已经习以为常了。

佣人这种做法是在行使他们的职责,我们认为也许这正是他们的主人拉金德拉巴布希望他们做的。

如此的待客之道让我更为敬重拉兹库玛·苏克拉的为人了,同时我也更加了解了他的单纯和本分。我清楚拉兹库玛·苏克拉已经无法指引我了,要由我自己来掌舵。

文雅的比哈尔人

在伦敦时,我就结识了大毛拉·马志鲁尔·哈克先生,那时他正在那边学习法律。当我再看到他时,已经是在1915年孟买的国民大会党大会上了,那一年他是穆斯林联盟的主席。再次见面后我们都觉得非常高兴,他说下次再到巴特拿一定要去他家做客。我记得他的邀请,于是给他写了一张条子,并且将自己此行目的地告诉了他。他立即坐着自己的汽车来接我,请我去他家。我向他道谢,并询问我应该搭乘哪班火车才能最快抵达我的目的地,因为对我这种生客来说,列车时刻表没有任何用处。他和拉兹库玛·苏克拉聊了一会儿,建议我先去穆扎伐埔,当天晚上还将我送到了车站。

当时克里巴兰尼校长正在穆扎伐埔,自打访问过海德拉巴之后,我就经常听到人们提起他的名字。蔡特朗博士对我说过他的牺牲精神,他的俭朴生活和他资助蔡特朗博士创办学院等事。克里巴兰尼曾经是穆扎伐埔公立学院的教授,但我抵达那里时,他刚辞职。我发了一封电报给他,告知他我要去那边。虽然火车是在夜里到达的,但他还是带了一大群学生去车站接我。他没有自己的住处,寄住在马尔康尼教授家里,于是马尔康尼先生接待了我。一位公立大学的教授能收留我这样的人，这在那时是令人匪夷所思的事情。

克里巴兰尼教授将比哈尔的绝望景象，尤其是狄哈专区的恶劣情况都讲给我听，而且给我指出此行有可能遭遇的困难。他和哈尔人已经建立了很亲密的联系，还将我此次前来比哈尔的目的也告知了他们。

次日早上，有一些律师来找我。其中就有兰纳密·普拉萨德先生，他的热情非常让我感动。

"假如你继续住在马尔康尼教授家里，"他说，"就无法完成此行的任务。你得搬来和我们住在一起，伽耶巴布是这附近有名的律师。我是代表他请你搬去他家住的。我承认我们都有一些害怕政府，不敢公开与其对抗，不过我们将尽力帮助你的。拉兹库玛·苏克拉所说的基本都是真实的。现在我们的领导者不在这里，但我已经分别给布拉吉索尔·普拉萨德巴布和拉金德拉·普拉萨德巴布两个人发了电报，他们会尽快赶回来的。我相信他们定会将你想要了解的全都告知你，这会给你带来很大的帮助。所以请搬到伽耶巴布那边住吧。"

盛情难却，但我有些担心这会让伽耶巴布为难。但是他让我放心，所以我就搬过去跟他一起住了，他和家人都热情地款待我。

布拉吉索尔巴布和拉金德拉巴布分别从达尔班格和普里回来了。布拉吉索尔巴布早就不是我在勒克瑙见过的他了。这次他给我留下的印象是：谦虚、俭朴、善良且拥有非凡的信仰，这些都是比哈尔人的特点，比哈尔的律师也都十分尊重他，这让我感到又惊又喜。

没过多久我就与这些朋友结下了终生的友谊。布拉吉索尔巴布原原本本地告知我那件事的始末。他经常受理贫苦佃农的案件，当然是收费的，我在那里碰巧遇到了两宗这种案件。他只要打赢穷人的官司，就会欣慰于替穷人做了好事。律师们认为如果自己不收费，就无法生活，也就不能为穷人提供有效的帮助。然而三巴朗县的律师的收费标准与孟加拉省和比哈尔省相比，差距确实很大。

"我们会花费1万卢比请位大律师。"有人告诉我，任何一场官司的收费很少会低于四位数的。

朋友们耐心地听了我的谴责，而且对我并无误解。

"在研究过那些案子之后，"我说，"我得到的结论是，我们不能把案子告上法庭。去法庭没有什么好处，既然农民受到如此欺压，又这样畏惧政府，那么上法庭就对他们不起作用。想要真正地解救他们，就需要消除他们的恐惧。除非我们能够废除比哈尔的'三卡塔'制，否则就无法帮助农民们。我原来以为在这边待上两天就差不多了，看来得需要两年时间才能完成此事。现在我感觉心里有底了，不过需要你们的协助。"

我发现布拉吉索尔巴布头脑十分冷静，他坦然地说："我们会竭力帮助你，不过请先告诉我们，你需要我们提供哪些帮助。"

就这样，我们坐下来一直探讨到深夜。

"我并不太需要你们的法律知识。"我说，"我需要你们提供一些文书和翻译工作。也许我们还要遭受牢狱之苦，做不做都由你们自己决定。在很长一段时间里，你们都得负责文书这种工作，从而放弃你们的律师业务。这件事就已经不算小事了。还有，我听不懂本地的印地方言，而且凯达文和乌尔都文写的文件我也看不懂。我需要你们帮忙来翻译，但是我付不起薪水给你们，做这些全凭爱和服务的精神。"

布拉吉索尔巴布立即明白了我话里的意思，于是他轮流问我和他的同伴们一些问题。他想搞清楚我打算做什么，他们的服务期限多长，需要多少人，是否可以轮流工作等等。之后他又询问在座的同伴们到底能付出多大牺牲。

最终他们给了我如下保证："我们将全力以赴，一部分人供你差遣。至于有可能坐牢这件事，对我们来说是一件新鲜的事情，我们愿意按你说的努力。"

面对"非暴力"

为了调查三巴朗农民的生存情况，掌握他们对于靛青种植园主的不满程度，我必须得拜访成千上万的农民。但是我认为，在进行调查之前，有必要先去了解种植园主的状况，还要见一见当地官员。我联系了他们，也都得到了答复。

种植园主联合会的秘书坦诚相告，他说种植园主与佃农之间的纠纷和我无关，假如我执意要插手此事的话，大可以将意见写成书面材料提交给政府。我客气地回复他，我没有认为自己是局外人，倘若佃农们想要我管这件事，那么我当然有权了解事实的真相。

我又拜会了地方官员，但他却恐吓我，要求我立即离开狄哈专区。我将这些情况告知了同事，并且告诉他们政府非常有可能阻挠我的下一步活动，可能我会在预料的日子之前就被逮捕。我跟他们说，最有可能是在莫提哈里、贝提亚被捕，所以我得尽快赶到那些地方去了解情况。

三巴朗属于狄哈专区的一个县，莫提哈里是其首府。拉兹库玛·苏克拉的家就位于贝提亚附近，但那里的"料提人"是三巴朗县最为穷苦的一群佃农。拉兹库玛·苏克拉要我去那边看看他们，而我也正打算去看看。

就这样，我当天就和同事们动身前往莫提哈里。我们得到了戈拉克·普拉萨德巴布的招待，他家几乎要变成旅馆了，房里差点装不下我们。就在那天，我们听说距离莫提哈里5英里的地方有位佃农遭到了虐待，因此我们决定次日一早在达郎尼塔·普拉萨德巴布的陪同下探望他。第二天我们就骑着象去了那边。顺便提一句，在三巴朗骑象就如同在古吉拉特乘坐牛车一样平常。还没走到一半的路程，警察局派出的人就赶上来，告诉我们，警察局局长对我们致以问候。我自然明白他的意思，所以就让达朗尼塔巴布先走，我则搭乘了警察局雇来的车子。之后我被通知必须离开三巴朗，并且被送回了住处。警员让我写张收条，用以证明我已经收到了离境通知，我在收条上面写：在完成调查之前，我不会离开三巴朗。因此我收到了法院的传票，称由于我违反了限期离开三巴朗的命令，让我次日去受审。

那天晚上，我彻夜未眠，忙于写信，还向布拉吉索尔·普拉萨德巴布做出一些必要的指示以防万一。

我即将要受审的消息传遍了整个地区。据说莫提哈里从没出现过这种场面，戈拉克巴布家里和法院都挤满了人。多亏我前一天晚上忙完了所有工作，才能应付得了这么多人。我的同事们一直忙于帮我维持秩序，无论我走到哪里，都被人群所围绕。

那些官员，包括税务官、县长、警察局局长跟我产生了一种友情。从法律角度来说，我可以拒绝通知上的那些要求。但实际上我完全接受了，而且十分尊重那些官员。他们这才明白，我并没有打算冒犯他们的意思，不过是文明地抵抗他们的命令而已。所以他们就放心了，不仅不为难我，反倒帮助我们维持秩序。但这也充分证明了他们的权威已经发生动摇了。在那个时刻，人们暂时忘记了对于刑罚的恐惧，而折服于新朋友的爱的力量。

读者朋友们应该记得我曾提过在三巴朗没人认识我。那边的农民不太关心外界的事情。三巴朗距离恒河北岸非常远，正处于喜马拉雅山脚，临近尼泊尔，与印度其他地区是隔绝的。在那些地区没人知道国民大会党，就算他们听说过国民大会党的名字，也不敢参加，甚至有些人连名字都不敢提。但是现在国民大会党及其党员却来到了这里，即使并非以国民大会党的名义出现的，但却具有更为重大的意义。

我和同事们商量之后，决定不以国民大会党的名义从事这项工作。我们需要的是做事而非名利，重要的是实质而非形式。政府和种植园主不喜欢大会党的名字，他们觉得那不过是一个代名词，用以指代律师们互相争吵的地方；不过是律师们利用法律漏洞破坏法律的工具，代表着炸弹和无政府主义，以及外交辞令和讹诈。我们必须得想办法消除他们的偏见，所以我们决定不提大会党的名字，也不让农民了解这个组织，只要他们可以了解和遵循大会党的精神就可以了。

所以并没有人以国民大会党的名义到这边来公开或秘密开展准备工作。拉兹库玛·苏克拉也无法号召成千上万的农民来行动。他们还未开展政治工作，对于三巴朗以外的世界一无所知。然而他们对待我却如同老朋友一样亲切。这次和农民朋友的聚会，让我看到了神灵、"非暴力"和真理，这是千真万确的，绝对不是夸张的说法。

人民之所以称我"圣雄"，无非是因为我对于他们的爱，但我对他们的爱无非是我对于"非暴力"秉持坚不可摧的信仰的表现。

在三巴朗的那天让我终生难忘，不管对于农民还是我，都是一个值得纪念的日子。

依据法律，我应当受审，然而实际上，应当是政府受审。但那位地方官员只取得了这一点胜利，他让政府陷入了自己原本为我布下的圈套。

诉讼撤销

开始审判了，政府的辩护律师、县长以及其他官员都非常着急，不知道应该如何是好。律师要求县长延长时间审理这个案件，不过我坚决反对，我得承认自己违反命令是有罪的。我宣读了一个简短的声明，如下："经法庭批准，我要说明自己为何走到今天这步，看来我的所作所为应该是违反了刑法第144条。然而在我看来，这是地方政府与我的观点产生了分歧所致。我到这里来是出于人道主义为国家服务，是这边的农民请求我帮助他们的。据他们所说，他们正在忍受靛青种植园主的不公正对待。假如不去研究这个问题，我就无法帮助他们。因此我想请求政府和种植园主也来研究下这个问题。我没有其他动机，绝对不会违反公共治安。在这种事情上我具备相当多的经验。但是地方官员的想法跟我不尽相同。我完全能够体谅他们的苦衷，也明白他们不过是根据收到的情报来办事。我向来奉公执法，第一本能就是遵守政府发给我的命令。然而这样做却会违背我对请我来这边的农民朋友们的责任。我觉得现在只有留在这边才能帮助到他们。因此我无法自动引退。在这两种责任感的冲突之下，我难以抉择，只能将强迫我离开农民们的责任归于政府。我充分发现，作为印度的公众人物，我更应当小心翼翼，以身作则。我深信处于如此复杂的体制之中，就像我现在所面临的困境一样，一个自尊自爱的人唯一安全又能维护荣誉的行为就是，做我已经决定去做的事情，即接受不服从的处分，但是不提出抗议。

"我冒昧地说这些话，绝对不是打算替自己开脱，仅仅是想说明我违背命令并不是不尊重当局，而是要服从人类生活里的最高原则，那就是良心的呼声。"

所以就没有延期开庭的理由了，但是县长和律师都对我的声明感觉很意外，因此县长还是宣布延期判决了。同时，我发出电报将这边的详情告知了总督，巴特拿的朋友们，潘迪特·马拉维亚吉和其他朋友。

在我接到法庭的判决之前，县长送来一份书面通知，称省督已经下令撤销了我的案子，而税务官[1]也给我写了封信，说我可以按照原计划自由地进行调查，而且还能从政府那边获得我需要的帮助。我们都没料到这件事在短时间内能够获得如此让人满意的结果。

我去拜会了税务官海柯克先生，我感觉他是一位好人，能够非常热心地主持公道。他告知我，不管我需要什么文件，都能去他那边调阅，而且随时都能去找他。

于是，从这件事开始，印度政府首次接受了文明的不合作运动。各大报纸纷纷讨论此事，我的调查也因此意外地得以广泛宣传。

调查需要政府保持中立态度，但不需要报纸大肆宣传。三巴朗的情况非常复杂艰难，因此过分的批评或者色彩过浓的报道，都容易将我希望做的事破坏掉。于是我给各报社的主编写信，请他们不必派来记者报道，但凡需要刊载的信息，我都会给他们送去。

我清楚当地种植园主不喜欢政府容许我在三巴朗调查的态度，也清楚虽然官员们不敢公开表达意见，实际上他们也是不高兴的。因此那些错误的或是容易引起误解的报道很容易激怒他们。他们不会将愤怒发泄到我身上，自然就会发泄在那些饱受压迫的可怜农民身上，但这会严重阻碍我们的工作。

虽然我事先做了一些准备，但种植园主们还是对我们展开了攻击。报纸上满是他们对于我和同事们的诸多污蔑。但是由于我极为谨慎地坚持真理，一丝不苟地努力工作，使得他们不得已收敛了自己的行径。

种植园主们对于布拉吉索尔巴布的攻击无所不用其极，然而他们越是攻击他，人民却越尊敬他。

虽然局面变得如此复杂，但我坚决认为没必要邀请其他省的领袖介入此事件。潘迪特·马拉维亚吉曾经对我保证，如果我有需要，可以随时找他，但是我并没有麻烦他，我得避开政治因素。我偶尔会给那些领袖们和主要的报社寄去些报告，但也仅供他们参考，并不打算发表。我悟出这样的道理：假如一件事情的结果是政治性的，即使其起因没有政治因素，但如果我们将其蒙上政治色彩，就常常不利于事情的最终解决，倘若我们不超越

---

[1] 在英国统治印度期间，县长兼任法官，而税务官则有实际的行政权。

政治的界限，就有利于事情的最终解决。三巴朗的斗争就充分证明了这点，不论在任何方面，只要能给予人民无私援助，最终总是有益于国家政治的。

调查三巴朗

想要详细了解关于三巴朗的调查情况，必须得先要交代一下三巴朗农民自身的历史，但这几章是记录不完的。对于三巴朗的调查是勇敢地尝试实践真理与"非暴力"，我不过是将值得写下的事情依次写下来而已。如果读者朋友们打算了解更详细的情况，可以去读一下拉金德拉·普拉萨德先生用印度文撰写的《三巴朗非暴力不合作运动史》，听说即将出版英文译本了。

说回正题，我们无法在戈拉克巴布家里开展调查工作，除非可怜的戈拉克巴布将房子彻底腾出来给我们使用，而且那时莫提哈里的居民们还没有消除对于种植园主的恐惧，也不敢将房子租给我们。幸亏布拉吉索尔巴布弄到了一处房子，房子附近还有非常大的一片空地，于是我们搬了进去。

没钱是难以开展工作的，那时还没有为此类公众工作募捐的惯例。布拉吉索尔巴布及其朋友基本都是律师，他们要不就自己出钱，要不就得向朋友们借钱。当时问题的关键是，在律师们都还付得出钱时，怎能让其他人出钱呢？我已然下定决心不收三巴朗农民的任何东西，因为那样容易引起误会。同时，我也下定决心不在全国范围发动募捐，因为那样容易让这件事带有全国性和政治性的色彩。孟买的朋友们捐助了15000卢比，但被我谢绝了。我打算尽量在布拉吉索尔巴布的帮助下，从不在三巴朗居住的比哈尔富人那里募捐，假如还不够，就拜托仰光的朋友梅赫达医生帮忙。梅赫达医生曾经承诺如果我们需要的话，他会寄钱过来。所以我们就不需要再为经济问题而烦恼了，我们并不需要很多钱，我们会尽力节约开支使其与三巴朗的贫苦相匹配。我记得一共花费不到3000卢比，还剩了几百卢比的捐款。

一开始我的同事们生活方式各有差异，大家在一起生活非常不适应。每位律师都有一位佣人、一位厨子，各自也都有厨房，他们经常工作到午夜才吃饭。虽然费用要由他们自己负担，然而我还是无法接受他们这种不规律的饮食习惯，而且由于我们已经成了很好的朋友，相互之间没有什么误会，他们也受到了我的很多嘲笑。最终，大家都赞成不再雇佣人和厨子，共用厨房而且按时吃饭。并不是所有人都吃素，但使用两个厨房又太费钱，所以大家决定仅保留一个素食厨房，坚持简易的饮食。

这些方法都大大节约了开支，也为我们节约了很多时间和精力，而且这也正是我们迫切需要的。很多农民来申诉，他们还带着很多同伴，将空地和花园挤得水泄不通。我的朋友们试图帮我摆脱"朝拜"，然而没能实现，因此我不得不在一定时间之内出来接受大家"朝拜"。至少有5到7名志愿工作者负责记录来访人的控诉，就算这样，还是有很多人直到天黑也没得到说话的机会而不得不离开。他们所述内容并不是非常有用，很多的内容都是重复的，然而他们不说出来会堵得难受。我能够体谅他们的感情，也尽力满足他们的要求。

那些负责记录的人必须遵守既定规则。每位农民都要经过严格的反复询问，不符合标准就不能申诉。虽然这花费了很多时间，但却能保证大部分材料的确是可靠的。

我们在开展这项工作的时候，总是有一位罪犯调查所的官员在场。我们本来是能够阻止他来的，不过我们从一开始就决定，不去介意他的在场，而且还要礼貌地对待他，尽量提供相关情况。这对于我们来说没有坏处。而且，农民发现有罪犯调查所的官员在场，也将更理直气壮地申诉。一方面能够消除农民对于罪犯调查所的过分恐惧，另一方面，也能够限制农民一部分言过其实的言论。调查和逮捕犯罪分子属于犯罪调查所的职责，因此农民们自然会小心地说出实情。

我并不打算激怒种植园主，只想使用温和的办法解决问题。因此我必须给那些被严厉指控的种植园主们写信，并与他们会面。我还要去找种植园主联合会的人，将农民的疾苦告知他们，并听取他们的意见。一些种植园主非常恨我，有的则对我置之不理，也有少数的几位能够以礼相待。

同　伴

　　这世上很难寻找到像布拉吉索尔巴布和拉金德拉巴布这样能干的人了，假如没有他们的帮助，我们的工作必然寸步难行。他们的徒弟，也可以说是他们的同伴山浦浩巴布、安努格拉哈巴布、德朗尼巴布、兰纳弗密巴布，还有其他几位律师一直和我们生活在一起。文提亚巴布和贾纳克达立巴布也经常前来帮忙，他们都是比哈尔人。他们主要负责记录下农民们的申诉。

　　克里巴兰尼教授也参与了我们的工作。即使他是一位信德人，却比土生土长的比哈尔人更具备比哈尔人的气质。很少有人能做到入乡随俗，随遇而安，而克里巴兰尼恰是其中之一。人们没有发现他是一个外省人，于是他就成了我的把门人。如今，他的主要任务就是设法避免我被人"朝拜"。他拦住人群，有时候要使用他无穷的机智幽默，有时还得运用他温和的恐吓训斥。到了晚上，他又充当起老师，对他的同伴讲述他的历史研究或者观察收获，还让胆小的来客鼓起勇气，说出事实真相。

　　大毛拉·马志鲁尔·哈克早已成为我们的长期赞助者了，我们一旦有需要，他就会伸出援手，很值得信赖。他每个月定会来这里一两次。他曾经那种奢侈豪华的生活与如今简单淳朴的生活恰恰形成了鲜明对比。我们都认为他是我们当中的一分子，但他的时髦打扮会让人感到奇怪。

　　我在比哈尔获得了更深的体验，愈加感觉到倘若农村中没能适当地普及教育，那么就无法开展某种长期工作。我实在为农民们的愚昧无知而感到悲哀。他们要不就放纵自己的孩子到处游逛，要不就让他们一天到晚在靛青园里干活，每天只能挣得两个铜板。当时，一个男工每天工资不超过10个铜板，女工则不超过6个铜板，而童工就更少了，仅仅3个铜板。每天能拿到4个安那的人，算是非常幸运的了。

　　在与同伴们商量之后，我们打算在6个村子里开办小学。当地农民只需提供给老师食宿，我们会承担其他费用。乡下人手中没有现金，不过他们完全可以供应粮食。实际上他们早就表示过，他们愿意提供谷物和其他物品。

聘请老师倒是成了一个大问题，在当地寻找愿意不领工资而义务教学的老师非常难。我认为绝对不能将孩子们随意交给一个普普通通的老师，老师的道德品质比起其学问知识更加重要。

所以我对外公开招募志愿教师，很快就有了响应。甘伽达劳·德希潘特先生派巴巴萨哈布·索曼和彭达克来找我们，阿望蒂克白·戈卡尔夫人从孟买来探望我们，阿南蒂白·卫珊巴扬夫人则从浦那来到这边。我派人前往非暴力不合作学院去找卓达拉尔，苏伦德罗纳斯以及我的儿子德夫达斯。大概就在此期间，摩诃德弗·德赛和纳罗哈里·巴立克带着自己的妻子投奔了我们。嘉斯杜白也应召赶来。这是一支极为强大的队伍。阿望蒂克白夫人和阿南蒂白夫人都接受过良好的教育，但是杜尔嘉·德赛夫人和曼妮朋·巴立克夫人只懂得一点点古吉拉特文，而嘉斯杜白则对古吉拉特文一窍不通，她们要怎样用印地语来教导儿童呢？

我向她们进行了说明，我希望她们从事的工作并非教授儿童文法，或者读、写、算，而是教会他们清洁和礼貌。我还进一步说明，就文字来说，古吉拉特文、印度文以及马拉提文的字母表的差别并非她们想象中的那么大，不管怎样，教给低年级孩子们一些浅显的字母和数字，并非难事。结果，这几位夫人带的班级成绩最好。这个体验也增加了她们的自信，激起了她们对于教师工作的兴趣。阿望蒂克白管理的学校成了模范学校，她将所有身心都投入到这个工作之中，发挥了一切聪明才智去教育那些孩子们。同时，在一定程度上，我们也能通过这些夫人了解了农村妇女。

兴建小学来教育农村儿童还不够，改善这边的卫生状况同样是迫在眉睫的工作。农场是非常不卫生的，路边堆积着污秽，水井附近居然泥泞不堪，臭不可闻，就连院子里也脏得让人无处下脚。上了年纪的人是最需要干净的，他们都患有各种皮肤病。因此我们就要尽可能多地做一些卫生清洁工作，并且设法深入到农村生活的方方面面。

这边需要医生，于是我请求印度公社暂时将德夫医生派遣过来。原本我们俩就是非常要好的朋友，他立即答应来这边服务6个月，男女教师们都在他的手底下工作。

所有朋友都能够自觉遵守纪律，不去过问关于对种植园主的控诉或者政治上的其他事情。农民们有任何事情都会让他们直接来找我，谁都不会超越自己的职权。朋友们都很认真地遵守这些纪律。我印象中没有人因为不遵守纪律而让我为难。

深入农村之中

我们尽量为每个学校安排一位男老师和一位女老师，他们负责教学以及医疗卫生工作。妇女工作则由妇女来完成。

医疗工作是十分简单的事情，因为资源有限，发给志愿者的药品只有蓖麻油、奎宁和硫黄膏。假如病人舌上有苔，或者便秘，就用蓖麻油；假如病人发烧，就先服用蓖麻油，再服用奎宁；如果是烫伤和疥疮之类，就先洗净患处，再敷上硫黄膏。病人不能将药品带回家。倘若遇到了复杂病症，就得去找德夫医生，每个星期德夫医生都会去各地区义诊。

很多人享受了这种简单的医疗服务。这边没有什么流行病，简单的疗法就能应付，不用请专家来帮忙，所以我们的工作方法并不奇怪。但对于这边的农民来说，这种安排就是他们最为需要的。

然而卫生工作却成了难事。人们不打算改变自己的生活方式，就算是田地里的农民也不愿做自己的清洁工作。然而德夫医生并非一个容易灰心的人，他决定以身作则，和志愿者们集中力量将一个村子打扫得非常干净。他们清扫了道路和庭院，清理了水井附近的环境，填平了周围的水沟，和善地劝说村民自动地加入到他们的队伍中。一些村子的村民因此而感觉到非常惭愧，不得不进行这样的工作。还有一些村子的村民很热心，他们甚至打算修路，以便我的汽车能够四处通行。但在这些喜人的变化后面，并非不存在掺杂了因为某些村民的漠不关心而产生的痛苦体验。一些村民明确地表示自己不喜欢这种工作。

在此插入一个小故事，我曾经也多次在集会上谈及过此事，是我亲身经历的。在当地一个名为比提哈瓦的小村庄里，有我们开办的一所学校。恰巧有一天，我去这村子附近一个更小的村里，发现那边的妇女穿的衣服非常脏。于是我让妻子前去询问她们为何不将衣服洗干净。一位妇女带着我妻子去了她家，那是一个茅草房。她说："你看，我家里没有箱子，也没有衣柜。我身上的这条纱丽是我唯一的衣服，洗了之后我穿什么呢？请让玛哈德玛吉给我买一条纱丽，那样我一定每天都洗澡，每天都穿干净的衣服。"

那间茅草房是很多印度村庄里的典型房屋。印度有很多穷人都是这样的，无数的茅草房里面既没有家具，也没有能够换洗的衣服，人们就靠一块破布遮身。

我还想说一件事。三巴朗盛产竹子和茅草，比提哈瓦的小学校舍就是使用这些材料建的。一天晚上，有人放火把这些房子烧了，也许是附近种植园主干的。大家都认为不能再用竹子和茅草盖房子了。那所学校归苏曼先生和嘉斯杜白负责的，苏曼先生打算再盖一座"洋灰色的砖瓦房"，大家夜以继日地努力，果然在很短时间之内盖起来了一座砖房。这就不用担心房子会被烧毁了。

志愿者们无私地投入到建设学校，改善公共卫生和对穷人的医疗救助之中，得到了村民的信任和尊敬，从而也给村民们带来了良好影响。

但是我不得不离开三巴朗，并为没能实现将这些建设性工作搭建在一个永久基础上的愿望而感到遗憾。因为志愿者们的服务都是短期的，我又难以从外面招募来更多的志愿者做以补充，在比哈尔又找不到愿意长期从事这种光荣工作的人，而且在三巴朗的工作结束后，外面还有一堆新的工作在等我。但就算这样，在三巴朗这几个月的工作还是卓有成效的，直到现在，我们还能在那里看到其以这样或那样的形式发挥着影响。

得到副省长的支持

之前的几章记述了我们开展的社会服务工作，同时，调查农民疾苦的工作也在进行。我们手里有大量证据，越来越多的农民过来诉苦，这严重地刺激了种植园主的神经，他们想方设法阻挠我们的调查工作。

一天，我收到来自比哈尔政府的一封信函，信中说："你的调查已经有很长时间了，现在还不打算结束这个工作离开比哈尔吗？"

这封信的措辞还算比较客气，不过用意极为明显。我回信道，调查的时间势必得延长，除非政府能采取行动让人民减轻痛苦，不然我是不会离开比哈尔的。政府完全可以通过以下这两种方式结束我的调查工作，一是承认农民的疾苦，并且为他们解决问题；二是承认农民提出的案情，马上成立一个官方调查团开展调查。

副省长爱德华·盖德爵士召见了我，他表示政府同意成立调查委员会，而且邀请我担任委员。我弄清楚了其他委员都是谁以后，和同事们进行了商量，最后决定加入调查委员会，不过附加以下条件：在调查期间，我可以自由地和同事们商谈，虽然我作为委员会的成员，但依然保留农民辩护人这个身份。假如调查结果无法让我满意，我有权利领导农民，并且引导他们采取下一步行动。

爱德华·盖德爵士接受了这些条件，立即宣布调查委员会成立。弗兰克·斯里爵士（已故）被任命为委员会主席。

调查委员会是站在农民这边的，委员会认为种植园主从农民身上剥削的收入不合法，种植园主应该归还农民所得，而且建议在法律上废除"三卡塔"制。

调查委员会最终提出了一份全体通过的报告书，土地改革法得以依照委员会的建议执行，盖德爵士功不可没。如果不是他态度坚定，而且运用谋略来处理这件事，恐怕报告书很难一致同意，土地改革法也不会如此轻易地通过。种植园主们完全不理会这份报告，坚决抵制土地改革法，然而盖德爵士自始至终都在坚持着，终于让报告书的建议得以彻底实现。

存在了近百年的"三卡塔"制终于废除了，三巴朗的种植园主的"统治"也结束了，向来被压迫的农民如今多少能抬起头了，认为佃农身上靛青的污渍永远无法洗刷掉的迷信说法也破除了。

本来我打算继续留在三巴朗从事这种建设性的工作，多建立几所学校，更加深入地了解农村生活。根基都已经打好了，不过和往常一样，我还没来得及实现自己的计划，神灵就做出了另外的决定，为我安排了新的工作。

接触劳动者

当我处理委员会收尾工作的时候，收到了来自穆罕拉尔·潘迪亚和尚卡拉尔·巴立克先生的信，信中说凯达县的农作物歉收，农民无法交上田租，请我过去指导他们之后应当怎么做。在开展实地调查之前，我不愿贸然发表看法，而是打算去凯达县观察一下再说。

同时，我也收到了来自安娜舒也朋夫人的信，信中提及了阿赫梅达巴劳工的悲惨境地。工人们的工资过低，他们早就要求过涨工资了，不过始终没有结果，希望我能过去指导他们。倘若可以的话，我也希望给他们提供一些建议。然而路途遥远，我又不熟悉状况，因此就算是很小的事情，我也没有完全的把握能够解决好。所以我决定先前往阿赫梅达巴，希望自己能很快完成这两件事，然后返回三巴朗去监督刚开始的建设性工作。

但是事情远没有我期望的那样顺利，我无法回到三巴朗，于是，那边的学校就一个接一个的被迫关闭了。我和同事们曾有过的诸多美好设想，此时全部破灭了，成了空中楼阁。

除了继续推动农村卫生事业和教育事业以外，我们理想中的工作还包括在三巴朗开展护牛运动。旅途上，我观察到护牛和宣传印度文早已成为马尔瓦底人非常关心的事了。在贝提亚期间，一位马尔瓦底朋友在其"福舍"中招待我。当地人开办的养牛场引发了我的浓厚兴趣。有关护牛运动的想法在那时就得以明确形成了，并且至今未变。我认为，护牛包括畜牧饲养，改良牲畜品种，善待耕牛，组织模范养牛场等等。马尔瓦底的朋友曾经答应要在这个工作上全力支持我，不过由于我自己无法返回三巴朗，所以这个计划就搁浅了。

贝提亚的牛奶场依旧存在，但并没有成为模范养牛场，三巴朗的耕牛依然承担着超过其能力的工作。所谓的印度教徒们依然虐待那些可怜的动物，而且也侮辱了他们自己的宗教信仰。

对我来说，没能落实护牛运动始终成了一个遗憾，每当我再去三巴朗，听到马尔瓦底和比哈尔的朋友们委婉的责怪时，又想起了那么多不得不临时放弃的计划，不由得为之叹息。

很多地区还开展着这样或那样的教育工作。但是护牛运动的基础不牢靠，所以并没能朝着我期望的方向发展。

凯达农民的问题还在探讨之中，我打算先处理阿赫梅达巴工人的事情。

我进退维谷，纺织工人的问题非常难处理。安娜舒也朋夫人不得不和她的哥哥安伯拉尔·沙罗白先生对抗，他所代表的是工厂老板一方。我与他们两个的关系都不错，我和任何一方进行斗争的确都是非常困难的事。我与厂方商量过，并且建议他们将这个纠纷提交仲裁，但是他们却不承认仲裁结果。

无奈之下，我只能劝导工人们继续罢工。在这之前，我已经和工人们及其领导者有过非常亲密的接触，我对他们说，如果想取得罢工胜利，必须的条件有：

1. 绝对不能使用暴力。

2. 绝对不能进行破坏性活动。

3. 绝对不依靠施舍。

4. 不管罢工持续多久，必须要坚定不移，在此期间，应该依靠其他正当的劳动维生。

工人们的领导者接受了我的建议，他们在一次公开的集会上宣誓，除非厂方答应他们的要求，提高工资待遇，或者工厂老板同意把纠纷提交冲裁，不然他们绝对不会复工。

在这次罢工期间，我认识了瓦拉白·巴特尔和尚卡拉尔·班克先生，安娜舒也朋夫人则是早就认识了的。

每天我们都在沙巴玛第河边的一棵大树下面召开工人们的集会。成千上万的工人参加了会议，我在发言时经常提醒他们，必须要遵守誓言，保持和平与尊严。他们每天都在街上举行和平示威游行，高举大旗，上面写着"绝不违言"。

这次罢工持续了21天，在罢工期间，我没有放弃和工厂老板沟通交流，希望他们能公正地对待工人。但他们却总是说："我们有自己的原则，我们和工人的关系就如同父母与子女的关系……我们怎能容许第三方插手我们的事情呢？怎么能有仲裁的余地呢？"

学院情况

在进一步介绍关于劳工纠纷的情况之前，有必要叙述一下关于学院的概况。就算我身在三巴朗，也时时刻刻地惦记着学院，有时候我还匆忙地回去看一看。

学院那时位于科赤拉布，那是一个靠近阿赫梅达巴的小村庄。那个村子突发传染病，我意识到学院中的孩子也许会有危险。虽然我们将学院内外清理得非常干净，但校外的卫生条件实在太差了，孩子们终将会被传染。那时，我们既无力劝导科赤拉布的人保持环境的卫生清洁，也没有能力为村子做些其他事情。

我们希望将学院搬到远离城市和村庄的安全地区，然而为了便于管理，又不能离得太远。此外我们已然下定决心，总有一天我们会搬到属于自己的土地上。

我觉得突然爆发的传染病就是在警告我们得离开科赤拉布。阿赫梅达巴的商人潘嘉白·希罗昌德先生和学院的人交往甚密，他在诸多事务上总是秉持一种纯粹无私的精神为我们服务。他对阿赫梅达巴的地形比较熟悉，因此主动提出给我们找一个合适的位置建学院。我跟着他走遍了科赤拉布，我建议在距离北部三四英里附近选择土地，于是他选中了现在这个地点，距离沙巴玛第中央监狱不远。我非常喜欢这里，因为监狱是非暴力不合作者常常要去的地方，此外我还知道监狱周围的环境都非常卫生。

8天之后，我们买下了这片土地。这里光秃秃的，既没有房屋，也没有花草树木。但是它临近河边，而且是荒野，倒也很不错。

我们打算先住在帐篷里，搭建一个铁皮棚子当厨房，之后再盖新校舍。

我们的学院逐步发展壮大了，已经有了四十多人，男女老少都吃大锅饭。校址搬迁的决定完全是我做出的，然而具体搬家的事情照例是由摩干拉尔来实行。

在我们没有固定住所之前，确实遭到了很多困难。雨季即将来临，必须储备一些粮食，但粮食需从4英里之外的城市运回来。而且土地荒废已久，有好多蛇，让小孩子们住在这里实在是非常危险。我们的原则向来是不许打蛇，不过我们都怕毒蛇，时至今日，依旧如此。

在凤凰村、托尔斯泰农场和沙巴玛第期间，我们都立下过不伤害蛇的承诺。那些地方都曾经荒芜，但我们未曾因被毒蛇咬伤而丧命。我认为是大慈大悲的神灵在保护我们。千万不要再抱怨神灵偏心，他没有时间处理这些鸡毛蒜皮的小事儿。我无法找到合适的语言表达这样的事情，来描述我始终如一的体会。人类的语言难以完美地描述上天之道，其无比神秘，难以捉摸，唯有用人类无声的语言来表达。有个说法是坚持25年不杀生的人可以完全免除所有灾难，并非是偶然而是由神灵的慈悲所赐。就算大家觉得这种说法是迷信，但我依然相信。

阿赫梅达巴的纺织工人还在罢工，学院也在筹备织布室的工作。这时候学院主要在进行织布这件事情，当时还没有条件纺纱。

再次绝食

刚开始罢工的两周，纺织工人们表现出了非常大的勇气和自制，他们每天都参与盛大的集会。我在这种场合下总要提醒他们要遵守自己的誓言，工人们经常高声对我保证：他们宁愿饿死也不会食言。

然而由于时间拖得太长，他们的罢工开始显现出诸多松弛的迹象了。就如同一个身体虚弱的人愈加容易发脾气一样，当人们认为罢工没有得到什么结果时，他们的态度就愈加激烈了，我开始担忧他们会暴动。每天参与集会的人逐渐减少了，那些来参加集会的人也是神情沮丧甚至绝望的。后来我得到了通知，罢工的工人们开始行动了。这让我很是不安，不停地仔细思考在这种情况下我到底应该做什么。我在南非的时候曾经领导过大规模罢工运动，但这里的形势和那里却不同。纺织工人们每天都对我保证会遵守誓言，但现在他们却要放弃。对我来说，这的确无法接受。我为什么要不惜一切帮助他们争取权利，到底是出于对于工人的尊重，还是出于对他们的爱，抑或是我对于真理的热诚？谁知道呢？

一个早上，在纺织工人的集会上，我面对困境依旧束手无策。突然我获得了启发，于是在大会上脱口而出："除非工人们重新组织起来，继续罢工直到获取最终胜利，或者他们全部离开纺织工厂，不然从今天开始我就要绝食。"

工人们听到后极为震动。安娜舒也朋夫人被感动得泪流满面。工人们齐声喊："请您不要绝食，应当是我们绝食才对。如果让您绝食实在对您太不公了。是我们松懈了，请给予我们宽恕吧，我们势必忠于誓言，坚持到底。"

"你们不需绝食，"我回答道，"只要你们能遵守誓言就好。大家都清楚，我们没有什么资金，也不想依靠公众的救济来维系生存，继续我们的罢工。因此你们应该想办法找个工作来养家糊口，这样的话，不管罢工持续多久，你们都不会有后顾之忧。至于我，会用绝食来支持你们，只要不解决你们的问题，我就不会停止绝食。"

这时瓦拉白也想办法在市政厅帮罢工工人找工作，但是希望渺茫。摩干拉尔·甘地建议，反正我们学院建纺织班需要沙子，不如雇用工人们来做这件事，工人们也赞同这个提议。安娜舒也朋夫人用头顶着一筐沙土，带头干了起来，没过多久就看到河床边出现了一条川流不息的工人洪流，大家头上都顶了一筐沙土。此时的情景非常壮观。工人们感觉自己周身上下充满了一种新的力量，不过要付给他们工资却非常困难。

我的绝食并非不存在严重缺陷。在上个章节中我提到过，我与工厂老板们的关系非常好也非常密切，我的绝食势必会影响到他们的决定。身为一个非暴力不合作者，我明白自己不应使用绝食的方式与他们进行抗争，而是应放手让纺织工人们的罢工运动来影响他们。我之所以绝食并非因为工人们犯了严重过错，而是由于工人们的情绪松懈了。我作为他们的代表，有责任提醒他们。对于纺织工厂的老板们，我只能这么解释自己的绝食行为：使用绝食表示反对他们等于在向他们施加压力，虽然我很清楚自己这样做的后果，但不得不这样做。对我来说，绝食是我为了履行职责而必须采取的行为。

我尝试安抚纺织工厂老板的情绪。我跟他们说："你们完全没必要为了我而改变自己的立场。"但他们对我非常冷淡，甚至用尖酸刻薄的言辞挖苦我，我自然能够理解他们为何这样做。

决定厂方对于工人的罢工采取不妥协态度的关键人物是赛·安伯拉尔，我衷心地佩服他的坚定意志和毫不掩饰地诚恳。与他对抗并非乐事，我的绝食让以他为首的厂方与我们彻底对立了，这深深地刺痛了我的内心。而且他的妻子沙罗拉德维对待我仿佛亲人一样，看到她由于我的行为而难过，让我很过意不去。

第一天，安娜舒也朋夫人以及一些朋友和我一起绝食。但是在遭遇若干困难之后，我终于说服了他们放弃这种做法。

经过了不懈努力，双方之间终于产生了善意的氛围。纺织工厂的老板们被触动了，他们开始探讨解决方案了。安娜舒也朋夫人的家变成了他们开会的场地。之后阿南商卡·特鲁瓦先生也前来过问此事，后来就委任他做仲裁人。在我绝食不过三天之后，罢工运动就宣布结束了。纺织工厂老板们为庆祝事情得以解决，给工人们分发了糖果，于是历时21天的罢工运动就这样告终了。

工厂老板们以及当地的委员都出席了庆祝罢工的集会。会上，一位委员对纺织工人们说："你们应当自始至终地遵循甘地先生的意见行事。"但没过多久，我不得不与这位绅士产生了一些不愉快的纠纷。随着环境的改变，他的观点也发生了变化。后来他居然不允许凯达的农民遵从我的意见。

在结束这章的内容之前，我还得说一件既好笑又痛心的事，此事与分发糖果有关。纺织工厂老板们订购了大量的糖果，但如何分发给成千上万的工人确实是一个难题。后来他们决定在工人们集会的大树下的空地上发放糖果，这是因为将他们集中在其他地方很不方便。

我理所当然地觉得让严守纪律足足进行了21天罢工运动的工人们排队有序地领取糖果并非难事。但那天的事实证明我是错的，分发糖果不到两分钟，队伍就乱了。不管怎么维持秩序都无济于事。后来由于混乱、拥挤和争夺的情况过于严重，践踏了很多糖果，最终不得不放弃了在空地上发放糖果的计划。我们好不容易终于将那些剩下的糖果都搬到了赛·安伯拉尔在米尔扎埔的家中。次日，在他家外面的草地上顺利地发放了糖果。这件事的确滑稽，但也让人非常痛心。之后经过调查，发现原来是阿赫梅达巴的乞丐们听说会在集会的那棵大树下发放糖果的消息，于是就都聚集在那边，因为他们拼命争夺，才造成了秩序的混乱。

我们的国家处于如此贫穷和饥饿的状态，每年都有不少人沦为乞丐，他们为了维生，完全不顾任何礼节和自尊。但我们的慈善家们没能为他们提供工作的机会，没有教育他们必须依靠工作才可以养活自己，仅仅给予他们微薄的施舍。

凯达的非暴力不合作运动

需要做的事情实在太多了，我连休息的空闲都没有。刚刚处理完阿赫梅达巴纺织工人的罢工事件，又得投入到凯达的非暴力不合作运动中。

由于庄稼歉收，凯达（Kheda）县① 面临饥荒，凯达的农民们希望政府允许暂停交纳那一年的田赋。

在我为农民们提出具体建议以前，安立拉尔·塔卡尔先生已经做过了调查并向政府提交关于农业歉收的报告，还亲自和当地官员研究了这个问题。穆罕拉尔·潘迪亚和尚卡拉尔·巴立克也投身于这次的运动中，并且通过维达尔白·巴特尔先生和戈库达斯·卡罕巴斯·巴立克先生（已故）于孟买的立法议会上引发了对此事的讨论。因此不只是一个代表团为这件事等候首长的接见。

当时我担任古吉拉特大会的主席。大会多次向政府提交请愿书，并发电报以期有一个明确答复，甚至还默默忍受了当地官员的侮辱和威胁。那些官员们在此次实践中所采取的行动是极为荒谬且不成体统的，如今回忆起来，依然让人难以置信。

农民们的要求十分简单，而且表达的态度又那般的温和，他们不过是希望求得政府同意。依据《土地税收法》的规定，假如农作物的收成在四成及四成以下，那么农民就有权不交纳那一年的田赋。但是官方公布的数字却是四成以上，对此农民们坚决否认。政府完全不听农民的诉求，还认为农民要求仲裁的提议是大逆不道，最终驳回了全部请愿书，所有的祈求也都失败了。我与同事们探讨后决定，只有劝导农民们开展非暴力不合作

---

① 位于孟买中部。

运动了。

除了凯达的志愿者之外，这次斗争中我的主要同事包括瓦拉白·巴特尔、尚卡拉尔·班克、安娜舒也朋夫人、印都拉尔·亚兹尼克、摩诃德弗·德赛等人。瓦拉白先生为了能够参加这场运动，不得不中止经营他那蒸蒸日上、蓬勃发展的律师业务，后来由于实践方面的原因，他再也无法从事律师工作了。

我们将指挥部设立在纳底亚·安纳塔斯朗家中，因为别处无法再找到足够大的房子容纳这么多人了。

以下是非暴力不合作者的誓言："由于我们这几个村子的庄稼的收成不足四成，我们请求政府停征田赋，明年再收，然而政府拒绝了我们的请求。所以我们于此签下自己的名字，并且郑重宣布：我们绝对不会交纳今年所有或者余下的田赋。我们需要政府采取适当且合法的措施，并同意接受因为我们无法交租而造成的财政损失。我们宁可自己的土地被抵押，也绝对不主动交税，否则就推翻了我们此前的一切要求，损伤了我们的自尊心。政府如果同意免收全县第二批田赋，那么我们中有多余财力的人定会主动交纳全部田赋或者补足差额。有能力交纳田赋的人之所以不交纳的原因是：假如他们交了，那些穷苦的农民也许就会为了交田赋而变卖家产，或者借债，那样就会让他们自己面临困境。在如此情况下，我们认为，为了多数困苦农民的利益，那些有能力交纳田赋的人也有责任不交纳。"

我就不花费太长篇幅来记述有关这次运动的事情了，也必须和这次运动相关的诸多回忆告别了。如果读者朋友们愿意对这次重大运动进行更加充分和深入的了解，就请去读尚卡拉尔·巴立克先生撰写的《凯达非暴力不合作运动史》，那本书的记述是比较完整可靠的。

洋葱贼

三巴朗位于印度的一个偏僻角落，新闻界又没有报道那次运动，因此那边并没有吸引多少外来访客。凯达运动的情况则不同，每天都有关于那边发生的事情的报道。

古吉拉特人对于这次斗争十分感兴趣，对于他们来说，这是一次新奇的体验。为了赢得斗争胜利，他们决定全力支持我们。他们还不清楚，非暴力不合作运动并不是只靠钱就能成功的，其最不需要的就是钱。即使我这样劝告过他们，但孟买的商人还是汇来超过我们所需要的一大笔钱，因此在运动结束之后，我们还剩下了很多钱。

同时，进行非暴力不合作运动的志愿者们还得过俭朴的生活。我不清楚他们是否彻底接受了这种思想，不过他们的生活方式的确大有改观。

对于农民来说，这次运动也是一件十分新奇的事情，因此我们必须要走遍村子的所有角落来对他们说明非暴力主义的原则。

想要消除农民的恐惧心理，最为重要的是让他们明白官员并非人民的主人，而是人民的公仆，因为他们的薪水来自于纳税人交纳的赋税。然而想让他们领悟将文明和无畏精神结合的这种责任，基本是无法实现的。倘若他们消除了恐惧，那么如何阻挡他们因曾经受到侮辱而去报复官员？假如他们不奉行文明的行为，那也就破坏了非暴力主义的宗旨，就仿佛一粒砒霜掉进了牛奶一般。之后我发现，他们对于文明的领悟能力远比我所预想的要低。无数次的经验让我明白，文明是非暴力不合作运动中最为困难的部分，在此文明所指代的并非斯文的外表，而是对于敌人也怀有一种内在的善意。如此宽广的胸怀应当在非暴力不合作者的所有行动中有所体现。

在运动最开始时，人们表现出来的热情非常高涨，运动也如火如荼地开展着，然而政府却似乎不为所动。之后，政府逐渐观察到人民的坚定意志并没有动摇的迹象时，开始感到了紧张，于是使用高压手段镇压这场运动。税务官员强行卖掉了农民的牲畜，带走所有能带走的东西，还让人四处张贴和发放处罚的通告，许多地方的农作物也被抵押了。农民惊慌失措起来，有人赶紧去交税，有人则按照官员们的指示将方便携带的东西放在路边，以便让过往的官员们拿走以抵押税款。但同时，也有一些人打算抗争到底。

事情仍在发展中，尚卡拉尔·巴立克的一位佃农交了田赋，此事引发了参与者的不安。尚卡拉尔·巴立克马上纠正了错误，捐献出那块已经交过田赋的土地以供救济，这不但挽回了他的荣誉，也给其他人树立了好榜样。

为了让那些受到政府恐吓的人们再次鼓起勇气，我建议他们接受穆罕拉尔·潘迪亚先生的领导，将被政府当成抵押品的洋葱提前收割。我并不觉得这种行为是文明的不服从。我认为就算政府是按照法律规定来征收还未收割的农作物，从道德上而言也是错误的，这等同于一种掠夺，因此人民有责任收获自己的洋葱，以对抗这种无理要求。人民也许会被罚款或受到拘捕，但那都是和政府对抗的必然结果。穆罕拉尔·潘迪亚的心意同样如此，他不希望看到还没有人由于坚持非暴力不合作原则被捕，就悄悄地结束运动，因此他与七八位朋友自告奋勇地去收割洋葱。

政府无法坐视不管，穆罕拉尔和同伴们都被捕了，此事提高了大家的积极性。当人们连坐牢都不恐惧的时候，他们就控制不了自己的情绪了。开庭当天，群众包围了法院表示抗议。潘迪亚和同伴们被判以短期拘禁。我觉得法院这么判决是错误的，收割洋葱的行为并非刑法意义上的"盗窃罪"，但是我们并没有提出上诉，因为我们将避开法院作为原则。

他们入狱时，很多人前来护送"犯人"入狱，穆罕拉尔·潘迪亚先生从此被尊称为"洋葱贼"，直到如今他还享有这个光荣称号。

我将在下个章节中记述有关凯达非暴力不合作运动的结果。

凯达非暴力不合作的结束

那次运动的结果出乎意料。群众显然已然精疲力尽了，我有些迟疑是否让这些不甘屈服的人继续这样耗下去。当我正打算给非暴力不合作者们寻求一个他们能够接受的方式来结束这次斗争时，机会竟出乎意料地出现了。纳底亚税区的税务官员派人告知我，只要那些有能力的农民们都交上田赋，那么今年穷人就可以缓交。我要求他写下一份书面凭证，他照办了。但是一个税区的税务官仅负责自己所管辖的区域，所以我就去询问县里的税务长，只有他才能负责经管全县的税收。我询问他这种方法是否在全县范围施行，他答复说区收税官在信中提及的停收田赋的命令已经发往全县各区了。那时我并没有听到这个消息，但如果这是事实，大家的誓言就算是实现了。我记得那个誓言的目标与政府的命令完全一致，因此我们非常满意这个结果。

但是这个结果没能让人感到快乐，因为其缺乏每次非暴力不合作运动结束时应有的成果。县税务长不过是在施行他的权利，完全没有经过调解过程。穷人得以缓交田赋，但基本上没有人从中获利。人民自然有权利决定谁是穷人，但他们却无法运用这种权利，这让我感到非常难过。因此，虽然人们将其当作非暴力不合作运动的胜利来庆祝，但我却并没有因此而感到鼓舞，它不具备彻底胜利的要素。

而这次运动的价值在于，它让非暴力不合作者的力量更为强大，也更加振奋了精神。

如今我们能够发现那次运动产生了一些间接成果，这也是收获。凯达的非暴力不合作运动标志了古吉拉特农民开始了自我觉悟，开启了他们真正的政治教育过程。

即使贝桑特博士辉煌的自制运动保持着与农民的接触，然而真正推动受过教育的公众工作者深入了解农民实际情况的，则是凯达的非暴力不合作运动。他们学会了如何融入进农民的生活中去，寻找到了更为合适的工作范围，提升了自我牺牲的能力。瓦拉白在这次运动过程中收获颇丰，这些通过去年①的水灾救济运动以及今年八度里的非暴力不合作运动就能发现。古吉拉特的公众生活因充满新的生命力而更为蓬勃了。农民们开始意识到自己的力量，需要依靠他们承受苦难的能力以及自我牺牲的精神来获取解放。非暴力不合作运动在古吉拉特的土地上扎了根。

即使我认为非暴力不合作运动的结束并不那么值得庆幸，然而凯达的农民们却喜气洋洋的，因为他们经由这次运动发现了摆脱困苦的正确可行的方法。掌握了这一点，他们就有充分高兴的理由了。

但是凯达县的农民并没能真正了解非暴力不合作运动的内在意义，我在后面几章会提及，他们是通过付出代价才懂得那种意义的。

迈向团结

凯达县的运动开始之时，欧洲的战争还在进行。那时已经到了紧要关头，总督邀请了各党派和宗教的领袖们前往德里参加作战会议，我也在受邀之

---

① 即1924年。

列。我曾经提过，总督詹士福勋爵同我有着诚挚的友情。

我应邀奔赴德里，但是我对没有邀请如阿里兄弟这样的领袖参会感到不满。那时他们仍在狱中。即使我跟他们仅仅见过一两次面，不过我听说了很多有关他们的事情。大家都歌颂他们的勇气和服务精神。当时我还没有和哈钦·萨希布有密切往来，但是鲁德罗校长和丁纳班德·安德禄曾经多次夸赞他。我在加尔各答的穆斯林联盟办公室曾见过苏埃布·布列希先生和科华嘉先生。我同安沙立博士以及阿布杜·拉赫曼也保持着非常好的关系。我和善良的穆斯林们交朋友，希望通过接触他们当中最为纯洁、爱国的代表们，来了解穆斯林们的想法。因此无论他们带我去哪里，我都会跟着他们一起走，为的就是能与他们多一些接触。

在南非期间的经验告诉我印度教徒和穆斯林之间不存在真正的友情。因此我从不错过任何消除障碍的机会以求团结。我生来不愿用阿谀奉承或者以损害自尊心的方式与人相处。但在南非期间的经验还告诉我，在印度教徒与穆斯林是否能团结的问题上，我的非暴力主义将受到最为严峻的考验，对于这一点我至今还深信不疑。在我生命中的每时每刻，神灵的考验都无处不在。

既然是秉持着如此强烈的信念从南非回国的，因此我十分珍视与这两兄弟的交流。但是在我与他们即将开始更深层次的交往时，他们却被逮捕入狱。大毛拉·穆罕默德·阿里在得到狱吏允许的情况下，经常从贝都尔和金特华达给我写长信交流观点，我曾经申请去狱中探望兄弟俩，不过没能获准。阿里兄弟被捕入狱之后，一些穆斯林朋友们邀请我前去参加在加尔各答举行的穆斯林联盟会议。

我应邀在大会上进行发言，指出穆斯林有营救阿里兄弟出狱的责任。这些朋友会后就又邀请我前往阿里伽的穆斯林学院，在那边我号召未来的律师们要为祖国而服务。接下来我与政府通信，要求政府将阿里兄弟释放。为此我专门钻研了两兄弟关于基拉法（Khilafat）① 的观点和行动，而且经

---

① 基拉法（Khilafat）是土耳其伊斯兰教主，由土耳其王兼任。第一次世界大战期间，印度的穆斯林已有拥护基拉法的要求，土耳其战败后，基拉法的权位有被剥夺之势。这在印度的穆斯林之中引起了强烈的反应，于是有基拉法运动的兴起，要求战胜国之一英国保护基拉法的权利。甘地对此运动，曾积极加以支持。

常与穆斯林朋友们探讨此事。我觉得如果打算成为穆斯林真正的朋友,就得尽力帮助他们,将两兄弟营救出狱,而且合理地解决基拉法的问题。我不打算评论他们的观点对错与否,只要他们的要求无损于道德即可。大家都有着自己的宗教信仰,对于他们而言,自己的信仰是至高无上的。假如所有人有的是同样的宗教信仰,那么世界是就只会有一种宗教了,而那是绝对不可能的。随着时间推移,我在钻研他们教义的时候发现穆斯林有关基拉法的观点完全没有违背伦理道德,而且这也得到了英国首相的肯定,所以我认为自己应当尽力帮助他们。英国首相的承诺清清楚楚地放在那里,倘若我不以此为凭据营救阿里兄弟,而是仅凭是非问题来考察穆斯林的要求,我在良心上是会不安的。

朋友们和批评家们都曾经指责过我对于基拉法的态度。就算这样,我依然要坚持自己的观点,绝对不为与穆斯林合作这件事而感到遗憾。假如发生此类情况,我依然会采取相同的态度。

因此我决定动身奔赴德里,向总督提出那两兄弟的问题。当时基拉法问题还没发展成后来的样子。

然而当我抵达德里之后,我又发现了一个新的困难。安德禄质疑我参加这次作战会议的道德性。他告诉我英国的报纸上面正在讨论关于英国与意大利签订秘密条约的问题。倘若英国与另一个欧洲强国签订了秘密条约,你怎能去参加那个会议呢?当时,我对于那些条约一无所知。而丁纳班德·安德禄的话已经足以将我说服了。所以我给詹士福勋爵写了一封信,告知他我对于参加这次会议的疑虑,所以他约见我进行面谈。我和他及其私人秘书马菲先生探讨了很长时间,最终我还是同意参加那个会议。总督的观点打动了我:"你也清楚,我无法了解英国内阁所做的每一件事。我无法断言,而且谁也不敢保证英国政府不会犯错误。不过就整体而言英国政府是一个好政府,维持印度与英国的关系是有对印度有利的,假如你也同意上述观点,那么每位印度公民都有责任在英国需要的时候出一份力,不是这样吗?我也看到英国报纸上关于秘密条约的事情了。我能对你保证,我所了解的也仅限于报纸上的内容。而且你也清楚报纸经常会造谣,怎能在紧要关头凭借几张报纸上的报道就放弃帮助英国呢?等到战争结束之后,你大可以随意提出任何道德问题来向我们挑战，但现在不是时候。"

这番探讨已经不止一次了。但这一次对我来说这却是全新的体验，因为它是在如此特别的时刻用这样一种方式提出来的，因此我同意出席会议，还给总督写了一封信提出穆斯林的要求。

征兵运动

就这样，我参加了会议。总督希望我能够支持有关征兵的决议。我请求总督容许我使用印地语和印度斯坦语发言。他同意了，不过他建议我同时也使用英语发言。我觉得无需多言，于是简短地说了这样一句："凭借一种责任心，我竭力拥护征兵这个议案。"

许多人向我表达祝贺，他们说，还是第一次有人用印度斯坦语在这种会议上发言。此事伤害了我的民族自豪感，我惭愧得无地自容。在本国举行的集会上探讨关于本国的事务，却无法用母语来发言，而我这种偶尔出席的人用母语讲了一句话，却被认为是值得庆贺的事情，这是多么可悲啊！这类事情让我们深深地感觉到自己的地位已然变得十分低下了。

我在会上说的那句话，对我而言意义深远。我要为自己支持这次会议的此项决议而负责。在德里期间，我还得做一件事，那就是务必给总督写一封信，这对我而言并非易事。我觉得出于对政府和人民双方面利益的考虑，我有必要在信中阐明我之所以参加这次会议的动机，还要讲清楚人民对于政府的期望是什么。

我在信中表达了对没有邀请罗卡尼亚·狄拉克和阿里兄弟这些领袖参加会议的遗憾，而且表明了战时包括穆斯林在内的人民在政治方面的最低要求。我希望总督允许将这封信公开发表，他欣然同意。

必须将这封信送到西姆拉[①]，因为总督在会议结束后会立即赶往那里。对我来说这封信十分重要，而邮寄过去太耽误时间。为了节约时间，我打算找一个可靠的人带去交给总督。丁纳班德·安德禄和鲁德罗校长建议我

[①] 位于新德里西北方的喜马拉雅山麓，曾是英印政府的夏都。

去拜托剑桥教会的爱尔兰牧师。牧师表示他得先看一看信件内容,只有他觉得满意才能帮我送去。我并不反对这个要求,因为这并非一封私人信件。他看过以后觉得十分满意,答应帮助我。我提出为他买一张二等火车票,但他没有接受,说自己一直是坐二等半车的。虽然那是一整夜的路程,但他的确乘坐二等半的火车走了。我敬佩他俭朴率真的态度。那封信就这样被值得信赖的人带走了,我认为它会达到预期的效果,我很放心。

招募新兵是我要做的另一件事。除了凯达以外,还能够从哪里入手呢?除了我的同事,还能请谁来应征呢?我一抵达纳提亚,就与瓦拉白等朋友探讨此事。有些人无法接受这个建议,而表示赞成的人又怀疑我们到底能招募多少人。群众对于政府本来就不存在什么好感,这些人对从政府官员那边遭遇的痛苦经验仍然记忆犹新。

最终他们还是同意开展这项工作。但我在开始着手准备时,就立即看清了现实。我遭受到了打击。此前在组织抗税运动时,人们十分乐意将牛车免费借给我们使用,当我们需要一个志愿者时经常会出现两个人来应征。但现在情况则不同,租不着车子,也找不到志愿者。但是我们并没有灰心,我们打算放弃车子,彻底依靠步行。因此我们每天必须步行20英里左右。倘若连牛车都弄不来,更不要妄想人们会提供给我们食物了。我们也不好意思向别人讨要粮食,因此我们打算每个人都自备干粮。所幸那是夏季,不需要带着铺盖上路。

我们走到哪儿就将集会开在哪儿。的确有人围观,但难得有一两位报名。"你是主张'非暴力'的,怎能让我们拿起武器杀人呢?""英国政府为我们印度做了什么好事,值得我们为之卖命呢?"他们经常会拿这类问题来责问我们。

但是,我们的坚持有了效果,报名的人逐步增多了起来。我们希望送走第一批人之后,还能有源源不断的人来应征。我已经开始和当地官员们商讨应征者的住宿问题了。

每个分区的官员都效仿德里的模式举办会议。有一次,会议在古吉拉特举办,我和同事们都受邀参加了。会议的氛围十分不好,我认为自己在这里比不上在德里有地位,我很是不安。我发言的时间非常长,我不想说一些取悦官员们的言论,但也的确说了几句不入耳的话。

我经常向人们发放宣传单号召他们应征新兵。我主张的理由中有一条让官员们非常不好受：英国在统治印度期间犯下了不少错误，其中最大的一个错误就是剥夺了印度人拥有武装的法令。假如想要取消这个法令，想要再次使用武器，那么现在就是千载难逢的好机会。如果中产阶级愿意在政府遭遇严峻考验之时挺身而出，就会消除不信任感，而政府也会撤销禁止携带武器的禁令。

有位官员提及我在传单上所宣扬的这个观点，他说虽然我们之间见解不同，但他依然十分感谢我出席会议，我也尽量礼貌地表达了自己的观点。

我前文提及的写给总督那封信内容如下："正如您了解的那样，基于我在4月26日的信中跟您提到的诸多顾虑，我原本不打算参加这次会议，然而承蒙您面谈教导以后，我还是决定参加，这并不是出于其他原因，完全是由于我对于您的无上尊敬。我不愿出席这次会议最主要的理由，是没有邀请罗卡尼亚·狄拉克、贝桑特夫人和阿里兄弟这类领袖出席这次会议，我觉得他们是公认的十分有影响力的领袖。直到现在我依然觉得没邀请他们来参加确实是一个重大失误，所以，我建议您在其后的会议中——我知道今后还要举行很多类似会议——邀请这些领袖们出席，让他们有机会贡献自己可贵的力量来帮助政府，那样就能够弥补这次的损失了。容我斗胆直言，没有哪个政府会忽视这些深得民心的领袖，就算他们的观点完全不同于政府的观点。同时我非常高兴地看到，与会的各党派都能够畅所欲言，而我也有意克制自己不被狭隘的党派理念所约束。我觉得只要真诚地拥护大会所通过的所有决议，就是为大会的宗旨尽力服务了，而我则是毫无保留地做到了这一点。如果政府接受我的建议，我希望能尽快将语言转化成行动，我同时会附上建议的具体内容。

"在如此紧要关头，我承认每个印度人都应当给予英帝国出自本意的慷慨无私和毫不含糊的支持，我们盼望在不久以后的未来，印度能够成为英帝国的自治领。但这也蕴含了一个简单的道理于其中：我们之所以响应号召，是因为我们期待能早日实现自治。由此来说，即使主动承担起对于英帝国的责任所带来相应的权利，印度人民依然有理由相信您在谈话中提及的重大改革将会体现在国大党联盟方案的主要章程之中。我相信就是基于上述信念，很多大会成员因此才愿意衷心地帮助政府。

"倘若我能够让同胞回忆自己走过的路,那么他们一定会撤销国大党的所有决议,不在紧张的战时惦记着什么要'自治'或'责任政府'。此时最为重要的是,在帝国的危急时刻,全体印度男子行动起来,就算为帝国献身也在所不惜。我明白如果印度人这样做,就能成为英国人最好的伙伴,种族歧视也能消失。但实际上,并不是全部的印度知识分子都能认识到这点,如今他们依然在采取一种无效的方法。目前知识分子对广大群众也是有影响的。从南非回国之后,我一直保持与农民朋友们的密切联系。我发现自治的理念已然深入人心。我参加过上次的国大党大会,会上通过的决议是要求在一定时间内由国会机构明文规定给予英属印度一个完全责任政府,我也是这项决议的起草者之一。我承认这是一个十分大胆的行为,不过我相信,倘若不在短时间内提出一个关于自治的明确设想,印度人民是绝对不能满意的。我清楚有很多印度人将为实现这个梦想而牺牲所有也在所不惜,而且他们也明白,既然他们要求帝国做出让步,那么他们也需要为帝国付出同等牺牲。因此我们明白只有全心全意地帮助帝国渡过目前的难关,才能缩短实现那个目标的时间。如果不承认这一点,就等同于民族自杀。换句话说,我们是在拯救帝国的过程中取得了自治。

"所以我十分清楚,为了保卫帝国,我们必须得贡献出全部力量,但是我们却无法在财政上也提供相同的支持。和农民们的密切来往让我确信,印度人对于帝国国库的贡献已经远远超过了自己的所得。我所说的是国内大部分同胞的心声。

"我与很多人都清楚,这次会议意味着我们有了为了共同的事业而奉献出生命的一个明确步骤。然而今天我们所处的地位仍然很特殊,我们如今还算不上是帝国的合作伙伴。我们之所以甘于奉献自己的力量,是由于我们希望为印度找到一个更为美好的未来。我没有打算与您讨价还价的意思,但如果我不将我们的希望和理想如实地告诉您,就是在欺骗您,也同样是欺骗自己。而且您应该清楚,失望等同于幻灭。

"我还必须要提一件事。您曾呼吁我们暂时放下内部分歧,团结一致对外。假如您指的是容忍部分官员们的蛮横无理和错误行为,恕我不能响应。我们决意同那些不法行为对抗到底。您应该呼吁那些官员不要虐待平民,抛弃他们过去惯有的派头,凡事多去征询人民的意见。我在三巴朗期间，因为抗拒一种由来已久的专制而打了官司，最终竟不得不诉诸英国最高司法机关。在凯达，与政府积怨已深的人民认为真正有威力的不是政府，而是真正甘于为真理承受苦难的力量。所以他们不再痛苦，他们明白了政府应该是为人民谋取福利的机关，当人们遭受了不公平待遇的时候，政府能容忍那些有秩序且可敬的不服从。因此三巴朗事件和凯达事件就是我对于这次战争直接、明确、特殊的贡献。强行让我停止那方面的活动，就等同于让我结束生命。我希望自己能够推广精神的力量，实际上也就是用爱的力量来替代暴力，这样的话我认为您就能够看见一个可以遏制全世界邪恶行为的印度。因此，我将日复一日地锻炼自己对于苦难的承受能力，并且等待将其提供给那些需要它的人，而且我参加一切活动的动机都是基于证明忍受苦难这个永恒法则的无限优越性。

"最后，我想让您请示政府，针对穆斯林土邦问题做出一个明确表态。每位穆斯林都深切地关心着这个问题。虽然我身为一个印度教徒，但也不能对他们的事情漠不关心。大家生活在同一国度中，他们的悲伤就是我们的悲伤。帝国的安全需要依靠政府以最为慎重的态度尊重土邦的权利，尊重穆斯林对于礼拜场所的宗教情感，还有您对于印度自治的态度。总之，写这封信的目的是因为我热爱英国，希望能唤起每个印度人对于英国的忠心。"

人生第一场大病

在征兵运动中我几乎搞垮了自己的身体。那段期间我的主要食物是落花生、牛油和柠檬。吃太多牛油有损健康，但是我依然放纵自己吃了许多。这导致我患上了轻微的痢疾，对于这种小病我倒是没有非常在意，依然如平常一样在黄昏时步行去学院。那段时间我很少吃药，认为饿上一顿就会好，所以第二天早上我没有吃早饭，也的确觉得舒服了很多。我明白想要彻底恢复健康必须要延长绝食的时间，因此每天除了果汁以外，什么都不能吃。

印象中那是一个节日，我已经告知嘉斯杜白我不吃午饭了，但她还是做了许多好吃的东西。我经受不住诱惑，也就吃了。我妻子知道我发誓不喝牛奶或者吃奶制品，于是特意为我做了甜麦粥，没有放酥油而是放了植

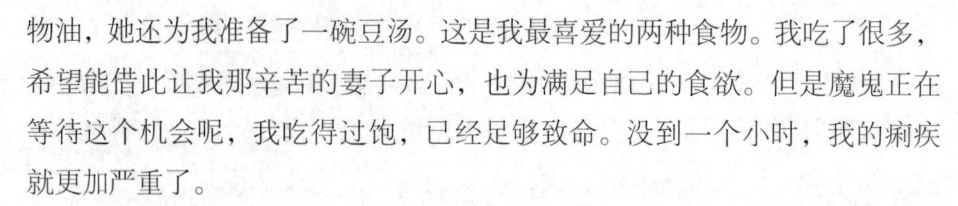

物油，她还为我准备了一碗豆汤。这是我最喜爱的两种食物。我吃了很多，希望能借此让我那辛苦的妻子开心，也为满足自己的食欲。但是魔鬼正在等待这个机会呢，我吃得过饱，已经足够致命。没到一个小时，我的痢疾就更加严重了。

但是那天晚上我必须要回到纳提亚。虽然到沙巴玛第车站顶多只有1英里多的路程，但对于我来说，当时行走起来已十分吃力。瓦拉白先生在阿赫梅达巴与我会合，他能发觉我不舒服，但我并没有告诉他自己十分痛苦。

大约10点钟时我们抵达纳提亚。我们的总部设在印度教安纳塔学院，距离车站只有0.5英里远，然而我走起来却感觉仿佛有10英里远。总算勉强着抵达，但我腹部的绞痛却愈加剧烈。我的房间距离厕所非常远，我不能支持着去厕所，因此我让同事们在我隔壁房间放了一个便盆。虽然这样做让我感到非常惭愧，然而不得已，别无他法。傅尔昌先生立即找来一个便盆，所有朋友都围在我身边，深深地为我担心。然而他们的关心无法消除我的痛楚。我再次固执地拒绝了所有医药治疗，更让朋友们无可奈何。我宁愿为自己的愚蠢承担后果，也绝对不吃药。他们毫无办法，只能沮丧地看着我在一天一夜当中泻了三四十次。我已经彻底吃不下任何东西了，连果汁都喝不进去。我向来认为自己的身体仿佛钢铁般结实，然而现在却感觉自己的身体已然化为一摊烂泥，失去了所有抵抗力。康努加先生劝说我吃药，但被我拒绝了。他想要给我打针，我也同样谢绝。当时我并不知道医生是要给我注射的是蔬菜汁，还以为一定得注射动物的汁液呢，虽然我后来知道了，然而已经太晚了。我依然腹泻不止，被折腾得精疲力尽，但身体的衰竭又引发了昏迷。朋友们更加着急了，又请来几位医生。但医生面对一个不听话的病人又能怎么办呢？

赛·安伯拉尔和他善良的夫人来到纳提亚，在和我的同事们商量之后，他们十分小心地将我抬到他们在米尔扎埔的洋房里，我患病期间享受着无比温暖的关怀和照料，这让我心怀不安。但我的病情并未好转，仍然持续着低烧，身体也逐渐消瘦，我认为这场病也许会致命。我不愿意再叨扰安伯拉尔一家人，于是强烈要求他将我送回学院，他只好应允了。

当我躺在学院的床上痛苦呻吟之时，瓦拉白先生带回了一个好消息，德国已经彻底战败，而且一位官员也捎信让我们不用再招募新兵了。这个消息让我松了口气，我不用再操心征兵的事情了。

这时候我开始尝试水疗法，减轻了一些痛苦，但并没有那么轻松就能恢复健康。很多人帮我出主意，但我无法说服自己吃药。有两三个人引用《阿育吠陀》里的例子来劝我喝肉汤以替代牛奶，还有一个人拼命说服我吃鸡蛋，我的回答都是"不"。

我觉得饮食的问题不可以迷信于经典、权威的说法。饮食是和我生命历程息息相关的事情，也是指导生活的原则，无法依靠于外界的权威来判断。我不愿背弃这些原则而活。而且我要求妻子、孩子和朋友们遵守的那些原则，自己怎能去随意破坏呢？

因此生命中的第一次大病给予我一个绝佳的机会，让我得以考验自己是否一直在遵循那些原则。一天晚上，我彻底绝望了，感觉自己已然走到了死神的门前，于是派人去通知安娜舒也朋夫人。她马上赶到了学院，瓦拉白和康努加医生也到了。医生摸过我的脉搏后说："你的脉象不错，我觉得不会有危险的。这是由于身体极度衰弱而引发的一种神经衰弱症状。"然而我还是不相信他的话，那天晚上没有睡着。

天亮起来了，死神并未光顾，但我仍然觉得死期将近，所以只要我神志清醒，就请学院的好友为我念《薄伽梵歌》。我已经无力阅读了，也不想开口说话，只要一讲话，脑子就开始紧张。我没有了生存的欲望，也不愿意苟活于世。我什么都不能做，还得让周围的朋友和同事来伺候，眼睁睁地看着自己的身体逐渐垮下去，如此无可奈何地活着，实在太痛苦了。

我就这样躺在床上等死。一天，塔瓦尔卡医生带着一位客人来找我，那位客人是马哈拉斯特拉人，我看到他就知道他与我一样，都是别人眼里的怪人。他是前来为我治疗的。他曾经在孟买的格兰特医学院学习，虽然毕业了但并没取得学位，也没什么名声。之后我才了解到他是梵社的会员。他个性独立又固执，最擅长使用冰来治病。他打算在我身上试一试。我们都称他为"冰医生"。他声称自己发现了连一些有资历的医生都没能发现的新成果。可惜，他的话没能让我信服，我相信他的方法能产生一些效果，但我认为他的某些结论下得过早了。

无论他的研究如何，我愿意让他在我身上试一试。他将我全身敷冰，即使我不敢肯定他的治疗会达到他所宣传的那种效果，不过我确实获得了

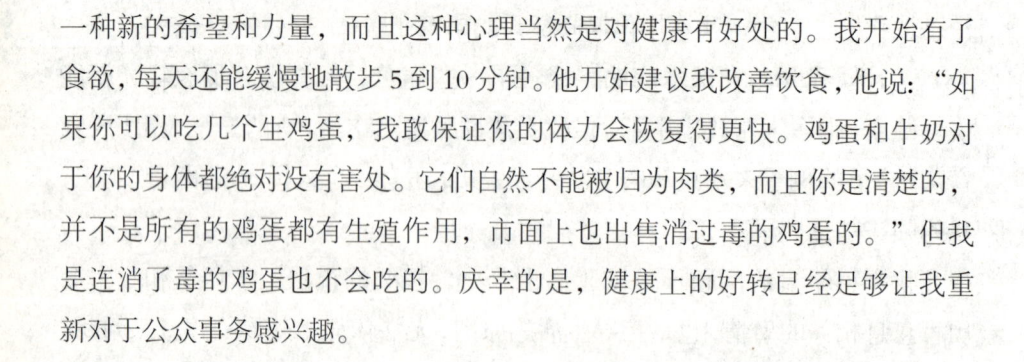

一种新的希望和力量，而且这种心理当然是对健康有好处的。我开始有了食欲，每天还能缓慢地散步5到10分钟。他开始建议我改善饮食，他说："如果你可以吃几个生鸡蛋，我敢保证你的体力会恢复得更快。鸡蛋和牛奶对于你的身体都绝对没有害处。它们自然不能被归为肉类，而且你是清楚的，并不是所有的鸡蛋都有生殖作用，市面上也出售消过毒的鸡蛋的。"但我是连消了毒的鸡蛋也不会吃的。庆幸的是，健康上的好转已经足够让我重新对于公众事务感兴趣。

罗拉特法案与我的窘境

朋友和医生都建议我前往马特朗修养，那样能更快恢复健康，所以我打算听从他的建议。但是马特朗的水质很硬，这就给我带来了新困扰。我刚得过痢疾，肛门非常敏感，再加之我有肛裂病，因此每次大便时都疼痛难忍。现在我十分害怕吃东西。尚卡拉尔·班克先生觉得自己是我的健康监护人，他极力推荐我去咨询达拉尔医生，因此我去找了那位医生，我十分佩服尚卡拉尔当机立断的能力。

医生说："如果想恢复健康，只能喝牛奶。假如你还愿意注射铁质和砷酸，我就能保证你可以彻底康复。"

"我同意注射，"我回答，"可我不会喝牛奶，我发誓不喝牛奶。"

"到底为何立下这样的誓言？"那位医生问道。

于是我给他讲述了整个故事还有我发誓的理由，以及自从我得知母牛被挤尽牛奶的情况之后，就再也不愿喝牛奶。此外，我始终认为牛奶并不是人类的天然食品，因此我发誓再也不喝牛奶。在我说这些话的时候，嘉斯杜白就站在我床边听着。

她插言道："那么喝羊奶总行了吧。"

医生也趁机说："喝羊奶也是可以的。"

我做出了让步，我急切盼望能早日恢复健康，从而尽快投入到非暴力不合作运动中去。由于对生存下去的强烈愿望，我暂时满足于字面意义上的誓言，从而牺牲誓言的精神。我立誓的时候，即使说的只是牛奶，但其实际的含义应当包含一切动物的奶水。更何况，既然我认为奶类并不是人类天然的食物，那就不应当再喝任何奶水。我清楚这些道理，不过还是答应喝羊奶了。对生存的欲望战胜了对真理的虔诚，而一个信仰真理的人竟然为了组织非暴力不合作运动，而违背了自己的神圣理想。如今我仍然对此念念不忘，心中满是懊悔，我一直尝试停止喝羊奶，但是始终不能摆脱那种不可思议的诱惑，还有那种为人民服务的强烈愿望。

我十分看重饮食方面的实验，并且将其当作非暴力主义的一部分。这些实验使我感觉精神舒畅，十分快乐。但是喝羊奶这件事一直使我不能释怀，并非这件事违背了我不杀生的信仰，主要是从真理的角度来说这样做违反了誓言。对于真理的理想与对于"非暴力"的理想相比较，我更为了解前者，而且经验告诉我，倘若放松了对于真理的追求，就永远无法解决"非暴力"的问题。但对真理的追求要求人们既能遵守誓言的字面意义，也能遵守其精神内涵。

就这件事来说，我只是遵守其外表形式，但却没能遵守其精神内涵，即誓言的灵魂，这也就是我苦恼的真正原因。虽然我心里面十分明白，但却没有好的方法来解决这个问题，可能是我还没有勇气采用断然拒绝的措施。归根结底，这二者是一回事，怀疑就是缺乏信仰或者信仰薄弱的结果。因此我日夜祈祷："神灵啊，请赐予我信仰吧！"

喝过羊奶不久之后，达拉尔医生就为我做了肛裂切除手术，手术非常成功。当我逐步恢复健康后，想活下去的欲望就更加强烈了，特别是此时神灵已经为我安排很多工作去做了。

在养病期间，我偶然在报纸上读到了罗拉特委员会[①] 刚刚发表的报告书。报告书中的内容令我深感震惊。尚卡拉尔·班克和乌玛尔·苏巴尼（已故）建议我得在这个问题上立即采取一些行动。大约过了一个月，我前往阿赫梅达巴向瓦拉白倾诉了自己的疑虑，他几乎每天都来探视我。我跟他说："我们必须得采取行动。""但在目前这种情况下我们能做什么呢？"他问道。我又说："假如我们能联名抗议，即使人数不多，倘若他们能不

---

① 该委员会旨在对付在孟买开展的风起云涌的革命运动，报告书中建议对群众使用严厉手段，"犯人"可以不经审判就被逮捕入狱。

顾我们的反对就将议案变为法律，那么我们就立即开展非暴力不合作运动。假如我没生病的话，一定会全力以赴的，也能号召其他人一起来斗争。然而我现在觉得自己的身体状况着实堪忧，无法担当这项任务。"

在这次谈话之后，我们打算召集少数几位与我关系密切的人举行会议。我觉得罗拉特委员会的建议缺乏现实依据，报告书中列举的寥寥证据不足以让人为之信服，而且任何有自尊心的人都是绝对不会接受这样的建议的。

会议在非暴力不合作学院中召开了，与会不足20人。我还记得除了瓦拉白以外，还有沙瑞珍尼·奈都夫人、洪尼曼先生、乌玛尔·苏巴尼先生、尚卡拉尔·班克先生以及安娜舒也朋夫人。在此次会议上，我们起草了非暴力不合作宣言，我还记得所有与会者都签了名。那时我并没有担任什么刊物的主编，但我经常在报刊上发表自己的观点，这次也不例外。班克对于此次斗争十分热心，我也是第一次发现他有非常强的组织能力，工作十分踏实。

我觉得如果采取非暴力不合作运动这种新的斗争形式，依靠现有的组织是无法实现的，因此我建议另外设立一个非暴力不合作大会。由于其主要成员都在孟买，所以也就将总部设在了孟买。很多会员已经在誓约大会上签了名，我们还印发了传单，四处举行群众大会，一切都组织得像凯达运动那样有条不紊。

我当选为非暴力不合作大会的主席。没过多久，我就发现自己和很多会员之间似乎存在很大分歧。我坚持使用古吉拉特文在会上发言，还有我所提出的其他工作方法看上去很特别，这让他们感到不可思议，也非常为难。但是说句公道话，大多数人非常宽容地迁就了我的个性。

即使新活动在开始时是红红火火的，运动也发展得非常迅速，然而我从一开始就发现这个大会是无法维持太长时间的，因为有一部会员非常不喜欢我所强调的真理与"非暴力"。

奇 观

这样一来，一方面，越来越多人反对罗拉特报告书，另一方面，政府把这个建议变成法案的决心日益坚定了，因此公布了罗拉特法案。我这辈子仅参加过一次立法议会，就是为了探讨这个法案。萨斯特立吉发表了慷慨激昂的演讲，他郑重地警告政府不要忤逆民意。总督似乎是聚精会神地聆听萨斯特立吉的滔滔雄辩。他说的话是那样的实际而又充满了感情，我觉得那一刻总督也会深深为之打动。

但是只有当一个人彻底熟睡的时候，你才能叫醒他，假如他只是装睡，不管你怎么叫都是没有结果的。那时的政府就是在装睡，它打定主意想要立法，召开立法议会听取代表意见，无非就是走走过场而已。因此不管萨斯特立吉的演讲如何好，政府也是完全充耳不闻的。

在这种情况之下，我说的话没多少分量。我曾经恳切地请求总督不要将其立法，还曾给他们写过很多私人和公开的信，明确地告知他，假如政府仍然一意孤行的话，我们将采取非暴力的抵抗，但这一切都于事无补。

当时法案还没成为正式的法律而登在政府的公报上。我的身体还是非常虚弱，然而当我接到了来自马德拉斯的邀请后，就决定冒险来一次长途旅行。那时我已然无力在大会上高声说话。直到如今，我也不能在大会上站着发言，假如要长时间站着发言的话，我就会浑身发抖，脉搏异常。

我可以适应南方的生活，多亏当年我曾经在南非工作过，泰米尔人和德鲁古人对我有着某种特殊的好感，而善良的南方人民也未曾让我失望过。这个请帖是由喀斯图立·兰格·艾扬伽先生（已故）发出去的。之后我在奔赴马德拉斯的途中得知，是拉贾戈巴拉查理（Rajagopalachari）[①] 出主意邀请我的。那可以算作是我们的初次相识，不管怎样，我们得亲自面谈，好好地了解一下对方。

拉贾戈巴拉查理离开沙列姆来到马德拉斯做律师没有多长时间，他是应喀斯图立·兰格·艾扬伽先生等一众朋友的再三邀请而来的，这也是为了便于积极地参与公众生活。我们在马德拉斯时就与拉贾戈巴拉查理在一起住。我本以为我们住的房子属于喀斯图立·兰格·艾扬伽先生，我一直以为我们是他的客人。我们一起住了两三天以后，多亏摩诃德弗·德赛纠正了我的想法，我这才发现拉贾戈巴拉查理原来才是主人。摩诃德弗很快就与拉贾戈巴拉查理混得非常熟，但由于拉贾戈巴拉查理是一位害羞的人，

---

① 为印度独立后第一任总督，与尼赫鲁、普拉萨德、瓦拉白并称为甘地的四大金刚。

一般不大露面，因此才让我误会了。摩诃德弗提醒我："你应该好好培养这个人。"

我认为摩诃德弗的话有道理，因此每天都去找拉贾戈巴拉查理。我们共同探讨关于斗争的计划，然而除了举行公众集会以外，我想不到其他办法。假如罗拉特法案最终在议会上通过从而被纳入法律，我也不清楚应当怎样采取非暴力不合作运动来表示反抗。倘若不服从它，政府总得先给大家一个不服从的机会。假如根本就没有那种机会，我们是否可以文明地不服从其他的现有法律呢？假如可以，那么界限又在哪里？类似的一大堆问题就是我们探讨的主题。

喀斯图立·兰格·艾扬伽先生召集了部分领导人前来参加会议探讨这个问题。与会者中，最为引人注目的是威加也罗卡瓦恰立先生。他建议我起草一份翔实的、科学的有关非暴力不合作主义的说明，甚至还要将详细的细节全都写上。我觉得自己的能力是无法胜任这项任务的，于是就毫不保留地对他坦诚了这一点。当我们仍在犹豫不决地探讨对策时，得到了罗拉特法案已经公布为法律的消息。当天晚上我仍然苦苦地思考这件事，想着想着就不知不觉地睡着了。次日一早，天还没亮我就醒了，于是早起了一会儿。当时我还介于昏睡和清醒之间的模糊状态，突然想到了一个主意，简直如同做梦一般。然后我就急匆匆地将自己的想法告知给拉贾戈巴拉查理。

"昨天晚上我在梦里想到了一个主意，我们可以号召全国举行罢工运动。非暴力不合作是一种自我净化过程，而我们的抗争又是神圣的，因此在开始斗争之前，我们需要一场自我净化行动。我们可以号召印度全体人民在那天停止工作，而且将那天作为绝食和祈祷的日子。穆斯林绝食无法超过一天，因此我们的绝食时间也不能超过一天。我无法保证各省都会响应我们的号召，但是我认为孟买、马德拉斯、比哈尔和信德是能够保证的。而且只要这几个省份实行了，我们也就满意了。"

拉贾戈巴拉查理立即认同了我的意见，其他的朋友也都表示赞同。因此我就起草了一份简短的倡议书，一开始我们将总罢工的日期定为1919年3月30日，之后又改为4月6日，所以人民只得到了这份紧急通知。由于必须立即采取这个行动，因此没有时间写出一份很长的通知。

但是谁能预料到如此短的倡议书竟然能产生如此大的效果呢？4月6

日，印度举国上下从城市到农村，真的开始了大罢工，那真是壮观的惊人一幕。

难忘的一周！（上篇）

我在印度南部进行了一次短期旅行后返回了孟买。那天应该是4月4日，我接到了来自尚卡拉尔·班克先生的电报，让我奔赴孟买参加4月6日的活动。

然而德里已经在3月30日举行了罢工运动，有关总罢工延期至4月6日进行的通知到得太迟了。那时还健在的史华密·史罗德兰吉和哈钦·阿玛尔罕·萨希布说的话在那边就可以与法律相抵。之前在德里从未出现过那样的大罢工，印度教徒与穆斯林十分团结。史华密·史罗德兰吉应约前往朱姆玛大寺演讲。当局不能容忍所发生的这一切。总罢工的游行队伍在向火车站行进的时候，警察堵住了他们，还对游行群众开枪，死伤了很多人，德里开始了镇压行动。史罗德兰吉要求我火速奔赴德里，我回电答复他，等到4月6日孟买的活动结束后，我就马上动身奔赴德里。

拉合尔和阿姆利则也重演了在德里发生的事。萨提亚巴尔博士和科其鲁博士让我尽快赶往阿姆利则。那时我和他们并不相识，我告诉他们，我将先去德里，之后再去阿姆利则。

6日的早晨，成千上万孟买市民前往乔巴蒂海边沐浴，之后结队前往塔库德华游行。游行队伍里有一些妇女和儿童，还有很多穆斯林。同行的几位穆斯林朋友将我们带往塔库德华附近的一所清真寺，还说服我和奈都夫人发表演讲。维塔尔达斯·杰罗嘉尼先生那时就建议我们号召人们使用国货，并且立下印—穆团结的誓言。可我觉得不应草率立誓，我们对于已经拥有的事业感到非常满足。如果宣誓就无法违背，因此我们应该让人民先充分地了解使用国货的誓言的含义，深刻认识印—穆团结的誓言背后的责任。最后我建议所有同意宣誓的人，可以在次日早上再来参加集会。

孟买的总罢工彻底成功了，非暴力不合作运动的一切准备工作都完成了。我们曾针对这个问题探讨过两三件事。我们认为非暴力不合作运动的对象应当是那些违背人心的法律。盐税法就是极为不得人心的一种，而且不久之前还爆发过一次取消盐税的大规模运动。因此我建议人民可以在自己家中使用海水制盐，不需遵循盐税法。另一个非暴力不合作行为是出售禁书。那时我有两本书，即《印度自治》和《人人幸福》（即鲁斯金《给最后的一个》的古吉拉特文版本），这两本书曾经被明令禁止出售，当时正好重新印刷这两本书而且公开发售，这应该是进行非暴力不合作运动的最简单的方式了。因此我们大量地翻印了这两本书，而且安排在6日晚上大会结束后大家终止节食时发售。

6日晚上，一支志愿者队伍按照既定计划向人民出售这两本禁书。我与沙罗珍尼·蒂维夫人也乘车跟了出去。我们很快就卖完了所有的书，所得钱款全部用于开展下一步的非暴力不合作运动。那两本书的售价都是4安那，但是从我手里买书的人没有按照售价付款。许多人将口袋里所有的钱全都掏出来买一本书，5卢比和10卢比的钞票如同雪片一般飞来。我还记得有一个人居然用50卢比买了一本书！我对大家说明我们所售卖的是禁书，购买禁书的人可能会坐牢。但是那时他们完全没有对于坐牢的恐惧。

之后听说政府为了避免陷入被动，于是对外宣称此前被禁的书并未出售，因而我们此次出售的书并非禁书，这些翻印的书是禁书的新版本，而出售新的版本并不犯法。在听到这个消息之后，大家都非常失望。

次日一早，我们召集了一个有关使用国货和印—穆团结的宣誓大会。维塔尔达斯·杰罗嘉尼第一次明白了一个道理：闪闪发光的未必都是金子。那天参加会议的人寥寥无几，而且到场的男人很少。我随身携带了一份已经写好的宣誓词。在宣誓之前，我对与会者们解释了誓词的含义。与会者如此的少，完全是在我的意料之中的，并没有让我感到难过，这是由于我早就发现群众更喜欢搞一时激动人心的运动，而不喜欢埋头去做建设性工作，直到现在依然存在这种现象。

关于这种现象我会另外开辟一章专门来谈，现在言归正传。7日晚上，我动身奔赴德里和阿姆利则。8日抵达马都拉的时候，我收到消息说我有可能会被捕。火车经过马都拉之后停在下一站的时候，阿恰利亚·奇德万尼来火车上看我，告知了我即将被捕的确切消息，还询问我是否需要他的帮助。我对他表示感谢，并保证如果有需要一定请他来帮忙。

火车还没抵达巴尔瓦尔车站，我就接到了一个禁止我进入旁遮普境内的公文，也许是担心我会引起当地秩序的混乱吧。警察要强制带我下车，被我拒绝了："我去旁遮普并非是扰乱秩序，而是要平息骚乱，因此恕我无法从命。"

后来火车抵达了巴尔瓦尔车站。摩诃德弗一路随行，我让他继续奔赴德里将一路上发生的事情告知史华密·史罗德兰吉，并且让人民保持冷静。我让他说清楚我决定不服从命令，但是准备接受处罚；而且还请他说明，无论我受到了什么处罚，如果人民能够充分地保持冷静，那么胜利最终定会属于我们。

下车之后，我在巴尔瓦尔车站被警察拘押了。没过多久就来了一趟从德里来的火车，我被几个人押上了三等车厢。火车抵达马都拉之后，我被带到了拘留所，可是没人告诉我他们打算如何处置我，或者打算将我送到哪里去。次日一早4点，我被叫醒，之后被押上了开往孟买的一列运货的火车。到了中午，他们又在萨外马多布尔将我押下车。一位名叫鲍林的警官搭乘特快火车从拉合尔赶来负责押送我。他将我押在头等车厢，于是我就从一个普通犯人一跃成为"绅士"式的犯人了。这位警官对于米凯尔·奥德耶爵士[①]倍加推崇，他说米凯尔爵士对我个人并无偏见，他不过是担心我抵达旁遮普省后会引发骚乱。他说了很多诸如此类的话，最后他建议我自觉回到孟买，并承诺不再去旁遮普。我对他说，我拒绝服从这个命令，也不会主动回到孟买。警官清楚他劝不了我，于是不得不对我使用法律手段。我问道："那你决定怎么办呢？"他说他自己也不清楚，还在等待新的指示。没过多久，他说："现在我要送你回孟买。"

我们抵达了苏拉特。在那里又换了另一位警官来看守我。等到我们到了孟买之后，这位警官跟我说："现在你恢复自由身了。"不过他接着又说，"你最好在海滨车站下车，我们可以让火车在那站停一停。也许会有很多人堵在科拉巴车站。"我告诉他我愿意按照他的吩咐去做。他听了以后非常高兴，还对我致谢。抵达海滨车站之后，我就下车了。正好我朋友的车子从那边经过，就将我带到了雷瓦沙卡·杰维礼的家。我的那位朋友跟我说，

---

① 即当时旁遮普省的省督，他被公认为是那次阿姆利则大屠杀的刽子手。

我被捕的消息激怒了人民，他们几乎陷入了疯狂。他还说："白敦尼附近随时都有可能发生暴动，县长和警察都已经去到那边了。"

我刚抵达目的地，乌玛尔·苏巴尼和安娜舒也朋夫人就赶来让我立即乘坐汽车前往白敦尼。他们说："人民已然忍无可忍了，他们极其愤怒，我们无法使他们平静下来，只有你亲自出面才能平息事端。"

我立即启程，我发现许多人围在白敦尼附近。人们一看见我就欣喜若狂，马上结成队伍，高喊："祖国万岁"和"神灵至上"。我们在白敦尼看到一队骑马前来的警察，砖头如同雨点一般从天而降。我请群众保持冷静，然而我们似乎无法阻止砖头的袭击。游行队伍经过阿布杜尔·杜赫曼大街朝克罗福特市场走时，忽然被一队骑马的警察阻拦了去路，警察禁止他们继续向要塞前进。群众拥堵得水泄不通，几乎要突破警察的防线了。我的声音淹没在了人群之中。就在此时，警察突然下令驱散群众，然后马队就立即冲向了人群，他们一边跑一边挥舞长矛。当时我一度以为自己要受伤了，实际上长矛挥过来只是时不时地擦到了车皮。游行队伍被冲散了，一片惊慌之中，有人被踩踏，有人被挤伤，在如此拥挤的道路上确实没有容许马通过的空隙，也没有让群众逃生的出路。所以骑兵们就在人群当中横冲直撞，杀出了一条血路。我认为骑兵们也不知道自己在干什么，整个场面极为恐怖，骑兵和游行群众乱作一团。

就这样游行群众就被骑兵驱散了，而我们的汽车获准前进。我们将车停在了警察局门口，我打算进去找警察局长去控诉那些警察的暴行。

难忘的一周！（下篇）

我去了警察局局长格立菲斯先生的办公室，在通向局长办公室的楼梯上站满了全副武装的士兵，似乎是准备进行军事行动。走廊中的氛围十分紧张。当我被带入办公室之后，我看到鲍林警官坐在了格立菲斯的旁边。

我对格立菲斯叙述了我看见的情景，他只是简单地回答："我不希望游行队伍到达要塞，因为去了那里难免会发生暴动。但是人们不听劝告，因此我只能下令让骑警将他们冲散。"

"但是,"我说,"你是清楚会发生什么样的后果的,那些马定会踩到人的。我觉得完全没有必要派出骑警冲散群众。"

"你不能这样妄下断言,"格立菲斯说,"我们作为警察,自然比你更清楚你的主张将对人民产生什么影响。如果我们不断然采取措施,局面就会难以控制。我告诉你,人们是一定不会受你控制的。他们很快就会服从于法律,他们是难以明白维护和平的责任的。我不否定你的用意是好的,然而人们是无法理解你的意图的,他们不过是受本能所驱使。"

"我反对你的说法,"我说,"人民的天性就是崇尚和平而非暴力。"

于是我们又争论起来了。最终,格立菲斯说:"假如人民确实无法认同你那一套说法,你又如何是好呢?"

"假如真是那样,我就会停止非暴力不合作运动。"

"此话当真?听说你对鲍林说过,你获释之后还打算去旁遮普。"

"没错,我本来打算搭乘下一班火车。但是今天不行了。"

"倘若你有耐心,就应当停止这种行为。你了解现在阿赫梅达巴发生了什么吗?你了解阿姆利则发生了什么吗?那些地区的群众几乎都疯狂了,我还没能掌握全部事实,但我知道一些地方的电线都被割断了。我要告诉你,一切暴动都得由你负责。"

"我能够对你保证,假如真是我的责任,我定会负责。阿赫梅达巴也发生了暴动吗?假如这是真的,我将十分惊讶与痛心。但我从来没去过阿姆利则,那边也没人认识我,那里的暴动不应该算在我的头上。此外,如果不是旁遮普政府禁止我入境,我认为自己一定能够帮助他们维持那边的秩序。可是他们逮捕我,反而激怒了人民。"

我们一直这样争论,没能取得共识。我告知他,我打算在乔巴蒂举行一次群众集会,我会号召人民保持冷静,说完这些之后就同他告别了。群众集会是在乔巴蒂海滩上举行的。我为人们详细地解释了非暴力不合作运动的责任和界限,我说:"非暴力不合作主义是诚实之人的一种武器,一位非暴力不合作者首先得坚持'非暴力'原则,只要人民在思想、言论和行动上都能够遵循这个原则,我就能开展群众性的非暴力不合作运动。"

安娜舒也朋夫人也听说了阿赫梅达巴发生了暴动的消息。有人私下散播谣言,说她也被捕了。纺织工人们听说她被捕之后,气昏了头,他们举行了罢工，甚至还发生了暴力行为，打死了一位警官。

我急忙奔赴阿赫梅达巴。我听说有人试图破坏纳提亚车站附近的铁轨，还有一位维朗坎的政府官员遭遇杀害，阿赫梅达巴正处于戒严状态。人们极其惊慌，他们曾采取了过激的暴力行为，而现在政府要让他们连本带利地付出代价。

我去车站时有一位警官在那边等我，他护送我前往警察局长普拉特先生那边。我发觉局长十分生气，于是就温和地跟他交流，并且表示我对于目前当地发生的暴动感到遗憾。我对他说明戒严其实是不必要的，并声明愿与他合作尽快让局面稳定下来。我希望他允许我在沙巴玛蒂学院的广场上举行一次群众集会，他表示同意。大约是在4月13日，那天是周末，大会举行了；也正是在那天，戒严令被撤销了。我在会上发言，尽力想让人们明白自己所犯下的错误，而且宣布我将绝食三天以示忏悔，并呼吁人民也绝食一天，我还建议那些参与了暴行的人能够自觉承认犯下的罪行。

我明白自己对于这场暴动有着不可推卸的责任，然而我不能忍受工人们也参与了暴动的这个事实，因为我也曾经为他们而服务，在他们身上倾注了很多精力，而且对于他们寄予厚望。但现在他们竟然犯罪，身为他们当中的一员，我无法替自己开脱。

我一方面建议人民反思自己的罪过，另一方面也建议政府宽恕他们的过激行为。然而这两方面都不认同我的建议。

罗曼白爵士（已故）和当地的其他朋友们找到我，希望我能呼吁人民停止非暴力不合作运动。实际上他们完全没必要如此，因为我已然下定决心，在人民还没学会维持和平之前，绝对不进行非暴力不合作运动。这些朋友们高兴地离开了。

但是，也有些人不赞同我这个决定。他们认为，倘若我四处宣扬和平并将其作为发动非暴力不合作运动的前提的话，那么群众性的非暴力不合作运动就根本无法发动起来。非常抱歉我难以认同这种说法，假如连那些曾经和我一起工作过的人都不遵循"非暴力"原则，自己也不愿意吃苦的话，那么非暴力不合作运动是绝对不会实现的。

我坚决认为，那些试图领导人民进行非暴力不合作运动的人一定得保证人民在非暴力界限之内活动。时至今日，我对此依然深信不疑。

喜马拉雅山般的错误

阿赫梅达巴的群众集会结束之后，我立即前往纳提亚。就是在此，我第一次使用了"喜马拉雅山般的错误"这种说法，之后这个比喻就广为流传了。在阿赫梅达巴期间，我就隐隐感觉到了自己的错误。抵达纳提亚之后，在看过实际情况以及听说凯达县有那么多人被捕的报告之后，我才恍然大悟，原来自己真的犯了大错。我过早号召凯达县和其他地方的人民发动非暴力不合作运动绝对是个严重的错误。我在一个群众集会上公开承认了自己酿下的大错，但却遭到不少嘲笑，但是我绝对不后悔承认错误。一个人只有坚持严于律己，宽以待人，才能对自己和他人的错误做出一个相对公平的评价。我觉得身为一个非暴力不合作者，应该更为坚守这个原则。

现在请听我讲述"喜马拉雅山般的错误"到底是怎么一回事吧。一个人在开展非暴力不合作运动之前，必须要尊重国家的法律，并且自觉地遵循。一般情况下，我们服从法律是因为担心犯法后受到惩罚，特别是对于那些不含道德原则的法律，更是如此。举例说明，无论是否有禁止偷窃的法律，一位受人尊敬的老实人绝对不会突然进行偷窃，但他也许不会由于自己没有遵守夜间行驶自行车必须开灯的规则而认为自己犯了错。实际上，他也许不会很好地接受别人在这方面给他的善意劝告。但如果打算避免因为违反这样的规定而受到处分，那么他就必须得遵守这类强制法规。这是服从命令，但不是有意识地自觉服从。一位非暴力不合作者应当自觉地遵守法律，因为他将其当作自己的神圣职责，只有当一个人小心翼翼地遵守法律的时候，他才能够判断出哪些法律是好的，公正的，哪些则是坏的，不公正的。也只有这样，他才具备采取有限度的非暴力不合作运动的权利。我错就错在逾越了这个必要限度。在人民还未具备这些素质以前，我就号召他们采取非暴力不合作运动，在我眼中这个错误的确如喜马拉雅山那般大。我抵达凯达县的时候，曾经开展过的非暴力不合作运动的一幕幕又涌上我心头，我惊异的是，为何自己当时没能察觉到如此明显的事情呢？如今我明白了，在发动人民开展非暴力不合作运动以前，必须得先让大家充分地了解"非暴力"的深刻含义。因此在发动新一轮的群众性非暴力不合作运动以前，必须得建立一支久经考验，心地纯洁且完全了解非暴力不合作的严格规定的志愿者队伍，让他们来向人民阐明这些原则，而且夜以继日地进行监督。

我怀揣着这种想法去了孟买，通过当地的非暴力不合作组织建立了一支非暴力不合作者志愿队。他们的责任是通过教育让人民理解非暴力不合作的意义及其内在含义，主要通过印发有关这些内容的具有教育意义的小册子来进行。

但是在进行这个工作的过程时，我发现想要让人民对于非暴力不合作主义当中关于和平的内容感兴趣，确实不是一件容易的事情。而且应征这个教育工作的志愿者也并不多。即使是那些真正报名参加的人，也几乎不会经常按期进行系统培训，而且时间长了，担任这个工作的志愿者也就愈加减少了。这才让我明白，一切远没有我想象得那么容易。

《新生活》以及《青年印度》

此时，一方面，教育人民去理解非暴力主义的行动正在缓慢艰难地开展；另一方面，政府的非法镇压政策也在全面推行，特别是在旁遮普省，运动领袖们接连被捕入狱，政府发布了戒严法令，实际上那根本就不是法律。此外政府还成立了特别刑事法庭。这个特别刑事法庭完全就是用于贯彻专制的工具，可以没有任何证据就公然违法地下达判决书，那里的人民为此而惶惶不可终日。在我眼中，虽然贾利安瓦拉巴格广场惨剧让印度和全世界人民为之震惊，但与旁遮普省的军事独裁相比较，一定是后者更为恐怖。

我多次给总督写信和发电报，请求他允许我进入旁遮普，但是都没有得到回应。就算我贸然前往，但没有许可证依然无法进入旁遮普，最终还是被遣送回来了。倘若强行进入，那就违背了非暴力不合作原则，这让我进退维谷。事情非常明显，在我周围没有我所期待的那种和平氛围，旁遮普境内肆无忌惮的镇压让空气里充满了火药味。对我来说，在这个时间开展非暴力不合作运动，就算可能实现，也无益于解决问题，只不过是火上浇油。因此，我打算暂时不去旁遮普。我每天都能听到旁遮普那边迫害人民的消息，然而我只能坐在那边无可奈何地忍受着痛苦的折磨。

一手创建《孟买纪事报》的洪尼曼先生突然在此时被当局驱逐出境。我觉得政府这个行为非常卑劣，至今我还能闻到这种行为的恶臭之味。我清楚洪尼曼先生一直都奉公守法，他完全支持我终止非暴力不合作运动的决定，还劝说我不要不经许可就去旁遮普。实际上在我没有对外宣布停止非暴力不合作运动的决定以前，他就写信来这样劝说我了。不过因为孟买和阿赫梅达巴之间的距离比较远，因此我在宣布那个决定之后才收到他的信。他突然被政府驱逐这件事情让我十分惊讶，也非常痛心。

在发生这件事情之后，《孟买纪事报》的其他董事希望我能够承担起办这份报纸的责任。布列维先生去负责那边的工作，因此不用我去做太多工作。但是依照我的性格，我还无法确定自己是否能接受如此棘手的工作。然而在我还没做出最终决定的时候，政府就下令禁止出版《孟买纪事报》了。

运营《孟买纪事报》的那些朋友们，诸如乌玛尔·苏巴尼和尚卡拉尔·班克先生等，还要负责运营《青年印度》。因为《孟买纪事报》被查封，于是他们建议我担任《青年印度》的主编，并且他们建议为弥补《孟买纪事报》被查封后留下的缺口，应该将《青年印度》从周刊改为双周刊。我也认为应当这样做。我恰好需要借助这份杂志将非暴力不合作的内在意义传达给公众，此外至少还能为旁遮普的形势说上几句公道话。因此我所写的文章都暗含着对于非暴力不合作运动的宣传，政府也非常清楚这一点。因此我愉快地接受了朋友们提出的建议。

然而如何使用英语来对公众进行非暴力不合作的教育呢？那时我主要使用古吉拉特文来工作。印都拉尔·亚兹尼克先生和苏巴尼、班克也是朋友。亚兹尼克正负责运营一份古吉拉特文的《新生活》月刊，这份刊物得到了苏巴尼和班克等人经济上的援助。之后他们将这份月刊交由我负责，但亚兹尼克也会继续做下去，因此这份月刊就改成了周刊。

不久以后，《孟买纪事报》有被批准复刊了，因此《青年印度》又改回成此前的周刊模式了。对我来说，在两个地点出版两份周刊非常不方便，而且开销也更大。由于《新生活》此前就在阿赫梅达巴出版，因此我建议将《青年印度》也搬到那里去。

我之所以打算这样做实际上还有其他考虑。依据我办《印度舆论》时候的经验，我认为办刊物应该有自己的印刷厂。此外依据当时的印度出版法规定，假如我想要自由发表意见的话，就急需创建一个自己的印刷厂，通常那种为做生意而建立的印刷厂是不敢承印我们这些满是自由言论的刊物的。既然在阿赫梅达巴开设印刷厂比较方便，因此最好将《青年印度》也搬到这边来。

有了这两份刊物作为平台，我开始尽最大努力对读者们开展关于非暴力不合作运动的教育。这两份刊物的发行量非常大，一段时间里二者的发行量都达到了4万份以上。但是当《新生活》发行量激增时，《青年印度》的发行量却增长得比较缓慢。在我被捕之后，这两份刊物的发行量都大大缩减了，如今各刊的发行量都不足8000份。

一开始我就反对在这两份刊物上刊登广告，因为我觉得不登广告对于它们不仅不会有什么损失，正相反，我相信这样还有助于保证刊物的独立性。

除此之外，出乎意料的是，这两份刊物帮助我保持了内心的平静，度过了精神上的难关。既然无法立即展开新一轮的非暴力不合作运动，那么开办刊物就使我有了与群众沟通思想和心事的可能。所以我认为这两份刊物在这种严峻的形势下的确给读者提供了十分好的服务，对于揭露戒严法令的暴政也算是尽了份力。

在旁遮普期间的经历

米凯尔·奥德耶爵士勒令我需要为在旁遮普发生的暴动负责，还有一些激进的旁遮普青年也将政府戒严的责任归咎于我。他们觉得假如当初我不让非暴力不合作运动继续进行下去的话，就不会发生"贾利安瓦拉巴格广场惨案"了。甚至还有人恐吓我，号称假如我胆敢前往旁遮普，他们就会将我杀死。

然而我却觉得自己的立场无比正确而且无可非议，但凡有理智的人都不会误解我的意思。

我急着想去旁遮普看看。我没去过那边，因此更想亲自看看那边发生的事情。原本曾经邀请我去那边的几个人，萨提亚巴尔博士、科其鲁博士以及潘迪特·兰达吉·杜德·乔德理都已经被捕了。然而我认为政府一定不敢让他们与其他囚徒关在一起太长时间。我在孟买期间，经常有很多旁遮普人来看我，在这种场合下我经常会鼓励他们，也给予他们以安慰。那时我的自信心还是非常有感染力的。

然而去旁遮普的计划总是一再拖延。每次我向总督申请前往那边的许可证时，他总是说"还不到时候"，因此就这样一直拖了下来。

同时汉德委员会宣布要对旁遮普省政府在戒严期间所做的事情展开调查。

西·弗·安德禄先生这时已经抵达旁遮普，他在信中向我描述了那里的那些令人触目惊心的事情，由此我了解了戒严时期实际发生的暴行要比报纸公开报道的还要严重。他督促我立即前往旁遮普与他一起开展工作。同时，马拉维亚吉也发来电报要我立即动身前往旁遮普。我再次发电报问询总督现在是否进入旁遮普，他回复说等到某天之后就可以去了。如今我记不起来到底是哪天了，应该是10月17日。

在拉合尔看见的情景让我终生难忘。车站里面人山人海的，似乎全市的人都出来迎接我了，他们在车站中急切地盼望我的到来，就像是等待一个阔别已久的亲人，而且见面后还欣喜若狂。我住在潘迪特·兰巴兹·杜德（已故）家中，而负责招待我的重任则落在了沙罗拉·蒂维夫人身上。说是重担毫不为过，但凡我住的地方经常门庭若市，人来人往。

因为当时旁遮普的主要领袖都在狱中，因此潘迪特·马拉维亚吉、潘迪特·莫迪拉尔吉[①]和史华密·史罗德兰吉就成了新领袖。我和马拉维亚吉还有史华密是老朋友了，不过与莫迪拉尔吉还是首次打交道。这些领袖，以及幸运的还未入狱的领袖，都跟我相处融洽，因此在他们当中我完全没有陌生的距离感。

有关我们一致决定不为汉德委员会提供见证这件事情，如今已然成为了历史。那时我们曾公开发表关于为何要采取这个决定的理由，因此在这里我就不复述了。事情过去了那么多年，如今回忆起来，我依然觉得当时

---

① 印度独立之后第一任总理尼赫鲁之父。

那个抵制的决定是完全正确,绝对恰当的。

为了抵制汉德委员会,我们建立了非官方的调查委员会,用以代表国民大会党来开展调查。潘迪特·莫迪拉尔·尼赫鲁、德希班度·希勒·达斯先生(已故)、阿巴斯·铁布吉先生、姆·勒·贾亚卡先生还有我都当选成为该委员会的委员,调查委员会的主席由马拉维亚吉担任。为了方便调查,我们每人负责一片区域。除了负责许多地区的调查工作以外,我还负责委员会的组织工作。因此我有机会深入考察旁遮普省人民的生活状况。

在调查过程中,我结识了很多旁遮普妇女。即使素未谋面,但是她们对我都非常好。不管我走到哪里,她们都成群结队地来探望我,还献上了她们自己纺织的棉纱。我发现旁遮普能够成为一个生产土布的最佳场地。

我深入了解到的情况是,政府独裁专制和官员鱼肉百姓,这些事情完全在我的意料之中,我感到十分痛心。直到如今我依旧想不明白,英政府为何能如此蹂躏在战时曾经为他们供应了大量士兵的省份的百姓。

我还承担着为这个调查委员会起草报告书的任务。如果打算了解旁遮普人民的悲惨遭遇,就可以去阅读那本报告书。我在此严正声明,报告书中没有任何夸大之词,每处记载都是有据可依的。报告书中公开的证据只不过是搜集到的所有资料中的一部分而已,稍有疑点的材料都没有收进报告书。之所以发表报告书,完全是为了公布真相,而也只有公布真相才能让读者们认清英政府为了维护自己的政权做了多少惨无人道的野蛮事情。据我了解,截至目前还没人能推翻这份报告书中的任何记载。

护牛和抵制英货

现在我们得暂时放下有关旁遮普的话题。

国民大会党在旁遮普的调查才开始没有多久,我就接到了一份邀请函,邀请我出席在德里召开的印—穆联合会议,会上将讨论基拉法问题。邀请书上已经有哈钦·阿玛尔罕·萨希布先生(已故)和阿沙夫·阿里先生的签名。据说史华密·史罗德兰吉也将参加,而且假如我没记错的话,他还担任了大会的副主席。印象中这个会议预定在那年11月份召开,会议主要探讨基拉法被出卖后所引发的新形势，以及印度教徒和穆斯林是否应当举行和平庆祝的问题。邀请函上还提及，会议将安排一段时间来探讨护牛问题，因此这是解决护牛问题一个千载难逢的机会。然而我不喜欢把护牛问题同基拉法问题搅和在一起。因此我回信说，自己会尽量参加这次会议，不过希望不要将这两个问题以一种讨价还价的精神混为一谈，应当依据各自的具体情况区别对待。

我秉持这种想法去参加了会议。就算其规模抵不上后来动辄有成千上万人参与的集会，不过还是有很多人参加了这次会议。我和史华密·史罗德兰吉交换了意见，他非常欣赏我的观点，鼓励我在会上将想法提出来，我也与哈钦·萨希布交换了意见。我在会上说，我相信基拉法有其合法正当的根据，倘若政府的行为确实有失公平，印度教徒自然要支持穆斯林，要求政府纠正错误。然而假如印度教徒借此机会提出护牛问题，或者利用这个机会和穆斯林讨价还价，就不妥当了，穆斯林也不应以停止杀牛作为条件来换取印度教徒来支持基拉法。但是如果穆斯林是发自内心地尊重印度教徒的宗教感情，或者是出于邻里之间和同为祖国儿女互相照应的责任感而自发停止杀牛，则另当别论，那是件好事情，说明他们相互信任。我觉得秉持独立的态度是穆斯林的责任，这种做法也将提升他们的尊严，倘若穆斯林出于邻里之间的责任感而停止杀牛，那么他们完全不需要考虑这种行为是否会让印度教徒在基拉法的问题上帮助他们。"所以，"我说，"应该分开讨论这两个问题，而且我们此次会议的议题应当仅限于基拉法。"我的观点得到了与会者的认同，因此在这次会议上没有探讨护牛问题。

但是虽然我发出了警告，大毛拉·阿布瑞尔·巴里·萨希布还是说："无论印度教徒是否愿意帮助我们，作为同胞，穆斯林都应当尊重印度教徒的宗教感情，停止杀牛这种行为。"而且在此后的一段时间，他们似乎真的不杀牛了。

会上还有人提出旁遮普问题应当被视为基拉法错误的一个连带问题，我反对这个观点。我觉得旁遮普问题属于地方性事件，不应与我们是否参加和平庆祝的问题混为一谈。基拉法的问题是直接由和平条款引发的，因此如果混淆了这二者，我们就将犯下严重且轻率的错误。我的观点很容易地被大家接受了。

大毛拉·哈斯拉特·穆哈尼也参与了此次会议。我之前就认识他，但通过这次会议，我才对他这个人有了一定了解。我们几乎是从最开始就在很多问题上有不同观点，而且都很坚持己见。

在那次会议上所通过的大量决议中，有一项是号召印度教徒和穆斯林都发誓使用国货，其结果自然是抵制洋货。那时候土布还能找到合适的地位。但哈斯拉特·萨希布无法接受这项提议。他觉得如果基拉法的问题无法得到合理解决的话，那就得报复英帝国。因此他得出了一个相反的提议，也就是在需要时应专门抵制英国货。不论是从原则，还是从实践出发，我都是坚决反对这种行为的，大家也清楚我反对的理由是什么。在会上我还提出了自己对于"非暴力"的观点，我的发言给与会者留下了深刻印象。在我发言之前，哈斯拉特·穆哈尼的演讲赢得了大家的热烈掌声，因此我担心自己的发言会无法引起大家的共鸣。我需鼓起勇气来发言，我认为倘若不提出自己的观点就是不负责任。但是让人惊喜的是，我的发言不仅引发了观众的普遍关注，也博取了主席团的认同和支持，之后发言的人纷纷表示支持我的观点。那些领导者们会发现，抵制英货无法达到目的，假如真的通过了这个议案，他们也将成为笑柄。实际上几乎任何一位参加大会的人身上都有一些英国货，所以大家都清楚，一项连投赞成票的人都无法做到的议案是行不通的。

大毛拉·哈斯拉特·穆哈尼说："单纯抵制洋布是不可为的，因为我们都不清楚土布的产量什么时候才能满足我们所需，也没人知道我们何时才能有效地抵制洋布，我们需要做一些能够立刻对英国人产生效力的事情。抵制洋布的意见可以暂时保留，我们再想一想其他更快速有效的方法吧。"当我听过他的发言之后，也认为除了抵制洋布以外应当要再想些其他方法。我认为，以我们那时的实力，想要立即对洋布构成威胁显然是不可能的。当时我还不知道，如果我们愿意的话，我们完全能够生产出足够的土布以满足全国范围的需要，我之后才发现这一点。另一方面，当时我就清楚，仅靠我们的纺织厂来抵制洋布必然是要失败的。穆哈尼结束了自己的发言之后，我陷入两难的状态当中。

那是我首次参加一个大部分人来自于北方的穆斯林的集会，还在会上发表了辩论式的演讲。因为我基本上听不懂印地语和乌尔都语，因此觉得非常不方便。我曾在加尔各答的穆斯林联盟大会上使用乌尔都语发过言，但是仅用了几分钟，也不过是对于听众做出一点情感上的号召而已。这次的情况不一样，我所面临的是一群想要批评我的群众，就算他们中有些人没有敌意，我也必须要细致对他们解释并且争取让他们认同我的观点。因此我抛弃了所有羞涩，没有使用标准的德里穆斯林的乌尔都语来发言，而是使用我会的那几句印地语向观众们表达自己的观点。我做到了。通过此次集会我明白了一个道理：只有把印地语和乌尔都语混合起来使用的语言才能充当印度的国语。假如让我使用英语，我绝无可能让听众产生那种影响力，而穆哈尼可能就不会觉得有提出他的挑战的必要了，换言之，即使他说了，我也不会那么有效地对其反驳。

我无法找到恰当的印地语或者乌尔都语来表达自己的新观点，这多少让我感到为难。最终，我在大会上首次使用了"不合作"这个词以表达自己的意思。穆哈尼发言时，我就思考，倘若使用武力是无法实现的或是我们不想看到的，那么他所谓有效的抵抗就是空谈，因为他不仅在一件事情上与政府合作。因此我觉得只有停止与政府合作，才是对于政府的真正抵抗。由此我就想到了"不合作"这个词，那时我对于这个词包含的很多意义并不是非常清楚，因此我并没有详细地解释这个词的意义，只是说："穆斯林已经通过一个十分重要的决议。如果和平条款对他们不利，那么他们将停止和政府的所有合作。不合作是人民拥有的一种不可剥夺的权利。我们不用继续保持政府给予的封号和荣誉，也无须为政府服务。倘若政府在如基拉法这样重大的问题上都背弃我们，除了不合作以外，我们别无他法。因此在我们遭遇背弃时，有权利不和政府合作。"

几个月之后，"不合作"这个词才流行起来，但当时它隐藏在会议的一大堆记录中。

实际上，当我一个月之后在阿姆利则国大党会议上选择支持和政府合作的决议时，依然在期待这种背弃永远不会来到。

阿姆利则国大党大会

旁遮普政府不会将成千上万的老百姓长期关在监狱中，因为他们大部分是在戒严期间被投入监狱的，一切证据都不足，而且也是由那些有名无实的法庭在处理这些案件。社会各界都强烈反对这样公然违反常理和法律的做法，因此在国民大会党的开幕之前，大部分人都获释了。在大会进行时，拉拉·哈其山拉尔和其他领袖也都获释了。阿里兄弟也直接从监狱赶到了大会会场。大家都感到无比欢喜。潘迪特·莫迪拉尔·尼赫鲁是那次大会的主席，他牺牲了自己非常兴旺的律师事业，将旁遮普当作他的工作中心，为非暴力不合作运动提供了很多服务。当时史华密·史罗德兰吉是接待委员会的主席。

在此以前，我参与国大党的年会仅限于提倡将印度语定为国语，此外还在发言中提及海外印度侨民的问题。这次我也打算只提这种建议。但是正如平时一样，全面负责工作的责任总是会突然落在我的肩头。

当时英皇批准的改革方案才刚公布。我不是太满意这个方案，其他人也都不满意。虽然不尽如人意，但我认为这个方案还是可以接受的。通过英皇的公告和改革方案里字里行间的意思，我能够感知到辛哈勋爵也参加了此次改革，这就有了一线希望。但是那些久经考验的老战士，诸如罗卡曼尼亚（已故）和德希班度·齐达兰建·达斯却频频摇头，非常反对。但是潘迪特·马拉维亚吉则采取了中立态度。

大会期间，我住在马拉维亚吉家里。在印度教徒大学的奠基典礼上，我曾对他的俭朴生活有一定了解。此次终于有机会同处一室，因此得以对他的日常生活做以更为细致的观察，而且我所看到的一切都让我充满欢喜和惊奇。他的房屋简直就是贫民的免费公寓，到处都是各种东西，因为过分拥挤，房子里几乎没有转身的余地。他随时都要接待很多不速之客，这花费了他的很多时间。但是在房间角落里放置的我的棕绳木床倒是有一些庄严之气。

我不应用这一章来叙述马拉维亚吉的生活方式,还是言归正传吧。因为我们住在一起,于是就能天天一起探讨问题了,他经常亲切地给我解释各党派之间的分歧,如同我的哥哥一样。因此我明白想要全面负责大会的各项工作,就无法避免地要参加关于改革方案的决议的讨论。既然我得承担起草国大党对于旁遮普事件的报告书,就应当了解此案的其他未解决事宜。针对这个问题来说,我们需要和政府进行接洽,此外,基拉法问题也没能得以解决。我当时还认为蒙太鸠先生不会变节,印度的事业也不会被出卖。并且阿里兄弟还有其他人获释这件事情,我认为是一个吉兆。在这种情况下,我觉得接受这个改革方案是正确的,拒绝则对于我们不利。正相反,德希班度·齐达兰建·达斯却坚决认为我们应该拒绝这个方案,他认为那个方案完全不正确,也绝对不能让人感到满意。罗卡曼尼亚持以中立态度,然而最后还是决定支持德希班度的观点。

和这些处世有道,经验丰富,久经考验且备受大家敬仰的领袖们观点相悖,让我非常不好受。但是另一方面,我的内心告诉我不能轻易抛弃自己的立场。无奈之下,我打算离开这次大会,我告知马拉维亚吉和莫迪拉尔吉,我不参加大会的其他几场会议对于大家都有好处。我也得以避免与那些受人敬爱的领导者发生分歧。

但是这两位前辈并不赞同我的观点。有人将我的疑虑告诉了拉拉·哈其山拉尔。他说:"你千万不要这样做,不然将非常伤害旁遮普人民的感情。"我同罗卡曼尼亚、德希班度还有真纳先生商量,不过依然别无他法。最终,我对马拉维亚吉诉苦,对他说:"完全没有妥协的希望,倘若我坚持提出自己的议案,就将在会上引发分裂,而在这种情况下只能进行投票表决。在大会的公开会议上,我们一致举手表决,不过我们很难区分正式代表和列席旁听的人,我们还没能找到准确计算表决结果的方法。因此就算表决,既无条件,也没什么意思。"此时,拉拉·哈其山拉尔为我解围,他说:"进行表决的那天,我们可以禁止旁听的人进入会场。至于怎样计票,我自有方法。你不用担心,但是请你一定不要离开大会现场。"于是,我只能屈服了。将提案写好之后,我胆战心惊地在大会上面发言。马拉维亚吉和真纳先生支持我的提案。虽然我们意见上有分歧,但并没有意气用事或者任何个人攻击的迹象。我能意识到,我们都在冷静地推理和发言,不过意见分歧这件事本身就令人难以容忍，我们都觉得痛心，希望能得到全体一致的议案。

当发言进行期间，主席团也在探讨解决分歧的方法，领导者之间用纸条来交流意见，马拉维亚吉想方设法填平鸿沟。就在此时，捷朗达斯递给了我一份修正案，他希望我能想办法避免代表们陷入分裂，我也正有此意。马拉维亚吉恳求各方不要分裂，我告知他我同意接受捷朗达斯的修正案。然后罗卡曼尼亚也看了这份修正案，他说："倘若西·勒·达斯同意，那么我也不会反对。"终于，德希班度妥协了，他看了比彬·昌德罗·巴尔先生一眼，仿佛是想寻求他的支持。马拉维亚吉满怀希望地夺过那份修正案，在德希班度还没有确切说"行"以前，他就在会上宣布："代表同志们，这个消息一定会让你们非常高兴，大会已经达成一致议案了。"当时的情景的确无法形容，热烈的掌声马上响彻会场，代表们本来阴沉的面容上也立即浮现出快乐的笑容。

修正案的内文不需说明。我只是打算在此叙述一下这个议案是如何通过的。

这次的妥协让我的责任变得更大。

国大党入党礼

我一直认为自己真正开始介入国大党的政治活动是从参加国民大会党此次阿姆利则会议开始的。虽然我也出席过此前几届的年会，然而那只是出于我对国大党的忠心而已。在那种情况之下，除了私人事务以外，我没什么工作可做，而且我也不打算做更多的工作。

我在阿姆利则大会中的表现，证明了我是有些能力做一些工作的，而且那些工作对于国大党非常有帮助。可以发现，罗卡曼尼亚、德希班度、潘迪特·莫迪拉尔等领导者们对于我在旁遮普开展的调查工作非常满意。他们经常邀请我参加他们的非正式集会，我发现提案委员会上的很多议案都是在这些集会中探讨得到的。只有那些深得领导者信任或者被领导者所需要的人，才能得到参加这种集会的邀请。当然，偶尔也有一些不相干的人获邀参加。

第二年，有两件事情引起了我的关注，我一直关注着这两件事情的进展，一是为了纪念"贾利安瓦拉巴格广场惨案"一周年，国民大会党打算修建一座纪念堂，这个提议得到了热烈的支持。不过必须要募集到50万卢比以上的基金才能实现此事。马拉维亚吉在为公众事业筹措善款这个领域中享有"群乞之王"的名声，不过我清楚自己在这方面比他差不了太多。在南非期间，我就发现了自己具备这方面的能力。马拉维亚吉擅长向印度的王公贵族们募集大笔捐款，而我也认为从王公们那里募集善款来修建纪念堂并非难事。正如我所预料的那样，募捐主要由我来负责。慷慨大方的孟买市民们热情地捐献了一大笔钱，修建完纪念堂之后至今还存在银行里一笔可观的存款。但是人们又开始为纪念堂的选址问题讨论不休了，印度教徒、穆斯林和锡克教徒不仅无法友善地交流，还公开地相互抨击，以至在如何使用这笔基金的问题没能达成共识。

我的另外一个特长是起草文件。国大党的领导者们发现了我所具备的简练的文字表达能力，这是我在长时间实践过程中培养出来的。当时国大党的党章是戈卡尔的遗作。戈卡尔制定了一些规章制度作为国大党这个庞大机构运行的基础，他还曾经跟我讲过这些规章制度初创时的趣闻。但是随着实践的发展，国大党的事务也愈加沉重，大家都认为这些规章制度已然不合时宜了，亟待修订。每年都有人提出这个问题，然而一直没能得以解决。当时国大党在闭会期间并没有常设机构用于处理日常工作或者应对突发事件。规章规定得有三位书记负责处理闭会期间的事务，然而实际上只有一位书记在做这件事情，他还并非专职干部。仅靠他自己单枪匹马，怎能处理国大党的工作和思考未来的计划，或者落实上届大会规定的今年的任务呢？所以那时大家都发现这个问题急需解决。国大党大会是一个非常臃肿的组织，不便于探讨公众事务。而且大会完全不限制代表人数，对各省参加大会的人数也没有确切规定。大家都打算尽快改变如此混乱的状况，最终大会决定让我负责修订党章，我表示同意。我建议让罗卡曼尼亚和德希班度参与修订的党章的工作，这是因为他们的影响力非常大。不过他们显然没有时间亲自参与，因此我建议应当由两位与罗卡曼尼亚和德希班度享有相同声望的人跟我一起起草新党章，与此同时，委员会的委员不

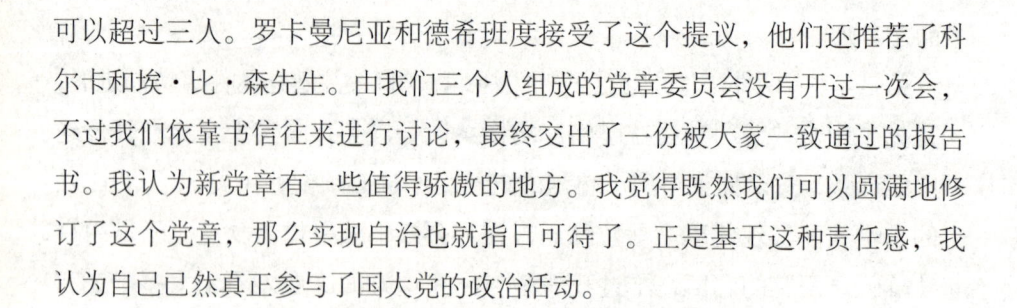

可以超过三人。罗卡曼尼亚和德希班度接受了这个提议，他们还推荐了科尔卡和埃·比·森先生。由我们三个人组成的党章委员会没有开过一次会，不过我们依靠书信往来进行讨论，最终交出了一份被大家一致通过的报告书。我认为新党章有一些值得骄傲的地方。我觉得既然我们可以圆满地修订了这个党章，那么实现自治也就指日可待了。正是基于这种责任感，我认为自己已然真正参与了国大党的政治活动。

土布运动的诞生

1908年时，我曾在《印度自治》一书中将织布机或者纺车喻为拯救印度日益严重的贫困的灵丹妙药，尽管当时我并没见过那两样东西。在那本书中，我认为只要能让印度群众摆脱贫困，那么在走向富强的过程中也就能够实现自治。直到1915年，我从南非回国，也未曾真正见过织布机和纺车。自从非暴力不合作学院在沙巴玛第成立后，我们就搞到了几台织布机，但是一开始就遇到了困难。我们这群人不是自由职业者就是做生意的人，没有一个是手工艺人。我们需要寻找一位手工艺人来教我们，后来在巴兰埔找到了一位手工艺人，但他并没有将所有手艺都教授给我们。然而摩干拉尔·甘地并不甘心，他凭借自己在机械方面的才华，不久之后就精通了这门手艺，还教会了学院里的很多人。

我们需要自己动手丰衣足食，因此打算不再用纺织厂的细布，所有学院的人都要穿印度纱纺出的细布。我们经由实践得到了非常丰富的经验；也通过和纺织工人的直接接触，得以了解他们的生活情况，包括产量的限度，采购棉纱的难处还有受人欺压导致债务日益增多的情况。那时我们没有条件生产所需要的布匹，因此只能向织布的手工艺人购买一部分布匹，从布商或者织布人那边很难买到印度纺织厂生产的现成布。印度的纺织厂并不生产细纱，所以工人们织布所用的细纱都是从国外进口的。就算是现在，印度纺纱厂生产出的细纱也极其有限，并且根本无法纺出最高级的细纱。我们费尽苦心最后才说服了几位织布工人帮我们纺织本国棉纱，条件则是学院负责包销他们所生产的全部棉纱。我们用棉纱纺织出的土布做衣服，并且广为宣传，这样我们自己倒是自愿成为印度纺纱厂的代理人了。这又让我们和纺纱厂有了进一步接触，而且让我们了解到他们的经营状况和遇到的困难。我们清楚纺纱厂的目标是使用他们纺出来的棉纱织成的布越多越好，他们其实不愿意和土布纺织工人签合同，之所以那样做是迫不得已的临时做法。我们也明白，除非自己学会如何纺纱织布，不然依赖纺织厂的情况就无法改变。而且我认为，继续充当印度纺纱工厂的代理人对于国家也没有什么好处。

我们遭遇到的困难越来越多。既没有纺车，也找不到技术纯熟的纺纱工人来教我们。虽然我们学院里有几个用来纺棉纱的轮子和线轴，但当时我们不知道这些东西能当成纺车用。一天卡里达斯·贾维礼找到了一位对纺纱精通的妇女，而且说服了她为我们展示一下纺纱手艺。我们特意派出学院里一位擅长学习新事物的人前去观看，但是那个人什么都没学会，无功而返。

随着时间流逝，我愈加不耐烦起来。每当有人到学校来参观，我都与其打听有关纺织技术的问题。但是只有妇女才懂得这门技术，而且几乎失传。倘若真有人掌握这项技术的话，也可能只有少数的一些妇女清楚那样的手工艺人身在何处。

1917年，几位古吉拉特朋友邀请我去主持布罗亚赤教育会议。在那里，我认识了一位非比寻常的妇人，她名为甘嘉朋·马兹蒙妲。她是一位寡妇，即使没受过太多教育，可是她的事业心非常强，胆量和常识也胜过一般受过教育的女性。她已经打破了腐朽的不可接触制度，毫无畏惧地为被压迫的阶级服务。她可以自食其力，对于生活上的要求也非常简单。她善于骑马，虽然饱经风霜，但却始终独来独往，不需要他人的陪护接送。在戈德罗会议上，我对于她有了进一步的了解。我向她倾诉了自己在纺车这个问题上的忧虑，她表示一定会全力帮助我们找寻，肯定能找到一个纺车。她的保证让我如释重负。

开展手工纺织

甘嘉朋遍访古吉拉特地区，在巴洛达邦的维伽埔找到了纺车。那边很多人家都有纺车，不过大部分人家都将这些纺车视为废材而束之高阁。她们承诺，只要有人能定期提供纺织用的棉条，并且能购买她们纺出来的棉纱，那么她们就愿意重拾纺纱业。甘嘉朋将这个可喜的消息告知给我，但是供给棉条是个难事，我将此事讲给乌玛尔·苏巴尼，他立即决定让自己的纺织厂为我们提供足够的棉条，所以我们的困难得以解决。我将乌玛尔·苏巴尼提供的棉条送到了甘嘉朋那边，没过多久就生产出了大量棉纱，产量之大让我们忙于应付。

乌玛尔·苏巴尼先生对我们十分大方，然而不能总是占人便宜，经常受到他的帮助让我们觉得非常不安。而且，使用纺织厂的棉条应该是个根本错误，既然打算使用机器生产出来的棉条，那么为何不干脆就用机器来纺纱呢？难道古人是依靠纺纱厂供应棉条的吗？那时候他们没有机器，是如何造出棉条的呢？思考过这些之后，我建议甘嘉朋再去寻找能够供应棉条的梳棉匠。她果然雇到了一位愿意梳棉的梳棉匠。但是这位梳棉匠要35卢比的月薪，我同意了，当时我为了能够生产棉条而不惜代价。没过多久，她就训练了几位青年学会了梳棉的手艺，之后我找到了孟买的亚斯望普拉萨德·德赛先生，希望他可以供应我们棉花，他立即答应了。从此开始，甘嘉朋的事业意外地兴旺了起来。她又找到一些手工艺人们把维伽埔纺成的棉纱织成了布匹，就这样，维伽埔的土布就声名远扬了。

当维伽埔的事业发展之际，学院的纺车也已然迅速地占据了一席之地。摩干拉尔·甘地凭借其天生出色的机械才华，将纺车成功地改造了，接下来非暴力不合作学院就开始制造纺车及其附件了。学院出品的第一匹布每码标价为17安那。我经常毫不犹豫地向朋友们推荐那些粗布，就算有些贵，他们也乐于出钱购买。

虽然我在孟买生了病，但还能去外面找寻纺车。一天我碰巧遇到了两位纺织工人。他们每纺1西尔① 的棉纱就收费1卢比。那是我并不了解土布的行情，认为只要能买到手纺的棉纱，即使价钱再贵也是值得的。之后我将自己出的价钱和维伽埔的价钱进行比较，才发现自己被骗了。但是他们二位却不同意降价，所以我就辞掉了他们。但是他们也算是做了一件好事，

---

① 为印度的重量单位，大约是2磅。

他们教会了阿望蒂嘉白夫人、尚卡拉尔·班克的寡母罗密白·康达夫人还有瓦苏玛蒂朋夫人纺纱技术。从此之后，我在房间中就听得到纺车工作的声音，毫不夸张地说，我认为那是世界上最为美妙的声音，我身体能够那么快地恢复，纺车的声音的确功不可没。我明白心理上的作用大过生理上的效果。这足够表明心理对于生理有多大作用了。当时我也学会了纺纱，但是纺得不多。

孟买再次发生了供应手工棉条的老问题。有一位梳棉工人每一天都在列瓦商卡先生的门前弹弦经过。我找到了他，才了解原来他是弹棉被的。他称自己会梳棉条，不过要价很高，但我依然照付了。我将手工制作的棉纱卖给了毗湿奴教派的朋友们，他们用来在"叶卡达希"绝食日做供奉的花环。希福济先生在孟买开设了一个纺纱训练班。从采购棉花到生产棉条，再到纺纱织布，是一笔巨大的支出，真是要感激那些热爱祖国的人们，他们对于土布运动都十分有信心，甘愿为此投入很多钱。我觉得那些钱并没有被浪费，我们在这个过程中得到了非常丰富的经验，而且发现了推广纺车的可能性。

虽然我们纺纱织布，不过还是穿不上土布做成的衣服，我就要等不及了。我的"拖蒂"还是用印度纺织厂生产的细布做成的。产于非暴力不合作学院和维伽埔的粗布的宽度都只有30英寸，我跟甘嘉朋说，倘若她无法在一个月内提供给我一条45英寸宽的土布"拖蒂"，我只能穿短的土布"拖蒂"了。甘嘉朋极为震动，事实证明了她的确非常能干，她成功了。没到一个月，她就送过来两条45英寸宽的土布"拖蒂"，让我如愿以偿，全身都能穿上土布衣服。

大约就是那个时期，拉克希密达斯先生从拉底带来纺织工人兰芝先生及其妻子到了非暴力不合作学院，他们专门在学院中教大家纺织土布"拖蒂"。这对伉俪为推广土布运动付出了很大贡献。他们带动了古吉拉特内外很多人投身于从事手纺棉纱手艺的热潮。兰芝的妻子用织布机进行织布的情景十分动人。她非常像我的姐姐，不认字但是个性沉着。她坐在织布机旁边的时候，是那样的全神贯注，以至于附近的任何动静都难以引起她的注意，想让她的视线移开她所心爱的织布机就更困难了。

对话纺织厂主

那时土布运动也被称为抵制洋货运动,运动在开始时就受到了纺织厂主们的诸多批评。乌玛尔·苏巴尼是一位十分能干的纺织厂主,他的知识与经验经常让我受益匪浅,而且他还劝说我多去听取其他纺织厂主的意见。他说一位厂主的言论给他留下了很深的印象。他竭力劝我与他会面谈一谈,我同意了。苏巴尼先生亲自安排了那次会面。纺织厂主先开了口。

"你知道此前也闹过一阵抵制洋货运动吗?"

"我知道。"我答道。

"那你也知道在分治① 期间,我们这些纺织厂主们曾经充分地利用了抵制洋货运动。当运动走向高潮的时候,我们就借机提高国产布匹的价格,甚至还做出了比这更为恶劣的事情。"

"我听说过这些事,而且感到很痛心。"

"我能够理解你的心情,但我不明白这有什么值得难过的。我们经商不是在做慈善,而是为了赚钱,为了让我们的股东获得更大的利益,能够让他们都满意。商品的价格需要依据市场的需要而制定,谁能人为操纵市场供求呢?孟加拉人也应该明白,因为他们闹事,才导致国产布匹的需求增加,所以国产布匹的价格必然会上涨。"

我打断他的话:"孟加拉人与我一样,都是生来就信任他人的。他们满怀对纺织厂主的信任,认为他们不会在祖国危难之际出卖祖国,自私自利,甚至用洋布冒充土布出售的无耻行径。"

"我清楚你那信任他人的天性。"他并未动怒,继续平静地说道,"因此我才请你来谈谈,就是希望你不和那些头脑简单的孟加拉人犯相同的错误。"

---

① 1911年,英国政府为分化印度教徒和穆斯林,打算实行分而治之的政策,想按照宗教信仰将孟加拉地区一分为二,该计划因遭到了印度人民的反对而搁浅,直到1947年,这个计划以印巴分治的形式得以实现。

说完这些，那位纺织厂主就吩咐身边的一位职员将他们的产品样本拿过来给我看。他指着样本跟我说："你看一下，这是我们的最新产品。这种布的销路非常广，是使用布纱的边角余料纺织而成的，当然卖得很便宜，我们甚至已将它远销到北方的喜马拉雅山谷。全国各地区都有我们的代理商，就算是你或者你的代理人没有到过的地方，也都有我们的踪迹。所以你也能发现，我们并不需要更多的代理商。还有，你应该了解，印度纺织厂的产量远远无法满足国内的需求，因此抵制洋货的问题，就是一个关于生产能力的问题。只要我们可以提高土布的产量，并将质量提升到必要水平，洋布的进口自然就停止了。因此我要告诫你，不要将你的运动按现在的方式进行下去，你应当将注意力转移到建设更多的纺织厂上面。现在我们最需要的，并非大量宣传人们多买土布，而是需要提升生产能力。"

"假如我已然朝着你所说的方向而努力了，那么你应该会祝福我吧？"我问道。

"那怎么可能呢？"他满脸疑惑，应该是觉得莫名其妙。"倘若你正在想办法提倡多去建设新的纺织厂，我自然会祝贺你的。"

"我们的观点是有分歧的，"我解释道，"我是致力于如何推广纺车的，而你则想多建纺织厂。"

"那是怎么一回事呢？"那位纺织厂主问，他愈发感到糊涂。我将寻找纺车的过程讲给他听，然后又对他说："我完全赞成你的意见，假如我总是宣传纺织厂，的确没有用。对于国家来说，同样弊大于利。在此后一个相当长的时期，我们国内的纺织厂不用犯愁没有客户。所以我当下应该做的是组织人民手工生产土布，并且设法推销这种产品。因此现在我的工作重点依然集中在生产土布上。之所以提倡抵制洋货，是想通过它为印度半饥饿，半失业的妇女们提供工作机会。我希望那些妇女去纺纱织布，从而让全国人民都穿上土布做成的衣服。我不能预估这个运动会有怎样的成就，如今这一切刚刚起步。但是我对于这个运动有充足的信心。不管怎样，这样做总不会有弊端的。就算它产量不高，不过对于增加国内布匹的产量总还是有一定帮助的，这也算是一种切实的收获吧。所以你可以放心，我所提倡的运动绝对不会有你刚才提到的那些坏处的。"

他回答道："假如你组织这个运动的目的是为了增加土布的产量，我是不会反对的,至于在这个机械化时代中纺车到底能起到多大作用,我认为是另一个问题,但是我预祝你成功。"

大势所趋

于此我不打算花费更多篇幅来进一步描述土布运动进展的情况。假如要将我的活动是怎样吸引公众普遍注意,还有之后的情况都一一作以描述的话,仅凭这几章自然是不够的,而且我也不打算这么做,想写清楚这个问题需要花费一本书的篇幅。写下这些故事无非想说明,我在体验真理的过程中,有哪些事自然而然地就发生了,而我的想法又是如何酝酿出来的。

现在让我继续回到不合作运动的话题上来吧。当阿里兄弟所领导的基拉法运动正在蓬勃进行时,我曾经和大毛拉·阿布杜尔·巴利(已故)还有其他穆斯林贤者们深入探讨过这个问题,特别是穆斯林使用非暴力主义的限度问题。最终我们达成了共识:伊斯兰教的教义并没有反对其信徒遵循"非暴力"的原则,况且,倘若他们发誓要遵循这个原则,那么他们就应该恪守承诺。后来,在基拉法会议上终于提出了不合作的决议,经过了长时间讨论之后,我们通过了这项决议。我记得是在阿拉哈巴,一个委员会针对这个问题探讨了一晚上。哈钦·萨希布一开始十分怀疑非暴力不合作运动的可行性,但在消除疑虑之后他则全力以赴,为运动贡献了不可估量的作用。

没过多久,我就在古吉拉特召开的政治会议上递交了不合作的议案。一开始反对者的意见是,在国大党还没有通过这个议案之前就由省级会议批准是不合乎程序的。我反驳说,只有那种后退的运动才要受到这种限制,但是对于向前发展的运动而言,只需要具备信心和勇气,下级机构不仅完全有资格,而且还有责任敢为人先,只要能保证对自己的行为负责就可以了。我觉得但凡有助于提高上级机构威信的行为,都不需等到得到上级许可之后再开展。大家在会上对于这个议案开展了热烈讨论,空气里满是"甜美的理性"气息。最终这个决议以彻底的优势获得通过。这个决议能够得以通过,瓦拉白先生和阿巴斯·铁布吉先生功不可没。作为大会主席,铁布吉先生个人完全支持这项不合作决议。

1920年9月，国民大会党全国委员会的特别会议于加尔各答举行，召开此次会议就是为了专门探讨这项决议，大家为此做了大量的准备工作。拉拉·拉巴特·莱当选为大会主席，还为大会代表以及基拉法的代表开通了从孟买至加尔各答的专车。加尔各答聚集了大会代表以及列席参观的人。

应大毛拉·绍卡特·阿里之邀，我在火车上面起草了不合作决议的草案，时至今日，我经常会尽力避免在起草的文件里使用"非暴力"这个词，在演讲时我也很少提及它。我还没想好应该用哪个词来表达这个意思，如果用梵文中类似于"非暴力"的词，我担心穆斯林会无法理解。所以我请大毛拉·阿布尔·卡拉·阿沙德帮我想想。他建议使用"巴-阿曼"（be-aman）这个词替代"非暴力"，使用"塔克-伊-玛瓦拉特"（tark-j-mavalat）这个词替代"不合作"。

正在我忙于搜索能够恰当表达"非暴力"之意的印度文、古吉拉特文和乌尔都文的词语时，还被这个多事的大会请去草拟出一份不合作决议。在初稿中，我遗漏了"非暴力"这几个字。直至将其交给和我同车厢的大毛拉·绍卡特·阿里的时候，我都没发现这个疏忽。次日一早，我将信送给摩诃德弗，请他帮忙在草案正式打印出来之前将这几个字补进去。可惜来不及了，草稿已然印好了。当天晚上提案委员会即将开会讨论，因此我必须要在这份印好的草案上进行必要的修正。之后我才发现，假如我没有提前将草案准备好的话，就会遇到很大的麻烦。

实际上我的麻烦还不止这一个。我完全不了解有哪些人会支持这个决议，而又有哪些人会持反对意见，也不知道拉拉吉态度如何，我只看到了一群饱受考验，经验丰富的战士们聚集在加尔各答对这个议案开展讨论，其中有贝桑特博士、马拉维亚吉、维加亚罗华恰立先生、莫迪拉尔吉以及德希班度等人。

我在议案中提及，不合作运动的目的是为了纠正旁遮普惨案以及反对基拉法的错误。但是维加亚罗华恰立并不赞同这点，他说："倘若要宣布采取不合作运动，为何要提及实际工作中的一些具体错误呢？没有实现自治就是不合作的矛头应该指向的最大错误。"莫迪拉尔吉同样认为应当把自治纳入到议案里。我立即接受了这个提议，将自治也加入到不合作议案中。

经过充分、认真甚至带有争执的探讨后，这项议案才得以通过。

莫迪拉尔吉是第一个参与不合作运动的人。如今我依然记得和他亲切探讨这个议案的过程，那是一个十分甜美的回忆。他指出了很多文字方面的毛病，我都一一纠正了。他承诺会争取将德希班度也拉来参加此次运动。德希班度的心是倾向于开展此次运动的，不过他怀疑人民实现这个运动的能力。一直到拿格浦大会，他与拉拉吉才彻底接受了这个运动。

在此次特别会议上，我更加深切地感受到了罗卡曼尼亚的离世所带来的无法弥补的损失。时至今日我仍然相信，假如那是他还在世，在那样的情境之下定会给予我最大的帮助。就算并非如此，即使他也反对，我也会对他怀有敬意，将这次行动作为一次难得的学习机会，从里面吸取教训。我们经常有分歧，不过那并没有影响我们的感情。他始终让我相信我们之间的友情是最为亲密的。甚至在我写下这几行字时，还能清楚地回忆起他临去世之前的情景。那大概是在午夜，与我一起工作的巴特华昂打电话通知我，罗卡曼尼亚离世了。那时我正与很多同事在一起，听到这个噩耗，我脱口而出："我最为坚固的堡垒坍塌了。"但是不合作运动正在全力开展之中，我也正在热切期待能得到他的鼓舞和启发。他到底对不合作运动持有怎样的态度，这成了一个永远让人猜测的谜题，没人知道答案。不过我们能够肯定的是，那时出席加尔各答大会的所有代表都沉痛地感到他的离世给我们留下的难以填补的空虚。在民族大发展的关键时期，我们的确非常缺乏像他那样深思熟虑的智慧。

在拿格浦

在加尔各答特别大会上通过的议案还需要在拿格浦年会上进行讨论，拿格浦与加尔各答的情况一样，同样聚集着无数旁听者和代表。由于那时没有限制参加大会的代表人数，因此我记得出席这次大会的人数居然有一万四千名之多。拉拉吉强烈建议修改一下抵制学校的条款，我接受了他这个建议。德希班度也提出了些修改意见，不合作运动的议案最终被大会一致通过了。

此次大会上，我们还需探讨有关修改国大党党章的议案。此前在加尔各答的特别大会上，我们就已经提交过了草案，因此在这次的拿格浦大会上，我们细致地讨论了这个议案。大会的主席是维加亚罗华恰立，议案委员会仅对草案做了一个重要修改就批准通过了。印象中我在草案中规定大会代表的人数为1500人，但议案委员会则改为6000人，我个人觉得这个修改意见太过草率，之后的事实更加证实了我的观点。我觉得那种代表人数越多就越加有助于问题的解决，或越能捍卫民主原则的想法是彻底错误的。1500位关心人民利益，心胸开阔又诚实的代表，不管怎样也比随意选出来的6000个不负责任的人更能体现出民主的原则。想要维护民主的原则，人民必须要对独立、自尊、和谐，有十分敏锐的洞察力，而且必须要坚持选举那些善良诚实的人作为他们的代表。但是迷恋于代表人数越多就会越民主的议案委员会却使实际参加的代表人数超过6000人。因此将代表人数限定在6000人以内的确具有妥协的性质。

国大党的宗旨成了大家在会上热烈探讨的另一个话题。经我修改的党章中将国大党的宗旨定为：倘若可能的话，争取变成英帝国的自治领地；如果不可能，就脱离英帝国从而实现彻底自治。有一方观点觉得应当将国大党的宗旨仅限定于成为英帝国的自治领地，这个意见是由马拉维亚吉和真纳先生提出来的，不过支持者并不多。除此之外，我在草案里再次提出为了达成这个目标而采用的手段应当是和平、合法的，这个观点也遭到了反对。反对者觉得，为了实现目标不应该限定所采取手段的方式。代表们经过了一番具有教育意义的、坦诚的讨论之后，最后决定维持原意。我觉得，倘若人民真诚、理智、热情地制定党章，那么这个党章将会成为教育群众的一个强而有力的工具，而且制定党章的过程本身就能够为我们带来自治。不过在大会上探讨这个话题有些不合适。

此次大会还通过了有关促进印—穆团结，废除不可接触制度和开展土布运动的决议，之后国大党的印度教徒党员就承担起了废除不可接触制度的责任，而国大党也由于提倡土布运动而与印度的底层民众建立起了生活上的联系。除此之外，大会上通过的为基拉法展开不合作运动的决议则成为国大党为了促进印—穆团结而做出的一个重大的现实尝试。

尾声

现在到了作总结的时候了。

在那次大会之后,我就彻底进入公众视野了,几乎没有任何事情是大家不知道的了。而且在1921年之后,我和国大党的领导者在工作上面有着十分密切的来往,因此在描述此后的社会活动时,我必定会提起我和他们的关系。现在虽然史罗德兰吉、德希班度、哈钦·萨希布和拉拉吉都已永远地离开了我们,但幸运的是,还有很多具有丰富经验的国大党领导者们和我们一起生活和工作着。自打出现我前文中所描述的那些重大改变以来,国大党的历史一直都在与时俱进。而且我在此前7年里的主要精力,都是经由国大党实现的。所以,假如我打算继续描述我体验真理的故事,那么我就不得不提到我和这些领导者们的关系。但我无法这样做,至少现在不能。此外,我对于如今自己所开展的各种实验,还无法做出确切的结论,所以我的责任就是将这些故事写到这里为止了。实际上,我的笔已然本能地拒绝继续书写下去了。

就这样和读者们告别,我心里有诸多感触。我对于自己所做的那些实验都有十分高的期望,不确定自己是否能对它们做出公正的评价。不过我为了能够如实地记录下这些关于真理的故事,从来不敢大意马虎。这样的尝试也让我的心灵得到了一种难以形容的宁静,而我的夙愿就是要让那些信仰摇摆不定的人皈依真理和非暴力主义。

我的人生经验使我坚信,真理是这个世界的唯一神灵。倘若这些篇章中有任何一页没有向读者揭示实现真理的唯一途径就是"非暴力"这个道理,我的写作就失败了。读者朋友们应当清楚,就算在这方面我的努力没能见到实效,但过错在于我的方式而并非"非暴力"的原则。虽然我诚挚地、竭尽全力地追求非暴力主义，但毕竟还未能达到尽善尽美的程度。因此我真的无法形容自己在瞬间捕捉到的真理，其光辉之耀眼，确实超出了我们经常亲眼所见的阳光的百万倍，而我所抓到的仅仅是最为微弱的那一缕光明而已。不过我能够坚定地保证，依据我的全部经验，只有彻底坚持非暴力主义的人才能发现真理的光辉。

如果要与无所不在的真理面对面，人们就必须要爱护这个世界上的一切生物，就如同爱护自己那样。一个有这样志向的人就无法对万事万物都等闲视之，这也就是我为了追求真理而投身于政治的原因。我能毫不迟疑地本着最为谦逊的精神来说，但凡认为宗教与政治无关的人，其实并没有真正理解宗教的意义。

倘若没有通过自我净化，就无法达到万物合一的境界，没有经过自我净化，也必然无法遵循"非暴力"原则，神灵绝不可能庇护一个心地不纯洁的人。所以，自我净化必须要涵盖生活的各个方面。这种净化行为是具有感染力的，个人的纯洁自然也会使周围的人也变得纯洁。

但是自我净化的过程是艰难的。如果想要做一个心灵完全纯洁的人，就必须要舍弃思想、言论以及行动中的激情，必须要彻底跨越爱憎、是非等的阻碍。我清楚虽然自己一直尽力去做，但依然不具备那种百分之百纯洁的状态。这也就是为何他人的赞誉无法感动我，反倒让我难过的原因。在我眼中，比起用武力征服外部纷扰的世界，用信仰克服内心微妙的情欲更加困难。自打我回到印度以来，总感到自己的内心潜伏着激情，这让我感到羞愧，不过我并没有气馁。这些体验支撑着我走到了现在，并且给予我巨大的快乐。我清楚前路满是荆棘，因此我必须得把自己化成零。如果一个人做不到在同类中甘居末位，就无法得到解脱。非暴力主义就是最大程度的谦让。

在即将和读者们告别时，请读者朋友们和我一起向真理的神灵祈祷，期待神灵给予我们在思想、言论和行动中的非暴力主义的恩典吧！